Rudolf Arndt (Hrsg.)

Die Reden des Grafen von Caprivi

im Deutschen Reichstage, Preußischen
Landtage und bei besonderen Anlässen

1883 - 1893
Mit der Biographie und dem Bildnis

Arndt, Rudolf (Hrsg.): Die Reden des Grafen von Caprivi im Deutschen Reichstage, Preußischen Landtage und bei besonderen Anlässen. 1883 - 1893. Mit der Biographie und dem Bildnis

Hamburg, SEVERUS Verlag 2011
Nachdruck der Originalausgabe von 1894

ISBN: 978-3-86347-148-4
Druck: SEVERUS Verlag, Hamburg 2011

Der SEVERUS Verlag ist ein Imprint der Diplomica Verlag GmbH.

Bibliografische Information der Deutschen Nationalbibliothek:
Die Deutsche Nationalbibliothek verzeichnet diese Publikation in der Deutschen Nationalbibliografie; detaillierte bibliografische Daten sind im Internet über http://dnb.d-nb.de abrufbar.

© SEVERUS Verlag
http://www.severus-verlag.de, Hamburg 2011
Printed in Germany
Alle Rechte vorbehalten.

Der SEVERUS Verlag übernimmt keine juristische Verantwortung oder irgendeine Haftung für evtl. fehlerhafte Angaben und deren Folgen.

Inhaltsverzeichnis.

	Seite
Lebensgang des Grafen von Caprivi	1
Reden im Reichstage:	
1. Als Chef der Admiralität	21
2. Als Reichskanzler	37
Reden im preußischen Landtage:	
1. Abgeordnetenhaus	367
2. Herrenhaus	413
Reden bei besonderen Anlässen	416
Sach- und Namenregister	420

Wenn wir uns mit dem Lebensgange des Mannes beschäftigen, welcher seit dem 20. März 1890 den verantwortungsreichen Posten des Kanzlers des Deutschen Reiches versieht, so tritt uns das Bild einer umfassenden Arbeitskraft, einer unermüdlichen Energie, einer strengen Pflichttreue entgegen.

Ein kurzer Blick auf die erfolgreiche militärische Laufbahn des Grafen zeigt die in gerader Linie aufsteigende Entwickelung einer Persönlichkeit, welche ihren ethischen und intellektuellen Fähigkeiten nach berufen erscheinen muß, die Politik des Deutschen Reiches in segensvoller Weise zu leiten.

Georg Leo von Caprivi, geboren zu Charlottenburg am 24. Februar 1831, ist der älteste Sohn des Königlich preußischen Geheimen Obertribunalrates, Kron-Syndikus und Mitglied des Herrenhauses Julius Eduard von Caprivi, der im Jahre 1865 das Zeitliche segnete.

Die öfters angenommene und behauptete Abstammung der Familie von Caprivi aus Oberitalien, aus dem Geschlechte der Caprara de Montecucculi, läßt sich urkundlich nur sehr ungenügend stützen. Nachweisbar stammt die Familie aus Krain und heißt eigentlich „Kopriva". Auf Andreas Kopriva, der mit Margarete aus dem böhmischen Adelsgeschlechte der Wostrowsky vermählt war, läßt sich die urkundlich belegbare Stammreihe des Geschlechtes zurückführen, also bis ins 16. Jahrhundert.

Mit Julius Leopold (geb. 1695), welcher sich bereits der Namensform „Caprivi" bediente, kam die Familie in die Grafschaft Wernigerode, woselbst er bis zu seinem Tode als Kanzler der Reichsgrafschaft Stolberg-Wernigerode gewirkt hat. Er ist der Urgroßvater des jetzigen Reichskanzlers.

Das Wappen der Familie von Caprivi zeigt einen gevierten Schild mit gekröntem Mittelschilde; der letztere zeigt in Rot einen gestürzten silbernen Göpel.*) Das erste und vierte Feld des Hauptschildes ist gespalten und zeigt vorn in Silber zwei rote Querbalken und hinten in Grün einen springenden silbernen Bock (caper) mit grünem Nessellaube im Maule. Das zweite und dritte Feld des Hauptschildes ist ebenfalls gespalten und zeigt vorn in Silber zwei rote schrägrechte Balken und hinten im Blau einen doppelt=geschwänzten goldenen Löwen mit einem blanken Schwerte in der rechten Pranke, auf grünem Dreiberge. Auf dem Hauptschilde ruhen drei gekrönte Helme, über dem mittleren erhebt sich der schwarze Reichsadler, aus dem rechten wächst ein Ritter mit goldenem Szepter in der rechten Hand und aus dem linken ein silberner Bock mit grünem Nessellaube im Maule hervor. Die Decken sind rechts blau=golden und rot=silbern.

Die Mutter des jetzigen Reichskanzlers, Emilie Charlotte, ist bürgerlicher Herkunft; sie stammt aus der bekannten Gelehrtenfamilie der Koepke, aus der hauptsächlich Schulmänner, wie auch Theologen und Historiker von Ruf hervorgegangen sind.

Die Beziehungen zwischen den Familien Caprivi und Koepke, reichen weithin zurück; sie waren lange vor dem Eingehen dieses Ehebündnisses freundschaftlicher Natur.

Seine Schulbildung genoß Leo von Caprivi auf dem Werderschen Gymnasium zu Berlin, dessen damaliger Direktor Bonnell war, ein Mann, unter dessen erzieherischem Einflusse auch Fürst v. Bismarck eine Zeitlang gestanden hat.

Über Caprivis Gymnasiastenzeit giebt uns der Autor des Buches „Am Hofe Kaiser Wilhelms II.", das im Auslande fast ebenso viel gelesen wird wie in Deutschland, einige die Geistes= entwickelung des Menschen Caprivi charakterisierende Mit= teilungen: „Alle Mitschüler Caprivis werden sich eine lebhafte Erinnerung an ihn bewahrt haben; er gehörte zu den Leuten, die schon früh die Vermutung erwecken, daß ihnen eine bedeutende Zukunft bevorsteht, zum Teil um ihrer Anlagen willen — die bei ihm zwar eigentlich nicht glänzend genannt werden durften,

---

*) Göpel bedeutet in der Wappenkunde die gestürzte Deichsel.

aber doch über das Mittelmaß hinausgingen — noch mehr aber um der sehr ernsten und festen Lebensführung willen. Groß, breitschulterig, das Gesicht von zahlreichen Sommersprossen bedeckt, hatte er in der Erscheinung schon in frühen Jahren den militärischen Beruf vorgebildet; er gehörte auch zu den Knaben, die auf die Frage, was sie werden wollten, niemals verschiedene Antworten gegeben haben. Von frühester Jugend an stand bei ihm fest, daß er Offizier werden wolle, und das sagte er jedem; daß er es bis zum General bringen wolle, hat er wohl nicht laut gesagt, aber in seinem Inneren stand es jedenfalls fest. Er gehörte zu den Schülern, die niemals mit der Versetzung sich um ein halbes Jahr verspäten, aber ebensowenig einmal eine Klasse um ein halbes Jahr schneller absolvieren, als der Kursus mit sich bringt, die niemals eine Arbeit, welche ihnen aufgegeben wird, ungethan lassen, aber ebensowenig eine Arbeit freiwillig machen, um die Aufmerksamkeit auf sich zu ziehen; die, wenn sie gefragt werden, meist die richtige Antwort geben, aber ungefragt nicht mit ihrem Wissen zu glänzen suchen.

Seine mathematischen Aufgaben löste er, was bei Gymnasiasten bekanntlich nicht die Regel ist, jedesmal selbständig, aber die tieferliegenden Feinheiten derselben bemerkte er nicht. Unpräpariert kam er nie in die Klasse, aber als er den Tacitus zu lesen anfing, klagte er, derselbe sei „niederziehend schwer". Das sind Charakterzüge, die wahrscheinlich auch im späteren Leben sinngemäße Anwendung bei ihm gefunden haben werden." —

Nachdem Caprivi im Jahre 1849 die Abgangsprüfung mit einem guten Zeugnisse bestanden hatte, trat er am 1. April desselben Jahres als Freiwilliger in die erste Kompanie des Kaiser Franz-Garde-Grenadier-Regiments ein, wurde am 19. September 1850 zum Sekondeleutnant und am 31. Mai 1859, nach Besuch der Kriegsakademie, zum Premierleutnant befördert. Am 17. Dezember 1861 wurde er zum Hauptmann im Generalstabe, 1865 zum Kompaniechef im 64. Infanterie-Regiment ernannt.

Das Kriegsjahr 1866 sieht ihn bereits als Major im großen Generalstabe. Den Feldzug gegen Österreich machte Caprivi im Stabe des Oberkommandos der I. Armee mit, welche unter dem Prinzen Friedrich Karl stand und auf böhmischem Terrain zu operieren hatte.

Nach dem Frieden wurde Caprivi zum Generalstabe des Gardekorps versetzt.

Im Jahre 1870 avancierte er, der als einer der begabtesten Schüler Moltkes galt, zum Oberstleutnant und Chef des Generalstabes des 10. Armeekorps.

Ein Feldzugsgenosse gab hierüber der „Kölnischen Zeitung" folgenden Bericht:

„Wenige Wochen vor Beginn des Krieges von 1870—71 wurde der damalige Major von Caprivi zum Großen Generalstabe mit Führung der Geschäfte als Generalstabschef des zehnten Armeekorps beauftragt; am Tage vor dem Ausmarsch von Hannover erhielt er das Patent als Oberstleutnant. Schon damals erregte die Berufung des verhältnismäßig noch jungen Offiziers in eine so wichtige und verantwortungsvolle Stellung, die gewöhnlich mit einem Obersten oder jüngeren General besetzt ist, in den beteiligten Kreisen nicht geringes Aufsehen. Altmeister Moltke hatte aber wohl das Bewußtsein, auch in diesem Falle den rechten Mann an die rechte Stelle gesetzt zu haben, und alle werden ihm zustimmen, welche Herrn von Caprivi in seiner Wirksamkeit als Generalstabschef näher kennen gelernt haben. Eine schlank aufgewachsene, jugendkräftige männliche Erscheinung mit kurz geschnittenem Haupt- und Barthaar, lebhaften und geistvollen Augen und freundlichem Gesichtsausdruck, von ernstem, gemessenem und vornehmem Wesen und taktvollem persönlichen Auftreten, zeigte Herr von Caprivi schon damals das Bild eines Mannes, der allein durch seine Persönlichkeit Achtung und Vertrauen erwirbt; Soldat vom Scheitel bis zur Sohle, war er das Musterbild eines höheren Offiziers. Schon während der Mobilmachungstage trat seine hohe geistige Überlegenheit, sein umfassender Scharfblick, seine Geistesgegenwart und Schlagfertigkeit, verbunden mit einer bei aller Kürze und Strenge angenehmen und wohlwollenden ruhigen Art und Weise des persönlichen Verkehrs in seltenem Maße hervor. Jeder, der mit ihm in persönliche Berührung kam, hatte bald das Gefühl, einem bedeutenden Manne gegenüber zu stehen, der nicht bloß körperlich, sondern in weit höherem Maße auch geistig seine Umgebung überragte."

An dem Vormarsche des deutschen Heeres gegen Metz nahm der Oberstleutnant von Caprivi hervorragenden Anteil. Während der Belagerung der Festung unternahm er täglich Ritte durch die Lagerstätten, jeden Standort, jede Schanze, jede Batterie selbst besichtigend und prüfend. Nichts von Wichtigkeit entging seinem Scharfblick.

Stunde für Stunde kamen Meldungen von den zur Aufklärung vorausgesandten Truppen. Stunde für Stunde mußten neue Befehle gegeben werden. Die wichtigsten Bestimmungen für die Marschbewegungen des nächsten Tages konnten je nach Lage der Verhältnisse meist erst in später Abendstunde oder auch während der Nacht ausgearbeitet werden; stets geschah dies durch den Generalstabschef persönlich in der Weise, daß derselbe, während er den Entwurf niederschrieb, gleichzeitig den zum Befehlsempfang kommandierten Ordonnanz-Offizieren den Inhalt laut diktierte. Die Kürze und Sachlichkeit bei Erledigung aller Dienstangelegenheiten sowohl im schriftlichen als im mündlichen Verkehre, überhaupt der ganze Geschäftsgang war musterhaft.

Lobende Erwähnung verdient ferner die umfassende, umsichtige Thätigkeit auf dem Gebiete der Armeeverwaltung, der Verpflegung, Ausrüstung, Unterkunft der Truppen usw., deren obere Leitung zu den Obliegenheiten des Generalstabchefs gehört. Auch auf diesem Gebiete war Herr von Caprivi fortlaufend von allen wichtigeren Vorgängen und Bedürfnissen unterrichtet. Täglich ließ er sich darüber Vorträge halten und traf danach seine Anordnungen. Mit allen Einzelheiten des umfangreichen Verwaltungsapparates war er aufs genaueste vertraut; alle Zweige hatten sich seiner sorgfältigsten Fürsorge zu erfreuen.

So viel Herr von Caprivi auch persönlich arbeitete, stets war er rechtzeitig fertig, stets bewahrte er seinen ruhigen, klaren Überblick über die Gesamtverhältnisse. Mit einer kräftigen Gesundheit ausgestattet, kannte er keine Ermüdung, keine Schwierigkeit, keine persönliche Bequemlichkeit. Seine persön=

lichen Ansprüche und Bedürfnisse waren überhaupt sehr bescheiden und mäßig.

Im außerdienstlichen Verkehre war Herr von Caprivi gegen jedermann freundlich, teilnehmend und wohlwollend. Bei den gemeinsamen Mahlzeiten, an welchen sämtliche Generalstabs- und Adjutantur-Offiziere usw. sowie etwa anwesende Gäste teilnahmen, trug nächst dem kommandierenden General der Generalstabschef die Hauptkosten der Unterhaltung. In herzbezwingender, offener Weise überließ er sich derselben, und dabei besonders zeigte sich sein umfassendes Wissen und seine hohe geistige Begabung. Geradezu erstaunlich waren seine Kenntnisse auf dem Gebiete des Kriegswesens. Die militärischen Einrichtungen und Verhältnisse, die Kriegsgeschichte aller Völker und Zeiten, die Lebensgeschichte aller hervorragenden Männer waren ihm geläufig. Aber auch auf allen übrigen Lebensgebieten traten seine vorzüglichen Kenntnisse, sein umfassender Blick, sein gesundes, scharfes Urteil hervor. Alle Tagesfragen wurden in den Kreis der Unterhaltung gezogen, wenn auch selbstredend das politische Gebiet in engerem Sinne nur gelegentlich gestreift wurde. Für die jüngeren Offiziere bildeten diese Tischunterhaltungen oft wahre Unterrichtsstunden. Mit größter Aufmerksamkeit folgten die dankbaren Schüler ihrem Meister. Es war ein Hochgenuß, in solchem Kreise zu verkehren und mitzuwirken. Jedem, dem es vergönnt war, werden die Tage unvergeßlich bleiben."

Was Herr von Caprivi auf dem Schlachtfelde geleistet hat, ist im Generalstabswerk an der passenden Stelle gekennzeichnet worden. Schon während des Krieges zierten seine Brust das Eiserne Kreuz erster Klasse und der Orden Pour le Mérite.

Am 16. August 1870 erwarb sich Caprivi ein großes Verdienst durch seine Rekognoszierung im Moselthale, wodurch die Teilnahme des X. Armeekorps in der Schlacht von Vionville ermöglicht ward.

Mit voller Kraft griff das X. Korps in den Kampf ein und entschied so den Ausgang der Schlacht. In einem Befehle des Prinzen Friedrich Karl heißt es: „Das III. und X. Armeekorps haben sich heute dem überlegenen Feinde bei Mars-la-Tour, Vionville und in der Richtung auf Gorze vorgelegt und gegen die heftigsten Angriffe die Stellung behauptet. Die Dunkelheit endete den Kampf."

Der Chef des Generalstabes, Oberstleutnant von Caprivi, befand sich an jenem heißen Tage bereits seit frühmorgens bei der 5. Kavallerie-Division, welcher er persönlich zwei reitende Batterien Verstärkung zugeführt hatte. Als nun der von Vionville her erschallende Kanonendonner den Beginn eines ernsten Kampfes in dieser Gegend verkündigte, erließ der General von Voigts-Rhetz sofortige Befehle an alle Marschkolonnen des X. Korps, dieselben auf das Schlachtfeld heranzuführen. Oberstleutnant von Caprivi hatte zu gleichem Zwecke auch schon vom Schlachtfelde selbst Offiziere an die Truppenführer entsandt. Es dirigierten sich mithin bald darauf alle Truppenkolonnen des X. Armeekorps, mehrere derselben, bevor sie den ausdrücklichen Befehl dazu erhalten hatten, dem Kanonendonner folgend, auf das Schlachtfeld.

Ein Lorbeerblatt in dem Siegeskranze des X. Korps bildet ferner die achtstündige blutige Schlacht bei Beaune la Rolande. Die deutschen Truppen erfochten hier den Sieg gegen eine große feindliche Übermacht. Nicht geringen Anteil an der glorreichen Wendung des Tages hat der Generalstabschef von Caprivi, welcher neben dem kommandierenden General von Voigts-Rhetz die hannoverschen Truppen von Sieg zu Sieg geführt, mit ihnen die blutigen Schlachten um Metz geschlagen und an der Loire den letzten Feind bezwungen hat.

Die Verdienste Caprivis fanden an höchster Stelle die gebührende Wertschätzung. Im Jahre 1872 erfolgte seine Ernennung zum Obersten. Als solcher ward er in das Kriegsministerium berufen und mit der Leitung einer Abteilung desselben beauftragt. Es waren hier namentlich der Entwurf des Kasernierungsgesetzes und die Einführung des Mausergewehres, die ihn lebhaft beschäftigten. Als Spezialabgesandter wohnte er den großen russischen und französischen Manövern bei. Im Jahre 1877 zum Generalmajor befördert, erhielt er 1878 das Kommando der 5. Infanterie-Brigade in Stettin.

In diesem Jahre befand sich Fürst von Bismarck einmal auf der Rückreise von Friedrichsruh nach Berlin im Hamburger Zuge. Auf einer der Stationen stieg Herr von Caprivi in den Zug ein, um ebenfalls nach Berlin zu fahren. Da er in der Umgebung des Kanzlers Bekannte sah, ließ er sich demselben vorstellen und blieb danach im Salonwagen des Fürsten, mit dem er in lebhafte Unterhaltung geriet. Mit Bezug auf diese Begegnung soll der eiserne Kanzler am Abend desselben Tages in Berlin zu einem Herrn seiner Umgebung geäußert haben: „Ich habe mir schon oft Gedanken darüber gemacht, wer wohl einmal mein Nachfolger werden dürfte. Heute habe ich ihn gesehen."

In Stettin blieb Caprivi drei Jahre; dann vertauschte er diesen Ort wieder mit der Reichshauptstadt, indem er dort im Jahre 1881 das Kommando der 2. Garde-Infanterie-Brigade übernahm.

Um diese Zeit hat ein französischer General Gelegenheit gehabt, ein sehr günstiges Urteil über Herrn von Caprivi zu fällen. Der „Figaro" giebt solches folgendermaßen wieder: „Im Jahre 1881 fanden die großen Manöver des elften Korps zu Nantes und Umgebung statt. Die von Deutschland gesandte militärische Abordnung ward von dem General von Caprivi geführt. Die Offiziere des Generalstabes, die damals in Beziehung mit ihm traten, erinnern sich seiner noch sehr wohl. Sie schildern ihn als einen Offizier von sehr korrekter Haltung, von höflichem, aber bestimmtem Auftreten, vom Kopf bis zur Zehe preußischer Schule. Auf dem Manöverfelde zeigte er einen eindringenden Scharfblick in der Beurteilung des Terrains und der dadurch bedingten Aktion. Herr von Caprivi spricht das Französisch leicht und sicher, seine Ausdrucksweise ist ebenso bestimmt als reserviert. Nichtsdestoweniger tritt er manchmal aus seinem Rückhalt heraus. Zu jener Zeit war er auf dem Laufenden mit allen Erscheinungen der französischen Militärlitteratur. Eine Sache verstand er nicht: die Art nämlich, wie die Zeitungen von den Offizieren reden. Er nannte das militärische Reklamen, und eines Tages meinte er, eine der Wunden der französischen Armee sei die große Zahl militärischer Journalisten. Herr von Caprivi ist kräftig, hochgewachsen, ein guter Reiter, und wenn Sie den Eindruck wissen wollen, den dieser heute so vielgenannte Mann vor zehn Jahren auf mich hervorbrachte, so sage ich: ich halte ihn für einen gewaltigen Mann."

Von Berlin aus wurde Caprivi im November 1882 mit der Führung der 30. Division in Metz betraut, im Dezember desselben Jahres unter Beförderung zum Generalleutnant zum Befehlshaber dieser Division ernannt, welche er aber nur ein Vierteljahr führen sollte, denn am 20. März 1883 erfolgte seine Ernennung zum Chef der Admiralität.

Die „Organisatorischen Bestimmungen für die Marine", durch welche eine zweckmäßige Neuorganisation geregelt wurde, sind sein Werk. Das Verdienst seines Amtsvorgängers v. Stosch bestand u. a. in der Vervollkommnung des Mobilmachungsmechanismus der Flotte und in den leichter und schneller zu bewirkenden Indienststellungen der Schiffe.

Wie man sich erzählt, befand sich Caprivi gerade beim Kriegsspiel, als er seine Berufung zum Nachfolger des Ministers v. Stosch als Chef der Admiralität erhielt. Er stand damals der Marine völlig fremd gegenüber, er hatte noch nicht Gelegenheit gehabt, parlamentarische Erfahrungen zu sammeln, er wußte, daß ein Infanterist an der Spitze des Seewesens zum Spielball berechtigter und unberechtigter Kritik wird. Aber maßgebend blieb für ihn jetzt, ebenso wie später, als an ihn die Aufforderung erging, der Amtsnachfolger Bismarcks zu werden, der Befehl und Wunsch des Kaisers und obersten Kriegsherrn.

In Berlin rief diese Ernennung allgemeines Erstaunen hervor; man hatte für diesen Posten eher einen Admiral als einen General der Infanterie erwartet. Kaiser Wilhelm I. soll sich einer Mitteilung des Petersburger „Grashdanin" zufolge über den Fall folgendermaßen in gelegentlichem, zwanglosem Gespräche geäußert haben: „Die deutsche Flotte ist noch jung und sie bedarf des Geistes und der Disziplin, denn von beiden hat sie noch vorläufig zu wenig. Ich bin nicht der Ansicht, daß es nur ein Seemann sein muß, welcher die Marine zu leiten hätte. Von den Seemannschaften ist es allerdings er=

forderlich, daß sie Fachmänner seien, an der Spitze des Seewesens aber möchte ich einen Chef sehen, welcher die von mir am meisten geschätzten Eigenschaften besitzt, und die ich mit der allgemeinen Bezeichnung „Die Stimmung" belegen möchte. Aus diesem Grunde habe ich die Ernennung des Generals v. Caprivi vollzogen; er verstand es, die seiner Leitung anvertraute Brigade zu einer Muster-Brigade meiner Armee zu machen, nicht nur in militärischer Hinsicht, sondern auch mit Bezug auf den Geist, das Pflichtgefühl und auf die Treue für unser Haus, und ich bin überzeugt, daß ihm dasselbe auch mit meiner Flotte gelingen werde."

Caprivi hat solche Erwartungen seines obersten Kriegsherrn in vollem Maße gerechtfertigt. Durch umfassende Geschwadermanöver brachte er die Kriegstüchtigkeit der Flotte zu großer Vollkommenheit und entwickelte namentlich auch das Torpedowesen zum Zweck der Küstenverteidigung. Bei seiner organisatorischen Arbeit auf dem Gebiete des Marinewesens ging der neue Chef der Admiralität von dem Gesichtspunkte aus, daß für die deutsche Flotte eine möglichst große Beweglichkeit, wie sie den Kreuzern eigen, weit nützlicher sei, als der Bau großer Schlachtschiffe. Die deutsche Schlachtflotte erfuhr in der Zeit seiner Thätigkeit keine Verstärkung.

Das von ihm für die Marine aufgestellte und eingehaltene Programm war wesentlich auf die Verteidigungszwecke gerichtet. Als sich dann bei dem Regierungsantritte Kaiser Wilhelms II. andere Anschauungen geltend machten, solche, wonach die kleinen Torpedofahrzeuge bei hohem Seegange ein zu wenig zuverlässiges Kampfmittel abgeben, und der Bau großer Schlachtschiffe ins Auge gefaßt werden sollte, sah Caprivi sich veranlaßt, am 26. Juni 1888 um seine Entlassung einzukommen. Der Kaiser gewährte sie ihm am 5. Juli unter hoher Anerkennung seiner Verdienste.

Das kaiserliche Handschreiben trägt folgenden Wortlaut:

„Ich glaube Mich der Bewilligung Ihres Mir unter dem 26. v. M. vorgetragenen Gesuches nicht entziehen zu dürfen, da organisatorische Veränderungen in dem Oberkommando und in der Verwaltung der Marine, welche Ich in nächster Zeit

eintreten zu lassen beabsichtige, Ihre bisherige Stellung so
wesentlich verändern werden, daß Ich Ihr ferneres Verbleiben
in derselben nicht würde beanspruchen können. Ich entspreche
daher Ihrem Gesuche, indem ich Sie hierdurch unter Entbindung
von der Stellung als Chef der Admiralität mit der gesetzlichen
Pension zur Disposition stelle. Zugleich bestimme Ich indes,
daß Sie in dem Verhältnis à la suite der Armee auch ferner
verbleiben, und hoffe, daß sich schon in nächster Zeit Gelegenheit
finden wird, Ihnen eine Ihrem Range entsprechende Kommando=
stelle in derselben zu übertragen, wie Ich dies im Interesse
der Armee, zu deren ausgezeichnetsten Generalen Ich Sie mit
vollster Überzeugung zähle, dringend wünsche. Bei Ihrem
Scheiden von der Marine aber spreche Ich Ihnen für die
derselben geleisteten sehr hervorragenden Dienste aus warmem
Herzen Meinen Dank aus, dem Ich durch die Verleihung des
anbei erfolgenden Großkreuzes des Roten Adlerordens mit
Eichenlaub noch besonderen Ausdruck zu geben wünsche. Sie
haben in den fünf Jahren Ihrer Kommandoführung die Fort=
entwickelung der Marine in hohem Grade gefördert. Sie haben
ihre Organisation mit nicht genug anzuerkennender persönlicher
Hingabe durch Instruktionen und Bestimmungen vervollständigt,
die ein andauernder Schatz für die Marine bleiben werden,
wobei Ich Ihrer hohen Verdienste um die Förderung des zu
immer höherer Bedeutung gelangenden Torpedowesens noch be=
sonders gedenke. Sie haben es verstanden, Ihr militärisches
Wissen und Können dem Offizierkorps der Marine in hohem
Grade nutzbar zu machen, und Sie haben wahrhaft wohlthätig
auf den Kernpunkt aller militärischen Dinge — auf den Sinn
des Offizierkorps — gewirkt. Das sichert Ihrem Namen für
alle Zeiten eine Ehrenstelle in der Geschichte der Marine."

Die versprochene und den Fähigkeiten Caprivis entsprechende
Verwendung blieb denn auch nicht lange aus. Bereits am
12. Juli 1888 ward ihm der Oberbefehl über das X. (hanno=
versche) Armeekorps gegeben, dasselbe Korps, als dessen General=
stabschef er im deutsch=französischen Kriege die oben erwähnten
Dienste geleistet hatte. In der kurzen Zeit, die er in Hannover
weilen sollte, erwarb er sich gleichfalls hohe Verdienste bei der

Ausübung seines Amtes und das volle Zutrauen seiner Untergebenen.

Als am 27. Januar 1889 Kaiser Wilhelm II. zum ersten Male seinen Geburtstag als Kaiser beging, und an diesem Tage auch in Hannover ein großes Festmahl stattfand, wurde vom General v. Caprivi nachstehender Trinkspruch ausgebracht: „Noch sind die Klagen kaum verstummt, in die Preußen und Deutschland an den Gräbern zweier geliebter Monarchen einmütig ausbrach. Eine lange, schwere Zeit hätten wir als natürlich hinstellen können, wenn dem schnellen doppelten Thronwechsel eine Erschütterung im Innern des Reichs, eine Trübung seiner Beziehungen nach außen gefolgt wäre. Aber nichts davon ist eingetreten, kein anderes Opfer ist von uns verlangt worden, als dasjenige, was wir in unserem ganzen Herzen dem Andenken der heimgegangenen Könige so gern bringen. Wir können uns heute hier zum ersten Male vereinigen in einer Versammlung, die der Freude gewidmet ist, in dem Bewußtsein, daß wir der Vergangenheit dankbar sein können, daß wir uns der Gegenwart voll freuen dürfen und daß wir mit Zuversicht in die Zukunft blicken können, dank der vollen hohenzollernschen Hingabe unseres jungen erhabenen Monarchen an seinen königlichen Beruf. Dank seiner rastlosen, die eigene Person für des Reiches Wohl einsetzenden Thätigkeit sind in der kurzen Zeit seiner Regierung dem staatlichen Leben im Innern neue Impulse gegeben, seine Beziehungen nach außen befestigt worden. Wenn ganz Deutschland heute auf die Regierung dieses unseres Herrn mit Vertrauen, mit Liebe, mit Verehrung hinsieht, von der wir versichert sein können, daß die Fundamente unseres öffentlichen Lebens, unsere Liebe zum Vaterlande, unser Glaube an Deutschlands welthistorischen Beruf, unsere Hoffnung an eine gedeihliche, friedliche Entwickelung in den Händen dieses jungen Monarchen sicher geborgen sind, so haben wir Hannoveraner einen besonderen Grund zur Dankbarkeit. Ein jeder, welcher Stellung im Leben in einer oder anderen Weise er angehört, sei es als Soldat, sei's, daß sein bürgerliches Herz unter dem Fracke schlägt, hat Grund, dem Kaiser besonders dankbar zu sein. Se. Majestät der Kaiser hat die Gnade gehabt, dem 10. hannoverschen

Artillerieregiment den Namen desjenigen (v. Scharnhorst) zu geben, der vor nunmehr 88 Jahren in preußische Dienste übertrat und einen Einfluß auf die weitere Entwickelung Preußens und Deutschlands gehabt hat, wie kein anderer. Einer der edelsten Charaktere und besten Soldaten empfängt hier eine Auszeichnung nach seinem Tode, wie sie schöner vom Standpunkt eines Soldaten aus nicht gedacht werden kann. Es wird dies für das Regiment ein Sporn sein, auf alle Zeiten das Höchste zu leisten. — Se. Majestät der Deutsche Kaiser, unser König und Herr, er lebe hoch!"

Als der Kaiser im Sommer dem Manöver des X. Armeekorps beiwohnte, ernannte er den General v. Caprivi zum Zeichen seiner ganz besonderen Zufriedenheit zum Chef des in Osnabrück garnisonierenden Infanterie-Regiments Herzog Friedrich Wilhelm von Braunschweig-Öls (Ostfriesisches Nr. 78).

Diese Kaisertage in Hannover bedeuteten zugleich Ehren- und Festtage im Leben Caprivis.

Durch Allerhöchsten Erlaß vom 20. März 1890 ward Caprivi vom Oberkommando des X. Armeekorps abberufen, um die Stellung des höchsten Beamten des Reiches einzunehmen. Die Erörterung der Gründe, welche Kaiser Wilhelm II. bewogen haben, sich vom Fürsten v. Bismarck zu trennen, fällt nicht in den Rahmen unserer Aufgabe, welche lediglich der Feststellung des Bildes des neuen Reichskanzlers gilt.

Caprivi soll auf die im Februar 1890 an ihn gerichtete Anfrage des Kaisers wegen Übernahme des Reichskanzleramtes geantwortet haben: „Wenn Ew. Majestät mich morgen in den Krieg schickten und mich auf den gefährdetsten Punkt des Schlachtfeldes stellten, so würde ich ohne Bedenken gehorchen und auch für Ew. Majestät auf dem Schlachtfelde zu sterben wissen. Anders ist es mit Ew. Majestät jetzigem Ansinnen; aber wenn es sein müßte, nun, so würde ich auch dies als mein Schlachtfeld ansehen, auf dem ich ein ehrenvolles Ende finden kann."

Obwohl diese Wahl ein großes Erstaunen hervorrief, herrschte doch über die Person des Erwählten eine merkwürdige Einmütigkeit des Urteils. Die verschiedenen Parteien stimmten darin überein, daß Herr v. Caprivi infolge seiner vielfachen Verwendung in schwierigen Stellungen, seiner bedeutenden Leistungen auf militärischem und maritimem Gebiet und seiner organisatorischen Fähigkeiten im allgemeinen, in hohem Grade zu dem ihm übertragenen Amte befähigt sei.

Zu seinen Gunsten sprach ferner der Umstand, daß Caprivi an den politischen Parteikämpfen bisher in keiner Weise beteiligt gewesen und demnach von den Vorurteilen des Parteilebens verschont geblieben war. Von einem solchen Manne ließ sich erwarten, daß er auch die gegnerische Meinung nach ihrem Wert zu schätzen wissen und einen sachlichen Widerspruch nicht persönlich nehmen werde.

Der freisinnige Abgeordnete Dr. Alexander Meyer, ein Schulgenosse Caprivis, hat öffentlich folgendes Urteil über den neuen Kanzler abgegeben:

„Der neue Reichskanzler und Ministerpräsident, General Leo v. Caprivi, ist an politischen Parteikämpfen bisher in keiner Weise beteiligt gewesen. Er ist in konservativen Anschauungen groß geworden, und seine Soldatenlaufbahn hat dieselben natürlich nur befestigen können; er hat politische Überzeugungen, aber keinen Parteistandpunkt. Niemals hat er den Versuch gemacht, sich in das politische Leben einzumischen, und sein Wunsch oder gar sein Ehrgeiz hat ihn gewiß nicht in die Stellung gebracht, in welcher er der unmittelbare Nachfolger des Fürsten v. Bismarck wird. Er hat sicher niemals ein höheres Ziel für sich im Auge gehabt, als das, der Kommandeur eines Armeekorps zu sein. In den fünf Jahren, während deren er dem Reichstage gegenüberstand, hat er es vermieden, irgend ein Wort zu sprechen, das in die politischen Kämpfe des Tages hineinreichte. Er war das Muster eines streng sachlich diskutierenden Fachministers. Ohne Zweifel hat nur ein kaiserlicher Befehl ihn veranlassen können, seine Stellung anzunehmen. Wenn aber seine Neigung zu politischer Thätigkeit eine geringe ist, so muß man sich wohl hüten, daraus den Schluß zu ziehen, daß auch seine Befähigung dafür eine geringe sei. Nach meiner Überzeugung ist unter allen Kandidaten, die für den hochwichtigen Posten in Betracht gezogen werden konnten,

Caprivi der begabteste. Als General der Infanterie zur Leitung der Marine berufen, hat er in dieser Stellung geradezu Erstaunliches geleistet, und es ist daher nicht zu bezweifeln, daß er sich mit derselben Leichtigkeit in andere, ihm bisher fern liegende Fächer einarbeiten könnte. Er ist ein Mann von tiefgehender Bildung, hat den Gymnasialkursus und die Laufbahn auf der Kriegsakademie mit Eifer und Auszeichnung zurückgelegt und ist stets von dem Ehrgeiz beseelt gewesen, mehr zu sein als zu scheinen. Ich halte die Wahl, die ihn getroffen hat, für eine außerordentlich glückliche."

Die „Nationalzeitung" bemerkte zur Ernennung Caprivis: „Die Wahl des Kaisers ist ohne Zweifel auf Herrn v. Caprivi gefallen, weil er im allgemeinen der Mann seines Vertrauens ist. Soll aber eine spezielle Vermutung über die Gründe dieser Berufung hinzugefügt werden, so möchten wir glauben, daß die Ära der Reform, welche der Kaiser einzuhalten gedenkt, nicht am wenigsten auf militärischem Gebiete sich geltend machen soll. Wir haben Grund zu der Annahme, daß die so lange von allen Liberalen erstrebte gründliche Reform des Militär-Gerichtsverfahrens in Gang kommen wird. Und auch die Frage, ob als Ausgleichung für notwendige weitere Forderungen für militärische Zwecke eine Verkürzung der Dienstzeit möglich ist, dürfte zur Zeit den Kaiser und die Heeresleitung, vielleicht auch die jetzigen Beratungen der kommandierenden Generale beschäftigen. Als Caprivi die Stellung eines kommandierenden Generals mit dem schwierigsten und verantwortungsvollsten Amte des Deutschen Reiches vertauschte, begleiteten ihn in seine neue Würde die aufrichtigsten Sympathieen der Hannoveraner. Von den Angehörigen seines Stabes nahm er einen herzlichen, fast bewegten Abschied, und um seiner Gefühle Herr zu bleiben, verzichtete er auf das Erscheinen des Offizierkorps auf dem Bahnhofe.

Eine Erinnerungsgabe des X. Armeekorps für den neuen Reichskanzler bestand in einer Nachbildung des Kriegerdenkmals in Hannover, welche, von Voltz modelliert, in Bronzeguß bei Gladenbeck ausgeführt ist. Der Untersatz enthält auf einer vergoldeten Platte die Inschrift: „Ihrem scheidenden kommandierenden Herrn General von Caprivi in Verehrung und Dankbarkeit die Offiziere, Sanitätsoffiziere, Militär- und Zivilbeamten des X. Armeekorps."

Als General gehört der Reichskanzler in der Stellung eines Generals der Infanterie den Offizieren à la suite der Armee an.

Einer der ersten Besuche des neuen Reichskanzlers galt seinem Amtsvorgänger, dem Fürsten v. Bismarck, der ihn für den folgenden Tag zu Tische lud.

Am 15. April erschien der Reichskanzler v. Caprivi zum ersten Male im Abgeordnetenhause. Er war mit militärischer Pünktlichkeit bereits um 12 Uhr angefahren und trat wenige Minuten darauf in den Saal, in Begleitung des Herrn v. Bötticher. Während Präsident v. Köller eine Reihe geschäftlicher Mitteilungen machte, traten zahlreiche Mitglieder des Hauses an Herrn v. Caprivi heran, um ihn zu begrüßen. Der neue Reichskanzler tauschte mit jedem herzlichen Händedruck. Die erste Rede, welche Herr v. Caprivi in seiner Eigenschaft als Ministerpräsident hielt, wurde vielfach vom Beifall unterbrochen, und am Schlusse derselben erfolgte wiederholter lebhafter Applaus.

Das "Deutsche Wochenblatt" schrieb über das erste Auftreten des neuen Reichskanzlers:

"Mit besonderer Freude erfüllen uns die Worte des neuen Reichskanzlers, daß die „Regierung" das Gute nehmen werde, von wo und durch wen es auch kommt. Es ist unumwunden erklärt, daß die Regierung keine Parteiregierung sein will, und das ist es, was wir im Interesse der starken Monarchie für durchaus geboten halten. Die Regierung muß über den Parteien stehen und alle Parteien zum Dienste der Krone und des Landes heranziehen. Das ist das deutsch-konstitutionelle, im Gegensatz zum parlamentarischen System."

Auch das zweite Auftreten des neuen Reichskanzlers im Abgeordnetenhause war recht glücklich. Seine Ausführungen über die offiziöse Presse waren sehr deutlich und ausreichend. Die Erwartung, daß die vorzüglichen Gaben Caprivis über den Mangel an diplomatischer Praxis hinweg helfen würden, fanden somit volle Bestätigung.

Sein Bestreben, möglichst alle Parteien zu gemeinsamer politischer Arbeit heranzuziehen, milderte manchen schroffen Gegensatz. Einen glücklichen Erfolg hatte er im Reichstage vor allem mit der Heeresvorlage am 28. Juni 1890, die eine Verstärkung des Reichsheeres um 18 000 Mann brachte.

Kein schwärmerischer Freund der Kolonialpolitik von Hause aus, hielt Caprivi es doch für patriotische und staatsmännische Pflicht, die auf diesem Gebiete eingesetzte Ehre des Reiches zu wahren und das Erworbene zu behaupten. Um zunächst mit England in ein möglichst ungetrübtes Verhältnis zu kommen, schloß er, in Befolgung der ihm vom Kaiser am 2. Mai gegebenen Weisungen, am 1. Juli 1890 das deutsch-englische Abkommen ab, wodurch das Wituland und das Protektorat über Sansibar an England kam gegen Abtretung von Helgoland an das Reich.

Die in der „Neuen Züricher Zeitung" aufgetauchte „Vorgeschichte des deutsch-englischen Abkommens", welche auch davon zu melden weiß, daß Caprivi mit dem Abkommen bis zur Demissionslust unzufrieden gewesen sei, muß mit großer Reserve aufgenommen werden; denn Thatsache ist, daß Caprivi diese Wendung unserer Kolonialpolitik in einer vom 29. Juli 1890 veröffentlichten Denkschrift und in einer Reichstagsrede vom 5. Februar 1891 mit Heranziehung eines großen und ausreichenden Thatsachenmaterials rechtfertigte.

Die Aufgabe, die u. a. seiner wartete, war die Aufrechterhaltung des Dreibundes. Caprivi knüpfte persönliche Beziehungen mit den leitenden Staatsmännern Österreich-Ungarns und Italiens an, und die Verlängerung des Dreibundes (1891) war das Resultat dieser Bemühungen. Über die Befestigung der politischen Lage sprach sich der Reichskanzler am 28. Sept. 1891 zu Osnabrück öffentlich aus.

Einen weiteren Ausbau fand seine europäische Politik durch den Abschluß von Handelsverträgen mit Österreich-Ungarn, Italien und Belgien, für deren erfolgreiche Verteidigung im Reichstage er am 18. Dezember 1891 vom Kaiser in den Grafenstand erhoben wurde.

Die innere Politik faßt Caprivi vor allem unter dem Gesichtspunkte der sozialen Frage auf, und so erklärt es sich), daß er auch die Volksschulgesetzvorlage des Kultusministers Grafen von Zedlitz unterstützte, von deren Durchgehen man sich in manchen Kreisen eine Förderung der religiösen Gesinnung der unteren Stände versprach. Als der Kaiser die Vorlage angesichts des Widerspruches der Mittelparteien fallen ließ, trat Caprivi, nachdem sein Gesuch um Entlassung aus allen seinen Ämtern vom Kaiser abgelehnt worden, nur als preußischer Ministerpräsident zurück (Allerhöchster Erlaß vom 24. März 1892), behielt aber neben dem Reichskanzleramte Sitz und Stimme im preußischen Staatsministerium als Minister der auswärtigen Angelegenheiten.

Um militärische Forderungen im Reichstage mit Erfolg zu vertreten, konnte kaum eine geeignetere Persönlichkeit gefunden werden; die Annahme der großen Militärvorlage im Juli 1893 ist sein Verdienst.

Was schon von dem Oberstleutnant v. Caprivi gesagt wurde, nämlich daß er ein Feind der Phrase und des Schaumschlages sei, im amtlichen Verkehre vor allem Sachlichkeit und Bündigkeit liebe, gilt auch in vollem Umfange von dem rednerischen Auftreten Caprivis. Wenn der Reichskanzler das Wort ergreift, tritt tiefe Stille im Hause ein. Auf seinem Platze steht er in ganzer Höhe, den rechten Fuß hat er etwas vorgeschoben, die rechte Hand ruht auf dem Korb seines Säbels, von dem Generalsrocke hebt sich das Blaue des Ordens Pour le Mérite ab, hoch erhoben ist das von spärlichem grauen Haar bedeckte Haupt, die Augen blicken aus dem geröteten Gesicht frei und offen in den Saal. Die ganze Figur ein Bild soldatischer Unerschrockenheit und Tüchtigkeit! Des Kanzlers Stimme hat einen hellen, durchdringenden, doch der Wärme nicht entbehrenden Ton, der deutlich bis in alle Ecken des Saales dringt, um so mehr, als die Rede in gleichem, sicherem Fluß weitergeht; er spricht ruhig, sicher, jegliche Kunstpausen, jegliche Phrasen verschmähend, nichts zu viel und nichts zu wenig, stets den Eindruck hervorbringend, als ob er persönlich sich wenig darum kümmere, welche Aufnahme seine Ausführungen finden. Caprivis Reden zeichnen sich stets durch soldatische Geradheit und Schlichtheit aus, und man hört sie auch dann gern, wenn man mit dem Inhalt seiner Ausführungen weniger einverstanden sein kann.

Bewundernswert ist seine klare, sachliche Verarbeitung eines komplizierten Materials, die einheitliche Gruppierung der hervortretenden Gesichtspunkte — niemals verweilt er bei Nebensächlichem länger als notwendig —, die Würde, welche er in der Polemik wahrt, und hohes Lob verdient vor allem auch der Takt, welchen er in Bezug auf die Handlungen seines Amtsvorgängers zeigt, sei es nun, daß er sie billigt, sei es, daß er sich veranlaßt sieht, eine der Politik des Begründers der deutschen Einheit entgegengesetzte Bahn einzuschlagen.

Graf von Caprivi hat während der kurzen und doch so ereignisreichen Zeit seiner Wirksamkeit als Reichskanzler den deutlichen Beweis geliefert, daß er die Persönlichkeit war, welche die Kraft besaß, in einer überaus schwierigen Übergangszeit, wie solche der Rücktritt Bismarcks für alle Verhältnisse naturnotwendig schaffen mußte, die Geschicke unserer inneren und äußeren Politik erfreulichen Abschnitten und Wendepunkten entgegenzuführen, und daß er auch ferner der Mann sein wird, zu welchem die deutsche Nation mit Gefühlen des Stolzes und Vertrauens aufsieht.

Reden im Reichstage.

1. Als Chef der Admiralität.

Sitzung am 7. Juni 1883.

Bau einer neuen Ersatzkorvette.

Caprivi legt in folgender kurzen Rede, die der Zeit seiner Wirksamkeit als Chef der Admiralität angehört, dem hohen Hause die Gründe dar, welche für den Bau einer Ersatzkorvette maßgebend geworden waren, und bittet den Reichstag, den darauf bezüglichen Titel*) ohne Zögern zu bewilligen.

„Meine Herren, ich bitte Sie, diesen Titel zu bewilligen, nicht allein weil es sich darum handelt, für ein altes, ausgedientes Schiff, das nicht mehr imstande ist, jahrelang zu laufen, einen Ersatz zu schaffen, ohne daß die Kaiserliche Marine eine Schwächung erleiden würde; ich habe noch ein weiteres Motiv und wünsche, daß uns die Mittel gegeben werden, in dem Neubau einen Versuch darüber anzustellen, ob ein Typus von Schiffen, wie wir ihn bis jetzt nicht gehabt haben, der theoretisch empfehlenswert erscheint und dem von den Engländern neuerdings erprobten ähnlich wäre, praktisch ausführbar ist. Ich muß Wert darauf legen, daß dieser Versuch nicht aufgeschoben wird, sondern daß wir so schnell wie möglich in die Lage gesetzt werden, mit dem Bau, zu dem die theoretischen Vorarbeiten fast fertig sind, vorgehen zu können."

---

*) Titel 16 lautet: Zum Bau einer Korvette als Ersatz für die Korvette „Elisabeth" erste Rate 600000 M. — Die Position wird abgesetzt.

Dieselbe Sitzung.

Zum Bau eines vierten Dienstwohngebäudes für Torpedopersonal in Friedrichsort waren von den verbündeten Regierungen 72000 M. gefordert worden. Dieser Titel (5) wird dem Beschluß der Kommission entsprechend abgelehnt.

„Ich kann nur bitten, den Antrag des Herrn von Köller zu genehmigen. Ich halte den Bau für unaufschiebbar und kann als Motiv dafür anführen, daß, was ich in der Kommissionssitzung nicht wußte, die Ernennung der vier Deckoffiziere, von denen es gegenwärtig in den Motiven heißt: „da die Besetzung jedoch in Aussicht steht," schon vor dem Tage der Kommissionssitzung erfolgt ist. Also die Männer, für die die Wohnungen beantragt sind, sind bereits da. Ich will Sie nicht langweilen mit der Schilderung der Verhältnisse in Friedrichsort. Friedrichsort ist nichts als ein ganz kleiner Platz, auf dem eine private Bauthätigkeit keinen Raum hat und auf dem wir die Pflicht haben, für die Leute, die dienstlich da leben müssen, zu sorgen."

Sitzung am 1. Dezember 1884.

Erste Beratung des Gesetzentwurfes, betr. Postdampfschiffs-Verbindungen mit überseeischen Ländern.

Die Rede enthält eine kurze Korrektur der Äußerung eines Abgeordneten, daß auf Postdampfern keine Matrosen ausgebildet würden, daß dazu die Küstenfischerei vorzugsweise geeignet wäre 2c. Die Postdampfer bieten der Marine Gelegenheit, für die deutsche Kriegsmarine geeignete Schiffsmannschaft zu erziehen.

„Der Herr Abgeordnete Stiller hat die die Marine betreffenden Sätze der Motive seiner Kritik unterzogen, er hat sich dahin geäußert, daß auf Postdampfern keine Matrosen ausgebildet würden; daß dazu die Küstenfischerei vorzugsweise geeignet wäre. Ich würde dem von ganzem Herzen zustimmen, wenn nicht — soweit ich die Verhältnisse kenne — die deutsche Küstenfischerei immer mehr zurückginge, und wenn nicht der Bedarf der Marine nach seefahrenden Mannschaften so groß wäre, daß sie zufrieden sein muß, Leute zu nehmen, in welcher Stellung sie sind, wenn sie nur nicht seekrank werden, wenn man sie einschifft.

In dem betreffenden Satze der Motive heißt es:

Die deutschen Postdampfer würden eine Gelegenheit bieten, für die deutsche Kriegsmarine in vermehrtem Umfange geeignete und bewährte Schiffsmannschaften zu erziehen.

Man sagt nicht „Matrosen". Zur „Schiffsmannschaft" gehören auch Maschinisten und Heizer, und die werden für die deutsche Kriegsmarine auch auf den Postdampfern erzogen."

Sitzung am 18. März 1884.

Erste Beratung des Gesetzentwurfes, betr. die Bewilligung von Mitteln zu Zwecken der Marineverwaltung.

Der Chef der Admiralität erklärt in nachfolgender Rede die Einbringung eines Nachtragsetats bezüglich der Kosten der Marineverwaltung und knüpft hieran noch einige allgemeine Bemerkungen über die Aufgabe der deutschen Marine und die Notwendigkeit ihrer Vervollkommnung.

„Ich möchte zunächst ein paar Worte über die Frage des Nachtragsetats*) sagen und meinem Bedauern darüber Ausdruck geben, daß die Angriffe sich gegen meinen Kollegen vom

---
*) Der Abg. Rickert hatte die Form des Nachtragsetats bemängelt.

Reichsschatzamt*) gerichtet haben, während, wenn Sie mir den Ausdruck gestatten, ich der Sündenbock in der Sache bin. Es wird auf dem Gebiet derjenigen Verwaltungen, die auf den Krieg gerichtet sind, immer leichter vorkommen als auf anderen, daß Forderungen auftreten, deren Gewährung aufzuschieben niemand die Verantwortung auf sich nehmen möchte. Es kommt dann in diesem Falle dazu, daß, wenn ich nicht neu im Amte gewesen, und wenn der Flottengründungsplan nicht abgelaufen wäre, die Forderung nicht gekommen wäre. Die Motive haben also wesentlich in mir gelegen.

Ich kann dann zu meiner Freude konstatieren, daß, soweit das aus den Äußerungen, die bisher gefallen sind, ersichtlich ist, auch der Reichstag in der Kontinuität sich erhalten hat mit den Gefühlen, die ihn 1872, 1873 und 1874, wie er zuerst über die deutsche Flotte beriet, und wie er den Flottengründungsplan genehmigte, geleitet haben, und das ist mir wertvoll. Mehr vielleicht noch als die Armee bedarf die Marine des Gefühls, daß sie ein Teil nationaler Wehrkraft ist, von der eigenen Nation getragen. Das Schiff, welches die deutsche Flagge in das Ausland trägt, hat nicht bloß eine Mission, deren Resultat sich in Mark bei den Einnahmen der Steuern und Zölle ausdrückt, sondern hat auch die Aufgabe, das deutsche Gefühl weit von der Heimat in fernen Weltteilen neu zu beleben.

Dieser Aufgabe wird die Marine nur dann genügen können, wenn sie — man mag über Einzelheiten der Verwaltung und des weiteren Fortbaues denken, wie man will — das Bewußtsein haben kann, daß man weiterbauen will, daß man das Bestehende erhalten und auszubauen beabsichtigt.

Was die einzelnen Bemerkungen betrifft, so glaube ich, daß die Zahlen, in denen die Ausgaben gegen den Flottengründungsplan**) zurückgeblieben sind, sich bei genauerem Studium der Seite 6 der Anlage noch erheblich höher stellen werden.

Ich habe noch in Bezug auf die Bemerkung, daß wir ja einen Etat hätten machen können, dem, was der Herr Staats-

---

*) Staatssekretär des Reichsschatzamtes Wirkl. Geh. Rat von Burchard.
**) Vom Jahre 1873.

sekretär von Burchard gesagt hat, hinzuzufügen, daß wir eben gar nicht in der Lage waren, eine bestimmte Anzahl von Menschen, um die schon jetzt der Etat erhöht werden sollte, namhaft zu machen. Das ist in der Denkschrift auch ausgesprochen. Wenn die Vermehrung im wesentlichen darauf basiert, daß sie aus Freiwilligen entnommen werden soll, so muß eben der Freiwillige erst da sein. Ich weiß aber heute noch nicht, wieviel kommen, noch an welchem Tage sie kommen wollen.

Im übrigen kann ich von meinem Standpunkt aus nur mit der Verweisung der Vorlage an eine Kommission einverstanden sein."

Die Vorlage wird hierauf an die Budgetkommission verwiesen.

Sitzung am 20. Januar 1885.

Zweite Beratung des Reichshaushaltsetats. Marine-Verwaltung.

Caprivi legt dar, daß die Selbstbewirtschaftung der Kasernen billiger sei und dem Wohle der Mannschaften diene, wenn gewisse Voraussetzungen, unter welchen die Maßregel getroffen worden sei, erfüllt würden.

„Berechtigte Interessen der Handwerker würden nach meinem Dafürhalten nur dann verletzt sein, wenn der mit ihnen abgeschlossene Kontrakt nicht gehalten wäre. Zu dieser Annahme fehlt mir aber jeder Grund. Ich muß auch annehmen, daß die Truppenteile und die Garnisonverwaltung von Kiel korrekt verfahren haben, bis das Gegenteil nachgewiesen ist.

Was die Selbstbewirtschaftung angeht, so ist das eine Maßregel, die in der betreffenden Instruktion durch Allerhöchste Ordre gegeben ist und die, wie es darin ausdrücklich heißt, zum Wohle der Mannschaften dienen soll. Sie kann aber nur dann zum Wohle der Mannschaften dienen, wenn sie billiger ausgeführt wird, als der Staat die Verwaltung bisher ausgeführt hat. Das ist wiederum nur möglich, wenn die unter den Mannschaften befindlichen Handwerker, die entsprechende Gewerbe treiben, zu diesen Arbeiten herangezogen werden. Daß das aber nicht in einem Maße geschieht, welches die Ausbildung der Leute beeinträchtigt, dafür sorgen die militärischen Vorgesetzten.

Außer dem Wohle der Mannschaften, das ich zu vertreten habe, und das ich durch die gestattete Selbstverwaltung auf Grund der bestehenden Bestimmungen vertreten zu haben glaube, habe ich das fiskalische Interesse zu vertreten. Ich kann hier konstatieren, daß die Selbstbewirtschaftung der Kaserne für den Fiskus ein ganz erhebliches Geschäft ist. Beispielsweise für das Seebataillon sind verwendet von der Garnisonverwaltung in einem Jahre 17 540 M., während in demselben Jahre, wenn das Seebataillon die Selbstverwaltung schon gehabt hätte, die ihm jetzt erst übertragen worden ist, nur 13 528 Mk. ausgegeben worden wären. Es hatte also in einem Jahre bei dem einen Bataillon der Fiskus eine Ersparnis von 4012 M. gemacht. Und doch befinden sich die Mannschaften besser dabei, als wenn die Behörden ihre Kaserne bewirtschaften.

Ich bin also im Interesse der Mannschaften berechtigt und verpflichtet, im Interesse des Fiskus verpflichtet, diese Maßregel eintreten zu lassen, wo andere militärische Übelstände im Gefolge nicht eintreten. Das ist hier nicht der Fall."

Dieselbe Sitzung.

Werftbetrieb.

Der hierauf folgende Passus der Rede führt zu einem scharfen Renkontre mit den Sozialdemokraten. Der Ton ist hier rigoroser als in irgend einer späteren Rede Caprivis.

„Das Verfahren des Oberwerftdirektors hat meine vollkommene Billigung gefunden.*)

---

*) Der Abg. Meister hatte in dem Verfahren des Oberwerftdirektors in Wilhelmshaven, der alle Arbeiter, welche einen sozialdemokratischen Stimmzettel abgegeben hatten, entlassen hatte, eine ungerechtfertigte Härte gefunden.

Die Arbeitsordnung, die auf allen Werften angeschlagen ist und an Stelle eines Kontrakts tritt, hat im § 48 unter f folgenden Passus:

Wenn der Arbeiter einem Verein angehört oder beitritt, welcher sozialdemokratische, nihilistische oder sonstige auf den Umsturz der bestehenden staatlichen Ordnung abzielende Tendenzen verfolgt, kann er ohne Kündigung sofort entlassen werden.

Von den vier entlassenen Arbeitern ist der eine durch das Amt Wittemund, der andere durch den Gendarmen in Baut amtlich gemeldet worden als solche, die — nicht etwa sozialdemokratisch gewählt, sondern sozialdemokratische Wahlzettel verteilt haben; einer von ihnen hat sogar versucht, einem Unteroffizier sozialdemokratische Pamphlete beizubringen.

Es ist fernerer Irrtum, daß diese Leute nach einer ganz kurzen Kündigung, nach drei Tagen entlassen sind. Ich würde den Oberwerftdirektor für vollkommen berechtigt gehalten haben, auf Grund dieses Paragraphen der Arbeitsordnung die Leute ohne Kündigung zu entlassen; denn wer sozialdemokratische Stimmzettel verteilt, hat mindestens den Verdacht, daß er sozialdemokratischen Vereinen angehört, so lange gegen sich, bis er das Gegenteil nachweist. Der Oberwerftdirektor ist aber in seiner Humanität gegen die Arbeiter soweit gegangen, daß er sie nicht ohne Kündigung, sondern erst nach einer vierwöchentlichen Kündigung entlassen hat.

Es ist nicht richtig, daß vier Arbeiter Dienstwohnungen inne gehabt haben, aus denen sie getrieben sind; nur ein einziger von ihnen hatte eine Dienstwohnung."

Dieselbe Sitzung.

Auf eine Replik des Abg. Meister nimmt der Chef der Admiralität nochmals das Wort:

„Was zunächst die Behauptung angeht, daß die Arbeiter in der Regel nach drei Tagen ihre Wohnung verlassen müssen, so hat dieser einzige fiskalische Arbeiter, der an dem Wahltage — mir ist nicht erinnerlich, wann er fiel — sich dieses Vergehens gegen die Arbeiterordnung schuldig gemacht hat, erst am 31. Dezember die Wohnung verlassen müssen. Er hat also eine hinlänglich lange Frist gehabt. Was den Verwaltungssekretär angeht, der kommandiert worden ist nach Baut, nach dieser Arbeiterkolonie, so ist er von mir kommandiert worden um der Arbeiter willen, um die Interessen der Leute an das Ohr der Vorgesetzten zu bringen; es hat dieser auf oldenburgischem Boden liegenden Kolonie, die unter überaus schwierigen Verhältnissen lebt, bisher an einem Organ gefehlt, um ihre Gemeindeangelegenheiten durch den Oberwerftdirektor an mich zu bringen.

Was nun weiter die Behauptung angeht, daß der Oberwerftdirektor — ich darf den Ausdruck gar nicht brauchen, der die Folgerung aus dem wäre, was der Herr gesagt hat — daß der Oberwerftdirektor die Papiere zurückbehalten hat, daß der Sekretär und der Gendarm die Wahrheit nicht ausgesagt haben, so will ich mich, was den Oberwerftdirektor angeht, zunächst nicht bloß auf das Gerücht berufen, was der Herr hier zitiert hat, sondern ich will bemerken, daß der Oberwerftdirektor unmittelbar, nachdem diese Dinge in ähnlicher Weise, wie sie hier angeführt worden sind, in die Zeitungen kamen, bei mir um die Erlaubnis eingekommen ist, gerichtlich gegen diese Zeitungen vorgehen zu dürfen. Im übrigen aber mag Mißtrauen eine demokratische Tugend sein, wie wir von jener Seite gehört haben; innerhalb der Verwaltung und innerhalb der Truppe würde das Mißtrauen Gift werden, und so lange ich die Ehre habe, an der Spitze der Admiralität zu stehen, habe ich zu einem solchen Mißtrauen gegen die Offiziere und Beamten noch niemals einen Anlaß gehabt; ich werde in dem Vertrauen so lange fortfahren und werde glauben, daß korrekt verfahren worden ist, so lange, bis mir das Gegenteil auf Grund amtlicher Nachweise erwiesen sein wird."

Dieselbe Sitzung.

Keine sozialdemokratische Agitation auf den Werften.

Nachdem der Abg. Bebel sich in derselben Angelegenheit gegen die Maßregelungen der Arbeiter geäußert, ergreift der Admiralitätschef noch einmal das Wort:

„Zunächst hat mich der Herr Abgeordnete Bebel falsch verstanden, wenn es mir nicht gelungen ist, ihm klar zu machen, daß diese Arbeiter mit und nicht ohne Kündigung entlassen worden sind, (Abg. Bebel: Ist ganz gleich!) und daß der angezogene Paragraph sich auf die Arbeiterentlassung ohne Kündigung bezieht. Sie sind also mit großer Milde behandelt worden.

Ich bin aber auch der Meinung, daß auch der Arbeitgeber — und das ist in diesem Falle das Reich und die Marineverwaltung — Pflichten und Rechte hat. Der Arbeitgeber hat nach meiner Überzeugung die Pflicht — und so lange ich die Ehre habe, an dieser Stelle zu stehen, werde ich an dieser Pflicht festhalten — dafür zu sorgen, daß — die Leute mögen eine Gesinnung haben, welche sie wollen — wenigstens keine sozialdemokratische Agitation auf den Werften um sich greift.

Ganz abgesehen von den allgemeinen staatlichen Interessen, sind die Werften militärische Institute, wo Soldaten und Arbeiter ineinander übergreifen und häufig miteinander in Berührung kommen; und nach dem, was ich hier im Reichstage von diesen Tugenden gehört habe, würde ich glauben müssen, daß es für die Truppen Gift wäre, wenn diese Tendenzen in sie eindringen. Ich habe die Pflicht, die Truppen davor zu bewahren."

Sitzung am 26. Januar 1886.

Der Untergang der „Augusta" im indischen Ozean.

Auf die Anfrage des Abgeordneten Kroeber, warum der Klingelbeutel durch das Reich ging, um für die

Hinterbliebenen der in diesem Schiffe Versunkenen Unterstützungen zu sammeln, statt daß das Reich für die Hinterbliebenen in auskömmlicher Weise sorgte, erwiderte der Chef der Kaiserlichen Admiralität:

„Die Gewährung von Unterstützungen für die Hinterbliebenen der mit der „Augusta" Verunglückten ist nicht von der Admiralität, sondern von der freiwilligen Wohlthätigkeit ausgegangen. Ich habe also, als diese Dinge in Szene gesetzt wurden, keinen Einfluß auf die Entscheidung der Frage gehabt, ob es nötig sei, mit Staatsmitteln einzugreifen oder nicht. Die Privatwohlthätigkeit trat von selbst ein. Im übrigen steht die Admiralität auf dem Standpunkt, daß Verluste im Frieden nicht anders behandelt werden können als Verluste im Kriege. Für Verluste im Kriege sorgt das Pensionsgesetz, für Verluste im Frieden, wie hier, sorgt es auch."

Dieselbe Sitzung.

Antrag des Abgeordneten Dr. Möller, die Beschlußfassung über die zur Steigerung des Küstenschutzes geforderten 459 Mann Matrosenartillerie solange auszusetzen, bis eine bindende Erklärung der Armeeverwaltung vorliegt, daß eine gleiche Anzahl von Mannschaften der Fußartillerie in Wegfall kommen werde.*)

„Meine Herren, ich bitte, den Antrag des Herrn Abgeordneten Möller abzulehnen. Das, was an Matrosenartillerie hier mehr gefordert wird, motiviert sich als weiterer Schritt einer Entwickelung, die bald nach Ausarbeitung des Flotten

---

*) Der Abg. Dr. Möller gab im Laufe der Debatte seinem Antrage eine veränderte Fassung; er lautete nun: „Der Reichstag wolle beschließen: die Beschlußfassung über die Bewilligung der zur Verstärkung des Küstenschutzes bestimmten 459 Mann Matrosenartillerie ⁊c. so lange auszusetzen, bis von Seiten des Chefs der Armeeverwaltung eine Erklärung abgegeben sein werde, daß eine entsprechende Verminderung der Fußartillerie eintreten würde." Dieser Antrag wird vom Reichstage abgelehnt.

gründungsplanes begonnen hat. Damals hatten wir ein Seebataillon und eine Seeartilleriekompanie, die beide ganz organisiert waren wie die Landtruppen und dieselbe Ausbildung empfingen, dasselbe Personal. Man erkannte sehr bald, daß mit einer nach dem Standpunkte der Fußartillerie der Armee ausgebildeten Truppe den Anforderungen nicht überall zu genügen ist, die die Verteidigung der Küstenwerke mit sich bringt. In der Denkschrift von 1884 hat man ausgeführt, daß jede Verteidigung von Küstenwerken eines gewissen maritimen Elements bedarf. Schon die bloße Unterscheidung, welches Ziel bei einem Feinde, welches Schiff es ist, das à faire genommen werden muß, bloß die Unterscheidung: hat ein Schiff gelitten, oder hat es nicht gelitten? — erfordert ein maritimes Auge. Im allgemeinen kann man für diesen Zweck mit der Beigabe einiger Offiziere und eines geringen Quantums von Matrosenartilleristen auskommen — eine Maßregel, die für die Ostsee beabsichtigt ist. Für die Nordsee aber hat man einen stärkeren Prozentsatz seemännischer Elemente zur Küstenverteidigung hinzunehmen müssen. Und zwar aus zwei Gründen: einmal muß das Kommando in eine Hand gebracht werden; nur ein einziger Mann kann das Zusammenwirken der Küstenverteidigung und ihrer Schiffe in der Elbe, Weser, Jahde richtig handhaben, es muß also das einheitliche Kommando notwendig in den Händen der Marine oder der Armee sein. Ist das einmal aber entschieden, so folgt weiter, daß es auch wünschenswert ist, falls das Kommando an die Marine übergeht, ihr Organe zu geben, an die sie gewöhnt ist, die mit der Sache vertraut sind. Die Nordsee hat eigentümliche Verhältnisse: man hat überall mit starkem Strome zu schaffen, der Strom führt Schlick mit sich und verursacht leicht das Versanden der unterseeischen Kampfmittel. Die Handhabung dieser Kampfmittel sowohl der Seemarine wie der Torpedobatterieen ist in der Marine Sache der Matrosenartillerie und kann von der Fußartillerie nicht besorgt werden; es liegt das ganz außerhalb ihrer Sphäre; es würde das mehr in den Beruf der Pioniere fallen, obgleich auch denen das seemännische Element fehlt. Die Tage sind vorüber, wo, wie im Jahre 1849 bei Eckernförde, ein Unteroffizier mit ein paar Feldgeschützen ein feindliches Schiff zum Brennen brachte. Der Küstendienst ist eine Wissenschaft geworden, verlangt technische Kräfte, die Spezialisten fordern. Solche Spezialisten sollen hier gegeben werden.

Ich kann mich in Bezug auf die Frage, ob eine Reduktion der Armee in demselben Maße beabsichtigt sei, wie hier eine Vermehrung der Rekruten der Matrosenartillerie gefordert wird, nur auf die Erklärung beschränken, die ich in der Kommission abgegeben habe, die ungefähr dahin ging, daß ich weder berufen noch befähigt sei, über Sachen der Armee eine Erklärung abzugeben, daß ich aber, wenn ich meine persönliche Ansicht sagen sollte, sie dahin zusammenfassen würde, daß ich bei dem notorischen Mangel der Armee an Fußartilleristen nicht glaube, daß man dort geneigt sein werde, eine Reduktion vorzunehmen. —

Ich kann also nur dringend bitten, die Forderung voll zu bewilligen."

Dieselbe Sitzung.

Wir sind hinter dem Flottengründungsplan noch zurück.

„Ich bin bereit, den Standpunkt des Herrn Abgeordneten Windthorst zu acceptieren und mich mit dem zufrieden zu erklären, was der Flottengründungsplan bewilligt; denn wir sind in sehr wesentlichen Punkten noch so weit dahinter zurück, daß, wenn Sie mir das votieren, ich geneigt bin, ohne weiteres darauf einzugehen. Wie der Herr Referent*) angeführt, sind wir in Bezug auf die Mannschaften, wenn man den Geldwert des Unterhaltes der Mannschaften, der Matrosen= und Werftdivisionen zusammenzählt, und wenn unsere ganze Forderung voll bewilligt wird, um 55000 und so und so viele Mark über den Flottengründungsplan hinausgegangen; wenn aber der Abstrich von 300 Mann gemacht wird, sind wir noch immer

---

*) Abg. Rickert.

hinter dem Flottengründungsplan zurück. Wir sind ferner hinter dem Flottengründungsplan zurück in Bezug auf das Material der Schiffe; uns fehlt noch heute Ersatz für den „Großen Kurfürsten", uns fehlt noch heute Ersatz für die Panzerfregatte „Prinz Adalbert". Der Flottengründungsplan sagt: 20 Panzerkorvetten und 18 Kanonenboote für den politischen Dienst; ich habe in der Kommission nachgewiesen, daß wir nur 17 Korvetten und 9 Kanonenboote für den politischen Dienst haben. Der Flottengründungsplan sagt: 8 Avisos für den Kriegsdienst; wir haben nur 3, die für den Kriegsdienst geeignet sind. Wenn also diese Forderungen bewilligt werden, meine Herren, dann können wir uns einigen."

Dieselbe Sitzung.

Die Preise der Schiffe.

„Ich möchte dem Herrn Abg. Richter entgegnen, daß diejenigen Summen, um die der Etat seit Emanation des Flottengründungsplanes gestiegen ist, im wesentlichen aus zwei Momenten resultieren, einmal aus einem besseren inneren Ausbau der Flotte, dann aus dem Gesetz vom 12. April 1884, wodurch das Torpedowesen in neue Bahnen gekommen ist. Alle diese Dinge sind mit Ihrer Bewilligung geschehen; Sie selbst haben die Notwendigkeit derselben anerkannt.

Wenn Herr Richter der Meinung ist, daß man am Ende sich mit weniger begnügen könnte als früher, weil die Preise der Schiffe geringer geworden seien, so muß ich bemerken, daß er sich in einem fundamentalen Irrtum befindet. Die Preise für die Arbeitslöhne und das Material waren zur Zeit des Flottengründungsplanes geringer, als sie heute sind. Es scheint aber dem Herrn Abgeordneten entgangen zu sein, daß ein Schiff von damals und von jetzt zwei ganz verschiedene Dinge sind. Die Preise der Schiffe sind durch die höheren Anforderungen, denen sie genügen müssen, so in die Höhe gegangen, daß, wenn wir heute einen neuen Flottengründungsplan aufstellen sollten, wir vor ganz anderen Summen stehen würden als damals. Ich will nur anführen: wir brauchen eine größere Geschwindigkeit der Schiffe. Ein Schiff, welches im Jahre 1873 ein nützlicher Aviso war, ist heutzutage lahm und zu nichts zu gebrauchen, weil die Schiffe anderer Mächte, die damals vielleicht 13 Knoten liefen, jetzt 17 bis 18 Knoten laufen. Die Geschwindigkeit eines Schiffes resultiert im wesentlichen aus seiner Maschine. Die Anforderungen an die Maschinen und die Kosten derselben steigen aber mit jedem Knoten, den das Schiff mehr laufen soll, in einer geometrischen Progression. Es ist ein Unterschied, ob ein Schiff, wie Seiner Majestät Schiff „Charlotte", das jetzt vom Stapel gelassen ist, einen Zinkboden hat, wie man ihn jahrelang für zulässig hielt, oder einen Kupferboden; das macht eine Differenz von 290000 Mark. Ob ein Schiff mit Petroleum erleuchtet wird, oder ob es elektrisches Licht bekommt, macht einen Unterschied von 60000 Mark."

Der künftige Kreuzerkrieg.

Der Herr Abgeordnete ist dann weiter der Meinung, man könne in einem Kriegsfalle nicht alle Schiffe brauchen und brauche sie auch nicht alle zu besetzen. Das würde meinerseits nur zuzugeben sein für die geringen Schiffe, die überhaupt für keinen Kriegsgebrauch mehr tauglich sind, wie etwa altgewordene Schulschiffe. Wenn aber ein Schiff für irgend einen kriegerischen Zweck brauchbar ist, so würde ich auch den Wunsch haben, es im Kriege zu bemannen und in Dienst zu stellen. Es sind Kriegsfälle denkbar, — und sie liegen gar nicht ferne, — wo der Kreuzerkrieg eine Rolle spielen kann, die reichlich so einflußreich auf den Friedensschluß ist wie die Rolle, welche die Panzerschiffe spielen. Um einen extremeren Fall anzuführen: wenn wir in einen Krieg geraten mit einer Macht, der wir zu Lande nicht beikommen können, so haben wir fast kein anderes Mittel als die wirksame Führung des Kreuzerkrieges. Wir würden in einem solchen Falle unsere Panzerschiffe und unsere Torpedoboote brauchen, um die feindliche Flotte, falls der Feind eine besitzt, in seine Häfen zurückzutreiben; die Entscheidung aber würde im Kreuzerkriege liegen. Führt man Krieg, so will man den Gegner dahin bringen, daß er das thut, was er nicht will, und was wir wollen. Dahin bringt man ihn aber nur, wenn man ihm das Kriegführen so verleidet, daß es ihm eher über wird als uns. Wenn man einem feindlichen Staat, gegen den man kriegerisch vorgeht, die Panzerflotte zerstört, so ist das ein erheblicher Schaden; er kann nicht mehr mit großen Schiffen auf offenem Meere auftreten; einer und der andere seiner Küstenplätze wird bombardiert werden. Aber dieses Annähern an eine feindliche Küste wird schwerlich eine energische Nation zum Friedensschluß bringen. Anders liegt die Sache, wenn ich imstande bin, den Seehandel der feindlichen Nation durch den Kreuzerkrieg so zu schädigen, daß der Import aufhört, daß vielleicht der Getreidebedarf abgeschnitten wird, daß aller Handel darniederliegt. Dann wirkt das nicht bloß auf die geschädigten Küstenstädte, sondern auch tief hinein auf das Land, und dann kann ich eine Stimmung beim Feinde erzeugen, die ihn dahin bringt, diejenigen Bedingungen anzunehmen, die ich von ihm fordere. Nun trennen sich die Dinge ja in Wirklichkeit nicht so: hier Panzerkrieg und da Kreuzerkrieg, — sondern sie gehen in einander über. Ich will nur darauf hindeuten, was wir mit einer einigermaßen brauchbaren Kreuzerflotte im Jahre 1870 hätten leisten können, um unserem Gegner die Zufuhr von Waffen und Munition über den Ozean abzuschneiden. Ich möchte also den Herrn Abgeordneten Richter bitten, diese Ansicht, daß im Kriege kriegsbrauchbare Schiffe nicht zu besetzen wären, aufzugeben."

Dieselbe Sitzung.

Der Chef der Admiralität wendet sich gegen die vom Abg. Liebknecht über die Werftverwaltung erhobenen Beschwerden.

„Ich muß gestehen, daß die Äußerungen des Herrn Abg. Liebknecht mich mit Befriedigung erfüllt haben insofern, als ich glaubte, wenn ein Chef der Sozialdemokraten unter 7000 Werftarbeitern gravamina gegen die Verwaltung sucht, und diese gravamina im wesentlichen auf subjektiven Behauptungen des Arbeiterstandes beruhen, eine andere Blumenlese zusammenkommen würde als die angeführte. Ich kann mich auf Einzelheiten nicht einlassen. Ich kann nur konstatieren, daß die Verwaltung auf den Werften eine straffe sein muß, wenn nicht eine Vergeudung von Reichsgeldern entstehen soll.

Daß eine Untersuchung der Arbeiter stattfindet und stattfinden muß, ist durch die Veruntreuungen, die in einem kolossalen Maßstabe in früherer Zeit vorgekommen waren, notwendig geworden. Es findet also jeden Mittag und Abend eine solche Kontrolle statt, und es werden einzelne Leute herausgenommen und daraufhin untersucht, ob sie Kupfer, Bronze und andere wertvolle Gegenstände mitgenommen haben oder nicht.

Das einzige, worauf ich näher eingehen will, waren Ausführungen des Herrn Liebknecht, worin er sich gegen die Bestimmung wendet, daß Arbeiter über 40 Jahre in der Regel nicht aufgenommen werden. Die Werften sind militärische Institute, die namentlich im Mobilmachungsfall in einer gegebenen Zeit gegebene Leistungen ausführen müssen, bei denen also das Überhandnehmen alter Arbeiter in kritischen Momenten geradezu gefährlich werden kann. Ich weiß aber auch nicht, was Auffallendes in dieser Bestimmung liegt. Jede Privatfabrik setzt sich auch ihre Grenzen. Der Staat, wenn er Staatsdiener anstellt, verlangt auch ein gewisses Alter und pflegt in der Regel nicht Greise zu übernehmen. Dies alles vorausgeschickt, so ist trotzdem das Alter der Werftarbeiter keineswegs ein jugendliches, und die humane Behandlung namentlich derjenigen Arbeiter, welche länger im Werftdienst sind, führt dahin, daß wir verhältnismäßig viele alte Werftarbeiter haben. Am meisten tritt das hervor bei der ältesten unserer Werften, bei der, welche am längsten funktioniert, die am längsten Arbeiter in Dienst hat, der Werft in Danzig. (Der Redner belegt dies genauer durch Zahlen.) Ich glaube, daß eine inhumane Benachteiligung des Alters aus diesen Zahlen nicht gefolgert werden kann."

Dieselbe Sitzung.

Die Notwendigkeit von Avisos.

„In jeder Art der Kriegsführung sind Nachrichten die wesentlichste Bedingung für das Fassen richtiger Entschlüsse, für das Erreichen des Erfolges. Je sicherer Nachrichten eintreffen, um so sicherer kann der Befehlshaber handeln, um so erfolgreicher. Die Kriegsführung zur See unterscheidet sich von der Kriegsführung zu Lande dadurch, daß auf der See das Auge die einzige Quelle der Nachrichten ist; ich mache auf der See keine Gefangene, ich habe keine Spione, ich habe keinen Telegraphendraht, sondern nur das feindliche Geschwader, was mit Augen gesehen ist, kann ich beurteilen. Es müssen also solche Augen da sein; das sind die Avisos. Avisos aber, die im Jahre 1873 zu brauchen waren, sind eben heute keine mehr, weil die feindlichen Schiffe schneller geworden sind. Wir haben nur drei brauchbare. Angenommen, es bricht ein Krieg aus, und es geht aus Kiel ein Geschwader vor, so braucht es Avisos: einen nach dem Sund, einen nach dem großen Belt, einen nach dem kleinen Belt und einen gegen Norden. Da brauchen wir allein schon für den Vorpostendienst dieses Geschwaders vier Avisos. Wir sind also vom Standpunkte des Krieges aus in Avisos in einer Weise knapp, die sich nach meinem Dafürhalten mit dem Reichsinteresse nicht verträgt.

Ich stimme aber dem Herrn Abgeordneter Meier auch darin bei, daß dies gerade ein Fall ist, wo die Ökonomie sehr leicht ins Gegenteil umschlagen kann. Wenn es zur Mobilmachung käme, und ich nicht eigene Avisos hätte oder nur in der beschränkten Anzahl, und nun genötigt wäre, auf Grund des Kriegsleistungsgesetzes Avisos zu requirieren oder gar im

Auslande zu kaufen, da würden wir ganz andere Summen zahlen müssen als jetzt und würden doch nur Schiffe erhalten, die kaum den halben Preis wert sind."

Die sparsame Wirtschaft der Kaiserlichen Marine in Bezug auf den Ersatz und den Neubau von Schiffen.

„Für Ersatzbauten sind im Durchschnitt der letzten acht Jahre nur 2½ Millionen jährlich ausgegeben worden.

Wenn man unser Schiffsmaterial nur zu 150 Millionen berechnet und annimmt, daß die Durchschnittsdauer eines eisernen Schiffes 30 Jahre beträgt, so würden wir, um in jedem Jahre $1/30$ der Schiffe aufzufrischen, 5 Millionen Mark jährlich ausgeben müssen. Wenn ich mich nicht irre, schreibt der Bremer Lloyd jährlich 4 Prozent von dem Kapital ab, welches er in Schiffen angelegt hat, für seine Ersatzbauten. Wenn wir dasselbe thun wollten, so würden wir sechs Millionen jährlich brauchen. Wir sind also nach meinem Dafürhalten in Bezug auf diesen Punkt bis zur äußersten Grenze der Sparsamkeit und Bescheidenheit gegangen."

Marine zweiter oder dritter Klasse?

„Und nun noch eine Bemerkung. In der Presse und aus anderen öffentlichen Äußerungen habe ich gelesen, man sollte nicht nach einer Marine erster Klasse trachten; das würden wir nicht aufbringen können. Die Voraussetzung ist immer da, daß wir eine Marine zweiter Klasse hätten. Das trifft nicht mehr zu. Als der Flottengründungsplan geschaffen wurde, war das die Absicht; aber seither sind 10, 12 Jahre vergangen, und was inzwischen geschehen ist seitens der Russen und Italiener, überflügelt uns so, daß wir faktisch auf dem Standpunkt einer Marine dritter Klasse angekommen sind. Ich lege Wert darauf, dies vor dem Lande zu konstatieren.

Es ist ein gewisser Enthusiasmus für die Flotte da, man schwärmt gern dafür; eine richtige Vorstellung von den realen Machtverhältnissen aber ist nur wenig verbreitet. Ich habe also die Bitte: bringen Sie uns, wenigstens was die Avisos angeht, nicht unter die Marine dritter Klasse herunter."

Bei der Abstimmung über diese Position (zum Bau eines Avisos, erste Rate: 800000 Mark) stellt sich die Nichtbeschlußfähigkeit des Hauses heraus. In der darauffolgenden Sitzung (vom 27. Januar 1886) wird der Titel mit 105 gegen 100 Stimmen abgelehnt.

In der Sitzung vom 12. Februar 1886 wurden bei der dritten Lesung des Marineetats auf den Antrag des Abgeordneten von Saldern=Ahlimb im Einverständnis mit dem Chef der Kaiserlichen Admiralität 600000 Mark als erste Rate bewilligt.

Sitzung am 14. März 1887.

Die Rede befaßt sich mit den Gründen, welche zu Arbeiterentlassungen auf den Werften, namentlich auf der Werft von Danzig, führen mußten.

„Ich beklage die Notwendigkeit von Arbeiterentlassungen ebenso tief wie der Abgeordnete Rickert. Ich bedaure von ganzem Herzen, daß eine Anzahl Menschen dadurch, daß sie entlassen werden, brotlos werden. Ich bin aber außer stande, es zu ändern. Ich kann im reichsfiskalischen Interesse unmöglich Arbeit schaffen und erfinden, bloß um die Arbeiter zu erhalten. Die Zahl der Arbeiter ist abhängig und muß abhängig bleiben von der vorliegenden Arbeit.

Die Erscheinung, die hier bei uns auftritt, kommt nicht in Deutschland allein zu Tage: in Frankreich, in England beobachten wir zur Zeit ganz dasselbe, nur daß sich da, der Größe der Marine entsprechend, die Entlassung in ungleich größerer, zehnfach größerer Zahl und mehr vollzieht als bei uns. Es müssen also innere Gründe vorliegen. Die liegen vor; ich finde sie zum Teil darin, daß die Lebensdauer der eisernen Schiffe länger ist als die der hölzernen, daß alle Marinen, und aus guten Gründen, sich bei Herstellung ihres Betriebes den Privatfabriken mehr als früher zuwenden.

Die Arbeiterentlassungen, die im laufenden Jahre eintreten

werden, treffen die Werft Danzig zu meinem Bedauern am härtesten. Sie sind schon im Gange und werden noch weiter fortgesetzt werden, sie werden den Etat gegen das Vorjahr um 200 Mann in Danzig verringern. In Wilhelmshaven und Kiel wird der Bestand derselbe bleiben wie bisher. Wenn die Verringerung im wesentlichen oder diesmal allein Danzig trifft, so hat dies seinen Grund in zwei Dingen.

Danzig war eine Werft, die wesentlich für den Holzschiffbau angelegt war, Holzschiffe aber bauen wir fast gar nicht mehr. Danzig ist keine Ausrüstungswerft, sondern nur eine Reparaturwerft. Die Werft von Danzig beherbergt keine Schiffe, die im Mobilmachungsfalle schnell in Dienst gestellt werden müssen, sie ist nur zur Reparatur von Schiffen da.

Wenn also einmal die Marineverwaltung sich in der traurigen Notwendigkeit befindet, ihren Arbeitsumfang einzuschränken, so ist Danzig derjenige Ort, wo es, wenn auch unter schwerer Schädigung vielfacher Privatinteressen, immer noch am ersten geschehen kann und geschehen muß; denn es werden dort Reichsinteressen nicht geschädigt."

Sitzung am 17. Januar 1888.

Caprivi verwahrt sich mit Ruhe und Entschiedenheit gegen die Annahme, eine Beeinflussung oder Inspirierung der Presse ausgeübt zu haben in Sachen der Marineverwaltung, betont sein Festhalten an dem Standpunkt der Denkschrift von 1884 und verbürgt sich sodann für die Leistungskraft der Marine im entscheidenden Augenblick.

„Es ist mir nicht unangenehm, daß die Sache, die der Herr Abgeordnete Rickert*) eben erörtert hat, hier zur Sprache kommt. Ich bin ein abgesagter Feind des Eingehens auf die Presse von militärischen Ressorts aus, und das um so mehr,

---

*) Abg. Rickert hatte behauptet, daß Zeitungsnachrichten zufolge der Bau von großen Schlachtschiffen verlangt werden solle.

wenn in den militärischen Ressorts, wie in dem mir unterstellten, Verwaltung und Kommando in einer Hand liegen. Es liegt die Gefahr nahe, daß durch die Presse, wenn seitens des Kommandos auf sie eingegangen wird, eine gewisse Beunruhigung in die Truppe gebracht wird, daß Fragen zur Erörterung gestellt werden, die besser solchen Erörterungen entzogen werden.

Der Herr Abgeordnete Rickert hat die Vermutung aufgestellt — und ich habe sie in der Presse auch schon gefunden —, daß der Artikel einer solchen größeren Zeitung, der überdies an einer Stelle Platz fand, an der für gewöhnlich nur besondere Sachen stehen, daß dieser Artikel inspiriert sein würde. Was zunächst mich angeht, so bin ich von diesem Verdachte frei. Es ist die Behauptung an den Artikel geknüpft worden, er könne vielleicht weitere Forderungen der Marineverwaltung, einen Nachtragsetat, in die Wege leiten sollen. Von einer solchen Forderung ist mir nichts bekannt und ist auch bis jetzt nicht die Rede gewesen. Ich habe, seitdem ich die Ehre habe, an dieser Stelle zu stehen, viermal dem „Reichsanzeiger" eine thatsächliche Nachricht zugehen lassen da, wo es sich um Schiffsunfälle und die Beruhigung der Angehörigen verunglückter Schiffe handelte, habe dann einmal der „Kölnischen Zeitung" Zahlen gegeben, die dieselbe für einen Artikel zu haben wünschte; sonst ist niemals, weder direkt noch indirekt, von mir eine Beeinflussung der Presse ausgegangen. Nun legt der Herr Abgeordnete Rickert die Vermutung nahe, daß es eine andere offizielle Stelle gewesen sein könnte, die den Weg in die „Kölnische Zeitung" eingeschlagen habe. Ich kann auch in dieser Beziehung mit der vollsten Überzeugung aussprechen, daß das nicht richtig ist. Die Marineverwaltung hat die Kontinuität ihrer Ansichten, seit ich ihr vorstehe, nicht gebrochen, keine Ansicht geändert. Ich stehe noch heute auf dem Boden der Denkschrift von 1884, und die im vorigen Jahre dem Etat beigefügte Denkschrift setzt das nur fort, geht in denselben Bahnen einen kleinen Schritt weiter. Es ist nichts geschehen, was nicht auf dem Boden dieser Denkschriften steht. Diese Denkschriften haben den verbündeten Regierungen vorgelegen und deren Billigung gefunden. Und um nun eine Möglichkeit, die der Herr Abgeordnete Rickert leise andeutete, auch meinerseits anzudeuten und ihr entgegenzutreten, so kann ich sagen, daß gerade in der brennenden Frage, die die „Kölnische Zeitung" angeregt hatte, der Herr Reichskanzler auf dem Projekte zu der Denkschrift, was ich ihm vorlegte, mit Bleistift seine Zustimmung ausgesprochen hat. Ich glaube also nicht zu weit zu gehen, wenn ich die Erklärung hier abgebe, daß der Herr Reichskanzler sich mit mir in vollkommener Übereinstimmung befindet.

Wenn die Besorgnis ausgesprochen ist, daß unsere Marine anderen Marinen gegenüber nicht weit genug fortschreite, daß wir mehr thun müßten, so kann ich mich auch da nur auf die Denkschrift vom vorigen Jahre berufen. Ich habe damals ausgeführt, daß und welche Marinen im Begriffe stehen, in ihrer Entwickelung an der unserigen vorbeizugehen, habe ausgeführt, wie gegenwärtig unsere Lage ist, habe weiter ausgeführt, welche Mittel unsererseits nun einzuschlagen wären. Auf dem Boden stehe ich noch heute; es ist seit der Denkschrift vom vorigen Jahre nicht das mindeste, weder im Inlande noch im Auslande, geschehen, was mich zum Abgehen von den da ausgesprochenen Ansichten veranlassen könnte.

Die fragliche Zeitung — ich bedaure, daß ich immer wieder darauf zurückkommen muß — resümierte ihren wesentlichsten Vorwurf gegen mich dahin, daß der Schwerpunkt der Marine vom Wasser zu sehr auf das Land verlegt würde, und hatte dafür in der Hauptsache zwei Beweggründe. Der eine, der nur so leise durchklang, ging dahin, daß nicht genug gefahren würde, zu viel Dienst am Lande, zu wenig auf dem Wasser. Es gibt einen sicheren Maßstab für den Dienst auf dem Wasser in dem, was bei den Indiensthaltungskosten jährlich verbraucht wird; denn je mehr wir fahren, um so höher werden die Indiensthaltungskosten. Der Indiensthaltungsfonds hat im Jahre 1875 eine wirkliche Ausgabe — nicht Anschlagsausgabe, sondern ich citiere die wirkliche — von 1998000 M. gehabt, im Jahre 1885/86 sind für dieselben Zwecke 6690000 M. aufgewendet worden, also es ist nahezu das Vierfache verfahren worden von dem, was wir zehn Jahre vorher verfahren haben. Daraus die Behauptung ableiten zu wollen, daß jetzt weniger gefahren wurde, scheint mir gewagt. Ebenso ist es mit der zweiten Bemerkung. Es wird da weiter ausgeführt, daß die Matrosenartillerie zum Küstenschutz eine Vermehrung ihres Personals erfahren habe. Das Personal der Marine teilt sich in Matrosen= und Werftdivisionen, die ausschließlich zum Dienst an Bord bestimmt sind, und Seebataillone und Matrosenartillerie, die vorherrschend den Dienst am Lande thun, ohne die aber auch der Dienst zur See nicht gethan werden könnte; wir können nicht mobil machen ohne diese Truppenteile. Die Behauptung, daß diese Truppenteile ganz auf dem Lande sind, ist an sich schon eine irrige. Es hat sich aber die Zahl der Marineteile am Lande mit Ihrer Zustimmung vermehrt. Es sind für Friedrichsort, Geestemünde, Curhaven Marine=Artillerie= abteilungen, Kompanieen, geschaffen worden. Zu derselben Zeit hat aber auch eine Vermehrung des Personals der ganz schwimmenden Marineteile, der Matrosen= und Werftdivision, stattgefunden. Als ich in die Verwaltung im Jahre 1883 trat, verhielt sich die Quote der am Lande zu verwendenden Marineteile, also Seebataillon und Matrosenartillerie, zu dem gesamten Mannschaftsbestande wie 16 zu 100, also 16 Prozent am Lande, 84 Prozent schwammen. Nachdem Sie nun vier Jahre lang Vermehrungen des Marineetats genehmigt haben, hat sich im Etat 1887/88 das Verhältnis so gestellt, daß 17 Prozent am Lande sind und 83 Prozent schwimmen; es hat sich also von 1883 bis 1887 das Verhältnis der schwimmenden Abteilungen um ein Prozent verschoben. Wenn man nun überhaupt diesen Maßstab anlegen will, um den Schwerpunkt der Marine zu ermitteln, so muß ich wirklich sagen, daß in dem Verhältnis von 83 : 84 mir keine Gefahr zu liegen scheint.

Es ist endlich in diesem Artikel — und der Herr Ab= geordnete Rickert erwähnte das auch mit einem gewissermaßen melancholischen Ton — des Verhältnisses unserer Marine zu Rußland, zum Ausland gedacht worden. Ich glaube, ich bin in dieser Beziehung unverdächtiger als vielleicht ein Marine= offizier; ich bin in diese Stellung gekommen ohne mein Zuthun, aber das kann ich mit dem besten Gewissen behaupten: es ist meine innerste Überzeugung, daß diese Marine, so wie sie jetzt da ist, leisten wird, was möglich ist, und daß wir keine Gegner zu fürchten brauchen.

Unter allen Umständen wird die Marine ihre Kräfte einsetzen; wie das Kriegsglück fallen wird, kann niemand voraussehen; aber daß die Marine, diese Seeoffiziere und diese Mannschaften, alles Mögliche leisten werden, dafür verbürge ich mich."

Reden im Reichstage.

2. Als Reichskanzler.

Der Reichskanzler warnte in dieser ersten als Reichs=
kanzler im Reichstage gehaltenen Rede vor der Gefühlspolitik
in Kolonialangelegenheiten, bezeichnete seinen eigenen Standpunkt
als einen durchaus nüchternen, kühlen, und entwickelte außerdem die
Gründe, welche uns nicht gestatten, die Methode der Engländer
in Sachen der Kolonialpolitik nachzuahmen. Der Versuch, eine
kurze Entstehungsgeschichte der Kolonialpolitik zu geben, zeichnete
sich durch umfassendes Thatsachenmaterial und klare Einsicht in
die zivilisatorischen Aufgaben, die unserer dort harren, aus.

Sitzung am 12. Mai 1890.

Kolonialpolitik. — Unsere Besitzungen in Ostafrika.

Der deutschfreisinnige Abgeordnete Dr. Bamberger hatte
sich bei der Beratung über die Vorlage eines Nachtrages zum
Reichshaushaltsetat für 1890/91 gegen die Bewilligung der
geforderten Summen ausgesprochen. Er betonte dabei, daß
die Kolonialpolitik jetzt aufzugeben sei, was nach den Siegen
unserer Schutztruppen ohne Schaden der Ehre möglich wäre.
Wolle die Regierung mit guter Manier aus der Kolonialpolitik
sich herausziehen und die Sache wieder in die Hände der Ost=
afrikanischen Gesellschaft legen, so könnte auch des Redners
Partei geneigt sein, Opfer zu bringen, sonst aber würden nur
verschwindend wenige Mitglieder der freisinnigen Partei für die
Forderung eintreten. Hierauf erhob sich der Reichskanzler zu
einer bedeutsamen, formell und inhaltlich vortrefflichen Rede,
welcher das Haus mit gespanntester Aufmerksamkeit folgte.

Deutlich, ruhig und fließend, nur ganz gelegentlich von seinen Notizen Gebrauch machend, sprach er meist streng sachlich, in durchaus verbindlichem und entgegenkommendem Tone, der augenscheinlich auf allen Seiten des Hauses angenehm berührte:

„Der Herr Vorredner hat sein Auge von dem engeren Kreis der Vorlage auf die Kolonialpolitik im allgemeinen gerichtet. Ich kann zunächst mit Befriedigung konstatieren, daß er der Reichsregierung das Zeugnis ausgestellt hat, sie habe die Berechtigung gehabt, sich bei dem, was sie bisher gethan hat, mit dem Reichstag in Übereinstimmung zu wissen. Das ist in der That der Fall, und ich brauche die lange Reihe von Reichstagsbeschlüssen nicht anzuführen, durch die der Reichstag bekannt hat, daß er gewillt war, die bisherigen Schritte der verbündeten Regierungen zu unterstützen. Ich nehme das Benefizium an, nicht bloß pro praesentia, sondern auch pro futuro, und ich habe, wie der Mann, der vor mir an dieser Stelle gestanden hat, die Überzeugung, daß eine Kolonialpolitik nur solange und soweit ausführbar ist, als sie von dem Willen und — ich führe abweichend von dem Herrn Bamberger hinzu — von dem Empfinden der Nation getragen und gestützt wird.

Der Herr Abgeordnete hat auf meine Person Bezug genommen und angedeutet, daß durch deren Eintritt in das Amt vielleicht ein Wechsel in den Anschauungen eintreten werde. Ich muß das verneinen. Ich glaube, daß es ziemlich allgemein unter denen, die mich früher zu kennen hier Gelegenheit gehabt haben, bekannt geworden ist, daß ich nicht zu den Freunden der Kolonialpolitik gehört habe. Ich habe in meiner damaligen Stellung aus verschiedenen Gründen, und nicht bloß aus Ressortgründen, die Einführung der Kolonialpolitik zu jener Zeit für bedenklich gehalten. Ich bin aber jetzt der Überzeugung, daß, so wie die Sache heute liegt, wir nicht allein ohne Verlust an Ehre, sondern auch ohne Verlust an Geld nicht zurückkommen, daß wir ebensowenig auf diesem Standpunkte stehen bleiben können, daß uns also nichts anderes übrig bleibt, als vorzuschreiten.

Der Herr Abgeordnete Bamberger hat wohlwollend geäußert, daß, wenn die Regierung anzugeben wisse, bis zu welchem Ziele sie vorzugehen gedenke, wenn das bescheidene Ziele wären, auch er und seine Parteigenossen geneigt sein würden, mitzukommen. Ich entnehme daraus zuerst mit Befriedigung, daß auch unter seinen Parteigenossen kein Mann ist, der etwa geneigt sein werde, die Rolle Hannibal Fischers*) für die deutschen Kolonieen zu übernehmen.

Wenn er aber dann von mir erwartet, daß ich ein bestimmtes Programm geben, daß ich jetzt imstande sein sollte, zu sagen: nun wollen wir noch so und so viel Millionen in die Hand nehmen, die wollen wir ausgeben, dann werden wir soweit kommen, die Reichshilfe abstellen und die Sache sich selbst überlassen zu können, — so bin ich dazu nicht imstande. Bei Dingen, die sich der Einsicht in ihre innere Natur so sehr entziehen, die so viel Zufälligkeiten unterworfen sind, wie es die Anlage von Kolonieen in Ländern ist, die bis dahin nicht allein uns, sondern auch allen anderen Leuten unbekannt waren, ist es rein unmöglich, von heute auf zwölf Monate vorauszusagen: das und das soll geschehen, so und so viel werden wir brauchen. Ich kann mich nur zunächst darauf berufen — und vielleicht giebt mir das eine gewisse Fides auch bei den Parteigenossen des Herrn Bamberger — daß ich eben kein Kolonialschwärmer bin, daß ich mit ganz kaltem Verstande auch heute noch der Sache gegenüberstehe, und daß mit meinem Rat die Sache nur soweit gehen wird, als die Ehre und die Interessen Deutschlands es erfordern.

Der Herr Abgeordnete sieht im wesentlichen die Kolonialpolitik als eine Geldfrage an und sagt: Kolonialpolitik ist Wirtschaftspolitik; und er hat in gewissem Umfange darin recht, obwohl ich der Meinung bin, er setzt die Grenze etwas eng. Er hat dann diese Wirtschaftspolitik, die die verbündeten Regierungen bisher in Bezug auf die Kolonieen betrieben haben, in einem wenigstens nicht günstigen Sinne geschildert, er hat Zahlen für die bisherigen Ausgaben genannt, die nach meinem

---

*) Hannibal Fischer versteigerte im Auftrage des Bundestages 1852 die in Bremerhaven liegende deutsche Flotte und erregte durch sein Verhalten dabei die Entrüstung des deutschen Volkes.

Dafürhalten erheblich zu hoch gegriffen sind. Ich trage eine natürliche Scheu, dem gewiegten Finanzmanne gegenüber auf einzelne Details einzugehen. Ich kann aber konstatieren, daß er unter die von ihm angeführten Kosten die Kosten für Dampfersubventionen, für den Gebrauch von Kriegsschiffen, für Beamtengehälter in die Kolonialpolitik eingerechnet hat, Kosten, die wenigstens bis zu einem gewissen Grade auch anderen Zwecken dienen und zum Teil unumgänglich gewesen wären, auch wenn man sich nicht zu einer Kolonialpolitik entschlossen hätte. Nach dem mir vorliegenden Material beläuft sich die Summe, die das Reich aus seinem Säckel bisher für die Kolonialpolitik ausgegeben hat, auf noch nicht ganz 5½ Millionen, und das Vermögen, welches in Gesellschaften engagiert ist, soweit ich das zu übersehen imstande bin, noch nicht auf 15 Millionen.

Es ist ja zuzugeben, daß bei dem Auftreten der Kolonialpolitik eine große Menge von unklaren Vorstellungen unterliefen. Man glaubte, daß man nur die Hand auszustrecken brauchte und in der einen Kolonie dicke Goldklumpen, in der anderen fertige Zigarren finden würde. Daß das Irrtümer sind, konnte jeder Mensch, der sich mit solchen Dingen ernstlich beschäftigte, voraussehen. So konnten die Dinge nicht mehr laufen; die Zeiten sind nicht dazu angethan. Das, was für deutsche Kolonieen noch übrig geblieben war an Grund und Boden, war auch nicht derart, um solche Hoffnungen zu rechtfertigen. Man konnte sich also von hause aus nur sagen, daß nur mit Arbeit — und das ist nach meiner Ansicht ein Glück — und nur langsam ein Gewinn für Deutschland und für diejenigen, welche ihr Kapital dort anlegen würden, erwachsen könnte. Wenn eine große Masse sich darin in Unklarheit befand und in Bezug auf die Kolonieen, auch auf den finanziellen Teil derselben, Gefühlspolitik machte, so möchte ich dafür als eine Erklärung anführen, daß vielfach die Einsicht in diese Dinge fehlte.

Der Herr Abgeordnete führt uns das englische Beispiel vor und sagt: macht es doch wie die Engländer, deren Gesellschaften machen es allein, der Staat giebt nichts zu. Ja, wir würden das mit dem größten Vergnügen thun und wir geben, was ich in Bezug auf seinen Schlußpassus schon jetzt bemerken will, zu, daß das auch unser Ziel ist, und daß wir auch heute die bestimmte Hoffnung haben, dahin zu kommen, daß das Reich nicht mehr mit Geld engagiert sein wird, daß die Gesellschaften die Pflichten und die Kosten voll übernehmen, und daß demnach ein Reinertrag für die Unternehmer erwachsen wird. Wir sind aber absolut nicht in der Lage, dieses englische System an Ort und Stelle zur Durchführung zu bringen. Schon in der kurzen Zeit, wo ich hier bin, habe ich empfunden, wie schwierig es ist, wenn nur für eine verhältnismäßig untergeordnete Frage einer unserer Kolonieen ein Mann gesucht wird, da einen Mann zu finden, der die Erfahrungen mitbringt, ohne die er an der Stelle nichts nützen kann. Dann aber, glaube ich, unterscheidet uns von England noch ein anderer Umstand. In England ist das Privatkapital historisch geneigt, sich solchen Unternehmungen zuzuwenden. Der Deutsche kauft viel lieber das zweifelhafteste Staatspapier irgend eines zweifelhaften ausländischen Staats, als daß er sein Geld in deutschen Kolonieen anlegt.

Die Motive dafür sind ja bekannt, und die kennt zweifellos der erfahrene Herr Abgeordnete besser, als ich sie kenne.

Nun sind die verbündeten Regierungen nicht in der Lage, wie ja diese Vorlage beweist, an einem 1. April genau zu sagen, was sie am anderen 1. April verbraucht haben werden. Wir brauchen in dieser Beziehung das Vertrauen der Nation und brauchen das Vertrauen des Reichstags, daß wir nicht weiter gehen werden, als unumgänglich notwendig ist. Wir brauchen das Vertrauen soweit, daß, wenn wir mal statt 2½ Millionen 4 Millionen ausgeben, uns das nicht so übel genommen wird. Das ist einmal in diesen Dingen nicht zu vermeiden. Man kann die Kolonialpolitik nicht im Wege der Submission an den Mindestfordernden ausbieten wollen, sondern man muß sie den Leuten geben, die gewillt sind, die Sache zu übernehmen. Wir geben aber — das will ich nochmals konstatieren — die Hoffnung nicht auf — und ich habe die Wochen, die ich hier bin, mehr Kolonialpolitisches gelesen als in meinem ganzen Leben — wir geben die Hoffnung nicht auf, daß wir dahin kommen werden, daß das Reich nicht mehr Geld zu leisten haben wird und die jetzigen Kolonieen Reinerträge abwerfen werden.

Wenn bei der heutigen Debatte das Auge sich im wesentlichen auf Ostafrika richtet, so ist das natürlich; aber gerade für den finanziellen Teil, für die Schlußfolgerungen, die aus der Vergangenheit auf die Zukunft zu machen sind, ist Ostafrika insofern ungünstig, als es einmal ein unabsehbar weites Terrain ist, sehr verschiedene Verhältnisse da obwalten, und der Aufstand die naturgemäße Entwickelung unterbrochen hat. Ich könnte aber doch anführen, daß die Schutzgebiete Togo und Kamerun nach etwa fünf Jahren soweit gekommen sind, daß, wenn ich wiederum von den Kosten der Marine und der Beamten absehe, sie schon jetzt das, was sie verbrauchen, selbst aufbringen. Also wir wirtschaften nicht überall mit einem Defizit, sondern wir sind an dieser Stelle unter einer tüchtigen Verwaltung dahin gekommen, schon jetzt unsere Ausgaben und Einnahmen balancieren zu können. Ich halte es für wahrscheinlich, daß der Zeitraum, bis zu dem wir soweit in Ostafrika sein werden, weiter zurückliegt. Um Jahre langsamer wird das gehen; aber ich habe die Hoffnung und den Glauben, daß wir auch dahin kommen werden. Es ist ja ohne einen gewissen Grad von Glauben, von Vertrauen in die Sache in der Kolonialpolitik nichts zu machen. Wenn mir jemand sagt: ich glaube das nicht, so kann ich mich vor seiner Überzeugung verbeugen, ich kann ihn nicht überzeugen. Ich kann Ihnen nur sagen: ich bin ganz kalt und ganz nüchtern und viel mehr geneigt, jedes solches Unternehmen mit schiefen Augen anzusehen, als an die Zahlen, die man mir vorführt, willkürliche Nullen anzuhängen.

Wenn ich nun zwar der Meinung bin, daß ein bestimmtes Programm nicht vorgelegt werden kann, daß, wenn diese Erklärungen nicht genügen, ich weiter nichts zu sagen habe, so möchte ich doch den Versuch machen, auf die Entstehungsgeschichte der Kolonialpolitik insoweit zurückzugehen, daß ich mich frage: was hat denn eigentlich das Reich zu dieser nach den Ansichten der Herren leichtfertigen Politik gebracht, wie sind wir dazu gekommen? Es liegt von hause aus die Annahme sehr nahe, daß da doch noch andere Gründe als die Hoffnung auf finanziellen Erwerb mitgewirkt haben müssen, denn sonst würden so viele vorsichtige, verständige Männer, wie sie hier vereinigt sind, nicht in dieses Schiff eingestiegen sein, sie würden nicht mitgemacht haben in Kolonialpolitik, wenn außer der Geldfrage nicht noch das eine oder andere bestimmend gewesen wäre. Der Herr Abgeordnete hat die humane und religiöse Frage der Antisklaverei gestreift; welche Bedeutung man der hier beimißt, will ich dahin gestellt sein lassen, aber das, glaube ich, wird auch jemand, der den Dingen nicht geneigt ist, zugeben müssen, daß ohne die Eingeborenen zu einem gewissen Grad von sittlicher und intellektueller Bildung zu bringen, auf die Dauer ein schwunghafter Handel mit ihnen, eine gangbare Industrie an Ort und Stelle, selbst eine gut getriebene Landwirtschaft kaum möglich sein werden. Wollen wir aber die Leute auf diesen Standpunkt bringen, so haben wir schon um unseres eigenen pekuniären Interesses willen nach meinem Dafürhalten die Verpflichtung, die Missionen zu unterstützen und die Gesittung dieser Menschen zu heben.

Es ist ja bekannt, das Zentrum ging auf die Kolonialpolitik ein, ausgehend von der Antisklavereibewegung und von religiösen Motiven. Aber soweit ich die stenographischen Berichte habe verfolgen können, ist damals auch von seiten des Zentrums anerkannt worden, daß, wenn nebenbei deutsche nationale Interessen dabei gewönnen, dies dem Zentrum nur ganz recht wäre.

Andere betonen zuerst die deutschen, die wirtschaftlichen Interessen; sie nehmen es aber dankbar mit, wenn auf diesem Wege christliche Religion und deutsche Gesittung weiter verbreitet würden. Es muß ja jeder mit sich abmachen, wie weit er es für seine Pflicht hält, diesen Dingen einen größeren oder geringeren Wert beizulegen; aber wir sind über den Bereich unserer subjektiven Pflichten der Antisklaverei gegenüber hinausgekommen, schon durch die Kongoakte. Wir sind international verpflichtet, für diese Dinge etwas zu thun, und die jetzt im Gange befindliche Brüsseler Konferenz wird uns nach derselben Richtung noch stärker verpflichten.

Wir werden auf die Dauer der Sklaverei nurd ann nach)

meiner Überzeugung entgegentreten können, wenn es uns gelingt, eine Organisation zu schaffen, die dem, was man in Europa einen Staat nennt, wenigstens in einigen Beziehungen nahekommt. Davon sind wir aber noch weit ab. Wir müssen zunächst einzelne Stationen im Innern schaffen, von denen aus der Missionar so gut wie der Kaufmann wirken können; und die Flinte und die Bibel müssen hier miteinander wirken, um einen Zustand zu erreichen, den auch das Zentrum wünscht; denn ohne die Sklavenhändler zu töten, beendigen wir die Sklaverei nie.

Ich glaube endlich, daß der Herr Abgeordnete Bamberger ein Motiv nicht genügend gewürdigt hat oder wenigstens, daß er es beiseite schiebt — das ist das nationale Empfinden. Nach meiner Überzeugung — und ich habe ja damals auch Einblick in das eine oder andere gehabt, was zur Kolonialpolitik führte — ist die Rücksicht auf die Erhaltung einer nationalen Strömung im Volke mit maßgebend gewesen. Nach dem Kriege von 1870 trat eine Periode ein, in der der nationale Geist, ich will nicht sagen, rückläufig wurde, aber zu erlahmen schien. Es fehlten ihm Objekte, auf die er sich richten konnte; der Idealismus, dessen der Deutsche zu seiner Existenz bedarf, hatte sich abgewöhnt, sich auf geistigen Gebieten zu bethätigen. Die Kriege hatten ihm praktische Ziele gegeben, jetzt war noch ein Überschuß davon da, der nicht wußte, wohin. Da bot sich die Kolonialpolitik, und was an warmem Empfinden für die nationale Ehre und Größe da war, das richtete sich — ich gebe zu: zum Teil blind und ohne den Verstand zu Rate zu ziehen — auf dieses Gebiet.

Meine Herren, es liegt doch auch eigentlich im Wesen des Deutschen, der auf der einen Seite so stark zum Partikularismus neigt, daß er eines Idealismus bedarf, wenn er leistungsfähig bleiben soll. — Dieser Idealismus, wenn er sich konzentrieren soll — und nur durch Konzentration bleiben Gefühle auf die Dauer in den Massen warm und stark — bedarf eines gewissen Brennpunktes, und ein solcher Brennpunkt wurde ihm in der Kolonialpolitik gegeben; er wurde von der Nation, soweit ich habe beurteilen können, dankbar aufgenommen. Der

Herr Abgeordnete Bamberger nennt das einen romantischen Sinn und spricht ihm wenig Bedeutung zu. Ich möchte mir aber doch mal die Frage erlauben, ob ohne diesen romantischen Sinn, ob ohne den Instinkt des Gefühls im Volke der deutsche Reichstag heute hier sitzen würde, wo er sitzt.

Ich glaube umgekehrt. Einem solchen nationalen Instinkt, dem Unbewußten in der Volksseele, erkenne ich eine gewisse Kraft zu und ich würde mich auch an meiner Stelle für verpflichtet halten, wenn ich wahrnähme, daß eine solche Kraft da ist, ihr nachzugehen und zu versuchen, wie sie nutzbar zu machen und in brauchbare Wege zu lenken ist.

Nun hat ja der Herr Abgeordnete darin ganz recht, es ist mit diesem Enthusiasmus insofern nicht viel anzufangen, als er sich sehr schwer in klingende Münze übersetzt — und mit dem deutschen Kolonialenthusiasmus, von dem man mit Recht sagt, er macht meist vor dem Geldbeutel Halt. Indessen habe ich gerade, was Ostafrika angeht, den bestimmten Glauben, daß, wenn das, was da jetzt im Werke ist, durchgeführt, wenn die Pazifikation vollendet, wenn geordnete Zustände da hergestellt sein werden, gerade Ostafrika eine Stelle sein wird, die für das Privatkapital mehr Anziehungskraft haben wird, als der eine oder der andere Ort; und ich gebe mich der Hoffnung hin, daß das, was an Kolonialenthusiasmus in der Nation noch vorhanden ist, die Barriere überwinden und auch zum klingenden Ausdruck bei dem ostafrikanischen Unternehmen kommen wird.

Mit der nationalen Frage hing für viele eine Art Machtfrage zusammen, und ich muß auch hier zugeben, diese Machtfrage, die in der Kolonialpolitik lag, ist mit einem großen Aufwande von Mangel an Sachverständnis — ich will sagen: in der Menge — behandelt worden. Denn man glaubte, wenn wir nun Kolonieen hätten und kauften einen Atlas und da malten wir Afrika blau an, dann wären wir große Leute geworden.

Ja, davon konnte keine Rede sein. Der Beginn einer Kolonialpolitik arbeitet in Bezug auf Machtverhältnisse zweifellos mit negativen Vorzeichen. Menschen und Geld werden an einer Stelle ausgegeben, wo sie fürs erste nicht rentieren.

Wenn die Kolonialpolitik eine Politik des Glaubens und der Hoffnung ist, sowohl finanziell als in Bezug auf die ethischen Gesichtspunkte, so ist sie dies auch in Bezug auf die Macht, und vielleicht sind die Anforderungen an den Glauben der Menschen hier die stärksten. Ich glaube auch hier unverdächtig zu sein. Es können Zeiten in Deutschland kommen, wo jeder Mann im Glied und jede Mark in der Kasse uns willkommen sein wird, und ich kann dem Herrn Abgeordneten Bamberger versichern, daß, was mich angeht, kein Mann mehr in Ostafrika eingesetzt und keine Mark mehr ausgegeben werden wird, als eben um das zu erhalten und in den Bahnen, die einmal vorgezeichnet sind, auszubilden, was jetzt da ist. Ich würde mich nicht dazu entschließen, große Summen, zahlreiche Deutsche nach Ostafrika zu ziehen, nur etwa um mir da den Luxus einer Truppe, einer gewissen Machtentfaltung, zu gewähren.

Der Herr Abgeordnete hat auch den Krieg gestreift und gesagt: wenn es zum Kriege kommt, sind solche Kolonieen eine bedenkliche Sache. Ich will ihm das zugeben, daß es mir zweifelhaft ist; aber vielleicht glaubt er mir als altem Soldaten, es ist ein militärisch anerkannter Grundsatz, daß die Entscheidung auf dem Hauptkriegsschauplatz immer über die Nebenkriegsschauplätze mit entscheidet, und wenn es nun, was Gott verhüten wolle, zu einem Kriege in Europa komme, und wenn wir in Europa siegen, so hat es keine Not, selbst wenn inzwischen die eine oder die andere Kolonie in üble Lage geraten sein sollte. Der Friedensschluß giebt uns das reichlich wieder.

Läßt man sein Auge nun etwas weiter in die Zukunft gehen, so halte ich es doch nicht für unmöglich, daß die Entwickelung, die die Welt im ganzen nimmt, auch Deutschland dazu nötigen wird, mit transozeanischen Staaten in einen engeren Verkehr — hoffentlich immer nur friedlichen — zu treten als bisher. Das Phäakendasein eines kleinen europäischen Staates hat ein Ende, wir werden mit Mächten jenseits des Meeres rechnen müssen, die über ganz andere Schätze an Menschen und Geld verfügen wie wir; und wenn man überhaupt nur zugiebt, daß Zeiten kommen werden, wo deutsche Macht und deutscher Geist sich stärker außerhalb Deutschlands

dokumentieren müssen als bisher, so folgt weiter, daß wir dann
zur See eine gewisse Kraft zu entwickeln imstande sein müssen.
Die Jahre, in denen ich die Ehre gehabt habe, Chef der
Admiralität zu sein, hat mir als das für die Marine zu er-
reichende Ziel immer vorgeschwebt, die Marine in eine Lage
zu bringen, daß, wenn einmal eine solche Erweiterung unseres
Wirkungskreises notwendig wäre, sie dazu befähigt wäre. Giebt
man nun das als eine Möglichkeit wenigstens zu, giebt man zu,
daß wir in Zeiten kommen können, wo eine Thätigkeit der Marine
in ausgedehntem Maße im Frieden und Krieg in außerdeutschen,
außerheimischen Gewässern erfordert wird, so muß man sich
unumgänglich die Frage vorlegen: woher bekommt denn die
Marine das, wovon sie lebt und ohne das sie weder bewegungs-
noch gefechtsfähig ist, die Kohlen? Wenn wir jetzt in einen
Krieg mit einer fremden Macht verwickelt werden, so haben
wir ja einige, aber schwierige Mittel, unsere Schiffe im Auslande mit Kohlen zu versorgen. Wir sind im ganzen auf das
Wohlwollen neutraler Staaten angewiesen, und wer einmal
dazu neigt, sich für die Marine zu begeistern, ihr eine große
Zukunft zuzuerkennen, der muß zugeben, daß eine solche Rolle
in außerheimischen Gewässern für die Marine auf die Dauer
nicht durchzuführen sein wird. Wir müssen selbst in den
Besitz wenigstens einiger Punkte gelangen, in denen deutsche
Kohlen von deutschen Behörden an deutsche Schiffe gegeben
werden können. Das Dasein von Kohlenstationen ist für einen
zukünftigen Krieg die Bedingung jeder Wirksamkeit der Marine.
Also, wenn wir auch im Augenblick — und es sind sehr un-
bedeutende — Ausgaben für unsere Kolonieen machen, so möchte
ich doch die Hoffnung nicht aufgeben, daß auch dieses Kapital
einmal rentieren und auch hier das, was wir jetzt ausgeben,
in erhöhtem Umfange uns wieder zufließen wird.

Ich kann also nun noch einmal zusammenfassen. Wir
werden das Bemühen haben, daß, wenn der Reichstag uns
weiter unterstützt, wir schrittweise vorgehen, daß wir uns auf
keine gewagten Unternehmen einlassen, daß wir danach trachten,
die Gesellschaften wieder dahin zu bringen, wo sie ursprünglich
gestanden haben, sie so selbständig, als es möglich sein wird,

zu machen. Ich muß hier die Einschränkung machen, daß eben das von der Leistungsfähigkeit der Gesellschaften abhängen wird, und daß sich heute noch nicht mit Bestimmtheit übersehen läßt, wie weit sie dazu geeignet sein werden. Wir haben schon jetzt in Ostafrika einen Zustand, in dem eine Truppe durch die lex Wißmann geschaffen worden ist, von der eigentlich niemand recht weiß, wessen Truppe sie ist, und ich halte es nicht für unmöglich, daß, da die Diktatur und der Kriegszustand in Ostafrika voraussichtlich noch Jahrelang fortdauern wird, wir in die Lage kommen können, aus dieser jetzt lediglich von Major Wißmann nach alter Landsknechtssitte geworbenen Truppe eine Reichstruppe zu machen, um mit geringen Kräften wirksam mehr leisten zu können, als jetzt geschieht, wo die Sache eben auf kontraktlichen Werbungen basiert ist. Wir werden das Bestreben haben, fremde Rechte überall zu respektieren, wie es der Herr Staatssekretär ausgeführt hat, und das Deutsche Reich zu schützen. Ich glaube, die verbündeten Regierungen werden instande sein, die Kolonialpolitik so zu führen, daß die allgemeine Politik Deutschlands darunter keinen Schaden leidet, und daß der berechtigte Aufschwung deutschen Nationalgefühls nicht verletzt werden wird."

Sitzung am 16. Mai 1890.

Erste Beratung des Gesetzentwurfs, betr. die Friedens-präsenzstärke des deutschen Heeres.

Nach einigen allgemeinen Bemerkungen über die politische Lage, welche die Thätigkeit des Amtsvorgängers ebenso günstig als klar und einfach gestaltet habe, giebt der Reichskanzler im Eingange dieser Rede eine scharfe Zurückweisung einer russenfeindlichen Broschüre, die von einseitiger, phantastischer Germanisierungstendenz getragen ist, und tritt sodann ausführlich auf die historische Entwicklung der Wehrgesetze ein, dabei die Scharnhorst'sche Idee der konsequenten Durchführung der Wehrpflicht befürwortend.

„Wenn auch die auswärtige Politik her gestreift worden ist, so kann ich mich einer Schilderung der politischen Lage um so eher enthalten, als die Thronrede das, was darüber zu sagen wäre, mit klaren und, wie ich glaube, verständlichen Worten ausgedrückt hat. Im Gegensatz zu dem, was der Herr Abgeordnete Liebknecht geäußert hat, muß ich anerkennen und dankbar anerkennen, daß die Erbschaft, die ich von meinem Amtsvorgänger in Bezug auf die äußere Politik übernommen habe, die denkbar glücklichste ist.

Ich habe Verhältnisse vorgefunden, die fürs erste mich zu keiner Aktion, zu keiner persönlichen Teilnahme nötigen, weil die Verhältnisse so klar und einfach liegen, daß sie eben weiter laufen können. Wir stützen unsere auswärtige Stellung, wie Sie wissen, einmal auf unsere eigene Kraft, die wir, um die Bündnisse zu erhalten, nicht hoch genug steigern können. Dann aber vertrauen wir auf die festen Bündnisse, vertrauen auf sie um so mehr, als sie sich immer mehr auch in die Stimmung der Bevölkerung einleben.

Wenn mir der Herr Abgeordnete Liebknecht den Rat gegeben hat, ich sollte in der auswärtigen Politik abwiegeln, so würde ich in Verlegenheit sein, wie dieser Rat zu befolgen ist; denn ich wüßte nicht, wo aufgewiegelt worden ist.

Ich kann die Dinge nur so laufen lassen, wie sie gelaufen sind, und meinem Vorgänger dafür dankbar sein.

Es handelt sich, wenn eine so erhebliche Vorlage vor Sie gebracht wird, ja allemal mehr oder weniger um politische Verhältnisse, um einen Ausblick auf das Ausland; es handelt sich aber in dem vorliegenden Falle nicht um die Nähe eines Krieges, sondern nur um die Schwere eines Krieges, der vorgebeugt werden soll. Wie Fürst Bismarck in der großen Rede — ich glaube, es war im Januar 1887 — die Lage, die bei uns eintreten würde, wenn wir geschlagen wären, geschildert hat, — ja, ich bin nicht imstande, dem etwas hinzuzufügen, das besser zu machen oder auch nur zu behaupten, es liegt um ein Jota heute anders, als es damals lag. Dieses saigner à blanc würde vor uns liegen, wenn wir geschlagen wären, und würde nicht Halt machen vor den Sozialdemokraten, und auch sie würden bis aufs Weiße zur Ader gelassen werden.

Der Herr Abgeordnete von Kardorff nötigt mich noch zu einer Bemerkung in Bezug auf die Broschüre, die er citiert hat, und von der er die Voraussetzung ausgesprochen hat, daß ihr Verfasser einen tiefen politischen Blick gethan haben müßte. Nach meiner Kenntnis der Akten des Auswärtigen Amtes halte ich mich für berechtigt, dieser Voraussetzung auf das entschiedenste zu widersprechen.

Auch nicht ein Wort habe ich in den Akten gefunden, das zu einer solchen Voraussetzung einen Anlaß geben könnte, und ich sollte meinen, wenn man die Broschüre liest, kommt man dahinter, daß sie in Bezug auf unsere Lage zu Rußland auf zwei wesentliche Momente herauskommt. Einmal will der Verfasser uns glauben machen, daß unser fernerer Beruf das Germanisieren weit ins Slaventum hinein wäre. Auch wer nicht in die politischen Verhältnisse eingeweiht ist, wer nur die Lage unseres Vaterlandes einigermaßen kennt, wird wissen, daß wir 80 Jahre nach der Besitzergreifung der Provinz Posen noch nicht dahin gekommen sind, diese Provinz so zu germanisieren, wie es viele von uns wünschten, wie es unter früheren Regierungen angestrebt worden ist. Noch heute haben wir mitten in Deutschland wendische Enklaven, und noch heute wird in Litauen und Masuren die Nachmittagspredigt vielfach in einem anderen Idiom als im Deutschen abgehalten. Also wenn der Verfasser dieser Broschüre die Lust hat, zu germanisieren, so liegt innerhalb unserer Grenzen noch ein so reiches Feld vor, daß es nicht nötig ist, den Blick darüber hinausschweifen zu lassen.

Das zweite der Motive, aus denen der Verfasser seine Animosität gegen Rußland schöpft, liegt darin, daß er sagt: wir müssen Herren der Ostsee werden, unsere Küste ist zu kurz, wir müssen uns weiter nach Norden ausdehnen. Meine Herren, ich bin fünf Jahre Chef der Admiralität gewesen und habe mich fleißig mit der Verteidigung der Ostsee beschäftigt, auf den Einfall aber, daß unsere Küste an der Ostsee zu kurz wäre, bin ich in diesen fünf Jahren nicht ein einziges Mal gekommen.

Es sind Klagen aus dem Handelsstand unserer Häfen an

mich gekommen, aus der Reederei und dem Seehandel von Memel bis Stettin; darüber aber hat kein Mensch geklagt, daß er nicht noch mehr Konkurrenten hätte, sondern am Hinterland hat es ihnen gefehlt.

Ich möchte hiermit den Glauben, daß der Verfasser dieser Broschüre auch nur soweit mit politisch unterrichteten Kreisen in Beziehung gestanden haben könnte, daß er einen tieferen Einblick als andere Menschen gethan hätte, — diesen Glauben möchte ich hiermit beseitigt haben.

Der Herr Abgeordnete Hänel hat die staatsrechtliche Frage der Stellung des Reichskanzlers gegen seinen Stellvertreter berührt. Ich bin nicht imstande, auf alle Momente, die der Herr Redner in dieser Beziehung vorgeführt hat, einzugehen. Ich kann nur sagen: es hat mich gerade aus diesem Munde überrascht, eine Ansicht entwickeln zu hören, die dahin führen würde, daß der Stelleninhaber von dem Stellvertreter abhängig gemacht würde. Der Stelleninhaber sollte sich, wie der Herr Abgeordnete Hänel äußerte, zuerst der Einwilligung oder — er brauchte dann nachher einen etwas abschwächenden Ausdruck — seiner Stellvertreter versichern. Ich bin vielleicht zu sehr Soldat, um für dieses Verhältnis Verständnis zu haben.

Auf keinen Fall würde für mich in einer Organisation, die auf einem so schwierigen Verhältnis basiert wäre, Platz sein.

Er hat dann das Verlangen nach einem Reichsfinanzministerium ausgesprochen und begegnete sich naturgemäß darin mit dem, was der Herr Abgeordnete Richter vorgestern, wenn ich mich nicht irre, aussprach. Der Herr Abgeordnete Richter war der Meinung, das Reichsfinanzministerium sei um so nötiger, als der jetzige Reichskanzler von den Finanzen nichts verstände. Zugegeben; aber ist es dann nicht das natürlichste, daß der jetzige Reichskanzler sich noch viel mehr auf den Schatzsekretär stützt und ihm viel mehr Selbständigkeit gibt als der vorige, daß also die Motive, die Sie zur Klage veranlassen, gerade dadurch, daß der Reichskanzler weniger geneigt sein kann, wenn er einiges Pflichtgefühl hat, in die Finanzverwaltung einzugreifen, — daß diese Motive beseitigt sind? Er sprach dann von dem Verhältnis des Reichsschatzamts zum

Kriegsminister und er bezeichnete das, wenn ich recht gehört habe, als ein planloses Arbeiten. Ja, dem möchte ich widersprechen. Ich weiß nicht, worauf sich das basiert. Es wird in dieser Beziehung im Reich gerade so planvoll gearbeitet wie in Preußen, und wenn die beiden Boten einander gegenüberstehen, so wird die Sache zu meiner Entscheidung gebracht, soweit es sich um Finanzfragen handelt, und es steht mir dann ebenso gut frei, ob ich die beiden Herrn einzeln oder, wie im preußischen Staatsministerium, zusammen höre. Daß aber von einer Planlosigkeit die Rede sein könne, dafür finde ich keinen Beweggrund.

Der Herr Abgeordnete betonte dann, er müsse uns die Verantwortung zuschieben. Meine Herren, was an mir liegt, so bin ich unter allen Umständen bereit, diejenige Verantwortung, die die Reichsverfassung mir auflegt, zu tragen.

Weiter kamen zum zweitenmal gewisse Desiderien zur Sprache, die sich nicht direkt an dieses Gesetz knüpfen, sondern, wie der Abgeordnete Hänel sich äußerte, an den — wenn ich mich recht entsinne — umfassenden Organisationsplan, den der Herr Kriegsminister vorlegte. Ich habe zunächst zu erwidern, daß da ein Mißverständnis vorliegen muß. Ich entsinne mich nicht, vom Herrn Kriegsminister gehört zu haben, daß er einen umfassenden Organisationsplan vorlegen wolle. Er hat nur von Grundzügen gesprochen, die über den Rahmen des jetzt Ihnen vorgelegten Gesetzes hinausgehen und eine Perspektive in die Zukunft eröffnen. Von einem festen Plan kann aber um so weniger die Rede sein, als die verbündeten Regierungen sich über einen solchen noch nicht schlüssig gemacht haben. Das würde aber die Voraussetzung zum Dasein und auch zur Mitteilung eines festen Planes sein. Im wesentlichen decken sich die Anforderungen, die der Herr Abgeordnete Hänel an solche feste Pläne macht, mit denen des Herrn Abgeordneten Richter. Sie kommen auf drei Dinge hinaus: zuerst war die Durchführung der allgemeinen Wehrpflicht die Voraussetzung, die der Herr Abgeordnete aussprach, — und ich glaube, jeder Soldat würde mit ihm gern übereinstimmen; denn wenn wir die allgemeine Wehrpflicht durchführen, und wenn wir Soldaten ja lieber starke Truppen in der Hand haben als schwache Truppen, so würde die Folge der Durchführung der allgemeinen Wehrpflicht zur Zeit eine Erhöhung der Friedenspräsenzstärke um mindestens 50 Prozent bedeuten; denn so groß ist die Zahl derjenigen deutschen jungen Männer, die waffenfähig sind, aber nicht eingereiht werden, weil uns die Stellen für eine so große Anzahl fehlen. Das ist der jetzige Zustand. Das Drückende dieser persönlichen Last ist schroff dargestellt worden, auch von dem Herrn Abgeordneten von Kardorff, und es mag in dieser Beziehung vielleicht erlaubt sein, auf die historischen Verhältnisse zurückzugehen, Verhältnisse, deren Anfang allerdings in Preußen in der Zeit vor dem deutschen Bunde rückwärts zu suchen ist.

Es ist bekannt, daß das erste preußische Wehrgesetz vom 3. September 1814 die Basis unserer Militärverfassung gebildet hat und bis zur Stunde — wenn auch formell nicht mehr giltig — das Prinzip hergegeben hat, unter dem wir gelebt haben, und dieses Gesetz von 1814 sagt:

Die Stärke des stehenden Heeres und der Landwehr wird nach dem jedesmaligen Staatsverhältnis gestaltet.

Wie ist nun diese Stärkegestaltung geworden? Die jetzt im Augenblicke noch gültige Präsenzstärke ist basiert auf einem Gesetz vom Jahre 1887 und ist auf 468409 Mann festgesetzt. Das gibt bei einer Bevölkerung, die zwei Jahre früher auf 46850000 gezählt worden, ein Prozent der Bevölkerung. Wenn man nun, wie es geschehen ist, von einer solchen starken und unerhörten Mehrbelastung gegen früher redet, so müßte zunächst nachgewiesen werden, daß wir früher mit erheblich weniger ausgekommen sind. Das aber ist nicht der Fall. Im Jahre 1816, also unmittelbar nach einem Kriege, der das kleine Preußen erschöpft hatte, der ihm einen Aderlaß gegeben, wie wir ihn, so Gott will, nicht wieder erleben werden, im Jahre 1816 also betrug der Prozentsatz der in das stehende Heer eingereihten Ziffer der Bevölkerung 1,25, also ein Viertel mehr, als was wir heute stellen. Allmählich in den zwanziger Jahren sinkt diese Zahl, im Jahre 1832 ist sie auf 1 Prozent der Bevölkerung heruntergekommen; sie sinkt weiter und kommt auf die niedrigste Ziffer, die sie jemals in Preußen gehabt, auf

0,79 Prozent, und zwar, meine Herren, war das im Jahre 1850, in den unglückseligen Tagen von Olmütz. Jeder, der die neueste Geschichtschreibung gelesen hat, weiß, welche Rolle um diese Zeit der Mangel an Schlagfertigkeit der Armee gebildet hat, wie weit das in unsere Verhältnisse eingegriffen hat. Ich wiederhole noch einmal, das Jahr mit der niedrigsten relativen Präsenzstärke ist wohl das politisch unglücklichste, seit wir die Wehrverfassung vom Jahre 1814 haben. Dann steigt die Ziffer allmählich mehr. Im Jahre 1860, bei Beginn der Reorganisation, erhebt sie sich auf 1,10 Prozent, im Jahre 1861 auf 1,12 Prozent. Nun hatte man unmittelbar nach dem Kriege — und wir alle haben das gehabt, auch wir Soldaten — das Gefühl, daß der Staat voraussichtlich, oder das Reich, will ich sagen, in absehbarer Zeit nicht wieder zu so starken militärischen Leistungen gedrängt werden würde. Man schwelgte im Vollgefühl des vergrößerten Deutschlands, und man glaubte, daß, da nun unser Vaterland so groß geworden, auch die Lasten geringer werden würden. So blieb die Präsenzziffer verhältnismäßig gering und ging allmählich sogar zurück. Sie kam im Jahre 1875 auf 0,94 Prozent; im Jahre 1880 blieb sie auf 0,94 Prozent, und das war schon eine Folge der durch Bruch des Septennats erwirkten Erhöhung der Präsenzstärke. Also wir sind nun heute, indem sich die Notwendigkeit herausgestellt hat, sie zu erhöhen, noch nicht auf dem Standpunkt angekommen, auf dem wir im Jahre 1816 waren, und wenn das jetzige Gesetz von Ihnen angenommen wird, so werden wir voraussichtlich in Bezug auf die Bevölkerungszahl bei der nächsten Zählung im kommenden Winter wieder es nur bis auf 1 Prozent gebracht haben. Ich glaube, meine Herren, daß man unter diesen Verhältnissen nicht von einer kolossalen und übermäßigen Belastung der Bevölkerung sprechen kann.

Wir sind dadurch, daß wir genötigt wurden, nachdem die ersten Jahre nach dem Frankfurter Frieden vorüber waren, uns im Auslande umzusehen, durch die Leistungen des Auslandes allmählich in die Höhe getrieben worden, und es kann sich nur noch fragen — darauf bezog sich die Äußerung, die der Herr Kriegsminister über andere Pläne gemacht hat, — ob wir in diesem Zustande verharren und uns nur schrittweise von Mann zu Mann durch das Ausland drängen lassen, oder ob wir der Sache dreist ins Gesicht sehen und uns sagen: kommt der Zukunftskrieg, so kann kein waffenfähiger Mann zu Hause bleiben, wir wollen also die Organisation so schaffen, daß alle zum Waffendienst ausgehobenen Leute auch fähig sind, die Waffen auszunützen. Das ist ein Punkt, in dem, wie ich nun hoffen darf, die verbündeten Regierungen sich mit dem Herrn Abgeordneten Richter eins wissen werden, der auf volle Durchführung der allgemeinen Wehrpflicht, des alten Scharn= horstschen Gedankens, ausgehen will. Wir können in der That, wenn man annehmen will, daß wir von Staaten umgeben sind, deren Bevölkerungsziffern, wenn Sie sie summieren, die unserigen bei weitem übersteigen, bei einer beschränkten Leistung unsererseits nicht stehen bleiben. Das Halten stehender Heere im Frieden hat für die Staaten ungefähr die Wirkung wie eine Versicherung gegen Feuer oder irgend ein anderes Naturunglück für den einzelnen; es ist eine unproduktive Ausgabe, eine, die man am liebsten von Jahr zu Jahr aufschieben würde, wenn man nur die Sicherheit haben könnte, daß es nicht brennen würde. Je höher der Staat sich dadurch versichert, daß er ein zahlreicheres Heer hält, um so geringer wird nicht bloß der Schaden sein, den der Zukunftskrieg ihm etwa zufügen kann, sondern um so unwahrscheinlicher — und das ist ein Vorteil vor anderen Versicherungen — wird der Krieg überhaupt.

Also möchte ich, wenn die verbündeten Regierungen dazu kommen sollten, nach Ablauf dieser Periode in der nächsten oder in einer später folgenden mit Entwürfen, die bis dahin gereift sind, vor Sie zu treten, vorschlagen, sich dieser Zahlen, die ich genannt habe, zu entsinnen und nicht zu erschrecken, wenn die Prozentzahl der Präsenzziffer 1 Prozent oder noch etwas mehr betragen sollte als bisher.

Nun liegt ja der Gedanke so nahe — und uns Älteren ist er ja aus der Konfliktszeit noch ganz geläufig — daß, wenn von der Erhöhung der Präsenzstärke gesprochen wird, sich un= mittelbar dann die Forderung nach einer Reduktion der Dienstzeit anschließt, und ich kann sagen: ich habe mit Freuden die Rede des Herrn Abgeordneten Hänel insoweit gehört, als ich seine Ansicht vollkommen teile, daß zwei- und dreijährige Dienstzeit mit der Zeit zu parlamentarischen Stichwörtern geworden wären, die auch da angewendet wurden, wo die einfache, nüchterne militärtechnische Erwägung am Ort gewesen wäre.

Es ist Thatsache, daß wir bei einem Teil unserer Armee die dreijährige Dienstzeit faktisch gar nicht haben; sie aber prinzipiell aufzugeben, würde ich nicht raten können. Wir wissen nicht, vor welchen technischen Veränderungen wir in Bezug auf die Bewaffnung stehen. Es ist neulich hier der vollkommen zutreffende Vergleich gemacht worden zwischen einer Flinte und dem Gewehr M. 88; in dem Maße, als diese beiden Waffen von einander verschieden sind, sind auch die Ansprüche, die an die Ausbildung des Soldaten gestellt werden, verschieden. Als ich eintrat, schoß der Infanterist — und ich bin so ausgebildet, — 18 Kugeln in einem Jahre gegen eine Scheibe von reichlicher Größe, und wenn man das Geschoß abgefeuert hatte, so war nur die Frage: hat das Gewehr sehr gestoßen oder nicht?

Heutzutage schießt man, wenn ich nicht irre, 150 Kugeln. Der Soldat muß gewisse Bedingungen erfüllen, er muß sich der Theorie des Schießens so Herr erweisen, daß er unter verschiedenen Lagen sich sagen kann: jetzt wird mein Geschoß die und die Flugbahn haben, folglich muß ich so halten.

Ich bitte um Entschuldigung, wenn ich als Reichskanzler in diese militärischen Details aus alter Neigung gekommen bin.

Ich will aber nur sagen: Die Schwierigkeiten, welche in der Ausbildung in den letzten Dezennien entstanden sind, sind kolossale, und nicht allein jeder Offizier wird Ihnen das sagen; ich behaupte: die Physiognomie von Berlin beweist das. Der spazierengehende Soldat ist an Wochentagen von der Straße verschwunden; an den Sonntagen können Sie vielleicht noch einen oder den anderen sehen, und dann auch nicht mehr immer in so angenehmer Gesellschaft, weil ihm eben an den Wochentagen die Möglichkeit gefehlt hat, Beziehungen anzuknüpfen.

Aber, meine Herren, ein anderes Moment, das ich gegen jede prinzipielle Verkürzung der Dienstzeit von meinem ressortmäßigen Standpunkte aus ausführen würde, liegt in der Schwierigkeit, die Truppe zur Disziplin zu erziehen. Wir werden alle darin einverstanden sein, daß eine Armee ohne Disziplin das Geld nicht wert ist, was sie kostet, daß man sogar noch etwas zugeben könnte, wenn man sie los wäre, denn sie wird eine Gefahr für den Staat. Eine Armee, deren Kraft ich nicht zur gegebenen Zeit an der gegebenen Stelle unter den denkbar schwierigsten Verhältnissen verwerten kann, ist mir nutzlos, und die Schwierigkeiten sind doch nicht unbedeutend. Wenn ich von der Disziplin verlangen muß, daß sie die Untergebenen des Vorgesetzten dazu befähigt, ihm, ohne auch nur zu reflektieren, in den Tod zu folgen, so ist das eine Leistung, die, glaube ich, von keiner anderen Institution im Staate gefordert wird, die einer so vorsichtigen Behandlung bedarf, daß ich einer Änderung der Dienstzeit, welche die Disziplin gefährden könnte, nur schwer zustimmen würde. Daß aber die Erhaltung der Disziplin ungleich schwerer wird als früher, das, glaube ich, beweist ein einfacher Blick auf die Agitation, die im Lande seitens einer zahlreichen Partei getrieben wird.

Noch hat die Partei zu meiner Freude, so weit mein Auge hat sehen können, nicht den mindesten Einfluß auf die Disziplin in der Armee geübt; aber wir müssen berücksichtigen, daß uns eine zuchtlose Jugend heranwächst, die zur Disziplin zu erziehen ungleich schwieriger ist, als dies früher der Fall war.

Wenn das einmal zugegeben wird, so bin ich weiter der Meinung, daß von einer prinzipiellen Verkürzung der Dienstzeit nicht die Rede sein könne.

Wie weit technisch Beurlaubungen möglich sein werden, das zu beurteilen überlasse ich den Herren Militärs; dafür wird die Kommission der Ort sein.

Die dritte Forderung, welche der Herr Abgeordnete Richter stellte, war die jährliche Bewilligung der Präsenzstärke. Er will vom Septennat nichts mehr wissen. Das ist nicht wesentlich eine militärische Frage, sie kann erst in ihrer weiteren Folge militärisch werden; es ist eine konstitutionelle Frage, will ich sagen; es ist eine Frage, über die sich in jeder Beziehung reden läßt. Warum sollen es gerade sieben Jahre sein, es können auch neun, fünf, drei Jahre sein. Darüber kann man streiten, und ich gebe zu: wenn einmal die Scharnhorstsche Idee, also die Durchführung der allgemeinen Wehrpflicht in die Hand genommen werden soll, dann wird, soviel ich wenigstens übersehe, es mit siebenjähriger Periode nicht mehr gehen, weil die Scharnhorstsche Idee zur Voraussetzung hat, daß mit steigender Bevölkerungsziffer auch die Zahl der präsenten Menschen bei der Fahne wächst. Man könnte also beispielsweise — ich spreche hier nur meine persönliche Ansicht aus; ich weiß nicht, wie die verbündeten Regierungen dazu stehen werden — auf den Gedanken kommen, eine fünfjährige Frist zu nehmen in Übereinstimmung mit der Legislaturperiode und auch der Volkszählung. Also das ist ein Gebiet, auf dem mehr der Politiker mitzureden haben wird als der Soldat; es ist aber keine Frage, die das Sein oder Nichtsein der Armee in Frage stellt. (Hört! hört! links.)

Ja, wenn Sie von dieser Äußerung so befriedigt Akt nehmen, so muß ich noch sagen, daß ich weder befugt bin, in dieser Beziehung ein Zugeständnis zu machen, noch auch, daß ich für meine Person gewillt bin, es über fünf Jahre hinaus auszudehnen.

Im übrigen weiß ich, daß die Vorlage in der Kommission am besten vertreten sein wird, und gebe mich der Hoffnung hin, daß sie Ihre Annahme finden wird."

Sitzung am 10. Juni 1890.

Beantwortung der Interpellation des Abgeordneten Richter über die für die Reichslande erlassenen besonderen Bestimmungen in betreff der Paßpflicht und der Aufenthaltsbeschränkungen.

Die Motive, welche zur Einführung des Paßzwanges in Elsaß-Lothringen genötigt haben, bilden den Gegenstand dieser Rede, die sich zugleich mit der Feststellung der Thatsache beschäftigt, daß hierdurch der Artikel 11 des Frankfurter Vertrags, welcher der französischen Nation dem Deutschen Reiche gegenüber die Rechte der meistbegünstigten Nation zusichert, keine Verletzung erfahren habe. Die Handhabung der Verordnung, die mit ihr beabsichtigte Wirkung ꝛc. werden mit Eintreten auf den gegnerischen Standpunkt ventiliert.

„Was den Wunsch des Herrn Abgeordneten Richter angeht, ich möchte mich mit der Frage eingehend beschäftigen, so bin ich demselben zuvorgekommen. Seit meinem Eintritt ins Amt hat diese Frage mich beschäftigt. Ich sehe davon ab, die formale Vorfrage hier zu stellen, ob der Gegenstand hierher oder nach Straßburg im Elsaß gehört. Ich kann es um so leichter, als ich mich in Bezug auf die Behandlung der Frage in vollkommener Übereinstimmung mit dem Herrn Statthalter von Elsaß-Lothringen befinde.

Nachdem in den 70er und im Anfang der 80er Jahre eine Reihe von Hochverratsprozessen gegen Spione bei deutschen Gerichten geführt worden waren, hat es sich zur Evidenz herausgestellt, daß die Reichslande von einem Netze von Spionen umgeben waren, das trotz einiger glücklicher Griffe und erfolgreich geführter Prozesse zu vernichten nicht gelang. Die Zahl der Franzosen, die sich in Elsaß-Lothringen aufhielten, wuchs fortwährend: von etwa 15000 im Jahre 1884 wuchs sie auf 19000 im Jahre 1888, und darunter war eine überraschend starke Zahl von solchen Personen, die — sei es als beurlaubt noch aktiv der französischen Armee angehörten oder der Territorialarmee — oder sonst in einem Verbande zur französischen Armee gestanden hatten. Neben dieser militärischen Überwachung der Reichslande durch Personen, die dem Staate unseres westlichen Nachbarn angehörten, ging eine andere Agitation, die ja in Ihrer aller Gedächtnis noch lebhaft genug vorhanden sein wird. Ich darf nur an die Patriotenliga erinnern. Gestützt auf diese Thatsachen, über die eingehendes Material vorliegt, wurde die Reichsregierung vor die Frage gestellt: kann das im militärischen Interesse so weiter gehen, oder leidet die Sicherheit der Reichslande unter diesem Zustande? Die Frage wurde von den kompetentesten militärischen Stellen bejaht: das Reichsland litt unter diesem Zustande, es mußten Maßnahmen dagegen ergriffen werden. Der Reichskanzler trat in Verbindung mit der nächstbeteiligten Regierung, mit der Regierung in Elsaß-Lothringen. Man verhandelte hin und her, und keineswegs leichtsinnig ist der Entschluß gefaßt worden, die Paßpflicht in Elsaß-Lothringen einzuführen. All' die Bedenken, die mit der Zeit erhoben worden sind, sind schon damals zur Sprache gekommen. Trotzdem aber faßte man den Entschluß, den Paßzwang einzuführen. Es waren nicht diese Motive allein, die dahin führten, sondern es lag noch ein anderes vor: ein Motiv, von dem es mir auffällt, daß der Herr Abgeordnete Richter es nicht genannt hat. Ich würde vielleicht mit Rücksicht auf meine Stellung es nicht ganz so scharf formuliert haben, wie sein Parteigenosse, Herr von Stauffenberg, es in einer Sitzung im Jahre 1889 ausgesprochen hat:

> Die Paßverordnung hat den Zweck gehabt, den wir alle miteinander billigen, und zwar im höchsten Grade, die Bande mit Frankreich soweit wie möglich aufzuheben und die Germanisierung von Elsaß-Lothringen zu beschleunigen.

Es war eine Thatsache, daß, obwohl wir 17 Jahre die Freude hatten, die Reichslande wieder deutsche nennen zu können, die deutsche Gesinnung keinen Schritt vorwärts zu gehen schien. Man stand vor der Frage: was kann geschehen, um den Reichslanden das Deutschwerden zu erleichtern? Ich glaube, in der Beziehung können die verbündeten Regierungen, und speziell die Regierung von Elsaß-Lothringen, ein gutes Gewissen haben; an mildem und wohlwollendem Entgegenkommen hat es nicht gefehlt.

Das Mittel hat nicht gefruchtet; man mußte sich nach anderen umsehen, und es blieb nur übrig, den Grenzgraben, der Elsaß-Lothringen von Frankreich trennt, zu vertiefen, wenn man den Elsaß-Lothringern das Bewußtsein geben wollte, daß diese Grenze eine definitive sei.

Aus diesen Umständen ist die Paßverordnung entstanden. Sie wurde am 22. Mai 1888 erlassen. Am Tage darauf erging eine Verordnung über die Aufenthaltserlaubnis in Elsaß-Lothringen von derselben Stelle, vom Statthalter aus. Was die letztere Verordnung angeht, so ist sie nur etwa 11 Monate in Kraft gewesen und dann aufgehoben worden. Man hatte die Frage aufgeworfen: sind diese beiden Verordnungen, die über den Paßzwang und die über den Aufenthalt, mit dem Frankfurter Frieden vereinbar, oder wird eine Verpflichtung, die wir in diesem Frieden gegen Frankreich eingegangen sind, durch eine der beiden Verordnungen verletzt? Mein Herr Amtsvorgänger forderte das Reichsjustizamt zu einem Gutachten auf, und das Gutachten fiel dahin aus, daß durch die Verordnung über die Paßpflicht eine Verletzung des Artikels 11 des Frankfurter Vertrages nicht stattfinde. Der Artikel 11 sichert der französischen Nation dem Deutschen Reiche gegenüber die Rechte der meistbegünstigten Nation zu. Anders fiel das Gutachten des Reichsjustizamts in Bezug auf die zweite Verordnung aus. Es wurde darin ungefähr ausgeführt, man könne ja behaupten, daß die ganze Klausel von den Meistbegünstigten in diesen wie in früheren Friedensverträgen sich auf Handel und Wandel bezogen hatte, nicht aber auf solche Akte des bürgerlichen Lebens, die Polizeivorschriften unterstellt sind, die der Gesetzgebung des anderen Staates unterliegen. Indessen um unter allen Umständen nicht den Schein auf die deutsche Regierung zu laden, als sei sie geneigt, illoyal gegen Frankreich zu handeln, wurde die Aufhebung der zweiten Verordnung, also der über den Aufenthalt, beschlossen.

Wenn auch jetzt noch in Bezug auf den Aufenthalt, abgesehen von der Verordnung über den Paßzwang, hier und da polizeilich eingeschritten wird, so geschieht das in dem Rahmen desjenigen guten Rechtes, das jeder Staat für sich in Anspruch nehmen muß, wenn die öffentliche Ruhe und Ordnung durch das Zuziehen Fremder gefährdet zu werden scheint. Es wird der Franzose nicht anders behandelt als jeder andere Fremde; nur tritt ersterer massenhafter ein und giebt hier und da der Polizei eben mehr Anlaß zu dem Bedenken, er könnte schädliche Dinge treiben, als das von anderen Nationalen geschieht.

Wenn ich hiermit glaube, die Frage des Herrn Abgeordneten Richter über die Aufenthaltsverordnung erledigt zu haben, so bleibt mir noch übrig, auf die Paßverordnung näher einzugehen. Es war nun, was diese Verordnung angeht, notwendig, eine Reihe von polizeilichen Ausführungsbestimmungen zu geben. Diese Ausführungsbestimmungen sind lokal verschieden erlassen worden. Ich kenne sie gar nicht alle; es mag sein, daß hier und da auch einmal eine zu harte, eine zu weit gehende getroffen worden ist; aber im ganzen glaube ich annehmen zu dürfen, daß die Polizeibehörden korrekt in Ausführung des Paßgesetzes gehandelt haben. Nun sind die Klagen, die der Herr Abgeordnete Richter zur Sprache bringt, ja in ungleich schärferer Weise schon anderwärts und in der Presse zu Tage gekommen. Also es lag nahe, als ich in das Amt trat, die Frage aufzuwerfen: kann die Paßverordnung aufgehoben werden oder nicht? und was mich angeht, so ist mein Rat dahin gegangen, sie nicht aufzuheben. Eine völlige Aufhebung dieser Verordnung halte ich zur Zeit für unmöglich. Der Herr Abgeordnete Richter sagt: man braucht nicht präventiv einzuschreiten, man kann abwarten und dann einschreiten. Wir werden aber da genau die alten Zustände wiederbekommen, die wir gehabt haben. Wir kommen faktisch weiter — und das hat der Erfolg bewiesen — durch das jetzige Verfahren, indem wir den Eintritt in das Reichsgebiet denjenigen Leuten, von denen wir Gefahren besorgen, von Haus aus abschneiden. Der Herr Abgeordnete hat selbst den Punkt berührt, der nach meiner Anschauung der wesentlichste ist, und der uns noch auf lange an der vollständigen Aufhebung der Paßverordnung hindern wird: das ist der Aufenthalt aller derjenigen Personen in Elsaß-Lothringen, die mit der französischen Armee in einer oder der anderen Verbindung stehen. Es liegt ja doch ganz auf der Hand, daß das Deutsche Reich nicht französische Offiziere in solchen Jagdgründen ihrer Passion nachgehen lassen kann, von denen wir in etwaigen künftigen Kriegen die Möglichkeit nicht ausgeschlossen sehen, daß sie zum Schlachtfeld werden können; wir können doch nicht dulden, daß Mitglieder der französischen Armee sich in großer Zahl da einmieten, wo sie etwa Beobachtungen machen können, die dem Deutschen

Reiche schädlich sein können; wir würden das ebensowenig wie von den Franzosen von irgend einem Mitglied irgend einer Nation dulden. Und die Franzosen handeln ganz genau ebenso gegen uns. Sie können auch gar nicht anders: das ist eine Pflicht der Selbsterhaltung, die jeder Staat sich schuldig ist.

Wir haben uns nicht einmal gewundert; es ist, soviel ich weiß, nicht ein einziger Schritt geschehen gegen das französische Spionagegesetz, das gegen viele Deutsche viel schärfer eingeschritten ist, als wir gegen die Franzosen. Nun kommt dazu die ganze Klasse der Optanten und derjenigen, die ihre deutsche Staatsangehörigkeit aufgegeben haben, ohne eine andere zu erwerben. Sagen Sie sich doch einmal selbst: was treten in einem kleinen Dorfe für Verhältnisse ein, wenn der eine ausgehoben wird, und die anderen daneben stehen und ihn auslachen: warum hast Du nicht optiert? wir leben so gut hier wie Du, wir haben dieselben Vorteile, das Deutsche Reich schützt uns, seine Gesetze kommen uns zu gute, wir leisten aber gar nichts. Ich halte es für absolut unmöglich von Maßregeln abzustehen, die diese Zustände hindern. Nun ist das Paßgesetz einmal da; dasselbe wirkt gut in dieser Beziehung, es kann aber seine Wirkung überhaupt erst ganz äußern, wenn es längere Zeit in Übung geblieben ist. Denn wenn — ich beziehe mich auf die Worte des Herrn Abgeordneten von Stauffenberg — das Gesetz den Zweck hat, die Elsaß-Lothringer mehr zu Deutschen zu machen, also sie an andere Verhältnisse zu gewöhnen, sie innerlich uns näher zu bringen durch die Gewohnheit, so kann ich nichts erreichen, wenn ich in kurzer Zeit das Gesetz aufhebe. Denn das wird mir der Herr Abgeordnete zugeben: wer Menschen durch Gewohnheit zu etwas bringen will, — ich möchte da auf die zwei- und dreijährige Dienstzeit exemplifizieren, — kann das nur durch eine längere Gewohnheit, nicht durch eine kurze.

Sind wir also nicht in der Lage, die Verordnung aufzuheben, so ist es uns doch nicht entgangen, daß sie eine Menge von Schroffheiten zur Folge gehabt hat und noch haben kann, die unnütz waren. Es ist also von seiten der ausübenden Behörden mit einer milderen Praxis verfahren worden und wird weiter mit einer milderen Praxis verfahren werden. Wie weit diese Milde gehen kann, das wird wesentlich davon abhängen, wie sich die Meistbeteiligten, nämlich die Elsaß=Lothringer, dieser Milde gegenüber stellen. Werden die Verhältnisse in Elsaß=Lothringen so, daß wir nachlassen können, so werden wir in demselben Maße nachlassen. Wir werden aber die Verordnung nicht aufheben.

Übrigens erscheint es mir doch fraglich, ob durch diese Interpellation und durch solche Erörterungen dieser Verhältnisse denjenigen Leuten, deren Interesse Sie im Auge haben, genutzt wird, ob nicht geradezu das Gegenteil davon hervorgerufen wird.

Denn wenn der Elsaß=Lothringer immer denkt: vielleicht bringt Herr Richter doch einmal wieder eine Interpellation ein, vielleicht kommt er einmal durch, dann gewöhnt er sich eben schwer ein, dann behält er den Glauben, daß sein Heil oder wenigstens das letzte Ziel desselben jenseits der Grenze zu suchen sei und nicht hier bei uns.

Ich möchte mir noch eine Bemerkung auch mit Rücksicht auf die Zukunft gestatten. Diese Interpellation hat Seiten jenseits der Grenze Deutschlands berührt. Ich habe mich bemüht, vorsichtig zu sein, weil ich das Bestreben habe, nichts zu sagen, was den Staat jenseits unserer Grenze irgend unangenehm berühren könnte. Wir haben in der letzten Zeit manches erfreuliche Zeichen von einer Besserung der gegenseitigen Beziehungen wahrgenommen; und es sollte mir unendlich leid thun, wenn darin ein Rückschritt gemacht würde. Aber ich glaube, für keinen Staat sind die internationalen Beziehungen so diffiziler Natur wie für Deutschland, und in keinem Staate ist die Anforderung, diese Beziehungen rücksichtsvoll schonend zu behandeln, sowohl in der Presse wie in öffentlichen Versammlungen, so stark wie für uns. Und wenn in Zukunft in irgend einer Partei, welche es auch sei, der Wunsch vorliegen sollte, Interpellationen einzubringen und Fragen zu stellen, welche die äußere Politik berühren, so würde ich dankbar sein, wenn ich vorher gefragt würde, ob ich mich darüber äußern kann, ob die Frage unsere Beziehungen stören kann oder nicht. Wäre ich von einem Mitgliede der Fortschritts=

partei vor 14 Tagen im Vertrauen gefragt worden: kann das geschehen? so würde ich in ganz wenigen Worten, glaube ich, in der Lage gewesen sein, den Herrn zu überzeugen, daß es besser gewesen wäre, die Interpellation nicht zu stellen. Ist sie einmal gestellt, so kann auch die Regierung nicht zurück; sie überläßt dann die Verantwortung denjenigen, die sie gestellt haben."

Sitzung am 24. Juni 1890.

Zweite Beratung des Gesetzentwurfs, betr. die Friedenspräsenzstärke des deutschen Heeres.

Der Reichskanzler zeigt in dieser Rede die Notwendigkeit, welche die verbündeten Regierungen bei der Forderung der Heeresverstärkung leitete, betont die Wichtigkeit unserer Allianz mit Österreich und Italien, die auch in keinem Teile abbröckeln dürfe, und warnt endlich vor Differenzen zwischen dem Reichstage und der Regierung.

Diese Rede, durch welche er auf die längeren Ausführungen der Abgeordneten Rickert und Dr. Windthorst erwiderte, ist ein kleines oratorisches Meisterstück, mit dem er nicht nur auf die Freunde der Militärvorlage, sondern auch auf die Gegner derselben einen tiefen Eindruck hervorrief. Straff aufgerichtet, in der korrekten Haltung eines vornehm denkenden Soldaten, stand der Reichskanzler auf seinem Platze, und es hatte den Anschein, als wenn dieses Mal die soldatische Haltung mehr als sonst zum Ausdruck gebracht wurde und auch in der Rede des Kanzlers sich wiederspiegelte. Vor allem in dem ersten Teile der Rede trat die soldatische Schneidigkeit und Knappheit deutlich zu Tage; und erst nach und nach minderte sich der scharfe Klang der Stimme, und der Diplomat trat wiederum mehr in den Vordergrund, d. h. der Diplomat der neuen, vom ersten Kanzler des Deutschen Reiches geschaffenen Schule, der seinem Gegner mit Ruhe und mit offenem Visier ins Auge blickend furchtlos und beharrlich entgegentritt.

Herrn Rickerts und seiner Genossen Anträge wurden allerdings mit kurzer Handbewegung zur Seite geschoben und des freisinnigen Führers immer wiederkehrende Klage, weshalb man denn gerade jetzt die Militärvorlage eingebracht, mit dem Vergleich von dem Manne, der einen Blitzableiter auf sein Haus setzen will, abgethan. Etwas näher ging Herr von Caprivi auf die Resolutionen des Dr. Windthorst ein; die Wünsche desselben wurden in sach= gemäßer Weise widerlegt und dann die Kompensation der Re= gierung, den nächsten Herbst etwa ebensoviel Mannschaften zur Disposition zu beurlauben, als Rekruten mehr eingestellt wer= den sollen, angeboten. Diese Eröffnung machte auf allen Seiten des Hauses einen befriedigenden Eindruck.

„Der Herr Abgeordnete Rickert hatte im wesentlichen zwei Bedenken: einmal mochte er die Vorlage nicht annehmen, weil nicht einige konstitutionelle Forderungen, die zu stellen seine Partei seit längerer Zeit gewöhnt ist, erfüllt werden; dann aber meint er: warum gerade jetzt? Während der Herr Abgeordnete Windthorst diese Frage an die Vergangenheit knüpfte, blickte der Herr Abgeordnete Rickert auf die Zukunft; er meinte: wartet doch noch! Ja, mir bleibt da nur noch übrig, an ein Gleichnis zu erinnern, das ich schon mal gebraucht habe. Wenn jemand sich einen Blitzableiter für sein Haus beschaffen will, steht er auch vor der Frage: soll ich das jetzt thun oder kann ich nicht noch ein Jahr warten? Wäre jemand da, der ihm die Garantie geben könnte, daß der wolkenlose Himmel, unter dem er heute steht, ein Jahr länger anhalten werde, so würde er ganz gewiß die Ausgabe für den Blitzableiter erst über ein Jahr machen. Trotz der günstigen politischen Lage, in der wir jetzt leben, bin ich nicht imstande, vorherzusagen, wie lange dieselbe dauern werde. Ich bin also der Meinung: der Blitz= ableiter muß sofort beschafft werden.

Die Ausführungen des Herrn Abgeordneten Windthorst in Bezug auf die Notwendigkeit, die Finanzlage des Reiches und der Einzelstaaten in Übereinstimmung zu bringen, kann ich mir nur vollständig zu eigen machen; es ist einer meiner sehnlichsten Wünsche, daß dieser Zustand sobald wie möglich herbeigeführt werde.

Zu meinem Bedauern aber hat der Herr Abgeordnete Windthorst eine Äußerung gethan, die ich nicht acceptieren kann, die mich betrübt hat, die ich vom Standpunkte unserer auswärtigen Politik für bedauerlich halte; er hat über den leitenden Minister eines uns eng befreundeten Staates eine abfällige Äußerung gemacht. Meine Herren, in dem Augenblick, wo Sie vor der Notwendigkeit stehen, über eine Heeresverstärkung zu befinden, halte ich es nicht für angebracht, an den Bündnissen, die wir seit Jahren geschlossen haben, die wir treu zu halten gewillt sind, zu rütteln.

Das Bündnis mit Italien wird nach meiner Überzeugung auch weiter leben, wenn, was Gott verhüten wolle, der jetzige leitende Minister*) von seiner Stelle zurücktritt; aber in der Person dieses Ministers finden wir eine Friedensbürgschaft, wie sie uns schwerlich ein anderer Italiener geben kann, und ich beklage es deshalb, wenn diese Person hier von der Tribüne angegriffen worden ist.

Der Herr Abgeordnete Windthorst meint: wir können allein in der Verbindung mit Österreich fertig werden. Das kann sein, er mag darin recht haben, aber es ist ein alter militärischer Satz: wir können zur Entscheidung nie zu stark kommen, und ich möchte nicht, daß von den Allianzen, die wir haben, auch nur der kleinste Teil abbröckelte, daß sie auch nur innerlich geschwächt würden.

Ich kann mich den Resolutionen, die der Herr Abgeordnete Dr. Windthorst vorgeschlagen hat, zuwenden. Die erste geht dahin, daß von den „Plänen" Abstand genommen werde, indem dadurch dem Deutschen Reiche geradezu unerschwingliche Kosten erwachsen würden. Ich kann nicht beurteilen, ob die Kosten unerschwinglich sind; denn wie ich schon einmal erklärt habe: ich kenne die Pläne nicht.

Ich halte es auch für wahrscheinlich, daß, wenn in dem nächsten Jahre die verbündeten Regierungen mit militärischen Forderungen vor dies hohe Haus treten sollten, diese mehr dahin gehen würden, daß das, was geschaffen ist, innerlich kon=

---
*) Crispi.

solidiert werde. Wir haben innerhalb der Armee eine ganze Anzahl von Fragen in der Richtung der Verbesserung unserer inneren Zustände zu erledigen im Sinne der Worte des Fürsten v. Bismarck, daß wir mehr auf gute Truppen als auf viele Truppen werden Gewicht legen müssen.

Wenn die Kosten hier als „unerschwinglich" bezeichnet worden sind, so will ich mir doch die Bemerkung gestatten, daß ich den Ausdruck für sehr hochgegriffen halte. Ich könnte darauf exemplifizieren, was Preußen, das kleine Preußen, in früheren Jahren gethan hat. Ich will mich aber hier darauf beschränken, daß ich die Frage an Sie richte: wie glauben Sie, daß das Wort „unerschwinglich" auf das Ausland wirkt? glauben Sie nicht, daß Leute da sind, die das mit tiefem Behagen hören, und die eine gewisse Befriedigung empfinden, wenn sie wirklich denken könnten: jetzt ist Deutschland am Ende seiner finanziellen Leistungen angekommen —?

Ich weiß sehr wohl, daß das nicht Ihre Meinung ist, daß das ein Ausdruck ist, wie er im Parteikampf mit unterläuft. Aber ich habe zu konstatieren, daß nach der Überzeugung der verbündeten Regierungen Sie noch nicht, noch lange nicht am Ende Ihrer finanziellen Leistungen angekommen sind, wenn von diesen Leistungen die Sicherheit und die Existenz Deutschlands abhängt.

Die zweite Resolution befaßt sich mit der Friedenspräsenzstärke — das Septennat. Es ist mir bis zur Stunde unerfindlich, warum dies Thema hier so accentuiert worden ist. Wir verlangen ja gar nicht sieben Jahre; es sind ja nur noch dreieinhalb Jahre. Wir wollen nur das Septennat, welches früher angefangen hat, jetzt nicht unterbrechen; wir wollen die einmal bewilligten Mittel fortbrauchen und die neu zu bewilligenden auch ebensolange.

Ich hatte mir eingebildet, daß gerade die Fortschrittspartei diesem Wunsche der Regierung mit einer gewissen Sympathie entgegentreten, sich freuen würde, daß wir nicht mit einem neuen Septennat von jetzt bis zum Jahre 1897 kommen, sondern daß wir uns dem Antrage Stauffenberg von 1887, der von drei Jahren ausging, anfügten. Weiter wird in der

Vorlage nichts verlangt, als eine Bewilligung auf etwas über drei Jahre. Wenn ich mich also auf den Boden eines Abgeordneten der Fortschrittspartei stelle, so muß ich doch sagen: die Sache war acceptabel. Wird sie von der Fortschrittspartei nicht acceptiert, so muß ich eben doch zu meinem Bedauern bei der Ansicht stehen bleiben, daß es sich hier um konstitutionelle — ich stelle anheim, ob Sie den Ausdruck „Doktorfragen" oder „Kraftproben" vorziehen — handelt.

Die vierte Resolution geht auf die zweijährige Dienstzeit aus. Aus den Erörterungen, die darüber stattgefunden haben, wird, glaube ich, auch der begeistertste Schwärmer für die zweijährige Dienstzeit doch die Überzeugung gewonnen haben, daß die Sache ihre zwei Seiten hat. Schon die eine Seite, daß sie nicht mal für alle Waffen durchführbar ist — denn das erkennen Sie auch selbst an, daß wir einige Waffen kurz, andere länger dienen lassen müßten —, ist eine im höchsten Grade bedenkliche. Selbst wenn man der zweijährigen Dienstzeit zuneigt, muß man zugeben, daß da Konsequenzen auf diesem Boden entstehen können, die sich noch gar nicht absehen lassen. Es giebt zweifellos Soldaten, die die volle zweijährige Dienstzeit, also 24 Monate aktiv bei der Fahne, auch für die Fußtruppen, dem jetzigen Zustande vorziehen möchten. Wir haben jetzt eine ungleiche und zum Teil kürzere Dienstzeit, behaftet mit all den Mängeln, die dem Dispositionsurlaubertum anhaften, behaftet mit der Ersatzreserve. Ich glaube, wenn eine zweijährige Dienstzeit voll geboten würde, wenn diese Dinge davon getrennt werden könnten, wenn dann die Kompensationen gegeben würden, von denen schon gesprochen ist, daß dann mancher Soldat dem zustimmen würde. Aber das, meine Herren, machen Sie sich doch auch klar, daß das nicht weniger lästig für die Bevölkerung und ungleich teurer werden würde als der jetzige Zustand.

Die verbündeten Regierungen sind also zur Zeit nicht in der Lage, auf eine Verkürzung der Präsenzzeit einzugehen.

Ich komme zu der Resolution Nr. 3, die an die Regierungen das Ersuchen stellt, entweder die thatsächliche Präsenzzeit herabzumindern oder Dispositionsbeurlaubungen einzuführen.

Der Weg der Herbstvakanzen ist für die verbündeten Regierungen nicht gangbar; dagegen bin ich ermächtigt und zwar für den Umfang ganz Deutschlands zu erklären, daß schon in diesem Herbst bei den Fußtruppen Beurlaubungen zur Disposition in erhöhtem Umfange stattfinden werden, in dem Umfange, den die verbündeten Regierungen noch mit der Fortsetzung eines guten Dienstbetriebes bei den Fußtruppen für vereinbar halten, Zahlen, die, wenn sie durch die ganze deutsche Armee addiert werden, etwa 6000 Mann betragen werden.

Ich glaube, daß damit die verbündeten Regierungen ihr Entgegenkommen in der Weise gezeigt haben, die die einzig mögliche ist. Weiter zu gehen ist den verbündeten Regierungen nicht möglich.

Wenn nun die verbündeten Regierungen soweit gegangen sind, im übrigen aber ihre Forderungen nicht aufgeben können, so bitte ich das hohe Haus, die Vorlage der Regierungen unverändert, so einstimmig wie möglich, anzunehmen. Nachdem ich mich in der Kommission geäußert hatte, hat man in den Zeitungen, die der Partei drüben angehören, das Wort gefunden, daß ich eine Schonzeit für mich beanspruche, während ich das nicht gewollt habe.

Schießen Sie nur auf mich! Mir soll es recht sein! Ich habe die Schonzeit für Deutschland beansprucht und bin auch noch der Meinung, daß, wenn wir uns, wie ja zweifellos, am Ende des jetzigen Septennats, sei es zur Verständigung oder zum Kampf, wiederfinden werden, dieser Kampf, wenn er notwendig werden sollte, mit ungleich weniger bedenklichen Folgen für Deutschland geführt werden kann als heute.

Man möge sich doch klar machen, wohin eine Differenz auf diesem Boden zwischen den Regierungen und dem Reichstag führen kann! Daß es den Regierungen kein Vergnügen ist, Steuern zu fordern und Menschen einzustellen, das liegt auf der Hand. Schreitet die Regierung zu so ernsten, folgenschweren Forderungen, so wird sie doch ebenso gut für sich in Anspruch nehmen, wie jeder andere das für sich in Anspruch nehmen kann, daß sie aus Pflichtgefühl handelt. Erkennt die Regierung, daß das Dasein Deutschlands diese Forderung nötig macht, so würde sie falsch handeln, wenn sie nicht alle Mittel erschöpfte, ehe sie diese Forderung fallen läßt.

Wohin können aber solche Differenzen führen? Ich mag das Bild gar nicht ausmalen, will aber hier wieder vom Standpunkte der auswärtigen Politik aus sprechen und Ihnen einmal vor Augen führen: ist es denn logisch, in dem Augenblick, wo man entweder offen zugesteht oder innerlich wenigstens anerkennt, daß eine Verstärkung unseres Heereswesens, an die die Regierungen mit schwerem Herzen herangegangen sind, notwendig ist, — in einem solchen Augenblick, ich will nicht sagen, Konflikte, aber auch nur Differenzen innerhalb der Nation zu erregen?

Darüber werden wir doch alle einig sein: wenn es einmal zum Kriege kommen sollte, so kann derselbe nur geführt werden unter dem einmütigen Zusammenhalten der ganzen Nation.

Wie bereitet man nun aber einen Krieg vor, wenn man es in der Zeit, wo man Forderungen, die auf den Krieg zielen, er mag noch so fern liegen, zu bewilligen hat, zu inneren Differenzen, an denen das Ausland sich weiden kann, kommen läßt?

Ich kann also nur noch einmal meine Bitte wiederholen, die Vorlage um Deutschlands und des Friedens willen so einmütig wie möglich anzunehmen."

Sitzung am 9. Dezember 1890.

Beratung des Reichshaushaltsetats für das Etatsjahr 1891/92.

Diese Rede handelt in der Hauptsache von dem Alters- und Invaliditätsgesetz und dem Termin seiner Einführung; in kurzer, schneidiger Weise, die jedoch jedes reizbaren Tons entbehrt, wendet sie sich gegen die Ausstellungen und Bemängelungen Richters.

„Es ist heute nicht meine Absicht, dem Herrn Vorredner*) auf das Gebiet der Kolonialpolitik zu folgen, indem ich von

---

*) Abg. Richter.

der Voraussetzung ausgehe, daß die dunklen Schatten, die er auf sein Bild geworfen hat, schon aus dem Hause selbst bei Fortsetzung der Debatte zum großen Teil werden entfernt werden. Es ist auch nicht meine Absicht, ihm auf das Gebiet der Zölle, die vielleicht dereinst geändert werden könnten, zu folgen; ich will mich auf die Bemerkung beschränken, daß das, was er heute sprach, einen ähnlichen Klang hatte, wie das, was ich wochenlang in der freisinnigen Presse gelesen habe, und ich kann mich auf die Versicherung beschränken, daß derartige Expektorationen nicht geeignet sind, die Verhandlungen mit fremden Regierungen zu erleichtern.

Auch in Bezug auf das Seuchengesetz nur ein einziges Wort. Die Politik der Beschränkung, die wir vom Fürsten v. Bismarck übernommen haben und die den Zweck hat, krankes, fremdes Vieh auszusperren, schildert der Abgeordnete Richter als eine schlechte und begrüßt mit Freuden den gewissen Nachlaß, der darin eingetreten ist. Ich weiß nicht, ob er den Moment günstig gewählt, ob er das Telegramm gelesen hat, welches gestern von Beuthen kam, daß von 107 eingeführten russischen Schweinen 30 krank gewesen sind.

Was mich veranlaßt, jetzt das Wort zu nehmen, sind die Äußerungen, die der Abgeordnete Richter über das Alters- und Invaliditätsgesetz und dessen Einführung zum 1. Januar gemacht hat. Ich will mich darüber jetzt äußern, da ich glaube, daß das eine Spezialität des verehrten Herrn Abgeordneten ist, und es mir zweifelhaft erscheint, ob von anderer Seite auf dies Thema im Laufe der Generaldebatte zurückgekommen werden wird. Der Herr Abgeordnete bemängelt den Beschluß der Regierungen, den 1. Januar als den Termin zu fixieren, an dem das Gesetz zur Ausführung kommen soll. Er bemängelt aber zugleich das Gesetz selbst; er bezeichnet es als ein Gesetz, welches Unzufriedenheit in den weitesten Kreisen hervorbringen wird.

Was das Gesetz selbst angeht, so kann ich mich einer Kritik enthalten. Ich bin der entgegengesetzten Ansicht; ich glaube, daß das Gesetz noch manche Verbesserung wird erfahren können; ich halte es aber für den ersten Schritt auf einer glücklichen und segensvollen Basis. Ich glaube aber, ich brauche das hier nicht weiter auszuführen; denn wenn die verbündeten Regierungen und das hohe Haus nicht derselben Ansicht gewesen wären, so würde dies Gesetz nicht Gesetz geworden sein.

Wir sind uns über die Schwierigkeiten, die mit der Einführung dieses Gesetzes verbunden sind, keinen Augenblick im Unklaren gewesen, wir waren namentlich darüber nicht im Zweifel, daß die höchsten Anforderungen an die Beamten gestellt werden müssen. Wir sind aber davor nicht zurückgeschreckt; wir haben diese Anforderungen gestellt, weil wir uns gesagt haben: Das Gesetz ist ein segensreiches, auf das die Augen von Tausenden schon gerichtet sind, und wir wollen diese Wohlthat dem Volke nicht einen Tag später zu teil werden lassen, als eine absolute Notwendigkeit vorliegt.

Der Herr Abgeordnete Richter hat auf die Möglichkeit und Notwendigkeit einer Verbesserung der Lage der Militärinvaliden hingewiesen. Die Militärverwaltung wird von seinen Worten gerne Akt nehmen. Ich wünschte aber, er hätte dasselbe warme Herz für die Invaliden der Arbeit, wie er es hier für die Invaliden des Heeres gezeigt hat.

Dann würde er sich mit mir freuen, wenn der erste Arbeiter, der erste Invalide, der erste Alte nach dem Jahre 1890 eine Pension aus diesem Gesetz bezieht.

Dann noch eine kurze Bemerkung: Es hat bei dem Herrn Abgeordneten Richter gemunkelt von sehr bedeutenden weiteren Forderungen für das Militär. Er munkelte im vorigen Jahre auch so. Ich weiß nicht, wo er es her hat. Ich kann mich auf die Bemerkung beschränken, daß die Quellen, die er in dieser Beziehung gehabt haben muß, sehr schlechte waren, denn es ist mit einer solchen Vermehrung der Ausgaben für das Heer nichts!"

Sitzung am 11. Dezember 1890.
Fortsetzung der zweiten Beratung über den Reichshaushaltsetat.

Die deutsche Zollpolitik.

Nach einer kleinen persönlichen Auseinandersetzung mit dem Abgeordneten Bamberger, die zeigt, daß der Reichskanzler Caprivi sich auch auf die Waffen des Humors versteht und seinen militärischen Erfahrungen Bilder zu entnehmen weiß, die für das parlamentarische Leben gleichfalls am Platz sind, wendet er sich in dieser Rede mit großer Bestimmtheit gegen die Gepflogenheit, durch Debatten im Reichstage schwebende Vertragsverhandlungen zu erschweren. Der spezielle Fall, welcher hier vorliegt, ist der Deutsch-Österreichische Handelsvertrag.

„Meine Herren, der Herr Abgeordnete Bamberger hat die Güte gehabt, zu erklären, mit Rücksicht auf meine mangelhafte Vorbildung und meine kurze Schulung in den Geschäften, denen obzuliegen jetzt meine Pflicht ist, wolle er mir Schonung angedeihen lassen. Er hat in der ihm eigenen urbanen Art demselben Gedanken Ausdruck gegeben, den im Frühjahre an anderer Stelle der Herr Abgeordnete Richter in die Worte kleidete, man wolle mir ja noch einige Schonzeit geben.

Was meine Person anlangt, — und es ist mir jedesmal leid, wenn ich von derselben hier sprechen muß, aber ich sehe mich dazu genötigt, — so habe ich noch nie in meinem Leben von irgend jemand Schonung verlangt, und ich würde bitten, auch hier mir dieselbe nicht angedeihen zu lassen. Ich weiß auch nicht, ob die Regierung in der Zeit, seit ich die Ehre habe, ihr vorzustehen, Dinge getrieben hat, die sie in den Ruf kommen lassen könnten, sie wäre schonungsbedürftig. So lieb mir diese freundliche Äußerung des Herrn Bamberger ist, so muß ich ihm doch sagen: der Ton, den der Herr Abgeordnete Richter neulich anschlug, war mir in dem Augenblicke lieber. Ich befand mich hier — Sie werden erlauben, daß ich das Bild eines alten Soldaten gebrauche — in dem Gefühl eines Offiziers, der weiß, er ist in der Nähe des Feindes, er kommt aber noch nicht heraus; endlich fällt der erste Kanonenschuß, und man hat das erlösende Gefühl: da ist er.

Ich darf übrigens annehmen, daß die wenigen Worte, die ich in Bezug auf unser Verhältnis zu Österreich geäußert habe, doch nicht so ganz wertlos gewesen sein können; denn dieselbe Partei hat heute nun ihren dritten Redner gegen diese wenigen Worte ins Gefecht geschickt und, um bei demselben Bilde zu bleiben, der alte Soldat hat das beruhigende Gefühl, aus dem groben Geschützfeuer in das kleine Gewehrfeuer gekommen zu sein.

Weil ich der Meinung bin, daß es nicht richtig ist, während Vertragsverhandlungen mit anderen Staaten im Gange sind, Äußerungen in so gewichtigen Körperschaften, wie dieses Haus es ist, laut werden zu lassen, enthalte ich mich auch noch heute jedes Eingehens auf die Einzelheiten, die der Herr Abgeordnete Bamberger angeführt hat. Ich bin nach wie vor der Überzeugung, die ich gestern aussprach, und wenn ich auch nicht annähernd die wirtschaftspolitischen Kenntnisse des Herrn Abgeordneten Bamberger habe, so wird er mir vielleicht zugeben, daß er nicht die Kenntnisse über die politischen Verhandlungen hat, die in Bezug auf diesen Vertrag geschwebt haben und schweben, wie ich. Und ist diese Voraussetzung richtig, so darf ich aussprechen, daß ich Äußerungen aus dieser Versammlung, so lange als Verhandlungen schweben, für durchaus schädlich halte. Wenn ich auch Neuling in parlamentarischen Sitten bin, so möchte ich doch annehmen, daß ich mit der Bitte, die ich neulich aussprach, — und wie ich glaube, war meine Bitte nicht gereizt, die Antwort darauf fiel weniger schüchtern aus, — mich nicht ins Unrecht gesetzt habe. So viel ich weiß, besteht in fast allen parlamentarischen Körperschaften, und vor allen Dingen in den englischen, denen man doch konstitutionelle Routine füglich nicht absprechen kann, die Sitte, daß, wenn der Vertreter der Regierung sich dahin ausspricht, daß politische Äußerungen und namentlich über schwebende Verhandlungen schädlich sein könnten, die Debatte abgebrochen wird.

Ich habe keine Macht, das zu erzwingen; ich kann nur konstatieren, daß, wenn durch solche Äußerungen Schaden ge=

schießt, die Verantwortung nicht auf mir liegt. Ich habe, soweit in meinen geringen Kräften steht, davor gewarnt.

Der Herr Abgeordnete hat zwei Stellen aus der Rede des Herrn Abgeordneten Plener vorgelesen, einer Rede, die, wenn auch aus einer anderen Zeitung, mir in demselben telegraphischen Auszuge vorliegt wie ihm; es ist nicht der Urtext. Er hat eine Stelle vorgelesen, die von der Verbilligung der Lebensmittel handelt, und ist darauf zu einer dritten Stelle übergegangen, die von den differentiellen Zöllen handelte; die zwischenliegende Stelle hat der Herr Abgeordnete aber nicht im Wortlaut wiedergegeben, wie die Zeitung sie giebt, sondern hat sie in seinen Äußerungen umschrieben. Nun möge es mir erlaubt sein, die zwischenliegende Stelle vorzulesen; nachdem der Abgeordnete von den Lebensmitteln gesprochen, sagt er:

Deutschland muß dabei aus innerpolitischen Gründen hier Ermäßigungen unter allen Umständen eintreten lassen, ohne dafür erst von uns besondere Kompensationen verlangen zu können.

Ich stelle nochmals der Erwägung des Hauses anheim, ob Äußerungen, wie sie hier gefallen sind, geeignet sind, den Abgeordneten Plener und die Österreicher in der Meinung zu bestärken, daß Deutschland unter allen Umständen aus innerpolitischen Gründen Ermäßigungen eintreten lassen muß oder nicht."

Sitzung am 3. Februar 1891.

Die Regierungen fordern 200 000 M. als Beihilfe zur Förderung der auf Erschließung Zentralafrikas gerichteten wissenschaftlichen Bestrebungen.

Diese Rede geht auf Details der Kolonialpolitik ein und begegnet in sachlicher Polemik verschiedenen Äußerungen Richters.

„Ich möchte mich gegen eine Bemerkung des Herrn Abgeordneten Richter wenden, die, wenn ich ihn richtig verstanden habe, dahin ging, daß er annimmt, die Periode des Flaggehissens und des Verträgeschließens sollte mit dem deutsch-englischen Abkommen beendet sein. Der betreffende Passus heißt:

Die Periode des Flaggehissens und Verträgeschließens muß beendet werden, um das Erworbene nutzbar zu machen.

In Ostafrika, im Hinterlande von Kamerun und Togo sind wir noch nicht so weit, um das Erworbene voll nutzbar machen zu können. Ob auf dem Wege des Flaggehissens und des Verträgeabschließens oder, was ich vorziehen würde, auf dem Wege der Anlage von Faktoreien vorgegangen wird, darüber kann ich ein Urteil nicht abgeben. Ich will aber, um Mißverständnissen vorzubeugen, konstatieren, daß die Kolonialregierung, wenn Sie mir diesen Ausdruck erlauben wollen, der Meinung ist, daß die Bedürfnisse für Erforschungen im Hinterlande von Kamerun und von Togo noch nicht zum Abschluß gekommen sind.

In Bezug auf die Debatte darüber, ob diese 200 000 M. vorherrschend zu kolonialen oder zu wissenschaftlichen Zwecken zu verwenden sind, glaube ich nicht eingehen zu dürfen. Ich würde die Frage nach dem Werte, der der Wissenschaft dabei zugelegt werden soll, nach dem Anteil, den sie dabei haben soll, für bedeutend halten, wenn in solchen kolonialen Gebieten für eine wissenschaftliche Erforschung kein Spielraum mehr wäre, wenn wir das Geld anderswohin tragen müßten, um wissenschaftlichen Zwecken genügen zu können. Da das nicht der Fall ist, bitte ich, den Fonds in der beantragten Höhe anzunehmen.

Auf den Angriff des Herrn Abgeordneten Richter gegen die Kolonialenthusiasten zu antworten, kann ich diesen überlassen, da ich nicht zu ihnen gehöre.

Was die Würdigung von Togo und Kamerun angeht, als denjenigen Kolonieen, die uns nichts kosten, die eher schon im Begriff sind, etwas einzubringen, kann ich dem Herrn Abgeordneten Richter nur vollkommen beitreten; aber wenn mich nicht alles täuscht, ist gerade von dieser Seite ganz vor kurzem der Wunsch ausgesprochen worden, man möchte doch aus den Kolonieen bezahlen, was da geschehe: wissenschaftliche Forschungen, Anstellung des Gouverneurs und dergleichen. Es ist das eine Ansicht, mit der ich sympathisieren könnte. Wenn aber Togo und Kamerun in diese Lage gebracht werden sollen, müßten sie eben höhere Einnahmen abwerfen als bisher, und ich halte es nicht für wahrscheinlich, daß sie dazu imstande sein würden, wenn wir nicht in das Hinterland dieser beiden Kolonieen weiter einzudringen imstande sind, als wir es bisher gewesen sind.

Dem sachlichen Teile der Ausführungen des Herrn Abgeordneten Dr. Windthorst kann ich nur vollkommen beitreten. Auch ich stehe dieser südwestafrikanischen Kolonie kühl gegenüber und bekenne, daß sie mir schon manche Sorgen gemacht hat. Es ist bei der Entstehung unserer Kolonieen, die ja zum großen Teil Kinder des Gefühls und der Phantasie sind, nur zu natürlich, daß plötzliche Umschläge in der Wertschätzung kommen; und wie man Südwestafrika vor Jahren als eine Art von Paradies schilderte, in das Hunderttausende von arbeitslosen Deutschen auswandern könnten, in dem Gold und, ich weiß nicht, was sonst alles auf der Hand lag, ist man jetzt in ein pessimistisches Extrem nach der anderen Seite umgeschlagen. Die gegenwärtige Kolonialregierung hält an den Traditionen ihrer Vorgängerin auch in Bezug auf diese Kolonie fest; wir verfolgen dieselben Ziele, wie sie in früheren Jahren verfolgt worden sind. Ich will Sie nicht damit ermüden, zu verlesen etwa die Motive für das Gesetz vom 2. Februar 1889, durch das der Reichskommissar in Ostafrika eingesetzt wurde, in denen ganz klar ausgesprochen worden ist, wie die verbündeten Regierungen das Verhältnis der Regierung in den Kolonieen zu den Weißen und zu den Eingeborenen sich denken. Genau auf diesen Grundsätzen fußend sind diejenigen Instruktionen gegeben worden, die der Zivilbeamte und der Offizier in Südwestafrika erhalten haben. Diese Instruktionen gehen im ganzen darauf aus, daß sie die Weißen zu schützen, sich aber in Händel der Eingeborenen nicht zu mischen haben. Nach diesen Instruktionen ist früher und auch jetzt verfahren worden. Ich komme nachher noch darauf zurück.

Man hat weiter die Frage gestellt, wie die verbündeten Regierungen sich dann stellen würden zu der Zulassung ausländischer Gesellschaften. Wir haben nichts dagegen und haben das durch die That an vielen Orten bewiesen, sind auch durch

Verträge dazu verpflichtet, andere als Deutsche in unseren
Kolonieen thätig zuzulassen. Indessen, darin weiche ich doch
von dem Herrn Abgeordneten Dr. Hammacher ab: wenn es
schließlich soweit käme, daß eine Kolonie mir durch Nicht=
deutsche exploitiert würde, so würde ich der Meinung sein, daß
der Schutz gegenstandslos geworden ist; denn was haben wir
für ein Interesse, Geld und Ehre zu engagieren für Nicht=
deutsche?

Soweit ist die Sache indessen, was Südwestafrika angeht,
noch nicht gekommen. Die Zahl der Deutschen, die bis jetzt
dort thätig sind, ist allerdings sehr gering; aber wir brauchen
zur Zeit die Hoffnung noch nicht aufzugeben, daß sich dies
Verhältnis ändern wird. Es sind im Augenblicke Verhandlungen
mit einer Gesellschaft im Gange, und wenn nicht im letzten
Augenblick Störungen eintreten, haben wir die Hoffnung, daß
sie perfekt werden, da die Gesellschaft, im wesentlichen aus
Deutschen mit deutschem Kapital zusammengesetzt, mit ihrem
Besitz in Deutschland gegründet, sich die Aufgabe stellen wird,
einen Teil der Dinge zu übernehmen, die bisher in den Hän=
den der Südwestafrikanischen Gesellschaft waren. Ich kann bei
dem Stande der Verhandlungen mich auf Einzelheiten nicht
einlassen, kann mich aber der Hoffnung hingeben, daß, wenn
dieser Vertrag zustande kommt, die deutschen Interessen in
einer gedeilichen Weise in Südwestafrika sich werden entwickeln
können, und daß damit jeder Grund für die Regierung, der
Gesellschaft, die sich gründet, oder denen, die sich noch gründen
werden, die Bestätigung zu versagen, wegfällt. Denn wenn
mein Amtsvorgänger, ebenso wie ich bisher, Gesellschaften die
Genehmigung, in Südwestafrika sich zu etablieren, versagt hat,
so geschah es, weil es vorwiegend nichtdeutsche Gesellschaften waren.

Der Herr Abgeordnete Dr. Hammacher hat an mich die
Anfrage gerichtet, ob ich die Absicht hätte oder gehabt hätte,
Südwestafrika zu verkaufen, da es in den Zeitungen gestanden
hat. Ich habe wirklich geglaubt, bei meiner Enthaltsamkeit
in Bezug auf die Presse nachgerade über derartige Fragen
fort zu sein. Wenn ich auf alles das erwidern wollte, was
in der Presse steht, so hätte ich viel zu thun; und diese Nach=

richt gehört genau in den Kreis der massenhaften Fabeln, die heute verbreitet werden.

Wenn dies nun der Standpunkt der verbündeten Regierungen ist, so ist weiter die Frage angeregt worden, ob das nun für alle Zeiten so wäre. Ja, mir fehlt die prophetische Gabe, und wenn ich von Kolonieen rede, so möchte ich noch vorsichtiger sein, als wenn ich sonst von der Zukunft rede. Ich kann nur sagen: das ist der Standpunkt der Regierungen heute. Von diesem Standpunkt haben sie die Vorlage eingebracht und wünschen, daß sie genehmigt werde.

Man ist nun auf das Verhältnis der Schutztruppe zu Witboy gekommen. Die Schutztruppe besteht aus 40 bis 50 anfangs beritten gewesenen, nachgerade aber unberitten gewordenen Polizisten.

An der Spitze der Schutztruppe steht ein vorzüglicher Offizier, der Hauptmann von François, dem ich das Zeugnis ausstellen muß, im Gegensatz zu manchen Anfeindungen, die er erfahren hat, und denen, wie jede Polizei, vollends eine Polizei unter braunen Menschen ausgesetzt ist, daß er seinen Funktionen vorzüglich genügt und seine Instruktionen unter den schwierigsten Verhältnissen genau befolgt hat. Er ist preußischer Offizier, und ich weiß aus seinen Berichten, daß es ihm viel schwerer geworden ist, nicht zu schießen, als zu schießen. Er hat aber seine Instruktionen befolgt, und ich habe gar keinen Anlaß, diese Instruktion zu ändern, sondern ich habe sie von neuem bestätigt und ihm eingeschärft. Denn was soll entstehen, wenn diese 50 Polizeisoldaten sich in den Streit von Völkerschaften einmischen, die auf der einen Seite 60 000, auf der anderen Seite vielleicht 12 000 Mann zählen? Im südlichen Teile unseres Schutzgebietes ist ein Mann auferstanden, halb Prophet und halb Krieger, Witboy mit Namen. Er hat sicherlich das Talent, seine Umgebung zu begeistern und fortzureißen. Er hat eine Truppe zustande gebracht von 400 bis 500 Mann, zum größten Teil beritten, alle mit Hinterladern bewaffnet, und dank der Freundlichkeit unserer Nachbarn in Südwestafrika auch reichlich mit Munition versehen.

Mit dieser seiner Truppe hat er sich in ein Felsennest zurück=

gezogen, Hornkranz genannt, und in dem lebt er, und wenn ihn der Hunger treibt, macht er Ausfälle. So ist er denn im Herbst vorigen Jahres in das Land der Hereros gezogen, um denen die Herden wegzutreiben. Das ist ihm auch in vollem Umfange geglückt. Nun sagt der Herr Abgeordnete Hammacher: da hat die deutsche Schutztruppe mit Gewehr bei Fuß dabeigestanden. Nun möchte ich Sie einmal bitten, sich die Konsequenzen auszumalen, wenn die deutsche Schutztruppe nicht mit Gewehr bei Fuß gestanden, sondern das Schießen gekriegt hätte.

Was sollen denn 50 Hinterlader gegen 400 bis 500? Nun will ich den Deutschen sehr hoch rechnen und die Schießausbildung der Hottentotten sehr niedrig anschlagen; auf die Dauer kommt aber doch einmal der Moment, wo von dem schlechtestgezielten Feuer eine solche Zahl von Schüssen trifft, daß 50 Leute vom Erdboden verschwinden. Der Hauptmann von François hat das nicht so angesehen, er sagt: ich würde sehr gern losschlagen, ich würde einen entscheidenden Schlag gegen den Mann riskieren. Ich muß mir aber sagen, wenn dieser brave Mann den entscheidenden Schlag riskiert und er siegt nun, was ist dann die Folge? Wieviel Mann wird er von der Schutztruppe dann noch übrig haben? Was macht er, wenn Witboy wieder in seine Feste zurückgeht? Zernieren kann er sie nicht. Wie will er die 50 Mann verwenden, um sich im Lande nur so lange zu halten, bis wir ihm eine neue Unterstützung schicken?

Nun ist die Frage angeregt: kann man nicht diese unsere Freunde, die Hereros, bewegen, sich mit Hauptmann von François zu verbünden? Nun sagt letzterer selbst, er dankt für diese Bundesgenossenschaft.

Und ich glaube, er hat recht. Zunächst kommt dabei eine Schwierigkeit in Betracht, die das Land bietet. Größere Abteilungen sind sehr schwer auf dem Wege der Requisition in Südwestafrika zu ernähren, und oft noch schwerer zu tränken; mit der Zahl der Streiter, wenn es nicht vollwertige Menschen sind, wächst der Ballast einer solchen Expedition, und Herr von François hat für die Vermutung, daß diese Hereros nur Ballast sein würden, auch insofern eine Berechtigung, als sie sich bisher — ich will dem Ehrgefühl der Hereros nicht zu nahe treten — durch einen großen Grad von Vorsicht ausgezeichnet haben.

Auch bei den Ereignissen im September ist keinem Weißen ein Haar gekrümmt worden, soviel Respekt hat der Witboy vor den Weißen gehabt. Er hat das Haus keines Weißen betreten, er hat nicht aus der Pfütze getränkt, von der Hauptmann von François behauptete, sie gehöre ihm.

Trotzdem haben die Hereros sich wenig oder gar nicht gerührt, sondern sie haben es vorgezogen, in die Häuser der Weißen zu laufen, um da Schutz zu finden, statt sich zu wehren, obwohl sie eine Bevölkerung sind, die im ganzen 60 000 Mann zählt.

Daß wir also, solange nicht deutsche Interessen in Südwestafrika in größerem Umfange engagiert sind, keinen Grund haben, deutsches Blut für die Hereros zu vergießen, ist mir zweifellos, um so zweifelloser, als bei den Ereignissen in Otjimbingue, auf die der Abgeordnete Hammacher anspielt, bei denen der Engländer Lewis beteiligt war, dieselben Hereros sich gegen uns recht unschön benommen haben. Nichtsdestoweniger würde ich einer Vermehrung der Schutztruppe nicht abgeneigt sein, immer aber unter der Voraussetzung, daß erst mehr zu schützen da ist. Man hat mich wiederholt angegangen und gesagt: ja, mein Gott, was wollen Sie? wie sollen wir uns in Südwestafrika niederlassen? wir finden dort keinen Schutz! erst bringen Sie einmal eine Truppenmacht hin, die uns garantiert, daß wir dort ungestört arbeiten können! Ich kann das nicht acceptieren; ich bleibe bei dem Grundsatz, auf dem mein Herr Amtsvorgänger gestanden hat; erst muß etwas zu schützen sein, und dann kommt die Truppe hin; denn, wenn wir an diesem Grundsatze nicht festhalten, dann wäre das eine Schraube ohne Ende, und wir bekämen ein Armeekorps von Kolonialtruppen, die über ganz Afrika zerstreut wären.

Wir wollen nun in Ruhe abwarten, wenn das hohe Haus die Anträge der Regierung genehmigt, wie dieses Jahr ablaufen wird. Wir sehen dieses Jahr nur als ein Versuchsjahr an;

wir können aber nicht in die Zukunft sehen; wir haben aber nicht den mindesten Grund, an der Zukunft zu zweifeln, denn in dem, was der Herr Abgeordnete Hammacher in Bezug auf die Zukunft von Minen sagt, kann ich ihm, gestützt auf meine Kenntnis südafrikanischer Verhältnisse, die übrigens wahrscheinlich auf denselben Büchern basiert, wie die seine, nur zugeben: man kann nicht wissen, was aus diesen Kolonieen nicht alles noch einmal wird, sobald man Zeit hat und Kapital hineinzustecken geneigt ist. Der gegenwärtige Zustand wird nicht haltbar sein; geben Sie uns aber ein Jahr Zeit, dann werden wir in der Lage sein, klarer zu sehen und beurteilen zu können: was soll weiter werden."

Sitzung am 4. Februar 1891.

Verwaltungsausgaben im Südwestafrikanischen Schutzgebiet.

Der Reichskanzler erteilt in dieser Rede Antwort auf die Frage, wie die verbündeten Regierungen sich zur Niederlassung ausländischer Gesellschaften in Südwestafrika stellen würden; ferner giebt Caprivi den Standpunkt der Kolonialregierung an, der sich in den den Offizieren und Zivilbeamten erteilten Instruktionen dahin ausspricht, daß den Weißen Schutz gewährt werden solle, die Einmischung in die Händel der Eingeborenen jedoch zu unterbleiben hätte.

Sitzung am 5. Februar 1891.

Auf der Tagesordnung stehen die Maßregeln zur Unterdrückung des Sklavenhandels und zum Schutze der deutschen Interessen in Ostafrika, in Verbindung mit der ersten Beratung des Gesetzentwurfs, betr. die Kaiserliche Schutztruppe in Ostafrika.

Die umfangreiche Rede giebt ebenso ausführlich wie be=

stimmt ein Programm der Kolonialpolitik der gegenwärtigen
Regierung, geht auf das deutsch-englische Abkommen, seine
Voraussetzungen und seine Resultate, näher ein und ent-
wirft im allgemeinen in großen Zügen ein Bild von den Verhältnissen, von welchen unsere Kolonialpolitik ausgegangen ist,
und von den Zielen, welche sie sich in absehbarer Zeit stellen kann.

Die Rede ist ein Muster von Klarheit und Sachlichkeit;
der umfangreiche, spröde Stoff wird in ihr meisterlich beherrscht
und empfängt von allen Seiten aus ein ruhiges, starkes Licht.

„Die Äußerungen des Herrn Abgeordneten Grafen Mirbach,
so nachsichtig sie für die Personen sind, die die Ehre haben,
die jetzige Regierung zu vertreten, nötigen mich doch, näher
einzugehen auf unser jetziges Verhältnis zu Ostafrika, der be-
deutendsten und, wie ich annehmen darf, derjenigen unserer
Kolonieen, die hier und außer dem Hause das meiste Interesse
in Anspruch nimmt, weil in dieser Äußerung doch eine Kritik
der Regierung lag.

Herr Graf Mirbach sagt zwar: das, was geschehen
wäre, würde, wie er hoffe, das Ansehen der Regierungen nicht
alterieren. Ich habe die Besorgnis auch nicht; aber er sprach
da einen Tadel aus, der gestern in einer etwas indirekteren,
aber vielleicht noch schärferen Form von Herrn von Kardorff
ausgesprochen ist, der aussprach, er könne jetzt nicht mehr sich
für die Kolonialpolitik enthusiasmieren — ich weiß nicht, ob
das der Ausdruck war —; früher hätte er es gethan;
seit man aber Witu und das Protektorat über Zanzibar aufgegeben habe, sei ihm die Sache nichts mehr wert. Das ist
ein unendlich schwerer Vorwurf für die Regierung, wenn deren
Verhalten so gewesen sein sollte, daß so patriotische Männer
nicht mehr in der Lage sind, sich für einen so wesentlichen
Zweig unseres öffentlichen Lebens zu interessieren. Und wenn
die Regierung daran die Schuld trüge, so müßte sie allerdings
sehr große Fehler gemacht haben. Ich werde versuchen, von
meinem Standpunkte aus nachzuweisen, daß das nicht geschehen ist. Ich bin zu diesem Versuch um so mehr veranlaßt,
als nach dem deutsch-englischen Abkommen ein thatsächlicher

Entrüstungssturm durch die Presse ging gegen die Regierung, für die kaum ein Attribut scharf genug war.

Verzeihen Sie mir, wenn ich etwas weiter aushole und mit der Frage anfange: was fanden wir denn vor einem Jahre in Bezug auf Ostafrika vor? Wir fanden in Ostafrika zwei deutsche Schutzgebiete: Witu und das von der Deutsch-Ostafrikanischen Gesellschaft erworbene Ostafrika. Diese beiden Gebiete waren durch eine breite Zone anderen Gebietes voneinander getrennt. Unser eigenes Ostafrika gliederte sich in die zehn Seemeilen breite Küste, auf der die Flagge des Sultans von Zanzibar unangefochten nach wie vor wehte; es folgt dann das Schutzland, in dem die Ostafrikanische Gesellschaft einen gewissen Einfluß übte, und endlich die Interessensphären, von denen eine im Norden und eine im Süden der anerkannt deutschen Interessensphäre lag. Im Lande war Kriegszustand; der Major von Wißmann, auf Grund der Vollmachten, die er bekommen hatte, suchte das Land zu pazifizieren.

Handel und Wandel lagen darnieder; die sogenannten Städte, also die kleinen Anhäufungen von Wohnungen, die da existierten, waren zum größten Teil niedergebrannt. Ich glaube, es hatte bis dahin nur eine einzige Plantage den Anfang gemacht, zu existieren; sie existiert auch nicht mehr, und in Zanzibar stritt sich deutscher und englischer Einfluß darum, wer heute oder morgen das Ohr des Sultans von Zanzibar hätte. Das war ein Zustand, so schlimm wie er nur sein konnte, der herbeigeführt war nicht durch ein Verschulden der früheren Regierung. Ich will auch der Ostafrikanischen Gesellschaft keinen Vorwurf machen; es war ein Zustand, der sich ohne Zuthun unsererseits aus den Verhältnissen entwickelt hatte.

Es mußte nun eine der ersten Fragen der Regierung sein: wie stellen wir uns den Dingen gegenüber? Schon unter meinem Amtsvorgänger waren Verhandlungen eingeleitet worden, die dahin gingen, mit England zu einem verträglichen modus vivendi zu kommen; die Verhandlungen hatten aber noch nicht begonnen. Am 2. Mai v. J. gab Seine Majestät der Kaiser für die Verhandlungen der ostafrikanischen Angelegenheiten im Immediatvortrage die Entscheidung,

1. daß die für Kolonialzwecke verfügbar zu machenden Mittel in erster Linie auf Ostafrika zu verwenden sind;
2. daß in den jetzt beginnenden Verhandlungen mit England auf Anerkennung der deutschen Ansprüche auf die strittigen Interessensphären, zunächst auf die nördliche, dann die südliche hingewirkt werde, und daß im Notfalle das Preisgeben von Wituland bis Kismaju, vorbehaltlich der Befriedigung etwaiger berechtigter Ansprüche der dort interessierten Deutschen, als Kompensation zulässig sei;
3. daß der Übergang der Hoheitsrechte in dem innerhalb der deutschen Zone liegenden Küstenstriche auf das Deutsche Reich angestrebt werde;
4. daß die Umwandlung der Truppe des Reichskommissars v. Wißmann in eine kaiserlich deutsche Truppe zu bewirken sei;
5. daß die Schaffung einer über dem Reichskommissar und den sonst beteiligten deutschen Behörden und Korporationen stehenden Zentralstelle mit dem Sitz auf dem Festlande ins Auge zu fassen, und
6. daß die Übernahme der Verwaltung des Küstenstriches und des Schutzgebietes in die unmittelbare Reichsverwaltung zu betreiben sei.

Nach diesen allerhöchsten Direktiven nun ist die deutsche Regierung vorgegangen; nicht einen Schritt davon sind wir abgegangen, auch noch heute steht die Kolonialregierung auf dem Boden dieser Direktive. Es war notwendig, daß solche Direktiven gegeben wurden, denn dieser Zustand, in dem wir lebten, war eben unerträglich; wir mußten heraus aus ihm, und das war eine der wesentlichsten Schwierigkeiten, die uns beim Abschluß des Vertrages mit England entgegentraten. England hatte Zeit und war nicht begehrlich; gesättigt von reichen Kolonieen, spielte etwas mehr Witu oder Zanzibar für England nicht die Rolle wie für uns, wo ja durch die Teilnahme der Nation an diesen Dingen die Kolonieen für uns einen idealen Wert gewonnen hatten, von dem in England keine Rede war.

Eine weitere Erschwerung der Verhältnisse bei den Ver=

handlungen lag darin, daß man mit Dingen zu thun hatte, die geographisch und rechtlich zum großen Teil nicht definierbar waren. Es handelte sich um ganz unbekannte und unbenannte Größen. Es kam hinzu, daß England dem Sultan von Zanzibar gegenüber die stärkere Stellung einnahm. England ist dort seit Anfang des Jahrhunderts thätig gewesen, und, wenn ich gern anerkenne, daß die deutschen politischen Agenten, welche in Zanzibar thätig waren, es dort bis zu einem gewissen Grade von Einfluß gebracht hatten, so war der Engländer doch der stärkere dem Deutschen gegenüber. Das deutsche Element auf der Insel und in der Stadt Zanzibar hatte zugenommen; ein starker Zulauf von zum Teil fragwürdigen deutschen Elementen hatte stattgefunden, und dies Vorhandensein der Deutschen war den Verhandlungen und unserem Verhältnis zum Sultan schon seit langem nicht mehr förderlich gewesen. Die Deutschen waren mehr laut als einflußreich dort.

So traten wir unter nicht leichten Verhältnissen in Unterhandlungen mit England ein. Ich bin noch heute der Überzeugung, die ich beim Abschluß der Verhandlungen hatte, daß, wenn wir von dem Werte von Helgoland absehen und von der Frage, inwieweit sich unser Verhältnis zu England dadurch gebessert hat, der Vertrag für uns vorteilhaft war.

Ich will mir nun erlauben, die wesentlichsten Vorwürfe, die dagegen erhoben worden sind, durchzugehen. Eine Menge Kleinigkeiten fasse ich unter einen Vorwurf zusammen: ihr habt nicht genug gekriegt —, und in der deutschen Presse ging man soweit, zu sagen, der brave deutsche Michel hätte sich von dem perfiden Albion übers Ohr hauen lassen und wäre nur mit einem kleinen Stück der Beute nach Hause gekommen. Ein fremder Staatsmann soll die Äußerung während der Verhandlungen gethan haben: „Gott, wenn man nur Deutschland ganz Afrika geben könnte!" In dem Ausspruche liegt die Anerkennung, daß die Sache doch irgendwo eine Grenze haben müßte. Man hatte die Theorie des Hinterlandes erfunden und war in deren Anwendung nicht sparsam gewesen. Nun mußte sich doch die Kolonialregierung aber die Frage vorlegen: was können wir auf die Dauer halten? wie weit reichen unsere Kräfte? wie weit reicht das Geld, das Deutsche in Kolonieen anzulegen gesonnen sind? und wie weit reicht unser Menschenmaterial, das in den Kolonieen verwendbar ist? Und da bin ich der Meinung, war von hause aus eine Schwäche unserer Kolonialpolitik, und ich betone wiederum ausdrücklich, um jedem Mißverständnis vorzubeugen: ich übe hiermit keine Kritik an meinem Amtsvorgänger, das lag in der öffentlichen Meinung, in den Verhältnissen, wie die Kolonieen bei uns geboren wurden. Man hatte nämlich an zu vielen Stellen gleichzeitig angefangen und hatte nun beide Hände voll mit Dingen, die man zu verwerten nicht imstande war, weil man weder Geld noch Menschen dafür hatte.

Von den zahlreichen einzelnen Punkten, die bemängelt worden sind, ist mancher schon der Vergessenheit anheimgefallen. Die beiden, welche noch jetzt genannt werden, sind Witu und Zanzibar.

Der Wert von Witu verringert sich um so mehr, als es im Laufe der Verhandlungen zweifellos wurde, daß wir die beiden Inseln Manda und Patta, die dem Witulande vorliegen, nicht bekommen konnten. Sie stehen in demselben Verhältnis wie die dritte, Lamu; das war schon durch ein Schiedsgericht dem Sultan zugesprochen; dasselbe hätte uns hier passieren können. Nun würde ich aus meinem alten Interesse für die Marine es gewünscht haben, diese Inseln Manda und Patta bekommen zu können, weil hinter ihnen ein verhältnismäßig brauchbarer Hafen war. Die Verhältnisse lagen aber so, daß die Rechtsverständigen, die wir darüber hörten, der Meinung waren, kein Schiedsgericht könne uns Manda und Patta zusprechen. Ohne Manda und Patta aber war dies ganze Wituland für uns ziemlich wertlos; denn das Beste an ihm war eben, nach meiner Ansicht, der Hafen; bekamen wir den Hafen nicht, so war auch das Hinterland nichts nütze.

Nun hat Witu, nachdem es an England abgetreten war, noch ehe die Abtretung ganz perfekt war, das Interesse des Publikums von neuem dadurch erregt, daß Deutsche, die eine Unternehmung dahin gerichtet hatten, zu Schaden gekommen sind; es war das zu beklagen. Ich will auf die Einzelheiten hier nicht eingehen und mich auf die Bemerkung beschränken, daß auch, wenn Witu um die Zeit noch deutsch gewesen wäre, nach den mir bekannten Personalien des Mannes, an dessen Namen sich diese Expedition anknüpft, ich nicht den mindesten Zweifel daran habe, daß eine Ausschreitung gegen den Sultan von Witu, die zu diesen Feindseligkeiten führte, gerade so gut unter deutschem Protektorat möglich war, wie unter englischem. Die Engländer schritten nun ein und haben ein Landungskorps von 900 Mann etwa drei Tagemärsche in das Innere geschickt, um Witu niederbrennen zu lassen. Wenn wir nun in der Lage gewesen wären, um der Ausschreitung eines Deutschen willen eine solche Expedition in Szene zu setzen, so würden wir materielle Mittel haben aufbieten müssen, die etwa denselben Umfang angenommen hätten wie die Schiffskonzentration um Zanzibar im Jahre 1885. Die Folge wäre die gewesen, daß, wenn wir ein Landungskorps von 900 Mann hätten zusammenbringen müssen, wir sieben, vielleicht auch acht Kreuzer hätten zusammenziehen müssen; wir hätten also diese Schiffe von anderen Stationen wegnehmen müssen; es würde sehr lange Zeit darüber hingegangen sein, und das hätte nicht unerhebliche Kosten verursacht.

Ich meine also, daß auch vom rein finanziellen Standpunkte die Geschichte uns insofern recht gegeben hat, als sie zeigt, wie kostspielig zu Zeiten der Besitz eines absolut wertlosen Landes werden kann.

Ich komme zu dem Protektorat von Zanzibar. Nun hat man gesagt — ich gebe das vollkommen zu —, daß der Besitz von Zanzibar den Handel in den bisherigen Verhältnissen gelassen hätte. Der Handel wird an der Küste besonders durch Indier, die dort ansässig sind, betrieben. Die Leute sind gewohnt, nach Zanzibar zu handeln; auch manche andere Verhältnisse sprechen mit. Trotzdem aber mußten wir uns von Zanzibar trennen. Denn daß uns bei diesem Vertrage das Protektorat abgetreten worden wäre, wenn England nicht gewollt hätte, das war ausgeschlossen. Es konnte damals nur der Zustand eintreten, der einzutreten pflegt, wenn zwei Mächte miteinander verhandeln und es nicht zum Kriege kommen lassen wollen, sich auch zur Zeit kein Kompensationsobjekt in der allgemeinen Politik findet: — daß man dann den strittigen Punkt auf sich beruhen und den status quo fortbestehen läßt. Das war aber das, was wir nicht konnten. Denn wir waren unbedingt in der Notwendigkeit, von dem zehn Seemeilen breiten Küstenstreifen die Flagge des Sultans herunter zu bekommen; wir waren weiter in der Notwendigkeit, dies Resultat zu erreichen, ohne einen Groschen Geld dafür in der Tasche zu haben.

Ich will noch auf einen Vorwurf eingehen, der uns wiederholt gemacht worden ist, nämlich den, daß Fürst v. Bismarck diese Abtretung schwerlich gemacht haben würde. Man hat die jetzige Regierung darin mit der vorigen verglichen, und der Vergleich fiel zu unserem Nachteil aus. Nun würde ich ganz und gar ein pflichtvergessener Mensch sein, wenn ich, als ich in dieses Amt eintrat und solche Verhandlungen übernahm, mich nicht, selbst wenn mein Vorgänger nicht der bedeutende Mann gewesen wäre, der er war, davon überzeugt hätte: was sind denn für Vorgänge da, und was hatte denn die Regierung in der Sache vor, was hat sie für einen Standpunkt eingenommen? Das war ja eine ganz selbstverständliche Pflicht, und Sie können glauben, daß ich dieser Pflicht mit Eifer nachgegangen bin. Da habe ich nun in Bezug auf Witu gefunden, daß im Oktober des Jahres 1889, als der Fürst v. Bismarck sich auf seinem Landsitze befand, die Frage wegen der Annektierung des Küstenstrichs von Witu bis Kismaju angeregt worden war, er nach Berlin schreiben ließ: „Mag die Nachricht richtig sein oder nicht; jedenfalls bittet der Herr Reichskanzler dringend, vor jeglichem Vorgehen sich sorgfältig zu vergewissern, ob nicht Engländer daselbst bessere Rechte haben oder auch nur zu haben glauben. Die Erhaltung von Lord Salisbury hat für Seine Durchlaucht mehr Wert als ganz Witu."

Und was das Protektorat von Zanzibar angeht: es war im Dezember 1888; es hatte eine Budgetverhandlung stattgefunden, bei der die Frage angeregt worden war, ob man nicht das, was wir jetzt haben, im Wege des gütlichen Vergleichs bekommen könnte, nämlich den Erwerb des Küstenstreifens auf dem Festlande, dieses zehn Seemeilen breiten Küstenstreifens, durch eine Abfindung des Sultans, und ich glaube, der Herr Abgeordnete Schelhäuser, unterstützt auch durch Abgeordnete anderer Parteien, hatte die Ansicht aufgestellt, man könne für diesen Küstenstreifen wohl 10 bis 20 Millionen dem Sultan von Zanzibar bieten. Es war dann die weitere Idee angeregt worden, man könne dann den Engländern an einer anderen Stelle auch zu Willen sein. Da hat mein Herr Amtsvorgänger an den Rand des Berichts, der ihm über diese Kommissions= sitzung gemacht worden ist, geschrieben: „Darüber müßten wir zunächst England fragen, wo ich Zustimmung kaum erwarte. England ist für uns wichtiger als Zanzibar und Ostafrika."

Ich glaube also, der Vorwurf eines leichtsinnigen Ab= weichens von den Traditionen meines Vorgängers, oder der, eine falsche Bahn eingeschlagen zu haben, weil sie nicht die meines Vorgängers war, kann mich in dieser Beziehung nicht treffen.

Nachdem wir nun unter vielen Mühen — und ich kann sagen, ich habe mit Spannung den Moment erwartet, in der letzten Stunde zog er sich noch hin, bis die Unterschrift unter den Vertrag gesetzt war, — nachdem wir das mit vieler Mühe erreicht hatten, kam die vielleicht noch größere Mühe. England hatte sich in dem Vertrag verpflichtet, uns beizustehen, daß wir gegen eine billige Entschädigung den Küstenstreifen, soweit der Sultan noch Hoheitsrechte an ihm hatte, — von ihm be= kommen sollten. Ja, eine billige Entschädigung; das schreibt sich leicht, nachher aber wird das Wort sehr drückend, wenn man positiv, wie wir, keinen Pfennig in der Tasche hat. Womit sollten wir den Sultan entschädigen? Es blieb uns also nichts übrig, als in Verhandlungen mit der Ostafrikanischen Gesell= schaft einzutreten. Während wir nun hier auf der einen Seite den Versuch machten, aus den Taschen der Ostafrikanischen Gesellschaft, deren Verwaltungsrat um die Zeit nicht zusammen= gebracht werden konnte, weil die meisten Mitglieder auf Reisen waren, eine Mark nach der anderen herauszuholen, so ver= suchten wir auf der anderen Seite in England um eine Mark nach der anderen den Preis herabzudrücken, und so sind

wir von dem urſprünglich angeſetzten Preiſe — und ich
wiederhole nochmals, ſelbſt in der Budgetkommiſſion waren 10
bis 20 Millionen nicht für zu hoch gehalten worden — auf
vier Millionen heruntergekommen. Aber auch dieſe vier Millionen
wollten beſchafft ſein, und das war recht ſchwer. Es reichte
aber nicht hin, dieſe vier Millionen zu beſchaffen; wir mußten
weiter Geld bekommen, um das Land, wenn wir nun die
Herren geworden waren, meliorieren zu können. Der Aufſtand
hatte das Land verwüſtet; die kleinen Küſtenſtädte waren Haufen
von Ruinen, die Plantage Lewa war niedergebrannt, zerſtört.
Nicht allein dieſe Schäden mußten wir herſtellen, ſondern, wenn
aus dem Küſtenſtreifen überhaupt etwas werden ſollte, mußten
wir in der Lage ſein, eine Telegraphenlinie anzulegen, hier
und da Wege zu bauen, und eine Zahl Meliorationsarbeiten
mußten vorgenommen werden, die die Regierung ſelbſt vor=
zunehmen keine Neigung hatte; ſie mußte Leute finden, die ſie
vornehmen wollten. Wir mußten alſo zahlbare Menſchen an
unſerer Seite haben, die weiter mitwirken wollten, um das,
was wir nun durch den deutſch-engliſchen Vertrag in Oſtafrika
gewonnen hatten, ausnützen zu können. Es wurde darauf der
Ihnen bekannte Vertrag mit der Oſtafrikaniſchen Geſellſchaft
abgeſchloſſen. Die Geſellſchaft brachte die vier Millionen noch
rechtzeitig auf, — am 29. Dezember konnten wir ſie zahlen
— und ſie brachte außerdem eine Summe von etwa ſechs
Millionen auf, die ſie ſich vertragsmäßig verpflichtet hatte in
das Land hineinzuſtecken, um es zu meliorieren. Das Reich
übernahm die Verpflichtung, aus den Zöllen, die die Oſt=
afrikaniſche Geſellſchaft vom Sultan von Zanzibar gepachtet
hatte und deren Ertrag nunmehr an das Reich überging, die
Geſellſchaft zu einem billigen Zinsfuß, der in dem Vertrag
feſtgeſetzt iſt, zu entſchädigen. Die Summe, die das Reich
der Geſellſchaft dafür zu zahlen hat, — 600000 Mark, wenn
ich mich nicht irre, iſt geringer, als der Ertrag der Zölle,
ſelbſt in dem Aufſtandsjahr, wo Handel und Wandel nahezu
ſtill geſtanden haben, geweſen iſt. Es iſt alſo nicht wahr=
ſcheinlich, daß in abſehbarer Zeit die Höhe dieſer Zölle herunter=
gehen wird. Ich will eins zugeben — weil ich nicht das

Bestreben habe, hier irgend etwas zu verschleiern — die Sache hat auch ihre Schwierigkeiten. Der Elfenbeinhandel, auf den wir bis jetzt in der Hauptsache basiert sind, und der eine Quelle dieser Zölle ist, ist Raubbau, es wird, wenn es so weiter geht, einmal eine Zeit kommen, wo keine Elephanten mehr da sind; aber noch sind wir nicht so weit. Und dann ist es eine Erfahrung, die andere kolonisierende Nationen gemacht haben, nicht mit dem Elfenbein, aber mit Gold und anderen kostbaren Stoffen, daß, wenn man erst gewisse Wege eingeschlagen hat, die ursprünglichen Artikel nicht mehr erforderlich bleiben; es treten andere Artikel an deren Stelle, und so sind wir zu der Annahme berechtigt, daß die Deutsch-Ostafrikanische Gesellschaft nach wie vor ihre Rente wird vom Staate erhalten können.

Ich möchte mich noch gegen etwas verwahren, was der Herr Abgeordnete Bamberger gestern mißverständlich sagte; er meinte, das Reich hätte die moralische Verpflichtung übernommen, wenn nun doch über alles Erwarten die Zölle einmal geringer würden, dann mit seinen Mitteln beizuspringen. Das war mir ein neuer Gedanke. Diese moralische Verpflichtung habe ich bisher nicht empfunden; ich weiß auch nicht, ob das Reich sie empfinden würde; jedenfalls würde das dann von Ihrem Empfinden abhängen. Wir mußten ja, wenn wir in Ostafrika weiter kommen wollten, bei dem Vertrage mit der Gesellschaft nicht bloß das fiskalische Interesse im Auge haben, sondern dieser Gesellschaft, die ein verhältnismäßig bedeutendes Kapital in Ostafrika angelegt hatte, durch den Aufstand kolossal gelitten hat und in einen Zustand versetzt worden war, daß sie, wenn ihr nicht vom Reiche, indem das Reich gewisse Funktionen übernahm, geholfen wurde, vielleicht nicht wieder lebensfähig geworden wäre, — der Gesellschaft mußten wir so viel Schonung angedeihen lassen, daß sie lebensfähig blieb und mit einiger Aussicht auf Erfolg in Ostafrika weiter wirken kann. Ich glaube, daß auch dieser Vertrag mit der Ostafrikanischen Gesellschaft sowohl für das Interesse des Reiches wie für das der Gesellschaft ein guter ist.

Nun sagt man — und ich glaube gestern auch von dem

Herrn Abgeordneten Bamberger einen Anklang davon gehört zu haben —: ihr hättet doch das Geschäft qua Reich machen sollen und die vier Millionen vom Reich aufbringen; das wäre einfacher und vielleicht auch vornehmer gewesen. Zweifellos; denn vornehm war dies nicht — das gebe ich zu —, wenn die Reichsregierung sich bemühen muß, um nach und nach eine Privatgesellschaft dahin zu bringen, daß sie sich überzeugt, daß ihr Interesse und das Reichsinteresse Hand in Hand geht, wenn sie vier Millionen aufbringt. Das ist nicht vornehm; aber wir konnten nicht an den Reichstag gehen, einmal schon zeitlich nicht, wir mußten am 29. Dezember das Geld von hier abschicken, wenn es am 1. Januar in London gezahlt sein sollte. Nun frage ich: welche Chancen hatten wir, das Geld vom hohen Hause bis zum 29. Dezember vorigen Jahres zu bekommen? Wahrscheinlich gar keine.

Also dieser äußere Umstand hinderte uns schon. Zweitens hatten wir gar keine Neigung, indem wir qua Reich den Sultan bezahlten, dessen Rechtsnachfolger zu werden; denn der Vertrag, den der Sultan mit der Gesellschaft geschlossen hatte, war ein für den Sultan viel ungünstigerer als für die Gesellschaft.

Man hat dann weiter gesagt: ja, ihr konntet den Sultan regreßpflichtig machen, wenigstens wegen der Kosten des Aufstandes, oder ihr konntet der Deutsch=Ostafrikanischen Gesellschaft die Kosten des Auffstandes mit ein paar Millionen in Rechnung stellen und ihr erst dann Zinsen zahlen, wenn diese Millionen eingebracht worden wären. Ja, der Gedanke war so naheliegend, und, wenn ich ihn auch von hause aus nicht für erfolgreich gehalten habe, so habe ich mich doch für verpflichtet gehalten, ein Votum des Reichsjustizamts darüber einzuziehen: wie weit geht wohl unser Anspruch an die Regreßpflicht des Sultans und der Ostafrikanischen Gesellschaft? Das Reichsjustizamt verneinte den Anspruch nach beiden Richtungen. Der Sultan hatte sich sehr wesentlicher Hoheitsrechte entäußert und den Vertrag so vorsichtig abgeschlossen, daß von ihm nichts herauszukriegen war. Die Deutsch=Ostafrikanische Gesellschaft aber regreßpflichtig machen zu können, verneinte das Reichs=

justizamt auf Grund des Gesetzes — wenn ich nicht irre — vom 3. Februar 1889. Die Motive zu dieser lex Wißmann, in denen gesagt worden war, daß man von Wißmann zum Reichskommissar oder zu einem Reichskommissar einsetzen und große Ausgaben machen wollte von so und soviel Millionen, nicht im Interesse der deutschen Gesellschaft, auch nicht um Krieg zu führen gegen irgend jemand, sondern im Interesse des Christentums und der Zivilisation, würden nicht hingereicht haben, ein Gericht zu bewegen, daß es die Deutsch=Ostafrikanische Gesellschaft zum Kostenersatz verurteilte, wenn wir einen solchen Prozeß hätten anstrengen wollen.

Nun will ich zu der Frage übergehen: was haben wir denn nun erreicht? wie stehen wir nun jetzt? — Wir haben also zunächst erreicht, daß wir vom Sultan unabhängig geworden sind, und das ist etwas, was ich nicht gering anschlage. So oft ich den Vertrag der Deutsch=Ostafrikanischen Gesellschaft mit dem Sultan gelesen habe, so hat mir das Blut etwas gekocht, wenn ich von Seiner Hoheit Flagge, von Seiner Hoheit Rechten in einem Paragraphen fünf=, sechsmal lesen mußte. Fragen Sie, wen Sie wollen von den Herren, die aus Deutsch=Ostafrika herkommen! Ihre Klagen fangen damit an: so lange die Flagge des Sultans in Ostafrika weht, ist nichts zu machen, kein Araber begreift, daß hier der Herr von Wißmann Herr sein soll, so lange die Flagge des Sultans weht; das muß erst in Übereinstimmung gebracht werden. Das ist ein wesentlicher Erfolg und ein Erfolg, den wir nach meiner Meinung, so wie die Sachen lagen, durch die Konzession, daß England das Protektorat über Zanzibar haben sollte, nicht zu teuer erkauft haben. Der Herr Redner gestern sagte, wir hätten Zanzibar aufgegeben. Das möchte ich doch nicht in diesem Wortlaut zugeben, denn wir hatten es nie, es war ein strittiger Punkt; wir haben aber unsere Ansprüche von Zanzibar zurückgezogen, die übrigens auch nie begründet waren, sondern nur in dem faktischen Wettstreit zwischen Deutschland und England ihre Begründung finden konnten, und haben geglaubt, daß wir ein sehr gutes Geschäft machen, indem wir den zehn Seemeilen breiten Küstenstreifen bekommen — ein sehr gutes um deswillen, weil wir ohne diesen Küstenstreifen absolut nicht vom Fleck kämen. Wenn wir den nicht bekamen, war der Vertrag mit der Ostafrikanischen Gesellschaft nicht möglich, und ich mag kaum ausmalen, welche Zustände die Folge davon gewesen sein würden. Wir haben durch den Vertrag ein abgegrenztes Gebiet in Ostafrika bekommen und haben dadurch die Möglichkeit, mit Organisationen vorzugehen.

Wenn wir nun zu organisieren anfangen werden, so wird unser Bestreben dahin gehen, das, was wir nun schon fest haben, nach und nach weiter auszubauen und von da ins Innere zu gehen, also von der Küste ins Inland zu organisieren, und nicht umgekehrt. Es hat Afrikakenner gegeben, die der Meinung waren, es wäre besser, man finge bei den Seen an und drehe die Sache um. Der Meinung sind wir nicht; wir müssen von da aus, wo wir unsere Bezugsquellen haben, also von der Küste aus, nach dem Inlande vorgehen. Wir werden das thun in dem Maße, als wir die Mittel finden und nicht auf Schwierigkeiten stoßen, deren Überwindung Zeit und Geld kostet. Soweit ich jetzt übersehen kann, wird das im Norden nicht der Fall sein. Wir werden verhältnismäßig schnell an die Seen kommen, und wenn wir mit den vorhandenen Mitteln auch nur eine einzige Karawanenstraße mit kleinen Stationen werden befestigen können, so glaube ich, daß damit viel gewonnen sein wird.

Wir wollen die Verwaltung als unmittelbare Reichs= verwaltung, oder, wenn der Ausdruck erlaubt ist, obwohl er für das Deutsche Reich absolut inkorrekt ist, als Kronkolonie über= nehmen. Der Herr Abgeordnete Bamberger hat uns vor= geworfen, daß wir damit mit unserer Vergangenheit brächen. Es kann sein, daß er damit recht hat; aber die Verhältnisse zwingen uns dazu. „Der Not gehorchend, nicht dem eignen Triebe," übernehmen wir die unmittelbare Reichsverwaltung, weil, wenn wir das nicht thäten, aus ganz Ostafrika nichts werden würde. Die Deutsch=Ostafrikanische Gesellschaft ist mit uns damit einverstanden, da sie selbst nicht in der Lage ist, Deutsch=Ostafrika zu verwalten. Sie hat sich deshalb an die Regierung gewendet, und die Regierung, die ja über ungleich größere Mittel verfügt, ist willens, die Sache zu übernehmen, und hat die nötigen Einleitungen bereits gethan. Das ist an und für sich auch gar nicht etwas Abnormes; denn wenn man sich mit der Geschichte der Kolonieen anderer Staaten beschäftigt, deren Entstehungsweise vielfach eine ganz andere ist, zwischen denen und den unseren eine Parallele beinahe unmöglich ist, so muß man doch das zugeben: in der Kindheit pflegen die Kolonieen selbstständig zu sein und dann wieder im hohen Alter, kurz ehe sie vom Mutterlande abfallen; ihr mittleres Leben wird aber fast immer durch eine Regierung seitens des Mutterlandes ausgeführt. Wenn wir nicht so schnell in die Kolonialpolitik hineingekommen wären, hätte man sich vielleicht schon auf dem einfachen Wege des Studiums sagen können, daß dies das Schicksal der Sache sein würde.

Wir können auch aus einem anderen Grunde von einer stärkeren Mitwirkung der Regierung zur Zeit gar nicht absehen, weil das Land faktisch noch nicht pazifiziert ist. Der Norden ist zur Zeit — es kommen kleinere Gefechte vor, das will aber nicht viel sagen — beruhigt. Wie der Süden ist, das wissen wir nicht; es sind weite Gebiete, in denen überhaupt noch kein Deutscher gewesen ist; ich darf nur an eine Expedition gegen den Häuptling Machembe erinnern, die wieder erfolglos zurückgekommen ist. Eine Gesellschaft, wie die Deutsch=Ostafrikanische, ist überhaupt nicht in der Lage, Krieg zu führen; das kann nur das Reich, und wir können gar nicht sagen, ob diese Art der Pazifizierung sich in ein, zwei, drei oder vier Jahren vollziehen wird. Also auf Jahre wäre die Reichsregierung ohnehin engagiert.

Liegen nun die Verhältnisse so, so folgt weiter, daß die Truppe, die jetzt da ist, in ihrem Bestande nicht verringert werden kann, daß sie aber auch in der bisherigen Weise nicht weiter bestehen kann. Das kontraktliche Verhältnis, durch welches die Offiziere an den Major von Wißmann gebunden sind, ist doch nur ein lockeres und kann auf die Dauer nicht den Geist erzeugen, den eine Truppe, die zu so schweren Aufgaben wie die Truppe in Ostafrika berufen ist, unbedingt braucht. Das geht nur, wenn sie eine andere, höhere Spitze über sich hat, und es erschien — darüber ist auch in der Truppe selbst gar kein Zweifel — unbedingt notwendig, aus der Wißmannschen Truppe eine Reichstruppe zu machen. Sie wissen aus den Denkschriften, wie sie organisiert werden soll; ich brauche darauf nicht einzugehen, ich kann nur sagen — und das sage ich im Hinblick auf eine Notiz, die jetzt durch die Zeitungen geht, — daß das Schicksal der Offiziere, die jetzt da sind, der Kolonialregierung am Herzen liegt. Es wird allerdings eine Verringerung in der Zahl der Offiziere eintreten müssen. Es wird also den einen oder den anderen das Schicksal treffen, sei es aus Gesundheitsrücksichten oder sei es, weil eben zu viele da sind, daß er zurückkommen muß. Wir werden aber das Bestreben haben, ihm eine Übergangszeit zu schaffen, die ihm den Rücktritt in andere Verhältnisse erleichtert. Was für Mittel dazu erforderlich sind, können wir nicht übersehen, voraussichtlich sehr geringe; es wird sich um vier bis sechs Offiziere handeln. Ich kann aber annehmen, daß, wenn wir zu diesem Behuf den Etat überschreiten werden, das hohe Haus uns deshalb nicht wird übelwollen.

Es wird bei der Organisation der Schutztruppe als Grundsatz festgehalten werden müssen, daß die weißen Offiziere und Unteroffiziere, die hingehen, möglichst das Gefühl behalten, daß sie Deutsche sind. Die Franzosen haben mit ihrer Truppe die schlechte Erfahrung gemacht, daß, wenn Leute draußen bleiben mit der Aussicht, ihr Leben lang nicht wieder zurückzukommen, ein gewisser Zustand der Verwilderung eintritt. Das werden wir zu vermeiden suchen müssen. Wir werden danach trachten, einen gewissen Turnus zu finden, in dem die Truppe sich von hier aus ergänzt. Wir werden neben der Landtruppe, wie Sie durch den Herrn Berichterstatter gehört haben, eine kleine Truppe haben müssen, die durch Schiffe den Verkehr an der Küste vermittelt.

Wenn Sie mich nun fragen, wie eine geordnete Verwaltung geschaffen werden, und wie das gedacht werden soll, so kann ich Ihnen darüber keine Antwort geben. Das läßt sich von hier absolut nicht übersehen. So viel kann ich aber übersehen, daß die Verhältnisse im Norden der Küste andere sind als im

Süden, daß sie im Innern ganz andere sind als an der Küste. Wenn wir nicht in den Fehler verfallen wollten, von hier aus Maßregeln zu ergreifen, die, wenn die Posten sie nach Ostafrika bringen, unausführbar sind, oder an Ort und Stelle unter dem helleren Lichte der tropischen Sonne so klare Fehler zeigen, daß der Mann, der sie ausführen soll, sie nicht ausführen kann, so blieb uns nichts anderes übrig, als einen einzigen Mann mit möglichst ausgedehnter Vollmacht und voller Verantwortlichkeit an Ort und Stelle zu setzen.

Es ist der Wunsch ausgesprochen worden von jener Seite des Hauses, wir möchten danach trachten, mit der Zeit das Reich zu entlasten. Ja, ganz gewiß thun wir das, das thun wir schon jetzt; und wenn die ostafrikanische Kolonie so gedeiht, wie ich es hoffe und für wahrscheinlich halte, dann glaube ich, daß das Reich in absehbarer Zeit in die Lage kommen wird, diejenigen Kosten, die es heute noch selbst aufwenden muß, aus den Einnahmen, sei es der Zölle oder anderer Einnahmemittel, die sich uns eröffnen werden, sicher zu stellen. Ich stimme mit dem Herrn Abgeordneten Grafen von Mirbach darin ganz überein, daß es sehr schwer sein wird, den Handel von Zanzibar nach der Küste zu ziehen. Aber der Versuch muß gemacht werden. Warum sollen wir unter fremder Flagge an einem dritten Ort handeln? Es kann das — das ist ganz richtig — Jahrzehnte dauern, bis wir so weit sind, kein Mensch kann das übersehen, aber ich möchte überhaupt vor dem Glauben warnen, daß das, was wir nun in den Kolonieen vorhaben, leicht gehen wird. Das ist gerade ein Fehler im Anfange unserer Kolonisation gewesen, daß auch die beteiligten Kreise sich die Sache viel leichter vorstellten, und als es nun schwerer war, hie und da wohl zu ermatten geneigt waren. Keine Illusionen! das, was wir da treiben, wird Mühe und Arbeit noch auf lange Zeit sein; aber ich bin der Meinung, wir haben keinen Grund, davor zurückzuschrecken.

Die Kolonialregierung hat sich dafür entschieden, Dar=es=Salaam zur Hauptstadt unserer ostafrikanischen Kolonieen zu machen. Daß sie an der Küste liegen muß, ist unter den gegebenen Verhältnissen klar. Die Sachverständigen und Orts=

kenner schwankten zwischen Bagamoyo, dem größeren Handelsort, und Dar-es-Salaam, dem besseren Hafen. Daß Dar-es-Salaam unser Kriegshafen, — wenn ich diesen großklingenden Ausdruck gebrauchen darf — für Ostafrika werden wird, ist zweifellos, und es wird sich — denn dafür schienen uns die meisten Motive zu sprechen — empfehlen, den Schwerpunkt unserer Regierung dahin zu verlegen. Inwieweit Plantagenbau, Bergbau möglich sein wird, das wird zum guten Teil auch von der Frage abhängen, wie weit es uns gelingt, die Bevölkerung an Arbeit zu gewöhnen. Ich stehe vollkommen auf dem Standpunkt derer, die sich dafür begeistern, den Sklavenhandel abzuschaffen und zu unterdrücken; man kann aber auf der anderen Seite nicht leugnen: für unser Kolonialunternehmen war es vielleicht nicht günstig, daß die Unterdrückung des Sklavenhandels mit dem Beginn des Plantagenbaus a tempo kam; denn bisher ist der Plantagenbau, wenigstens wo er tief in der Kindheit lag, immer nur geglückt, wenn er durch Sklaven betrieben wurde.

Wir werden sehr sorfältig darin sein müssen, daß wir die Interessen der an der Küste wohnenden Inder schonen. Wir brauchen die Leute, sie sind geborene Handelsleute, sie haben Beziehungen bis weit in das Innere von Afrika, und wir wären nicht imstande, sie zu ersetzen. Wir werden uns bestreben, ihre Kräfte uns nutzbar zu machen; fürs erste aber werden wir sie schonen müssen. Das wäre ungefähr das, was sich von der Sache sagen läßt.

Ich komme nun noch einmal darauf zurück: die Hauptsache ist die Personenfrage. Es hat mich die warme Anerkennung, die der gegenwärtige Gouverneur von Kamerun, Freiherr von Soden, hier gefunden hat, gefreut. Wie in der Vortragsentscheidung, die ich mir zum dritten Mal erlaube anzuführen, schon gesagt worden ist: Es muß einer über alle gestellt werden, anders kann es nicht gehen. Jetzt mußten wir einen suchen; und ich glaube, darin werden die Herren mit mir einverstanden sein, es mußte einer sein, der fremd hinkam, der mit den Dingen, die da jetzt vor sich gehen, nichts zu thun gehabt hat, der auch Kenntnis in der Verwaltung tropischer Länder mitbrachte. Und der einzige Mann, den wir

im Augenblick dafür Seiner Majestät in Vorschlag bringen
konnten, war Freiherr von Soden, der mit so großem Geschick
aus der anfangs auch verzweifelt scheinenden Kolonie Kamerun
etwas gemacht hat. Herr Freiherr von Soden ging nun hin,
um sich die Sache anzusehen, und behielt sich seine Entscheidung
darüber, ob er das Kommissarium übernehmen könnte, vor, bis
er an Ort und Stelle gesehen haben würde. Er ist wieder=
gekommen, keineswegs als Optimist. Er vergleicht manches
mit Kamerun und findet manches in Kamerun besser als in
Ostafrika, er findet auch, daß manche Schilderungen, die er
vorher gelesen hat, übertrieben sind; er kommt aber doch wieder
mit dem Glauben, daß aus der Sache etwas zu machen ist,
und er würde den Auftrag nicht übernommen haben, wenn er
nicht dieser Überzeugung wäre.

Es ist nun erwähnt worden das Schicksal der Männer,
die bisher da thätig gewesen sind, des Majors von Wißmann,
des Emin Pascha und des Herrn Peters. Die Kolonial=
regierung ist erbötig und wird sich sehr freuen, wenn diese
Herren ihre Erfahrung, ihre Energie weiter der Kolonisation
von Ostafrika widmen wollen. Es ist ja in diesem weiten
Terrain, das viel größer ist als Deutschland — davon ist nur
ein kleiner Teil erst bekannt, ein kleiner Teil erst unter deutsche
Herrschaft gestellt — da ist sehr viel Raum, nicht bloß für
drei, sondern auch für mehr Männer, die da arbeiten wollen,
sodaß ihre Plazierung nicht die mindeste Schwierigkeit bietet.
Wir müssen nur eine Bedingung stellen, daß sie in letzter
Instanz von dem Gouverneur von Soden abhängig sind.
Ich glaube, die letzten Ereignisse werden uns gezeigt haben,
wie nötig das ist. Wir können von hier aus solche Expeditionen
unmöglich dirigieren, das kann nur an Ort und Stelle geschehen;
wir sind aber gewillt, die Sache so einzurichten, daß für die
Distrikte, in denen diese Herren wirken, ihnen Herr von Soden
von den weiten Vollmachten, die er bekommt, so viel delegieren
kann, als er für nötig hält. Ich glaube, daß damit die Herren
einen Wirkungskreis bekommen, wie sie ihn sich nicht besser
wünschen können. Sie treten aus der Abhängigkeit, in der sie
früher gestanden haben, als sie die Expeditionen ausrüsteten,

lediglich in eine Abhängigkeit vom Reiche, die nur so weit geltend gemacht werden wird, daß sie in Bezug auf ihre pekuniären Mittel und in ihren Aufgaben, die ihnen vorzuzeichnen sind, vom Reiche abhängen; im übrigen wird man ihnen vollkommen freie Hand lassen.

So gebe ich mich dem Glauben hin, daß wir, wenn wir auf Ostafrika sehen, im Augenblick schon ein Bild vor uns haben, welches besser ist als das war, was wir vor einem Jahre vor uns hatten. Und ich hoffe, daß, wenn wir nach einem Jahre wieder vor Sie treten, das Bild noch etwas besser geworden sein wird. Denn ich wiederhole: nur nach großen Zeiträumen können wir wirklich in die Augen fallende Erfolge erwarten. Ich habe aber den festen Glauben an die deutsche Nation, daß sie an zäher Arbeit hinter keiner anderen zurücksteht, und daß es ihr gelingen wird, das, was sie einmal angefangen hat, zu halten und zum Heile Deutschlands auszunutzen."

Sitzung am 27. Februar 1891.

Verwaltung des Reichsheeres. Dienstprämien für Unteroffiziere.

Der Reichskanzler bespricht die Zivilversorgung der Unteroffiziere, betont die Notwendigkeit der Verbesserung ihrer Lage, diese Notwendigkeit aus den Erfahrungen seiner militärischen Laufbahn mit Beispielen belegend, und knüpft an das Thema sozialpolitische Betrachtungen von Allgemeinwert.

„Als die verbündeten Regierungen darauf verzichteten, ein Sozialistengesetz wieder einzubringen, waren sie sich über zwei Dinge klar, einmal, daß der Kampf gegen die Sozialdemokratie die ernsteste Frage unserer Zeit ist, eine Frage, die jahrzehntelang die Welt beschäftigen kann und deren Erledigung des Schweißes der Edelsten wert ist; sie waren sich ferner darüber klar, daß, wenn auch ein Sozialistengesetz als Ganzes nicht wieder eingebracht würde, alle diejenigen Maßregeln ergriffen werden müßten, die sich im Laufe der Zeit als geeignet herausstellten, der Sozialdemokratie entgegenzutreten, sei es, daß man ihr den Boden unter den Füßen wegzöge, sei es, daß man in offenen Kampf mit ihr einträte. Und wenn ich mir das Wort erbeten habe, so war es nicht in meiner Eigenschaft als alter Soldat, sondern als Reichskanzler, der selbst von der Erwägung ausgeht, daß diese erste, wichtigste Frage unserer Zeit auch in die Unteroffiziersfrage tief eingreift und zwar auf zwei verschiedenen Gebieten, einmal, was den Unteroffizier angeht, so lange er im aktiven Dienst steht, dann, was den Unteroffizier angeht, wenn er in Zivilversorgung ist. Ich weiß sehr wohl, daß niemand in der Lage ist, die Sozialdemokraten ganz zu befriedigen, wie denn überhaupt kein Mensch ganz zu befriedigen ist, am wenigsten aber diese Herren.

Aber ich glaube, daß versucht werden muß, was versucht werden kann, um weder in den Unteroffizieren in der Front noch in den zivilversorgten Unteroffizieren Mißvergnügte zu erziehen.

Was nun die letzteren angeht, so würde ich nicht eingehen auf die Zahlenvergleiche; ich will aber die Frage berühren: was bietet denn die Zivilversorgung, wenn der Unteroffizier sie endlich nach langen Mühen erreicht, in vielen Fällen? Das stellt sich sehr verschieden heraus; das hängt zunächst davon ab: in welcher Garnison steht der Unteroffizier, bei welchen Behörden kann er sich persönlich vorstellen? Denn man mag machen, was man will, man wird der Zivilbehörde niemals die Berechtigung abschneiden können, daß sie die Qualifikation des Anwärters prüft, und wenn er auch unter so vielen Anwärtern auf der Liste die Nummer 60 erhält, so wird er in drei, vier Jahren nicht weit herangerückt sein, wenn es ihm nicht gelingt, dem Vorgesetzten im Zivil die Überzeugung beizubringen, daß er für die Stelle auch ein brauchbarer Mensch ist. Das ist ein ganz berechtigtes Verlangen der Zivilbehörden. Die Folge davon ist, daß ein großer Teil der Unteroffiziere jahrelang herumgeht und sucht; er wird hier abgewiesen und da abgewiesen; der eine probiert es mal, es gefällt ihm nicht, er geht in eine zweite

Stelle, und so ist schon diese Übergangsstelle, in der der Mann suchen muß, in der er sich den versprochenen Vorteil realisieren will, vielfach eine Quelle der Mißvergnügtheit. Und so ist es weiter mit vielen der Zivilstellen.

Das werden auch die Herren im Hause wissen, die bei Behörden angestellt sind oder mit ihnen in Verbindung stehen: am besten kommt immer noch der Schreiber aus der Truppe an; er hat eine Vorbildung, die er in jeder Behörde mehr oder weniger verwerten kann; der alte in der Front gediente Unteroffizier, der seine 10 bis 12 Jahre Rekruten gedrillt hat und nicht auf dem Büreau war, — dieser wird von jeder Behörde mehr oder weniger ungern aufgenommen. Ich bin in dieser Beziehung insofern nicht ohne Erfahrung, als ich als Chef der Admiralität in der Lage war, einmal eine Truppe unter mir zu haben, also Unteroffiziere zu befehligen, für deren Versorgung ich als ihr Befehlshaber mich verantwortlich fühlte, auf der anderen Seite eine Behörde, deren Leistungen unter mangelhaft vorgebildeten Unteroffizieren herabkommen zu lassen ich aber nicht dulden wollte. Da kommen denn doch sehr krasse Verhältnisse vor. Wenn also ein 12 Jahre gedienter Mann in dem Range eines Feldwebels der Armee, der hier und da herumgesucht hat, endlich in der Admiralität eine Anstellung findet, so glaubt er, er ist gut weggekommen; wenn er aber sieht, daß er täglich 25 Öfen zu heizen und 25 Zimmer zu reinigen hat, so wird er doch der Meinung, daß er sich zwölf Jahre lang geirrt hat, als er glaubte, daß die Zivilversorgung wirklich eine Belohnung war. Also ein großer Teil derjenigen Posten, die nominell dem Unteroffizier offen stehen, ist bei dem Bildungsgrad, den wir heutzutage von den Unteroffizieren fordern müssen, und den wir steigern müssen, — diese Versorgung ist in der That keine Belohnung.

Daß wir aber die Anforderungen an die Unteroffiziere steigern müssen, liegt in dem ganzen Bildungsgang, in der zunehmenden Bildung der Nation. Ein Vorgesetzter wird nur in dem Grade seine Stellung als Vorgesetzter leicht ausfüllen können, als er sich seinen Untergebenen überlegen fühlt. In der Zeit, in der ich in die Armee eintrat, hatte der Unteroffizier diesen Grad von Überlegenheit in seiner Technik, in einer gewissen formalen Ausbildung, die er sich durch seine lange Dienstzeit gegenüber dem Manne angeeignet hatte. Wenn ein Unteroffizier bei der Paroleausgabe die vier Mann, die um den Parolekreis standen, richtig hinbringen konnte, ohne einen reglementarischen Fehler zu machen, wenn er die verschiedenen Stadien einer Wachtparade tadellos durchlief, so war er ein Mann, der in den Augen der Gemeinen sich schon eines gewissen Ansehens erfreute; denn er konnte etwas, was die Gemeinen nicht konnten. Heutzutage liegt die Sache anders. Der Unteroffizier kann ein vorzüglicher Mensch sein, er schießt aber vielleicht viel schlechter als alle seine Untergebenen; mit dieser technischen Kunst erringt er sich nicht mehr das Ansehen, das er seinen Untergebenen gegenüber braucht. So könnte ich eine ganze Reihe von Beispielen aus allen Waffengattungen anführen.

Ist das aber zugegeben, daß die technische Überlegenheit nicht mehr für einen Unteroffizier durch die Dienstzeit zu erwerben ist, so folgt sofort weiter, daß er seine Überlegenheit in anderen Dingen suchen muß. Nun wird aber schon in den gewöhnlichen Verhältnissen die Erhaltung der Disziplin dadurch erschwert, daß wir in die Armee Leute bekommen — ich habe mir schon einmal erlaubt das auszusprechen —, die nach dieser Richtung hin ungleich schlechter vorgebildet sind als früher. Es ist einmal eine gewisse Zuchtlosigkeit eingerissen; das läßt sich nicht leugnen. Und diesen zuchtlosen, oft äußerst gerissenen Elementen gegenüber die vorgesetzte Stellung zu bewahren, sich die Autorität zu bewahren, ist keine leichte Aufgabe; und von den Unteroffizieren, mit denen ich noch zusammen Unteroffizier in der Kompanie gewesen bin, würde nur noch ein kleiner Teil mitspielen können; die Kritik der Untergebenen würde sie sofort lahmlegen, und es würde ihnen schwer sein, ihre Stellung zu halten.

Sie werden nun sagen: dazu ist ja die Disziplin, das Militärstrafgesetzbuch, die Disziplinarordnung da. Aber in der deutschen Armee hat man von jeher danach getrachtet, — und ich glaube mit Glück, und ich glaube, ein Teil unserer kriege=

rischen Erfolge beruht auf diesem Bestreben —, daß der Vorgesetzte den Untergebenen vor Vergehungen bewahren soll.

Wir haben nicht wie andere Armeen einen Strafkodex, worin es heißt: wenn du das und das begehst, bekommst du drei Tage u. s. w., sondern wir verlangen von unseren Vorgesetzten, und gerade von den Vorgesetzten, die wie die Unteroffiziere mit den Gemeinen zusammenleben, am meisten, daß sie den Vergehungen vorbeugen sollen im unausgesetzten Verkehr mit dem Mann. Den Grad geistiger Überlegenheit zu bewahren, der dazu gehört, das werden wir auf die Dauer nur können, nicht allein, wenn wir ein komplettes Unteroffizierkorps uns erhalten, sondern wenn wir das Unteroffizierkorps in Bezug auf seine Bildung und seinen sittlichen Wert höher zu stellen suchen, als wir es bisher gethan haben.

Es wird sehr viel über die Mißhandlungen in der Armee geklagt; man nimmt jetzt Statistiken darüber auf; diese Dinge kommen zum Teil in die Zeitungen, und während ich die Überzeugung habe, daß es von Jahr zu Jahr besser wird, wird von Jahr zu Jahr mehr geklagt, worüber ich nichts sagen will. Es ist das ein vollkommen berechtigter Wunsch und auch von der höchsten Stelle vollkommen anerkannt, daß die Mißhandlungen aufhören sollen; mehr gerade als früher sind sie aber nach meinem Dafürhalten nicht. Indessen auch nach dieser Richtung hin ist uns der besser vorgebildete Unteroffizier mehr wert als der rohere; er wird seltener seinem Temperament, selbst wenn er gereizt wird, wie es oft vorkommt, die Zügel schießen lassen, als der ungebildete. Wenn schon unter den gegenwärtigen gewöhnlichen Verhältnissen die Erhaltung der Disziplin erschwert wird, so wird das noch schwerer werden, wenn wir uns Zeiten vergegenwärtigen, in denen der Kampf gegen die Sozialdemokratie — ich will das Wort Kampf nicht mal in dem Ausdruck von Schießen und Stechen brauchen — lebhafter wird. Meine Erinnerungen reichen noch in das Jahr 1848 zurück. Die Truppe trat damals in sehr schwere Verhältnisse, aber in ungleich besser dafür situierte ein als heutzutage; denn es war nicht eine lange Schulung der Ideen, nicht die Erziehung einer Generation mit verderblichen Ideen vorhergegangen, sondern diese Ideen traten plötzlich, wie wenn der Vorhang weggezogen war, vor das Volk, und es war das allgemeine Gefühl vielfach in der Truppe: was wird nun? Da waren die alten Unteroffiziere diesen noch in keiner Weise sozialistisch angehauchten Mannschaften gegenüber in einer ungleich besseren Lage, als, wenn die Sozialdemokraten jetzt den Versuch machten, in die Armee einzutreten, unsere Unteroffiziere heute sein werden. Wir müssen von den Unteroffizieren mehr verlangen als damals. Und wenn ich nun auch den äußersten Fall berühren darf, daß es mal zum Kampf mit den Sozialdemokraten käme, so bedürfen wir für einen solchen Kampf einer viel besseren Disziplin als für den Kampf vor dem Feinde. Vor dem Feinde kann auch eine höchst dürftige Truppe durch den Patriotismus, durch erhebende Gefühle in einen Grad von Opferfähigkeit versetzt werden, der sie zu großen Leistungen befähigt; der Straßenkampf und was damit zusammenhängt, deprimiert. Da ist kein Faktor, der geeignet wäre, das Selbstgefühl der Truppen zu erhöhen; da ist keine Kampfeslust, auch hat jeder das Gefühl, er steht Landsleuten gegenüber; es wird jedem da sehr schwer, zum Äußersten zu schreiten.

Für einen solchen Kampf brauchen wir ganz andere Unteroffiziere, als wir sie brauchen würden selbst im Gefecht.

Nun haben die Herren vom Fortschritt es gern gehört, was ich bei anderer Gelegenheit mal gesagt habe: wir werden das Gute nehmen, wo wir es finden. Dieser Meinung bin ich auch heute noch; das ist meine Ansicht auch heute und wird es auch bleiben. Aber ich möchte mir doch den Vorschlag erlauben, es nicht lediglich bei guten Worten bewenden zu lassen, sondern auch mal zum guten Werk überzugehen und nun mit der Regierung für eine Vorlage zu stimmen, bei der Sie zeigen können, daß Sie zu den staatserhaltenden Elementen sich zu rechnen geneigt sind.

Der Herr Abgeordnete Hinze hat uns gesprochen von weitergehenden Plänen, daß er für die Verbesserung des Loses der Unteroffiziere in eine Beratung später einzutreten geneigt wäre. Er hat ein Wort nicht ausgesprochen, das, wenn ich mich nicht irre, sonst von jenen Bänken auch wohl geäußert ist:

macht doch die Unteroffiziere zu Offizieren, gebt ihnen doch diese Perspektive! Ja, ich habe noch in einem Truppenteil mit einem solchen Unteroffizier zusammengedient, der für Bravour vor dem Feinde zum Offizier befördert war. Es war das ein Mann, der sich in dem Offizierkorps auch als Mensch der höchsten Achtung erfreute, mit dem wir alle gern zusammen waren, der aber schließlich doch ein peinliches Dasein führte; denn er war in Verhältnisse gekommen, für die seine ganze Vergangenheit nicht paßte, und trotz allen Wohlwollens des Offizierkorps waren tausend Schwierigkeiten da, über die wir ihm nicht hinweghelfen konnten.

Was die verbündeten Regierungen hier wollen durch diese Vorlage, ist, das Niveau unserer Unteroffiziere zu heben. Ich habe die Besorgnis, daß auf der anderen Seite Ideen eingewurzelt sind, die, wenn sie zur That werden sollten, die Folge haben würden, daß sie das Niveau unseres Offizierkorps herunterdrücken würden.

Dazu darf es nach meinem Dafürhalten nie kommen. Wir haben das erste Offizierkorps der Welt; das kann ich als preußischer Offizier hier mit Stolz aussprechen. Das müssen wir behalten; das wollen wir behalten. Aber wir können auch das erste Unteroffizierkorps der Welt haben. In der deutschen Nation sind die Elemente für das erste Unteroffizierkorps, und wir bedürfen der Vergleiche mit der französischen Armee nicht. Lassen Sie doch an deutsche Einrichtungen uns deutsche Anforderungen anlegen! Lassen Sie uns deutsche Unteroffiziere auf deutschem Boden erziehen! Die Mittel dazu haben wir. Wenn aber eine Armee das nicht mehr leistet, wofür sie gehalten wird, wenn sie also im Kampfe, da, wo der Vorgesetzte die schwersten Anforderungen an seinen Untergebenen stellen muß, daß er bereit ist, besinnungslos zu sterben, wenn der Vorgesetzte das verlangt, — wenn wir solche Elemente in unserer Nation haben, wenn wir den Zustand heben können, warum wollen wir das nicht? Eine Armee, die in solchem Augenblicke versagt, ist unter allen Umständen die teuerste von allen gewesen und immer zu teuer."

Sitzung am 28. Februar 1891.

Dienstprämien für die Unteroffiziere.

Der Reichskanzler kennzeichnet seine Stellung zur sozialdemokratischen Frage, für welche er eine friedliche Lösung nicht ausgeschlossen hält, der sich die Regierung aber unter allen Fällen gewachsen zeigen müsse. Verknüpft mit diesen Darlegungen ist eine Kritik des Verhaltens der Fortschrittspartei, die der Reichskanzler ihren Traditionen nach nicht dafür geeignet hält, der Regierung in dieser wichtigen Frage positive Unterstützung zu gewähren. Angelegentlich beschäftigt sich der Reichskanzler in dieser Rede mit der Verbesserung der Lage der Unteroffiziere. Die Rede ist in ihren Hauptpunkten eine Replik auf die Einwendungen und Ausstellungen Richters.

„Dem Herrn Abgeordneten Richter gegenüber habe ich zunächst in Bezug auf die Sozialdemokratie und die sozialdemokratische Frage zu bemerken, daß ich mich durch seine freundschaftlichen Ratschläge, diese Frage lieber zu vermeiden, nicht abhalten lassen werde, bei jeder Gelegenheit darauf zurückzukommen; denn ich habe nun einmal die Überzeugung, daß das die Frage ist, die für das Ende dieses Jahrhunderts, vielleicht für Jahrzehnte des nächsten Jahrhunderts, die herrschende sein wird.

Ich habe den aufrichtigen Wunsch, daß sie auf friedlichem Wege gelöst werden möge; ob der Wunsch aber erfüllbar sein wird, das vermag ich nicht vorherzusehen, und ich würde glauben, daß die verbündeten Regierungen, wenn sie nicht den Fall ins Auge faßten, daß die friedliche organische Lösung unmöglich wird, ihrer Pflicht nicht genügen würden. Ich muß auch gestehen, daß, wenn man in der Notwendigkeit ist, sozialistische Bücher und Schriften zu lesen, namentlich solche, die nicht in Deutschland erschienen sind, solche, in denen die Theorie sich vollkommen entwickelt, man immer vor der Frage stehen bleibt, ob überhaupt ein Mensch glaubt, daß diese Dinge ohne Zerstörung des Staats zur Ausführung kommen könnten.

— Ich möchte also meinen, daß, wer solche Theorieen vertritt, immer einen Kampf mit den bestehenden Verhältnissen voraussetzt, daß also auch die Regierung die Pflicht hat, sich auf solchen Kampf zuzuschneiden.

Ich habe nicht die Besorgnis, daß, wenn man diese Sachen offen bespricht, man dadurch die Gefahr, die in ihnen liegt, vergrößert. Der Herr Abgeordnete Richter meint, wenn vom Regierungstisch davon gesprochen wird, so mache das den Eindruck, als sei die Sozialdemokratie die einzige treibende Kraft im Staate oder Reich. Das ist meine Meinung nicht, aber ich halte sie zur Zeit für die größte Gefahr im Reich, und weil ich sie dafür halte, so glaube ich, eben die Kräfte zu ihrer Bekämpfung bei jeder Gelegenheit ausnützen zu müssen. Es wird, so lange ich die Ehre habe, an dieser Stelle zu stehen, kein Gesetz hier eingebracht werden, keine Maßregel vorgeschlagen werden, die nicht von dem Standpunkt geprüft worden ist: wie wirkt sie auf die sozialdemokratische Frage ein? Ich habe schon in dem anderen Hause mich in ähnlicher Weise geäußert, und ich kann von dieser meiner Auffassung nicht abgehen. Ich kann auch die Ansichten des Herrn Abgeordneten Richter nicht teilen, daß wenn die Regierung von sozialdemokratischen Dingen spricht, sie in Gefahr wäre, ihr Ansehen zu schädigen. Ich möchte glauben, daß man das vertrauensvoll der jetzigen Regierung überlassen kann, ihr Ansehen selbst wahrzunehmen; jedenfalls würde ich in dieser Frage auf seine Unterstützung bereitwillig verzichten.

Der Herr Abgeordnete hat dann weiter davon gesprochen, ich hätte gestern gesagt, wir wollten den Unteroffizieren 1000 Mark geben, damit sie dafür stürben. Das ist mir nicht eingefallen; ich habe gesagt: wir wollen die Lage der Unteroffiziere verbessern, um bessere Elemente in den Unteroffizierstand zu bekommen, um die guten Elemente uns lange erhalten zu können. Daß der Soldat nicht für Marke, sondern für Ehre stirbt, hätte der Herr Abgeordnete wissen können. Die Regierung hat die Absicht, die Unteroffiziere länger in Dienst zu behalten und dem Dienst zu erhalten, welche wissen, was Ehre ist, und die Ehre dem materiellen Gewinn vorziehen, wie das im Offizierkorps und, ich kann sagen, wie es auch im Unteroffizierkorps bisher gewesen ist. Wir sind aber der Meinung: wir stehen vor schwierigen Verhältnissen und brauchen deshalb bessere Unteroffiziere.

Der Herr Abgeordnete hat von dem Verhalten der Fortschrittspartei gesprochen, daß sie ja der Regierung entgegenkäme und auch ganz gesonnen wäre, mit uns zu machen, vorausgesetzt, daß sie das, was wir machen, gut fände. Genau in demselben Verhältnis befinde ich mich zur Fortschrittspartei. Ich kann aber nicht leugnen, daß ich das, was die Fortschrittspartei thut, meist nicht gut finde. Denn so lange ich diese Dinge beobachte, nehme ich an ihr nur ein negierendes Verhalten wahr. Mir liegt hier eine Zusammenstellung vor über die Gesetze, die seit dem Jahre 1866 eingebracht und gegeben worden sind, denen die Fortschrittspartei einen Widerspruch entgegengesetzt hat; das sind seit dem Jahre 1866 deren 61, seit dem Jahre 1870 deren 45, und darunter Gesetze, die zu fundamentalen Gesetzen für unser jetziges verfassungsmäßiges Leben gehören. So lange also die Fortschrittspartei diesen negierenden Standpunkt innehält, glaube ich, daß es für keine Regierung, es sei denn eine von der Fortschrittspartei, möglich sein würde, mit ihr in eine engere Verbindung einzutreten.

Er hat mir weiter die Absicht untergeschoben, es käme mir nur darauf an, viel Geld zu bekommen. Ich glaube nicht, daß durch eine einzige meiner Äußerungen diese Ansicht motiviert worden ist; jedenfalls müßte es ein lapsus gewesen sein. Ich habe gar kein Interesse, den Steuerzahler zu belasten, ebensowenig wie der Herr Abgeordnete Richter; ich habe aber das Interesse, Unteroffiziere zu bekommen so, wie wie wir sie brauchen können.

Der Herr Abgeordnete vermißt in dem, was die Zivilversorgung der Unteroffiziere angeht, manche Einzelheiten, dann aber vor allem — und das würde mich in erster Linie treffen — den Zusammenhang in der Regierungspolitik: da hat wieder diese unvorsichtige Regierung es unterlassen, die Zivilbehörde in dieser wichtigen Frage zu hören; die Zivilbehörden spielen eine große Rolle dabei. Ja, meine Herren, dessen sind wir uns bewußt; wir sind uns klar darüber, welche Rolle der Unter=

offizier im Zivildienst spielt. Wir schätzen diese Rolle sehr hoch und wünschen, daß die Unteroffiziere im Zivil versorgt werden gerade um des Zusammenhanges unseres Staates willen. Wir wollen im Unteroffizierstand eine Menschenklasse erziehen, die auch dann, wenn sie den Rock ihres Kriegsherrn ausgezogen hat, noch fortfährt, im Zivil dieselben Grundsätze zu hegen, eine Menschenklasse, die mit ihrem ganzen Dasein an den Staat gebunden ist.

Nun gebe ich Herrn Abgeordneten Richter zu, daß, so viel ich weiß, ehe diese Vorlage gemacht ist, eine Umfrage bei den Zivilbehörden nicht gehalten ist. Der Herr Abgeordnete Richter sagt: die jetzige Vorlage tritt neu und überraschend auf, man hat im vorigen Jahre nicht davon gesprochen. Die Voraussetzung trifft aber nicht zu. Der Herr Abgeordnete hat mir ja gütigst erlaubt, auf meine Erfahrungen zu exemplifizieren. Was mich angeht, so habe ich in der Truppe schon lange die Ansicht vertreten und vertreten hören: es muß für die Unteroffiziere etwas geschehen; so kann es nicht bleiben. Wenn der Herr Abgeordnete Richter meint, es wäre dieser Gedanke erst seit dem Frühjahr entstanden, so muß ich allerdings gestehen, daß wir dann nicht in der Lage gewesen sein würden, die nötig erscheinende Abhilfe jetzt eintreten zu lassen; denn das Verfahren, das wir jetzt besitzen — und das weiß ein so sachkundiger Herr wie der Herr Abgeordnete Richter zweifellos —, ist keineswegs ein willkürliches und auf militärischem Boden allein entstandenes, sondern wir sind im Besitze eines Reglements über die Versorgung der Unteroffiziere im Zivildienst, das beim Bundesrat, wenn ich mich nicht irre, nach jahrelangen Schreibereien mühsam zustande gekommen ist, ein Reglement, das auf dem Militärpensionsgesetz von 1871 basiert, auf einer Gesetzesstelle, — ich weiß nicht, ob der Herr Abgeordnete Richter sie mit bewilligt hat; ich nehme ohne weiteres an: nein, — die aber vom Hause bewilligt ist. Es trifft also die Regierung der Vorwurf, hier voreilig gehandelt zu haben, in keiner Weise, denn wir wären nicht imstande gewesen, das jetzt fertig zu bringen, und hätten überhaupt nichts anderes bekommen als das, was wir 1878 oder 1879 zustande gebracht haben.

Nun bemängelt der Herr Abgeordnete weiter, daß die Unteroffiziere durch diese Prämien im Dienst behalten werden würden, daß sie zu alt würden. Er hat ganz recht: so einen alten Unteroffizier liebt man heutzutage nicht mehr. Weder die Zivilbehörde nimmt ihn gern, noch haben wir eine Vorliebe für diese Sorte von alten Troupiers, die wir vor 40 oder 50 Jahren hatten, eben weil der Dienst der Unteroffiziere zu anstrengend geworden ist; wir nutzen sie zu früh auf, wir können sie wesentlich länger als zwölf Jahre nicht brauchen, ausgenommen vielleicht Feldwebel und Vizefeldwebel. Ich wüßte aber auch nicht, daß das vorliegende Gesetz dazu wesentlich hinwirken sollte, die Unteroffiziere in einer ungemessenen Zeit in der Front zu behalten; denn die Zahlung der Prämie hört mit dem zwölften Jahre auf. Sie steigt also nicht über zwölf Jahre hinaus; also, soweit diese Prämie überhaupt wirken kann, schließt sie ihre Wirkung mit dem zwölften Jahre ab.

Der Herr Abgeordnete Richter hat dann angeführt, mein Herr Amtsvorgänger hätte in einer berühmten Rede ausgesprochen, daß wir nicht allein für Offiziere, sondern auch für Unteroffiziere das beste Material hätten, und er führte nun meinen Herrn Amtsvorgänger als Gegensatz zu mir auf und stellte eine Art von Kampf zwischen uns beiden auch hier dar. Ich kann sagen, daß es mir zur Befriedigung gereicht, daß er sich diesmal auf die Seite meines Herrn Amtsvorgängers gestellt hat. Die Presse jener Partei läßt in ihren Spalten einen solchen Kampf schon lange in bengalischem Feuer erscheinen.

Mir ist bei der Bundesgenossenschaft, die mir in dieser Beziehung in einem Kampf, der faktisch nicht existiert, von jener Seite angeboten worden, allemal unheimlich geworden.

Ich freute mich, daß der Herr Abgeordnete endlich einmal auf der anderen Seite stand. Er hat dann weiter zwar zugegeben, daß ich in der Sache Erfahrungen besitzen könnte und daß es ab und an ganz interessant wäre, ein Beispiel aus meinem Leben zu hören, und er hat sich da an einen Hausdiener geklemmt, den ich gestern angeführt habe. Ich bin nun nicht ganz so leichtsinnig gewesen, wie der Herr Abgeordnete Richter glaubt; ich habe mich nicht bloß auf mein Gedächtnis verlassen, sondern, als ich sah, daß die Debatte komme, habe ich an die Admiralität geschrieben: ich erinnere mich der Sache mit den Hausdienern und der Schwierigkeiten betreffs derselben, setzt mir eine Statistik der Hausdiener auf. Auf diese Statistik gestützt habe ich diesen Ausspruch gethan, und ich würde in der Lage sein, eine ganze Reihe solcher Unteroffiziere namentlich anzuführen, die als Hausdiener angestellt worden sind. Ich bedaure, daß ich die Hausdiener der Admiralität hier nicht selbst vorführen kann; sonst würde der Herr Abgeordnete Richter des Glaubens nicht sein, daß diese Leute herrlich und in Freuden leben. Ich habe manche Beschwerden, als ich in der Admiralität war, zu schlichten gehabt, aber nicht in irgend einer anderen Kategorie von Beamten so viele Beschwerden als seitens der Hausdiener der Admiralität gegen den Botenmeister, weil diese Hausdiener der Meinung waren — und innerlich mußte ich ihnen sehr oft recht geben: diese Männer sind überlastet — das ist zu viel.

Nun habe ich aus der Äußerung des Herrn Abgeordneten Richter mit Befriedigung entnommen, daß jetzt mehr Hausdiener da sind. Diese mehreren Hausdiener können ja nur mit Bewilligung des Reichstags gekommen sein; ob der Herr Abgeordnete Richter für diese Vermehrung der Hausdiener gestimmt hat, ist mir zweifelhaft.

Ich darf aber annehmen, daß die Sache in diesem hohen Hause oder in der Kommission eine reichliche Prüfung gefunden hat.

Nun hat der Herr Abgeordnete Richter gesagt: jetzt machen sie da auch noch Unteroffiziervorschulen, — und hat uns zum Vorwurf gemacht, an diese Unteroffiziervorschulen und =Prämien anknüpfend, daß wir das militärische Selbstbewußtsein heben wollen. Ich muß gestehen: das ist eine Äußerung, die mich überrascht hat. Aber der Herr Abgeordnete Richter hat da den Nagel allerdings auf den Kopf getroffen; denn das militärische Selbstbewußtsein zu heben, sind wir allerdings verpflichtet. Ich würde dem Herrn Abgeordneten Richter aus der preußischen Geschichte Beispiele anführen können von Feldherren und großen Soldaten, die davon überzeugt waren, daß nur eine Truppe, die Selbstbewußtsein hat, etwas zu leisten imstande ist, wenn nicht das Mißtrauen gegen den preußischen Offizier bei dem Herrn Abgeordneten Richter sich zu einem chronischen Leiden ausgebildet zu haben schiene, daß ich fürchtete, er wird diese Beweisführung negieren. Er mag mir einen großen Feldherrn der Welt nennen, Cäsar oder Napoleon, wen er will, — keiner hat es gegeben, der nicht das Selbstbewußtsein in der Truppe hat aufs höchste steigern wollen. Nicht die 1000 Mark sind es, sondern das Selbstbewußtsein, das, wofür wir uns halten in unseren Herzen, wie es im Wallenstein heißt, — das ist und bleibt es, was den Soldaten macht, und dies in den Herzen steigern zu können, ist einer der Zwecke dieser Vorlage; die 1000 Mark sind dazu nur das Mittel.

Ich darf also annehmen, daß, wenn ich an dieser Stelle über die Sozialdemokratie gesprochen habe, ich auf der einen Seite keinen Zweifel darüber gelassen habe, daß wir dieser Gefahr ganz ernst ins Auge sehen. Es ist ja durch die Vorlage, die die Regierung — und nicht diese erst, sondern die vorige Regierung — seit einer Reihe von Jahren gemacht hat, zur Genüge bewiesen, daß wir uns auch der Pflicht bewußt sind, organisch einzuwirken und, wo irgend ein berechtigter Grund zum Mißvergnügen für die Sozialdemokraten da sein könnte, dem entgegenzutreten. Wir wollen in dieser Beziehung ein gutes Gewissen haben; wir wollen aber in der anderen Richtung, wenn, was Gott verhüte, es einmal zu ernsteren Dingen kommen sollte, auch eine starke Hand haben."

Sitzung am 6. März 1891.

Marineverwaltung: Bau neuer Panzerfahrzeuge.

Der Reichskanzler entwickelt die Idee, welche den zum Schutze des Nordostseekanals geforderten Kommandobooten zu Grunde liegt, bittet den Bau dieser Fahrzeuge nicht zu verschieben und den darauf bezüglichen Antrag der Kommission zu überweisen.

„Der Herr Vorredner hat Bedenken Ausdruck gegeben, von denen ich annehmen darf, daß sie in weiteren Kreisen dieses Hauses und aller Parteien geteilt werden. Er hat davon gesprochen, daß man vor einem neuen Flottengründungsplan stehe, daß man die Prämisse für die jetzt geforderten Bewilligungen nicht kenne, und daß man deshalb gut thun würde, weitere Bewilligungen bis auf das nächste Jahr zu vertagen. Ich würde ihm vollständig darin beistimmen, wenn in der That die verbündeten Regierungen sich mit dem Plan trügen, einen neuen Flottengründungsplan zu geben oder auch nur über das Maß dessen, was Ihnen bisher vorgelegt ist, hinauszugehen. Die verbündeten Regierungen stehen noch heute auf dem Boden der Denkschrift von 1889/90, die dem Etat angefügt gewesen ist, und die die Erweiterung der Flotte bis zum Jahre 1894/95 vorsieht. Daß die verbündeten Regierungen oder auch nur eine Stelle der verbündeten Regierungen über diesen Plan hinauszugehen die Absicht hätten, ist mir völlig unbekannt; ich glaube in der Lage zu sein, einer solchen Auffassung widersprechen zu können.

Ist dies nun aber richtig, existieren soweitgehende Projekte nicht, steht man auch heute noch auf dem Boden, eine Marine zweiten Ranges schaffen zu wollen — und das ist auch in der Denkschrift ausgesprochen worden —, so möchte ich Ihrer Erwägung nochmals anheimgeben, ob es nicht rätlich ist, für diese beiden Kanonenboote sich in diesem Jahre die Sache nochmals zu überlegen. Diese Kanonenboote — das ist ja von allen Teilen anerkannt worden — sind eine alte Forderung, und sie sind noch unter meiner Führung der Marine in den Etat eingestellt worden. Sie sind insofern vielleicht meine Kinder, als sie das Resultat einer Denkschrift über die Verteidigung der Nordsee ist, die von meiner Hand herrührt; Sie werden also verzeihen, wenn ich mit einiger Wärme für die beiden Schiffe eintrete.

Der Herr Abgeordnete Windthorst hat vollkommen darin recht, daß in der Begründung für den Nordostseekanal gesagt ist — ich weiß den Wortlaut nicht mehr —, er würde unsere Streitkräfte vervielfältigen können dadurch, daß sie von dem einen Meer in das andere gebracht würden, so daß man nicht auf der einen Seite eine Nordsee- und auf der anderen Seite eine Ostseeflotte zu halten brauchte, daß man einen Bau mit zwei Ausgängen hätte, aus denen man jedesmal die ganze Flotte könnte herauskommen lassen. Das ist richtig; so hat die Sache damals gelegen. Indessen, ich glaube nicht indiskret zu sein, wenn ich sage, daß damals schon Zweifel unter Fachmännern laut wurden, ob das alles ohne Vermehrung unserer Schiffe abgehen würde. Denn wenn unsere Schiffe aus der Elbe herausgehen sollen, um nach Wilhelmshaven zu kommen, so haben sie erst eine Anzahl Seemeilen der Elbe zu passieren, nachdem sie die letzte Kanalschleuse hinter sich haben. Sind sie dann über Kuxhaven hinaus, so sieht man kein Land mehr. Einmal taucht noch eine kleine Insel auf; aber, um den Ausdruck des Landheeres zu gebrauchen, man bewegt sich noch in einem Defilee, und dieses Defilee in der Richtung von Kuxhaven auf Helgoland hält noch, glaube ich, 16 oder 20 Seemeilen an. Es ist nun wünschenswert, dies Defilee in unsere Hand zu bringen, und um dies zu können, kann man sich der Landbefestigung nicht bedienen; wir können da, wo dies Defilee halbwegs zwischen Helgoland und Kuxhaven aufhört, keine Befestigung bauen, wir müssen aber Kräfte dort stationiert haben, die denen, die aus dem Kanal kommen und in die Nordsee wollen, das Debouchieren erleichtern. Das ist die Idee, die diesen Kommandobooten zum Schutz des Nordostseekanals, wie sie genannt worden sind, zu Grunde liegt.

Ich möchte bitten, den Bau der Kommandoboote nicht zu verschieben, weil ich für zutreffend halte, was hier gesagt worden ist, daß — drei Jahre Bauzeit, ein Jahr Probefahrt, macht vier Jahre — das Jahr 1895 herankommt, und ich bin auf Grund amtlicher Erkundigungen in der Lage, auszusprechen, daß, soweit dies menschlich sich berechnen läßt, der Nordostseekanal im Jahre 1895 fertig sein wird, also um die Zeit, wo die beiden Kanonenboote, wenn sie jetzt bewilligt würden, etwa brauchbar sein würden.

Der Herr Vorredner*) hat dann noch darauf hingewiesen,

---
*) Dr. Windthorst.

und mit vollem Fug und Recht, daß man bei dem Neubau von Schiffen vorsichtig vorgehen müsse. Die Äußerung, daß unsere Marine zu klein sei, um sich den Luxus verfehlter Experimente zu gestatten, rührt von mir her; also der Herr Abgeordnete kann überzeugt sein, daß ich mich da ganz in Übereinstimmung mit ihm weiß.

Nun liegt aber die Sache hier so. Diese sechs Kanonenboote für den Nordostseekanal werden alle nach einem Typus gebaut; das war von Hause aus Projekt. Zwei davon schwimmen schon, „Siegfried" und „Beowulf"; zwei sind im Bau, und wenn man sich hier auf fachmännische Kreise außerhalb der Marine beruft, so möchte ich in diesem Fall das Urteil solcher Kreise provozieren: diese beiden Schiffe sind sicher keine Fehlgeburten, und das fünfte und sechste Kanonenboot für den Nordostseekanal kann nicht besser gebaut werden, als wenn es nach dem Typus von „Siegfried" gebaut wird. Also die Besorgnis, daß wir, wenn wir zu schnell vorgehen, jetzt Fehler machen könnten mit Nummer 5 und 6 noch, halte ich für ausgeschlossen.

Ich stimme auch dem Herrn Abgeordneten Windthorst vollkommen bei, daß wir nicht Schiffe bauen sollen, die nicht in unsere Docks und Schleusen gehen, und daß, wenn wir große Schiffe bauen, die zu groß für die Docks und Schleusen wären, es richtig sein würde, am letzten Ende anzufangen und erst Docks und Schleusen zu bauen. Diese Kanonenboote aber, wie schon der Name sagt, sind „Fahrzeuge", wie der Techniker sich ausdrückt, kleinere Schiffe, keine großen Schiffe, und ich glaube mit Sicherheit sagen zu können, daß es innerhalb der Marine keine Docks und keine Schleusen giebt, die Fahrzeuge von diesem Typus nicht fassen würden.

Endlich auch kann ich darin mit dem Herrn Vorredner übereinstimmen, daß man die Finanzlage im ganzen übersehen muß, und ich verstehe sehr gut, wenn das Pflichtgefühl der Parteien dieses Hauses sie dahin bringt, sich zu sagen: wir können über eine gewisse Summe für die Marine jetzt nicht hinausgehen. Ich möchte aber glauben, daß, wenn es dem hohen Hause gefallen sollte, diese beiden Nummern des Etats an die Budgetkommission zurückzuverweisen, es doch vielleicht der Budgetkommission ge=

lingen würde, mit der Marineverwaltung sich dahin zu verständigen, daß an einer anderen Stelle des Etats Äquivalente für das Plus, das für diese beiden Kanonenboote gefordert würde, durch ein Verschieben gleicher Summen auf das nächste Jahr gefunden werden könnte. Ich befürworte also noch einmal die Überweisung an die Kommission."

Dieselbe Sitzung.

Zu der Rede des Abgeordneten Windthorst, der die Befürchtung ausgesprochen, daß der Kanal im Jahre 1895 nicht fertig werden würde, bemerkt der Reichskanzler:

„Was zunächst den Nordostseekanal angeht, so kann ich, die Überzeugung des Herrn Abgeordneten Dr. Windthorst zu erschüttern, nicht übernehmen; aber ich kann ihm nur meine Überzeugung entgegenstellen, daß, soweit sich die Sache übersehen läßt, der Kanal bis zum Jahre 1895 fertig werden wird, und mit dieser Hoffnung verbinde ich die, daß der Abgeordnete Dr. Windthorst diesen Termin erleben werde.

Was nun die Frage angeht, ob wir dann wirklich zwei neue Panzerkanonenboote würden bauen können, so kann ich sie nur mit ja beantworten. Die Reichsmarineverwaltung ist imstande, sobald das Geld bewilligt ist, — die Pläne sind da, die Vorgänge für die früheren Bauten können benutzt werden, — die neuen Kanonenboote auf die Helling zu legen.

Wir haben auch nicht den Wunsch, diese Kanonenboote in zwei Jahren zu bauen, sondern wie ihre Schwestern in drei Jahren. Ich will auf die Gründe hier nicht eingehen, die ja im allgemeinen bekannt sind, die dafür sprechen, solche Bauten teils aus Werftrücksichten, teils aus technischen Rücksichten nicht zu sehr zu beschleunigen.

Nun wünscht der verehrte Herr Vorredner noch einmal eine Erklärung darüber, ob dies auch authentisch sei. Ich kann erklären, daß er in dem, was er eingangs seiner Rede gesagt hat, mich völlig authentisch interpretiert hat: die verbündeten Regierungen stehen auf dem Boden der Denkschrift vom Jahre 1889/90, und es ist in dieser Beziehung auch gar kein Dissens, auch keiner in der Verwaltung des Reichs, sofern ein solcher überhaupt möglich wäre, denn der Herr Staatssekretär des Reichsmarineetats hat mir eben gesagt, er glaube, in der Kommission viermal die Denkschrift von 1889/90 erwähnt zu haben. Es muß also da ein Mißverständnis untergelaufen sein. Ich kann nur noch einmal wiederholen: ich bitte, den Antrag der Kommission zu überweisen.

Es ist nicht Sache eines Vertreters der verbündeten Regierungen, hier Projekte von Abänderungen für Regierungsvorlagen zu machen; aber wenn im Hause die Neigung sein sollte, mit einem solchen Antrag aufzutreten, so würde ich auch die Besorgnis, daß sich doch am Ende an keiner anderen Stelle ein äquivalenter Abstrich finden könnte, damit widerlegen können, daß ich begründete Aussicht habe, die verbündeten Regierungen würden dem zustimmen, wenn bei den vier großen Panzerschiffen — die mit einer etwas größeren Forderung eingestellt sind, weil sie teurer werden, als sie in der Denkschrift vom Jahre 1889/90 vorgesehen sind — so viel eingespart würde, wie wir für die ersten Bauraten dieser Kanonenboote beanspruchen."

Sitzung am 13. April 1891.

Interpellation der Abgeordneten Hacke und van Hulst, den Bildungsstand der ostfriesischen Rekruten betr.

Diese Rede enthält eine Rechtfertigung der Ostfriesen, welche der Reichskanzler in Bezug auf ihre Vaterlandsliebe und Schulbildung gegen erhobenen Tadel in Schutz nimmt und wobei er hervorhebt, daß die Leistungen der Ostfriesen für Brandenburg und Preußen mit dem großen Kurfürsten angefangen hätten.

„Ich werde mir jetzt erlauben, den amtlichen Bericht über diesen Vorfall vorzulesen:

Bei einer Übungskompanie in Aurich waren Mannschaften des Beurlaubtenstandes eingezogen, und 17 dieser Leute waren in einem Zustande eingetroffen, der auf starken Genuß alkoholhaltiger Getränke einen sicheren Rückschluß gestattete.

Die Folgen davon waren disziplinarische Maßregeln gegen diese 17 Mann gewesen, und wie dies bei einer kurzen Übung nun zu gehen pflegt, wenn das mit dergleichen anfängt, so läuft meist die ganze Übung schlecht. Der Hauptmann war mit diesen Mannschaften nicht zufrieden gewesen und sagt nun weiter:

Bei derselben Übungskompanie waren auch zwei Volksschullehrer

— das ist der Volksschullehrerstand —

eingezogen, welche durch lässige Haltung, Mangel an Interesse und wenig befriedigende Leistungen ungünstig auffielen

— etwas, was ich sehr natürlich finde, weil die Herren eine sehr kurze Dienstzeit haben, daß die Resultate nicht anders sein können. — Bei der Entlassung der Kompanie hat der Kompanieführer an sämtliche Mannschaften noch einige ermahnende Worte gerichtet, und bei dieser Gelegenheit auch den Volksschullehrern Vorhaltungen gemacht. Der Schluß dieser Vorhaltungen lautete:

Und nun gehen Sie nach Hause und bringen Sie den Jungen Gottesfurcht, Königstreue und Vaterlandsliebe bei. Lehren Sie dieselben unsere alten guten Kirchenlieder, Lesen, Schreiben und Rechnen, und vor allem vaterländische Geschichte; damit

— so hat der Hauptmann fortgefahren —

haben wir 66 und 70 gemacht und gesiegt, und wie sieht es heute aus? Von meinen 56 diesjährigen Rekruten wußten nicht 27, wie Seine Majestät der Kaiser und König heißt.

Dies ist der durch dienstliche Berichte festgestellte kurze Thatbestand. Wenn nun der Herr Interpellant in seiner mündlichen Begründung über diesen Rahmen hinausgeht und konstatieren zu können glaubt, daß in seinem Heimatlande eine starke Aufregung und Verstimmung herrscht, eine Aufregung und Verstimmung, die er nach der negativen Seite der Freude gleichwertig erachtet, die dieses Land im Jahre 1866 empfunden hat, als es preußisch wurde, so weiß ich in der That nicht, wie der hier vorliegende Vorfall und die Äußerungen des Herrn Kriegsministers zu einer so hochgradigen Aufregung und Verstimmung Anlaß gegeben haben können, wenn nicht solche Aufregung und Verstimmung in mancher Beziehung epidemisch wären. Von ungeheuerlichen Thatsachen ist gesprochen worden. Was sind ungeheuerliche Thatsachen? Ist das etwas Ungeheuerliches? Dergleichen kommt oft genug vor, und wenn nun einmal ein Kompaniechef im Eifer für seinen Dienst, in der Aufregung, in die auch ein geduldiger Mensch mit der Zeit durch schwieriges Material versetzt werden kann, zu weit geht, so mag das beklagenswert sein; aber eine ungeheuerliche Thatsache vermag ich darin nicht zu finden.

Wenn nun der Herr Interpellant weiter glaubt, daß seinem Heimatland ein Vorwurf in Bezug auf den Bildungsgrad und auf den Patriotismus gemacht sei, so kann ich in beiden Beziehungen mit dem Herrn Interpellanten mich nur in vollständiger Übereinstimmung erklären. Ich glaube, daß die Zahlen, die er vorgelesen hat, nicht ganz die richtigen sind über die Schulbildung der Ostfriesen; aber sie sind annähernd dieselben, die mir amtlich vorliegen, und es ist danach hinreichend konstatiert, daß der Bildungsgrad der Ostfriesen im ganzen sich über dem Niveau und erheblich sich über dem Niveau preußischer Rekruten befindet.

Was dann weiter die angebliche Anklage in Bezug auf den Patriotismus der Ostfriesen angeht, so bin ich auch da mit dem Herrn Vorredner ganz einverstanden und ich würde es noch mehr sein, wenn er in seinem patriotischen Exkurs noch etwas weiter zurückgegangen wäre; denn die Leistungen der Ostfriesen für Brandenburg und Preußen haben mit dem großen

Kurfürsten angefangen, der in der alten Stadt Emden seine Neuguineakompanie gründete. Die Ostfriesen sind bekanntlich Lieblingskinder unseres großen Königs gewesen. Bei ihnen hat er die ostindische Kompanie gegründet, mit der er den Handel nach Indien und nach Bengalen treiben wollte. Als dann nach der Schlacht von Leipzig, im Jahre 1813, sich auch im Westen Deutschlands die Bewegung regte, die schon vor der Schlacht bei Leipzig im Osten angefangen hatte, sind diese Ostfriesen, obwohl sie unter dem König Friedrich von der Kantonspflicht befreit waren, mit einem Eifer zu den Fahnen geeilt, wie er nicht überall in deutschen Gauen zu sehen gewesen ist. Noch im Jahre 1815 haben ostfriesische Truppen unter preußischen Feldzeichen bei Liegnitz und Belle-Alliance gefochten.

Wenn nun der Herr Redner weiter in die neuere Geschichte eingeht, so kann ich nur bestätigen und bin Augenzeuge dessen gewesen, daß das ostfriesische Regiment in schweren Zeiten unseres letzten Krieges seine Schuldigkeit durchaus in ruhmvoller Weise gethan hat.

Ich weiß mich in diesen Ausführungen mit dem Herrn Kriegsminister vollkommen eins, und ich kann konstatieren, daß weder er noch sonst, soweit ich zurückdenken kann, ein preußischer Offizier die militärische Leistungsfähigkeit der Ostfriesen zu verringern jemals geneigt gewesen wäre. Ich halte mich dieses auszusprechen um so mehr für berechtigt, als ich im Kriege und wiederholt im Frieden mit dem ostfriesischen Regiment in dienstlichen Beziehungen gestanden habe und es mir heute noch zur hohen Ehre rechne, Chef dieses Regiments zu sein. Aus dieser meiner Eigenschaft würde ich, auch wenn der Herr Interpellant die Eigenschaften der Ostfriesen nicht selbst so stark betont hätte, es für meine Pflicht gehalten haben, für den Ersatzbezirk des Regiments einzutreten."

Sitzung am 27. April 1891.

Zweite Beratung des Entwurfs eines Gesetzes, die Besteuerung des Zuckers betr.

In dieser Rede giebt der Reichskanzler dem Hause die Versicherung, daß das Interesse der Landwirtschaft von der Regierung in erster Stelle gewahrt wird, und daß von einer beabsichtigten Schädigung derselben nicht die Rede sein könne.

„Es wird von mir nicht erwartet werden, daß ich auf die Einzelheiten der Frage eingehe. Es ist eine alte Frage; sie ist viel erörtert. Es steht Ansicht gegen Ansicht, Erfahrung gegen Erfahrung, Überzeugung gegen Überzeugung. Ich habe mir aber das Wort erbeten, einmal, um einige allgemeine Bemerkungen, die hier gefallen sind, zu widerlegen, und dann, um den Standpunkt der verbündeten Regierungen zu der Sachlage, wie sie sich jetzt gestaltet, darzulegen.

Was zuerst die allgemeinen Bemerkungen angeht, so bemerkte der Herr Abgeordnete Fürst Hatzfeldt, daß er zwar der Regierungsvorlage entgegenzukommen geneigt sei. Die Regierung kann dafür nur dankbar sein, selbst wenn dies Entgegenkommen nicht so weit ginge, wie sie von ihrem Standpunkte es für wünschenswert oder erforderlich hält.

Er sagte dann, die Vorlage an sich, wie manches andere, wenn ich ihn recht verstanden habe, möchte ja gehen; aber es gebe zu Beunruhigungen Anlaß. Das ist etwas, was sich jetzt fast auf jedem Gebiet wiederholt. Die verbündeten Regierungen können thun, was sie wollen, — man ist im allgemeinen mit dem, was sie thun, einverstanden; ich glaube nicht, daß man ihr bis jetzt große Sünden nachzuweisen imstande ist, — aber, sagt man, das ist wahrscheinlich nicht alles, und wir halten es für rätlich, uns zu beunruhigen.

Ich möchte doch vor solchen Beunruhigungen, sofern sie eine thatsächliche Grundlage nicht haben, warnen; denn durch diese Beunruhigung wird eben das geschaffen, dem Sie entgegen=

treten wollen. Die verbündeten Regierungen handeln nach ihrer Überzeugung richtig und geben keinen Anlaß zu Beunruhigungen; wenn man aber die Frage, ob das, was die Regierungen nicht gesagt, sondern verschwiegen, nicht etwa beunruhigen könne, immer wieder stellt, dann bin ich der Meinung: man beunruhigt.

Es ist dann hier wieder — auch das wiederholt sich — die Bemerkung gemacht worden, es gewinne den Anschein, als ob die verbündeten Regierungen die Interessen der Landwirtschaft nicht sorgsam genug pflegten. Ja, meine Herren, da möchte ich auch erst den Beweis geführt sehen; wo liegt der? Die verbündeten Regierungen sind so überzeugt von dem Werte der Landwirtschaft für die Erhaltung des Staates und des Reiches, wie irgend jemand hier im Hause, und ich dachte auch hier, es wäre rätlich im Interesse einer gesunden, ruhigen Entwickelung unseres inneren Lebens, nicht der Regierung Absichten zu imputieren, die sie thatsächlich nicht hat, und zu deren Imputierung, so viel ich weiß, keine einzige ihrer Handlungen bisher Anlaß gegeben hat.

Man führt dann gern und leicht den künftigen österreichischen Handelsvertrag ins Gefecht. Wenn der hier zur Sprache kommen wird, werden wir uns weiter darüber sprechen. Ich bin der Meinung, daß wir auch dann werden nachweisen können, daß eine Schädigung der Landwirtschaft von seiten der Regierungen niemals beabsichtigt gewesen ist, daß sie auch voraussichtlich durch das, was die Regierungen planen, nicht eintreten wird.

Was die vorliegende Frage und das Interesse der Landwirtschaft dabei angeht, so könnte ich ja auch die Besorgnis, daß durch eine Vermehrung der Fabriken auf ungünstigem Boden Riesenfabriken entstehen, daß dadurch die Landwirtschaft geschädigt werden könne, anführen, die von dem bekannten Herrn Robbe über die Gefahren, die auch der Landwirtschaft aus einer übertriebenen Zuckerindustrie drohen, gemacht ist. Ich will das aber unterlassen; ich will mich auf die Versicherung beschränken, daß die verbündeten Regierungen sich das Interesse der Landwirtschaft sehr warm angelegen sein lassen.

Dann hat einer der Herren Vorredner die unruhige Frage gestellt, ob denn auch der Herr Landwirtschaftsminister gehört wäre. Es ist den Herren ja bekannt, wie die Vorlagen der verbündeten Regierungen an den Reichstag zustande kommen: der preußische Herr Minister ebenso wie die Minister für die landwirtschaftlichen Angelegenheiten der anderen Staaten kommen zur Aussprache, wenn die Stimmen der betreffenden Staaten instruiert werden. Ich habe weder für Preußen noch für einen anderen Staat Grund zu der Annahme, daß die landwirtschaftlichen Minister dabei nicht rechtzeitig gehört worden wären.

Man hat weiter gesagt: wenn ihr diese Vorlage macht, übersehet ihr auch nicht, daß ihr die Auswanderung dadurch noch weiter protegiert? Ja, meine Herren, die Frage der Auswanderung liegt der preußischen und den verbündeten Regierungen sehr warm und sehr nahe am Herzen; Sie können überzeugt sein, daß das, was von unserer Seite geschehen kann, geschehen wird, um die Auswanderung in denjenigen Grenzen zu halten, die unseren Ackerbau lebensfähig lassen. Am meisten Schwierigkeit finden wir dabei in unseren östlichen Provinzen.

Gerade den Herren, die von da stammen, brauche ich nicht anzuführen, wie schwer es ist, diesen Schwierigkeiten entgegenzutreten. Wenn das aber nicht oder nicht in dem vollen Umfang gelingt, so bitte ich doch nicht anzunehmen, daß die Regierungen es da an sich hätten fehlen lassen.

Es ist dann von einer anderen Stelle die Äußerung gethan worden, diese Vorlage sei überraschend; die verbündeten Regierungen seien sich über deren volle Bedeutung vielleicht nicht klar gewesen. Ich habe auch hier den Beweis dafür, daß die verbündeten Regierungen sich der Tragweite nicht klar gewesen wären, vermißt. Was das Überraschende der Vorlage angeht, so kann ich nur sagen, daß sie bereits unter meinem Herrn Amtsvorgänger beschlossen war, daß also ein längerer Zeitraum hingegangen, ein Wechsel von Personen eingetreten ist, daß ich also nicht glaube, die verbündeten Regierungen haben zu dem Vorwurf Anlaß gegeben, daß sie etwa zu leichthin eine so ernste Sache behandeln.

Der Standpunkt der verbündeten Regierungen zu der Sache, wie sie jetzt liegt, ist nun der, daß die verbündeten Regierungen von der Notwendigkeit einer Änderung des gegenwärtigen Zustandes fest überzeugt sind und an dieser Überzeugung festhalten werden. Die verbündeten Regierungen halten die Vorlage, die sie eingebracht haben, noch heute für das Beste. Wenn aber für etwas, was dieser Vorlage nahesteht, eine Majorität im Hause zu gewinnen ist, die der Regierungsvorlage fehlen würde, so werden die verbündeten Regierungen geneigt sein, nach wie vor in Verhandlungen einzutreten. Ich glaube, daß es den verbündeten Regierungen sehr schwer sein würde, in eine Verlängerung der festen Prämie in aeternum zu willigen. Die verbündeten Regierungen sind nicht der Meinung, daß damit der Zweck dieser Vorlage erreicht würde, der wirtschaftliche Zweck, der zur Folge haben würde, daß auch andere Staaten ihre Steuern heruntersetzen; wenn wir schon mit einer unbeschränkten Zeit anfangen, so ist es unwahrscheinlich, daß andere Staaten uns folgen sollten. Es würde ferner eine solche feste Prämie in aeternum die Folge haben, daß weiter Zuckerfabriken entstehen, und das ist gerade das, was die verbündeten Regierungen durch diese Vorlage haben vermeiden wollen.

Wenn ich also auf der einen Seite es nicht für wahrscheinlich halte, daß die verbündeten Regierungen sich zu einer zeitlich unbeschränkten, festen Prämie verstehen sollten, so halte ich es auf der anderen Seite nicht für wahrscheinlich, daß die verbündeten Regierungen in Bezug auf den Ertrag der Konsumsteuer wesentlich unter das Maß heruntergehen werden, welches die Regierungsvorlage angegeben hat. Wir sind der Meinung, daß, wenn die Finanzlage des Reiches auch zur Zeit eine günstige ist, wir vor der Notwendigkeit stehen, dem Reiche in seinem eigenen Interesse wie in dem der Einzelstaaten Mehreinnahmen zu verschaffen. Ob dieser Zeitpunkt in diesem Jahre oder im nächsten Jahre oder in zwei Jahren eintreten wird, das vermag ich nicht abzusehen; daß er aber kommt, ist mir zweifellos. Er kommt, weil wir mehr Geld brauchen für Alters- und Invalidenversicherung; wir brauchen für die

Beamtengehälter eine Erhöhung, wir brauchen der natürlichen Entwickelung der Dinge nach für die großen Etats der Marine und des Heeres mehr Geld. Ich will nur eins anführen. Wir haben schon jetzt ein Militärpensionsgesetz in einer Novelle fertig, die einige Millionen in Anspruch nehmen wird; wir werden in der nächsten Session damit kommen und haben es nur diesmal nicht gethan, weil die Geschäftslage des Hauses es uns aussichtslos erscheinen ließ, mit einer so bedeutenden Vorlage noch einzukommen. Wenn aber auch von allen diesen Dingen noch abgesehen wird, so ist es doch nach meiner Ansicht für die Finanzlage des Reiches erforderlich, auf Mehreinnahmen zu denken. Auch ist öfters in diesen Räumen die Klage laut geworden, daß wir von der finanziellen Wirtschaft des Reiches einen zu großen Teil unserer Ausgaben auf Anleihen nähmen, und daß der Amortisation der Reichsschuld eine hinreichende Sorge bisher nicht zu teil geworden sei. Ich kann also mit einiger Sicherheit annehmen, daß diese Bedürfnisse eintreten werden, und daß sie Befriedigung erheischen werden.

Die verbündeten Regierungen haben außer diesen wirtschaftlichen und finanziellen Motiven auch das Motiv voll in Betracht gezogen, welches der Herr Graf Stolberg erwähnte, daß es wünschenswert ist, die wirtschaftlich schwächer Gestellten zu entlasten. Also vom wirtschaftlichen, vom politischen und vom finanziellen Standpunkte aus glaube ich nicht, daß die verbündeten Regierungen von der Vorlage zurücktreten werden, und ich halte es für wahrscheinlich, daß, wenn in diesem Jahre, was ich überaus beklagen würde, nichts zustande käme, die verbündeten Regierungen in der Notwendigkeit sein würden, in der nächsten Session noch einmal mit dieser oder einer ähnlichen Vorlage vor das Haus zu treten.

Ich bitte also im Namen der verbündeten Regierungen, wenn Sie jetzt nicht zu einem Entschluß kommen können, wenigstens nichts zu thun, was der endlichen Erledigung der Vorlage in dieser Sitzung präjudizieren würde."

Sitzung am 27. November 1891.

Erste Beratung der Entwürfe: a) eines Gesetzes, betr. die Festftellung des Reichshaushaltsetats für das Etatsjahr 1892/93, b) eines Gesetzes, betr. die Aufnahme einer Anleihe für Zwecke der Verwaltung des Reichsheeres, der Marine und der Reichs-Eisenbahnen.

Diese umfassende Rede verfolgt hauptsächlich den Zweck, die Nation zu beruhigen über die von den verschiedensten Seiten erhobenen Vorwürfe, als ob das Ministerium Caprivi eine schwanke und unsichere Politik zur Folge gehabt hätte. Die Kritik dieser Vorwürfe und Anschuldigungen, die sich sowohl auf die innere wie äußere Politik erstrecken, wird vom Kanzler in ruhiger, sachlicher und erschöpfender Weise gegeben und wirft ein klares Licht auf alle Verhältnisse und Zustände.

„Ein Eingehen auf die wirtschaftlich-politischen Erörterungen des Herrn Vorredners*) kann ich mir, wie er selbst andeutete, wohl zweckmäßig für eine spätere Zeit vorbehalten; dagegen will ich das Wort ergreifen mit Bezug darauf, daß er im Anfang seiner Rede von der zunehmenden Beunruhigung im Lande sprach. Denn nicht von ihm allein, aus zahlreichen Äußerungen der Presse ist mir bekannt geworden, daß eine solche Beunruhigung im Lande existiert oder existieren soll. Ehe ich darauf eingehe, hat mich die Provokation des Vorredners auf meine Person und meine amtliche Stellung genötigt, von meiner Person zu sprechen. Der Artikel, den der Herr Vorredner erwähnte, ist mir auch zugegangen; er hat in mehreren Zeitungen gestanden. Es ist nicht der erste Versuch, mich als amtsmüde hinzustellen; er wird hier in einer verhältnismäßig überzuckerten Pille gegeben. Der Herr Schriftsteller hat die Gefälligkeit mir zu sagen, ich würde ja ein anderes Amt in der Armee bekommen, wenn ich von hier fort-

---

*) Abg. Rickert.

ginge. Er scheint zu glauben, daß eine Art Militärversorgungs=
system für amtsmüde Beamte errichtet werden soll, wie es um=
gekehrt ein Zivilversorgungssystem für amtsmüde Soldaten giebt.

Er scheint auch zu glauben, daß höhere Kommandostellen
der Armee etwas wie Schlafstellen haben; denn sonst würde ein
amtsmüder Reichskanzler schwer in der Lage sein, eine solche
Stellung einzunehmen. Ich kann den Herren, die geneigt sein
sollten, zu meinen, daß ich amtsmüde wäre, die Versicherung
geben, daß ich bei sorgfältigster Beobachtung keine Spur bei
mir davon wahrgenommen habe.

Ich habe viel zu thun, und wir haben diesen Sommer
wieder sehr ernste Arbeiten bewältigen müssen; ich glaube, es
ist uns gelungen unter Einsetzung aller unserer Kräfte. Es ist
für mich seit 1½ Jahren das größte Stück der deutschen
Politik die Vollendung der Handelsverträge. Mit vielen
Schwierigkeiten, mit unerwarteten Schwierigkeiten, mit Schwierig=
keiten in Deutschland und außerhalb Deutschlands haben wir zu
kämpfen gehabt; ich hoffe aber, daß ich in der zweiten Dezember=
woche in der Lage sein werde, im Haus die Handelsverträge
einzubringen.

Selten in meinem Leben bin ich schaffender Freude so
nahe gewesen als in diesem Augenblick, wo die Verträge ihrer
Vollendung entgegensehen, und selten habe ich so wenig daran
gedacht, meine Stellung aufzugeben. Ich stehe hier, wie den
Herren bekannt ist, auf die Weisung meines allergnädigsten
Herrn und werde hier so lange stehen bleiben, wie es Seiner
Majestät gefallen wird.

Wenn ich die Beunruhigung, die durch das Land geht oder
gehen soll, zum Gegenstand meiner nächsten Erörterung machen
will, so will ich vorweg bemerken, daß Zeitungsschreiber mich
nicht beunruhigen; ich wünschte nur, sie beunruhigten sich auch
um mich nicht.

Es läßt sich nicht wegleugnen, es geht durch das Land ein
Pessimismus, der mir im höchsten Grade bedenklich ist. So lange
deutsche Philosophen allein sich mit dem Pessimismus beschäftigten,
mochte das ja für manchen eine anziehende Beschäftigung sein;
wenn diese geistige Richtung aber übergeht in weitere Kreise,

die auf Handeln und Arbeiten angewiesen sind, dann wird der Pessimismus gefährlich; denn ich wüßte nicht, warum, wenn alles eitel ist, und bei nichts etwas herauskommt, man sich dann noch quälen soll. Es ist aber, wie wenn ein Beunruhigungsbazillus in der Luft läge, der epidemisch geworden ist, und selbst manche angesehene Zeitungen, die sie sich sonst für die Bannerträger nationalen Gefühls halten, scheinen mir Reinkulturen für dies Wesen zu sein.

„Die Regierung taugt nichts, sie fängt die Sache schlecht an, die Folge ist, es geht nicht und immer weiter geht es mit Deutschland bergab," — das lese ich alle Tage; ich lese es vielfach in ziemlich schroffen und in schrofferen Ausdrücken als in dieser Schrift, die zu meinem Bedauern von einem Herrn geschrieben sein soll, der in Beziehungen zur freikonservativen Partei steht. Er sagt:

Die Zerfahrenheit und Unentschiedenheit, das Schwanke und Unstäte der Politik des Ministeriums Caprivi trägt die Mitschuld an der allgemeinen Unzufriedenheit.

Nun würde ich dem Herrn sehr dankbar gewesen sein, wenn er die Güte gehabt hätte, mir im einzelnen nachzuweisen, wo denn die schwanke, unstäte Richtung wäre. Ich bin der Meinung, durch ihre bisherigen Handlungen hat die gegenwärtige Regierung zu solchem Vorwurf keinen Anlaß gegeben; und wenn ich nun diesen Artikel weiter durchsehe, um zu sehen: wo kann denn etwas liegen, so bleibe ich gerade so klug, wie ich vorher war — und das ist mein Schicksal mit einer Unzahl von Zeitungsartikeln und Broschüren seither gewesen: alles klagt, aber einen brauchbaren Ratschlag, die Anweisung für einen gangbaren Weg habe ich noch von niemandem bekommen.

Der Herr hier sagt: Diese Regierung hat die Kartellparteien zertrümmert. Das ist ein Vorwurf, der mich überrascht. Die letzten Wahlen sind vorgenommen worden, ehe diese jetzige Regierung an Ort und Stelle war.

Die Regierung würde ja mit den Kartellparteien weiter gelebt haben, weil sie überhaupt das Bestreben hat — wie ich das schon früher einmal ausgesprochen habe — mit allen denen, die ein Interesse an der Erhaltung des Staates und des Reiches haben, zusammenzugehen. Wenn nun eine kompakte Masse der Kartellparteien dagewesen wäre, würden wir ihr gern die Hand gegeben und würden den Versuch gemacht haben, wen anders wir noch zu dieser Masse heranziehen können. Die Kartellparteien waren aber nicht mehr da; und wenn sie noch weiter zerfallen werden, so liegt das eben in den inneren Motiven, nicht aber an dem bösen Willen oder dem Ungeschick der Regierung.

Nun führt der Herr noch ein paar andere Dinge auf, auf die ich nachher im einzelnen kommen werde. Er sagt dann — und das habe ich auch schon in den Zeitungen der verschiedensten Parteien gelesen —: Diese Regierung geht mit keiner Partei, sie wird sich zwischen zwei Stühle setzen. Derselbe Herr, der uns vorhin getadelt hat, weil wir die Kartellparteien zertrümmert haben, macht uns jetzt den Vorwurf, daß wir mit keiner Partei gehen: wir sollen uns zwischen zwei Stühle setzen. Ich habe überhaupt noch nicht den Wunsch gehabt, mich auf den Stuhl irgend einer Partei zu setzen, sondern habe den Wunsch gehabt, diejenige Politik zu machen, die die verbündeten Regierungen nach reiflicher Erwägung für recht halten; ob die der einen Partei paßt oder nicht, ist erst eine taktische Erwägung für mich — das Wesentliche ist: ist die Maßregel an sich gut?

Ich habe also das Bedürfnis, auf dem Stuhl einer Partei zu sitzen, nicht empfunden, bleibe auch lieber stehen, zwischen den Parteien.

Nun ist in diesem Beunruhigungsstreben der Bevölkerung die auswärtige Politik ein ungemein ergiebiges Gebiet. Es liegt in der Natur der Sache, daß die Menschen von der weniger erfahren; aber das berechtigt sie, in diesem Halbdunkel, in dem sie sitzen, sich um so mehr zu graulen oder graulich zu stellen. Da heißt es: ja, wir wissen zwar nicht, was die Regierung macht, aber es wird schon nicht gut sein, da kann das Schlimmste hinter dem stecken, was jetzt passiert. Bei uns wird auf keinem Gebiete so viel Übertreibung in die Welt gesetzt, als wenn man sich mit der auswärtigen Politik der Regierung zu befassen sucht.

Die Politik dieser Regierung ist, auch was die auswärtige angeht, eine sehr einfache gewesen. Ich bin der Meinung, daß auch in der auswärtigen Politik zu den wirksamsten Mitteln Wahrheit und Offenheit gehört.

Es ist nicht nötig, daß man seine letzten Gedanken alle Tage auf dem Präsentierteller herumträgt; aber es ist auch nicht nötig, daß man alle Tage das Bestreben hat, andere zu täuschen: man kommt in der Mehrzahl der Fälle auf geradem Wege besser weiter als anders.

Eine günstige politische Konstellation in Europa hat es nun, zusammen mit diesem Bestreben, wahr und offen zu sein, veranlaßt, daß wir überhaupt wenig zu verhandeln gehabt haben in den 1½ Jahren, seit ich hier bin; die Dinge sind einfach verlaufen. Der moderne Zeitungsleser hat ein gewisses Bedürfnis nach Sensationellem; er verlangt, daß etwas los sein soll; und wenn nichts los ist, dann ist er unzufrieden, — dann ist natürlich die Regierung daran schuld, daß da nichts geschehen ist.

Wenige Fragen nur haben die im allgemeinen mit der auswärtigen Politik der verbündeten Regierungen nicht einverstandenen Zeitungsschreiber spezialisiert. Davon ist eine die: ja, die russische Reise Seiner Majestät des Deutschen Kaisers im vorigen Jahre, der Aufenthalt in Narva hat sehr böse gewirkt. Nun habe ich die Ehre gehabt, an dieser Reise teilzunehmen, und ich bin mit der Überzeugung wiedergekommen, daß diese Reise eine vorzügliche Wirkung gehabt hat. Es waren politische Dinge nicht abzumachen, sondern es kam darauf an, daß die beiden Souveräne in einen freundschaftlichen, durch ihre Verwandtschaft gegebenen Verkehr miteinander traten. Der Verkehr gestaltete sich so günstig, wie irgend möglich. Ich würde das hier nicht sagen, wenn ich hier nur auf meine, auf deutsche Beobachtung angewiesen wäre, wenn ich nicht bestimmt wüßte, daß auch auf der anderen Seite der Eindruck und der Erfolg dieser Reise ebenso gewesen ist. Dann kommt Kronstadt: man hat sich beunruhigt gezeigt, als die Flotte eines unserer Nachbarn in den Hafen des anderen einfuhr, und weil man sie mit großer Festlichkeit und Freundlichkeit empfangen hat. Wieder läßt man durchblicken: das wäre doch am Ende sonst nicht vorgekommen, das konnte nur unter dieser Regierung passieren.

Nun weiß ich in der That nicht, was wir anfangen sollten zu hindern, wenn zwei andere Leute sich die Hand geben wollen. Wir haben kein Mittel dagegen, — wir haben diese Zusammenkunft nicht veranlaßt. Man hat wohl durchfühlen lassen: ja, das habt ihr nun von dem Dreibund, davon kommt nun die Kronstädter Zusammenkunft! Ja, wir haben einen Dreibund, der schon jahrelang vor dieser Kronstädter Zusammenkunft existierte, und den haben wir erneuert. Man hat vielleicht bei dieser Erneuerung etwas zu viel Pauken und Trompeten gerührt und dadurch anderen Leuten das Gefühl gegeben, sie wollen auch mal Pauken und Trompeten rühren. An sich aber hat sich durch Erneuerung dieses Dreibundes in Bezug auf unsere östlichen und westlichen Nachbarn nichts geändert. Durch die Kronstädter Zusammenkunft ist nur für die Augen des großen Publikums ein Zustand erkennbar geworden und in den Sinn gefallen, der schon seit langer Zeit herrschte.

Ich habe in den siebziger Jahren an den Beratungen des preußischen Kriegsministeriums teilgenommen; und schon damals trat der Ausdruck auf von dem Kriege mit zwei Fronten. Soldaten, überdies, wenn sie im Kriegsministerium beschäftigt sind, haben ja die Amtspflicht, alle Kriegslagen vorauszusehen, und so wurde auch diese in den Bereich unserer Kalküle gezogen, und eine große Anzahl von augenfälligen Maßregeln — ich will nur die Dislokation in Ostpreußen nennen — sind von der Voraussetzung ausgegangen, daß es auch mal vielleicht zu einem Kriege mit Rußland, zu einem Kriege mit zwei Fronten kommen könnte.

Daß uns dieser Krieg durch die Kronstädter Entrevue auch nur um einen Zoll näher gerückt sei, glaube ich nicht. Ich kann nicht prophezeien; es ist ja möglich, daß der Krieg kommt, daß der Krieg mit zwei Fronten kommt. Daß aber dies Ereignis — und da komme ich wieder auf die Beunruhigung zurück, um die es sich dreht — einen Anlaß geben sollte, sich mit einigem Fug und Recht mehr zu beunruhigen als bis dahin, das bestreite ich mit Entschiedenheit. Ich bin felsenfest davon überzeugt, daß die persönlichen Intentionen Seiner Majestät des Kaisers von Rußland die friedlichsten von der Welt sind; ich bin ebenso überzeugt, daß keine Regierung heutzutage wünschen kann, einen Krieg zu provozieren. Keine Macht hat ein so prononciertes Übergewicht in der Weltlage, daß sie mit leichtem Herzen sagen sollte: wir wollen jetzt den Krieg anfangen. — Ich will nicht auf die Folgen, auf die Art und Weise, wie ein solcher Krieg geführt werden würde, eingehen; das ist in einer so meisterhaften Weise vor einer Reihe von Jahren hier geschehen, als Ihnen der Aderlaß bis aufs Weiße vorgeführt wurde, daß ich dem nichts hinzuzufügen habe. Das Bewußtsein aber, daß der kommende Krieg einen sehr ernsten Charakter annehmen wird, hat sich in der ganzen Welt verbreitet, und ich glaube nicht, daß es irgend eine Regierung giebt, die geneigt wäre, einen Krieg leicht herbeizuführen. Je stärker nun eine Regierung, um so mehr wird sie geneigt sein, kriegerische Gelüste, wenn sie auftreten sollten, Zwischenfälle, die bei ungeschickter Behandlung einen Krieg herbeiführen könnten, zu vermeiden. Und ich kann mich deshalb des Umstandes freuen, daß bei unserem westlichen Nachbar jetzt eine Regierung die Zügel führt, von der ich glaube, daß sie stark genug ist, ihren Willen durchzusetzen. Ich glaube sogar, daß die Flottenrevue in Kronstadt vielleicht nicht stattgefunden hätte, wenn nicht bei unserem östlichen Nachbar die Überzeugung dagewesen wäre, daß diese jetzige französische Regierung wohl eine ist, auf die man sich verlassen kann.

Ich wiederhole also, die jetzige Regierung ist nicht in der Lage gewesen, Kronstadt zu verhindern; sie hat auch gar nicht den Willen dazu gehabt. Sie sieht aber auch darin nicht den mindesten Grund, sich mehr zu beunruhigen, als man es etwa vor Kronstadt gethan hatte. Ich will, um ein Mißverständnis in dieser Richtung schon hier auszuschließen, nicht gesagt haben, daß wir nun Wehr und Waffen ablegen könnten — davon ist keine Rede; der jetzige Zustand der Rüstungen in Europa wird voraussichtlich noch lange dauern, und daran werden alle Zusammenkünfte in Rom*) nichts ändern.

Das bleibt ebenso; aber es folgt daraus nicht, daß dieser Zustand ein bedrohlicher ist. Je mehr die Völker zur allgemeinen Wehrpflicht übergegangen sind, um so mehr ist auch das Bewußtsein von dem Ernst eines Krieges in die Nationen übergegangen; und wir können jetzt mehr als früher nicht bloß darauf rechnen, daß die Regierungen den Krieg nicht wollen; wir können darauf rechnen, daß auch die Nationen selbst vorsichtiger mit diesem gefährlichen Feuer spielen werden als vielleicht früher.

Ein drittes Moment, was dann in öffentlichen Blättern aus der auswärtigen Politik angeführt wird, um der jetzigen Regierung klar zu machen, daß sie schwächlich oder thöricht gehandelt habe, ist der deutsch-englische Vertrag. Derselbe Aufsatz, der die Güte hat, sich hier mit meiner Person zu beschäftigen, nimmt unter seine Gravamina auch diesen auf. Als wir im vorigen Jahre an dieser Stelle über den deutsch-englischen Vertrag verhandelten, da fand er Gegner. Es sprach Herr von Kardorff — wenn ich nicht irre, auch Herr Graf Mirbach dagegen. Der einzige, der den Vertrag ganz mißbilligte und eine etwas starke Tonart anschlug, war der Herr Abgeordnete Graf Arnim. Er sagte, daß er mit Genugthuung den Entrüstungssturm vernommen habe; ich glaube, der Entrüstungssturm hat im Laufe dieses einen Jahres einer ruhigeren Betrachtung Platz gemacht; wenn überhaupt noch Wind in dieser Richtung weht, dann ist er, glaube ich, zu einer schwachen Brise abgeflaut. Meine Herren, es ist mir zweifelhaft, ob nicht vielleicht in diesem Blatte sogar Ventilationsinstrumente zu Hilfe genommen werden, um überhaupt nur noch einigen Wind in die heruntergefallenen Segel zu bringen. Dieses eine Jahr hat hingereicht, um zu zeigen, wie richtig wir gehandelt haben. Dann sagte man, da habt ihr Helgoland genommen und habt Zanzibar hingegeben; die Engländer haben den Löwenanteil.

---

*) Anspielung auf die dort tagende interparlamentarische Friedenskonferenz.

Ich verkenne den Wert der Insel Zanzibar unter keinen Umständen; abgesehen aber davon, daß sie für uns überhaupt nicht zur Diskussion stand, nicht zu haben war, würde die Nutzbarmachung dieser Insel in merkantiler und nautischer Beziehung uns Summen gekostet haben, die vom Reichstage nun und nimmer zu bekommen gewesen wären, und die von ihm zu verlangen ich mit meinem Gewissen nicht würde in Einklang bringen können.

Was nun das Festland aber angeht, das wir bekommen haben, so ist kaum ein Mensch, der Afrika kennt, darüber im Zweifel, daß der deutsche Besitz in Ostafrika das x-fache von dem wert ist, was der englische Besitz wert ist.

Es ist nur wieder dieser Pessimismus und diese Beunruhigungsrichtung; man nimmt ohne weiteres an, das kluge — wenn man nicht etwas derber sagen will, perfide — Albion hätte diese Dinge besser verstanden als wir, das hätte seine Schäfchen ins Trockene gebracht, Deutschland nicht; Deutschland hätte die Kastanien aus dem Feuer geholt, und so säßen wir da auf einem schlechten Teil. Das stimmt nicht. Wenn man nur einigermaßen einen Einblick in die Schwierigkeiten hat, die in dem von England in Besitz genommenen Küstenstrich sich darbieten, so wird man zugeben müssen, daß die erheblich größer sind als diejenigen für Deutschland, und ich glaube, wir können mit dem, was wir da bekommen haben, durchaus zufrieden sein. Es ist ja natürlich, wenn eine solche Beunruhigungskrankheit die Welt einmal ergriffen hat, so wirft sie sich wie andere Krankheiten auf den locus minoris resistentiae. Unser Kolonialleben ist noch schwach, wir haben noch alles mögliche zu thun, wir müssen vorsichtiger handeln als anderswo. Es ist auch eine gewisse Besorgnis da vielleicht gerechtfertigter, wenn man eben nur überhaupt Besorgnis haben will. Sonst bin ich nicht imstande, zur Zeit in Bezug auf den deutschenglischen Vertrag und seine Folgen etwas zu sehen, was mir die Meinung geben könnte, wir hätten schlecht gehandelt. Die Insel Helgoland, die wir dabei bekommen haben, wurde ja allgemein für ziemlich wertvoll gehalten; wenigstens spricht man ihr ein pretium affectionis zu, — man giebt auch zu, wenigstens ein Teil der Menschen, daß sie für die Verteidigung unserer Nordseeküsten einen gewissen Wert haben könnte. Ich schlage den Erwerb dieser Insel in dem Vertrage — und das kann ich jetzt sagen — ungleich höher an, den negativen Wert. Stellen Sie sich vor, was geworden wäre, wenn die Insel, von der man sagt, sie war für die Engländer ziemlich wertlos, — und das mag ja richtig sein — aus englischen Händen in andere übergegangen wäre. England hat Bedürfnisse in manchen Weltteilen, hat Besitzungen rund um den Erdball, und es möchte am Ende nicht ganz schwer geworden sein, für England ein Tauschobjekt zu finden, das ihm willkommen gewesen wäre, und für das es wohl geneigt gewesen wäre, die Insel fortzugeben. Ich möchte einmal den Entrüstungssturm — und in diesem Falle würde ich ihn für berechtigt gehalten haben — gesehen haben, wenn im Laufe von Jahr oder Tag oder kurz vor Ausbruch eines künftigen Krieges die englische Flagge von Helgoland heruntergegangen und eine uns weniger nahestehende vor unseren Häfen erschienen wäre.

Man beunruhigt sich ferner über die Polenfrage und über Elsaß-Lothringen. Ja, was ist denn da geschehen, was zur Beunruhigung Anlaß geben könnte? Wir haben in Elsaß-Lothringen den Paßzwang aufgehoben. Es ist eine Maßregel, die fast von aller Welt gebilligt worden ist; aber der Beunruhigungsbedürftige fügt hinzu: wird nun die Regierung auch wohl stark genug sein, diejenigen Maßregeln zu ergreifen, die als Surrogat für den aufgehobenen Paßzwang notwendig geworden sind? Man wartet gar nicht ab, daß solche Zeichen der Schwäche eintreten werden, sondern setzt ohne weiteres voraus, das werde wohl kommen, und man kritisiert. Die Regierung von Elsaß-Lothringen hat geglaubt — und hat das mit Zustimmung des Reichskanzlers, in letzter Instanz Seiner Majestät des Kaisers, gethan — den Paßzwang aufheben zu können, weil sie die Überzeugung gewann, daß die Wirkungen, die er haben sollte, nur dann eintreten würden, wenn er mit rücksichtsloser Konsequenz durchgeführt worden wäre. Diese rücksichtslose Konsequenz war aber nicht durchzuführen; sie liegt nicht im Wesen unserer Nation. Ich will auf die einzelnen Fälle nicht eingehen, wie solche, wo Kinder nicht an das Krankenbett ihrer sterbenden Mutter kommen konnten. Es ist eben eine solche Schroffheit wohl auf kurze Zeit durchführbar; aber im Laufe der Jahre wurde sie unerträglich und führte zur Verstimmung der Elsaß-Lothringer selbst. Nun hat das deutsche Wesen in Elsaß-Lothringen und die Assimilierung Elsaß-Lothringens ans Reich ganz zweifellos in den letzten Jahren Fortschritte gemacht und wird weitere Fortschritte machen. Man darf sich nur nicht beunruhigen, wenn nicht zwischen heute und morgen alle Elsaß-Lothringer Deutsche werden in ihrer Gesinnung. Ich darf auf das bekannte Beispiel von der Rheinprovinz verweisen. Wie lange hat das gedauert, bis die Rheinprovinz innerlich preußisch wurde! Wir wollen hier ebenso lange warten. Nach meinem Dafürhalten wird es hier nicht schlechter gehen. Es läßt sich ein Erfolg, wie immer in Deutschland, wo es sich um das Assimilieren handelt, nicht davon erwarten, daß wir die zu Assimilierenden durch Liebenswürdigkeit berücken werden, das liegt nicht im deutschen Charakter; aber wir werden durch die guten Eigenschaften des Deutschen, wir werden durch die Änderung in den Verwaltungsgesetzen, die in Elsaß-Lothringen geplant ist, und die dahin geht, unseren dortigen Mitbürgern die Wohlthaten der Selbstverwaltung in erhöhtem Umfange zu gewähren, weiterkommen. Wir kommen aber vor allen Dingen weiter durch die Armee; die hat noch immer das beste Bindeglied unter den Altpreußen und Neupreußen gebildet, sie wird auch zwischen Alt- und Neudeutschen das beste Bindeglied sein. Das ist aber nicht damit gethan, daß man Schilderhäuser schwarz-weiß-rot anstreicht, sondern da müssen Generationen durch die Armee gegangen sein und den deutschen Geist mit zurückgebracht und auf ihre Landsleute übertragen haben. — Ich bin also der Meinung, daß in dem gegenwärtigen Zustand von Elsaß-Lothringen für uns nicht der mindeste Grund zu einer Beunruhigung liegt. Die dortige Regierung ist sich ihrer Pflichten vollkommen bewußt und bereit, gegen etwaige Ausschreitungen diejenigen Mittel zu handhaben, die ihr zu Gebote stehen.

Ich komme zur Polenfrage, und ich muß um Entschuldigung bitten, wenn ich hier auf ein Gebiet übergehe, was zum Teil der preußischen Regierung unterliegt und nicht Reichssache ist, das ich aber, da ich einmal bei diesem Beunruhigungsbazillus bin, auch hier mit besprechen will. Man hat auch hier der Regierung ein vorzeitiges Aufgeben eines bewährten oder noch zu bewährenden Systems vorgeworfen. Zuerst hat man mißfällig wahrgenommen, daß wir die Grenzen so weit mehr als früher geöffnet haben, daß wir männlichen Arbeitern den Übertritt aus russischem Gebiet auf preußisches gestattet haben. Nun, uns wäre es auch angenehmer gewesen, wenn alle die Äcker, die an den Grenzen liegen, von deutschen Arbeitern bestellt worden wären. Der Übelstand liegt nur darin, daß, wie es sich bis zur Evidenz gezeigt hat, deutsche Arbeiter nicht zu haben waren. Es ist ja eine bekannte Thatsache, daß die Arbeiter aus dem Osten einen starken Drang nach dem Westen haben. Ich will es nicht auf ein allgemeines Naturgesetz zurückführen, aber es kommt eins zum anderen. Nun hat die preußische Staatsregierung nicht verkannt, daß, wenn sie russische Arbeiter herüberläßt, damit eine gewisse Gefahr für die Germanisierung verbunden ist; sie macht den Versuch, sie im Herbst immer wieder zurückzuführen. Wie weit es gelingen wird, mag dahingestellt sein. Aber selbst diese Gefahr anerkannt, hat nach meinem Dafürhalten die Regierung keine Wahl.

Wir haben doch kein Interesse daran, daß die Grenzkreise veröden oder verwalden; sollen sie bestellt werden, so müssen Menschen dafür da sein. Diese Menschen konnten wir, wenn die Landwirtschaft nicht imstande ist, höhere Preise zu zahlen — und das ist sie nicht, — nicht anders bekommen, als indem wir die Grenze nicht ganz schlossen.

Es hat dann die preußische Regierung in Bezug auf den Privatunterricht in der polnischen Sprache in den Volksschulen insoweit auch den früher existierenden Zustand wieder hergestellt, als sie genehmigt hat, daß da, wo der Religionsunterricht in polnischer Sprache erteilt wird, Privatunterricht im Polnischen unter Benutzung der Schulräume, sofern die Gemeinde damit einverstanden ist, durch den Lehrer den Kindern gegeben werden darf. Nachdem diese Verordnung, die ich für eine durchaus maßvolle und gute halte, gegeben worden, kam ein deutscher

Vater darum ein, auch für seine Kinder die Teilnahme an diesem Unterricht zu gestatten. Auch das ist geschehen, und, wie mir scheint, wiederum mit Recht. Kein Mensch findet etwas dabei, wenn ein eingewanderter Deutscher in Metz seine Kinder am französischen Unterricht teilnehmen läßt. Ich sehe nicht ein, warum der Fall hier so wesentlich anders liegen soll, wenn ein Deutscher, der seinen Erwerb in der Provinz Posen findet, glaubt, daß seine Kinder besser durch das Leben kommen werden, wenn sie auch polnisch verstehen.

Wir haben auch hier nicht verkannt, daß es viel wünschenswerter wäre, wenn diese Schwäche unseres Staates, die darin liegt, daß wir an verschiedenen Grenzen anderssprechende Menschen haben, nicht da wäre, oder wenn sie zu beseitigen wäre. Da wir das aber nicht können, haben wir geglaubt, diesem nach unserem Befinden berechtigten Wunsch unsere volle Mitwirkung geben zu sollen.

Endlich beunruhigt man sich über ein Faktum, das auch wieder noch nicht eingetreten, aber wahrscheinlich ist: daß ein Mann polnischer Abkunft auf den erzbischöflichen Stuhl von Posen und Gnesen berufen werden soll. Das preußische Staatsministerium ist nach dem Tode des Erzbischofs Dinder darüber nicht zweifelhaft gewesen, daß, wenn wir einen polnischen Kandidaten fänden, der im übrigen unseren Anforderungen genügte, wir nicht abgeneigt sein würden, ihn in Vorschlag zu bringen. Es fand sich anfangs keiner, es fand sich aber auch kein Deutscher, und nach den Ereignissen in Thorn war es nun für uns nicht zweifelhaft, daß der Mann, der da eine Rede gehalten hatte, die so weit preußisch und preußisch-patriotisch war, als wir es überhaupt von den Einwohnern polnischer Zunge in der Provinz Posen erwarten können, den Anforderungen soweit genügte, als es möglich war.

Ich glaube also, auch diese Frage wird eine Erledigung finden, über die sich niemand zu beunruhigen braucht.

Die Unruhe geht aber noch auf andere Gebiete über. Es ist zu meinem Bedauern auch eine Art von Militärpessimismus eingerissen. In neuerer Zeit hat jede Zeitung, jedes größere Blatt seinen militärischen Mitarbeiter, gewesene Offiziere, —

alles meine alten Kameraden, denen ich das Beste gönne; ich freue mich, wenn sie eine Beschäftigung finden, die dem Grade von Kraft, dessen sie sich noch erfreuen, entspricht. Aber diese Militärschriftstellerei hat doch auch eine sehr bedenkliche Seite. Die Organisation der Armee zu übersehen, ist so unendlich schwer, daß ich glaube, der Herr Kriegsminister wird mich nicht desavouieren, wenn ich sage, in der Armee sind nicht fünfzig Offiziere, welche die Organisation so vollständig übersehen, daß, wenn eine Maßregel an einer Stelle getroffen wird, sie imstande sind, zu sagen, sie wirkt da und da so und so. Ist das schon für die Männer schwer, die noch mitten im Leben stehen, denen vielfach amtliches Material zugänglich ist, so ist es nahezu unmöglich für Offiziere außer Dienst. Von ihrem patriotischen Gefühl geleitet, sehen sich diese Herren die Nachrichten an, die sie über etwaige Veränderungen, über geplante, zum Teil noch ganz unreife Projekte bekommen, und schreiben nun einen mehr oder weniger fulminanten Artikel, der nicht selten mit dem Ende schließt: Si vis pacem, para bellum, oder: Videant consules.

Dieses wäre an sich ganz harmlos, wenn sie nicht auf den Leserkreis der Zeitungen einwirkten, und zwar, wie das in der Natur der Sache liegt, immer beunruhigend; denn die Herren, die nicht wissen, um was es sich handelt, kritisieren, sie finden also das Bestehende schlecht, dann machen sie Vorschläge, dann nimmt die Regierung diese Vorschläge nicht an, und dann ist wieder ein Malheur geschehen, über das in einem neuen Artikel zu klagen hinreichend Anlaß ist. Ich halte diese Art von Militärlitteratur deshalb für sehr bedenklich; sie hat dazu beigetragen, auch in Bezug auf unsere Armee — ob diese Armee ihren Aufgaben auch zukünftig gewachsen wäre, ob sie stark genug wäre, gut genug ausgerüstet, ob sie nicht zu alte Generale habe —, Beunruhigung in die Welt zu tragen; und nicht bloß, daß andere Menschen sich über die Armee beunruhigten, ist die schlimme Folge dieser Art von Schriftstellerei, sondern, wenn das so weiter geht, könnten daraus die schlimmsten Folgen dadurch entstehen, daß in der Armee selbst der Glaube erwacht, es wäre nicht alles so, wie es sein sollte.

Wir haben mit der Armee eine Geschichte überkommen, wie sie kaum eine zweite hat, und wir haben noch heute das Vertrauen, daß unsere Militärverwaltung alles thut und daran setzt, um diese Armee nicht nur zu erhalten, sondern auch zu verbessern. Ich darf daran erinnern, daß auch unter der gegenwärtigen Regierung — wieviel unter der vorigen gethan ist, ist bekannt — man nicht geschlafen hat. Sie haben uns im vorigen Jahre 18000 Mann Präsenzstärke mehr gegeben, als wir bisher hatten. Wir sind in diesem Jahr an Sie herangetreten mit einem bedeutenden Wunsch zur Verbesserung des Kriegsmaterials, und ich kann vielleicht sagen, daß ich es nicht für wahrscheinlich halte, daß wir damit die Ausbildung und den Ausbau unserer Organisation für abgeschlossen halten.

Man hat in der Welt sich jetzt vielfach gewöhnt, Armeen nach ihrer Zahl zu schätzen. Das ist auch wieder für Zeitungsschreiber und Leser ein bequemes Mittel; es rechnet da einer vor: die Franzosen haben 5400000 und ihr habt 4500000, folglich seid ihr schwächer als die Franzosen, folglich beunruhigt euch!

So liegt die Sache nun doch nicht. Für die Leistungen einer Armee wird im Anfange eines Krieges immer die Qualität der Truppe das Entscheidende sein, und erst wenn der Krieg zur Verteidigung des eigenen Bodens in die Länge gezogen wird, wenn er zu einem Krieg aufs Messer wird, dann wird auch die Quantität der Truppe nach und nach zur Geltung kommen. Ich glaube nicht, daß unter den lebenden Heerführern einer da ist, der imstande wäre, diese Massen, mit denen zu rechnen man sich jetzt gewöhnt hat, zu ernähren, zu bewegen und zu gemeinsamem Schlagen zu bringen. Das ist bei solchen Zahlen ausgeschlossen. Es hat also diese Zahl an sich, selbst wenn sie aus lauter guten Soldaten zusammengesetzt wäre, ihr Bedenkliches.

Dieses Bedenkliche steigt nun aber noch, wenn man die Qualität dieser so und so viel Millionen — denn unter Millionen rechnet kein Staat mehr, der etwas auf sich hält — wenn man die Qualität dieser Soldaten ansieht.

Meine Herren, es ist ja nichts leichter, wenn Frankreich ein Gesetz giebt, worin es mehrere Altersklassen wehrpflichtig macht und seiner Armee in der einen oder anderen Form einverleibt, das auch zu machen, und durch einen einzigen Akt der Gesetzgebung kann man die Sollziffer der Armee sehr leicht in die Höhe bringen. Nur vergißt man dabei, daß diese Menschen, durch die die Armee in die Höhe gebracht werden soll, zum größten Teil Leute sind, die in anstrengenden Berufsarbeiten ihre Kräfte bereits verloren haben, und die durch eine sitzende Lebensweise unfähig gemacht sind, sich zu bewegen, die zum großen Teil nicht nur Väter, sondern auch Großväter sind.

Es ist also dieses Rechnen mit Zahlen nicht ganz unbedenklich, und man empfindet das nicht bloß bei uns, sondern auch in Frankreich. Man hat den Ausdruck dafür gefunden: la rage des nombres, die Zahlenwut. Ich meine also, wenn ein deutscher Zeitungsleser nun in seinem Leibblatte liest, daß an anderen Stellen mehr Soldaten aufgebracht werden, so hat er keinen Grund sich zu beunruhigen. Solange die deutsche Armee so gut bleibt, wie sie jetzt ist, und abgesehen von dem Glauben an die Führung und Leitung der Armee durch meinen Allerhöchsten Kriegsherrn, durch die verbündeten Monarchen, durch das preußische und die anderen deutschen Kriegsministerien, habe ich den ganz bestimmten Glauben, daß es keine Nation Europas giebt, die für die künftige Art der Kriegsführung so viele vorzügliche Eigenschaften mitbringt, wie die deutsche.

Mir will scheinen, daß die künftige Kriegsführung immer mehr den Gang nehmen wird, daß es auf Handlungen einzelner ankommt, Handlungen einzelner aber, die sich freiwillig in Masse zusammenfassen müssen. Wir werden große Gefechte und Schlachten erleben, wo in erster Linie nur wenige Offiziere noch da sind; die wenigen werden nicht imstande sein, ihren Willen überall zur Geltung zu bringen, — dann wird sich gerade in den entscheidendsten Momenten der Mann selbst überlassen sein, und es wird sich dann fragen: hat er die Eigenschaften, um nun freiwillig sich einem gemeinsamen Impulse anzuschließen und im Waffengebrauch das Richtige zu thun? Ich könnte dieses Beispiel auch auf andere Waffen ausdehnen, ich will mich aber damit begnügen, dies als meine innerste Überzeugung auszusprechen: es giebt keine andere Nation, die so viel Chancen für den nächsten Krieg in dieser Beziehung hat, wie die deutsche.

Es war das nun die Zahlenseite, in Bezug auf die oft eine Beunruhigung Platz greift. Es giebt aber noch ein zweites Moment, aus dem der Laie leicht Beunruhigung saugt: das sind die Dislokationen. Man hat, während Frankreich seine Armee dislozierte, das bei uns ziemlich ruhig hingenommen; man beschäftigte sich noch nicht mit dieser Frage. Seit aber auch unser östlicher Nachbar angefangen hat, seine Truppen mehr nach Westen zu schieben, beunruhigt man sich über jedes Regiment, jede Division, die man verschiebt. Meist geht eine solche Division wochenlang in den Zeitungen umher. Zuerst wird sie erwähnt dort, wo sie wegkommen soll, dann, wo sie hinkommen soll, dann kommen die einzelnen Regimenter wieder hervor, und schließlich hat ein Teil der Deutschen die Überzeugung gewonnen, daß die russische Armee uns so nahe gekommen wäre, daß darin ein Grund zu ernsten Beunruhigungen läge. Es ist nicht zu verkennen, daß die Heeresverwaltung allen Anlaß hat, das zu thun, was sie thun kann, um, wenn es zum Kriege mit Rußland kommt, schnell zur Hand zu sein. Aber ich möchte den Herren, die in dieser Beziehung zur Beunruhigung neigen, den Vorschlag machen, sich einmal eines Zirkels und einer Karte zu bedienen, einer solchen Karte, wo die Garnisonen eingetragen sind. Sie können aus jedem genealogischen Kalender die Standquartiere der Generalkommandos in Deutschland und in Rußland entnehmen. Wenn Sie dann nun die russischen Truppen nehmen, die zu der Armee gehören, die an unserer Grenze steht, so werden Sie wahrscheinlich von der Garnison bis zur Grenze einen Raum bis zu 300 Kilometern bekommen. Nehmen Sie diesen Raum in den Zirkel und setzen Sie ihn auf die preußische Grenze und messen Sie ab, wieviel Armeekorps liegen in Preußen und in Österreich auf demselben Raum, in dem diese, unsere Laien oft erschreckende Masse Russen liegen, so werden Sie die Erfahrung machen, daß diesseits der Grenze mehr liegen als jenseits.

Wie leichtsinnig die Welt mit diesen Dingen umgeht, dafür ist mir vor einigen Tagen ein Beispiel in die Augen gefallen. Es ist durch die Zeitungen die Nachricht gegangen, ein russisches Armeekorps, dessen Garnison weit hinter Kiew, in Charkow liegt, sei zur Armee in Kiew geschlagen worden; diese Armee in Kiew sei bestimmt, gegen Österreich vorzugehen. Das Faktum mag richtig sein. Der Ort Charkow liegt aber, in der Luftlinie gemessen, zu dem nächsten Ort der österreichischen Grenze in der Richtung auf Lemberg, genau soweit ab, wie Koblenz in der Luftlinie gemessen über Posen von dem nächsten Ort der polnischen Grenze.

Ich habe noch nicht gehört, daß ein Mensch das Dasein des Königlich preußischen VIII. Armeekorps in Koblenz als eine Kriegsdrohung für Rußland ansähe.

Ich bin also der Meinung, daß nach allen diesen Richtungen ein Grund zur Beunruhigung nicht vorliegt, und ich würde mich glücklich schätzen, wenn ich durch diese Aussprache dazu beigetragen hätte, die Beunruhigung wenigstens zu reduzieren. Der Pessimismus ist schwächlich. Ich glaube, die Regierungen, die man oft als schwächlich geschildert hat, sind es nicht in dem Maße, als diese Gefühle, von denen ich hier gesprochen habe. Will man uns aber der Schwäche zeihen, so soll man doch herauskommen, ich will Rede und Antwort stehen. Man soll sagen: was haben wir eigentlich gemacht, was hätten wir besser machen müssen, wo liegen die Fehler? Was nutzt das mir mit dem Fragezeichen von dunklen Gefahren, von Maßregeln zu sprechen, die die Regierung wahrzunehmen nicht imstande ist. Klären Sie uns auf, — wir sind dabei; aber lassen Sie diese Art — möchte ich sagen — von unterirdischer politischer Taktik gegen eine Regierung, die, soweit mein Auge reicht, imstande ist, das zu vertreten, was sie gethan hat. Es existiert auch zwischen der Regierung und der Nation ein gewisses Wechselverhältnis, und ich glaube, es hat keine Nation um ihrer selbst willen ein Interesse, ihre Regierung ohne Not als schwächlich hinzustellen; und wenn ich auch für mich nicht plaidieren wollte, so bin ich der Meinung, die Nation, wenn sie sich selbst achtet, sollte etwas vorsichtiger mit solchen Angriffen gegen die Regierung sein.

Wir haben das aufrichtige Bestreben, nach außen mit allen anderen Nationen in Frieden zu leben. Es ist uns das bisher geglückt —, ich wüßte nicht, warum es uns nicht weiter glücken sollte. Die deutsche Politik ist nach meinem Dafürhalten dadurch in einer sehr glücklichen Lage, daß sie sich auf eine gute Armee und auf eine Nation, die mit ihren sämtlichen Männern schließlich, wenn es sein muß, hinter der Armee steht, stützen kann; und ich wüßte nicht, warum diese Politik nicht imstande sein sollte, die Würde und das Ansehen Deutschlands unter allen Umständen aufrecht zu erhalten."

Sitzung am 28. November 1891.

Welfenfrage und Welfenfonds.

Der Reichskanzler verwahrt sich dagegen, daß unter seiner Leitung der Reichsgeschäfte besondere verstimmende Maßregeln gegen die Welfen ergriffen worden seien.

„Der Rede des Herrn Abgeordneten*) scheint mir ein merkwürdiger Irrtum zu Grunde zu liegen. Er wendet sich an mich und ist der Meinung, daß ich eine neue Art von Christenverfolgung gegen die Welfen veranlaßt hätte. Die Beweise, die er dafür anführt, treffen mich aber sämtlich nicht. Ich habe weder den Grafen Arnim eingesteckt, noch den Herrn Geffcken. Jemand aber, der unter mir von seiten der Welfen zum Märtyrer geworden wäre, zu nennen, hat der Herr Abgeordnete unterlassen.

Er hat dann als eine böse Maßregel gegen die Welfen den Krieg von 1866 angeführt und sich auf das Tagebuch des Kaisers Friedrich berufen. Meines Wissens bin ich an dem Kriege von 1866 völlig unschuldig. Er sagt dann, es sei, seit ich im Amte bin, eine Verfügung gegen die Welfen erlassen

---

*) v. d. Decken.

worden. Ich kann dem Herrn Abgeordneten versichern, daß ich gar keine Verfügung gegen die Welfen erlassen habe, daß das auch als Kanzler nicht meine Sache ist, sondern das ist eine preußische Angelegenheit. Ich habe aber auch als preußischer Minister nicht einmal eine solche Verfügung erlassen; aber ich bin als Präsident des Staatsministeriums mit einer Anzahl von Maßregeln einverstanden, die die preußische Regierung gegen die Welfen vorgenommen hat. Auf das Verhalten der preußischen Regierung den Welfen gegenüber hier einzugehen, halte ich weder für meine Pflicht noch für nützlich. Ich lehne es ebenso ab, auf eine Kritik der Verwaltung des Welfenfonds an dieser Stelle einzugehen; ich will aber noch ein paar Worte hinzufügen, die doch vielleicht zur Erläuterung des Verhaltens oder des Vorhabens der Regierung beitragen können.

Wie der Herr Staatssekretär des Reichsschatzamts gestern gesagt hat, ist es nicht wünschenswert, daß über die Summe von 500000 Mark, die zu geheimen Ausgaben in den Etat des Auswärtigen Amts eingestellt werden sollen, hier verhandelt wird. Ich glaube, das ist nahezu selbstverständlich, daß wir hier weder darüber sprechen können, wie die Summe von 500000 Mark zustande gekommen ist, noch daß wir eine Beweisführung darüber antreten können, daß sie im Vergleich mit dem, was andere Staaten für geheime Zwecke im auswärtigen Dienst verwenden, gering ist. Bei dem Zusammenhang aber, in dem der Welfenfonds mit dieser Etatsposition des Reiches steht, will ich doch nicht unterlassen, anzuführen, daß sie beide insofern in einer sehr engen Wechselbeziehung stehen, als, wenn diese Summe von 500000 Mark hier nicht bewilligt würde, die preußische Regierung nicht in der Lage sein würde, diejenigen Veränderungen an der Verwaltung des Welfenfonds vorzunehmen, die ihr notwendig scheinen. Was diese Veränderungen angeht, so werden sie im preußischen Landtage voraussichtlich dahingehend vorgelegt werden, daß die Beschlagnahme aufrecht erhalten bleibt, und die Verwendungszwecke der Zinsen dieses Fonds eine andere gesetzliche Regelung finden, eine Regelung, die die Verwendung zu denjenigen Zwecken, für die hier 500000 Mark gefordert sind, ausschließt. Es wird dann weiter eine gesetzliche Bestimmung dahin getroffen werden, daß das preußische Staatsministerium die Verwendungszwecke nach der Angabe des zu verändernden Gesetzes alljährlich festsetzt, und zwar voraussichtlich ohne parlamentarische Konkurrenz, daß aber dann dem Rechnungshof, wie über alle nicht geheimen Fonds, Rechnung gelegt und dem Landtage von dem Geschehenen Mitteilung gemacht wird."

Sitzung am 30. November 1891.

Der Reichskanzler geht in dieser Rede zunächst auf die Wünsche und Ideen ein, die der Abg. Rickert in Bezug auf die polnisch sprechenden Unterthanen geäußert, und legt dann dar, welche Kundgebungen des deutschen Kaisers der Gegenzeichnung des Kanzlers bezw. eines Ministers bedürfen und welche solcher Kontrasignatur entraten können. Hierauf spricht Caprivi über Qualität und Quantität der Truppen und deutet die künftigen Mehrforderungen für das Heer an.

Die Provinz Posen unter der preußischen Regierung.

„Der Herr Abgeordnete*) hat ein Bild seiner Wünsche und Ideen entrollt, das er auf diejenigen Maßregeln gründet, welche die preußische Regierung in der letzten Zeit ihren polnisch sprechenden Unterthanen gegenüber getroffen hat. Ob diese Maßregeln, ob auch meine Rede einen Anlaß zu den Hoffnungen und Erwartungen geben, die der Herr Abgeordnete hier ausgesprochen hat, das will ich dahingestellt sein lassen; ich will aber gerne glauben, daß, wie er sagte, es darauf ankommen wird, daß unsere polnischen Einwohner jetzt durch die That zeigen, daß es auf dem betretenen Wege weiter geht.

Ich habe mich aber gegen eine Bemerkung seinerseits zu wenden, und das ist die, daß er das Dasein verschiedener

---

*) Rickert.

Nationalitäten im Innern eines Staates nicht für eine Schwäche hält. Ich bin der Meinung, daß tiefgehende Differenzen in den Anschauungen in Bezug auf staatliche Dinge zwischen den Einwohnern desselben Staates immerhin zu einem gewissen Grade eine Schwäche bedingen.

Der Herr Abgeordnete ging weiter und stellte den Satz auf, daß es ihm schiene, Nationalitäten seien überhaupt kein hinreichender Grund mehr, um in Staaten zusammengesetzt zu werden. Ich will mit ihm darüber nicht streiten und verstehe es sehr gut, daß er nicht imstande ist, das zu empfinden, was wir Deutsche empfunden haben, als die deutsche Nation zu einem Reiche geeinigt wurde.

Aber ihm fehlt die Empfindung an sich für das nationale Gefühl nach meinem Dafürhalten keineswegs; denn er sprach im weiteren Verlauf seiner Rede von Kräften, die über die Grenze der Monarchie hinausreichen, und die wir uns nutzbar machen sollten durch Entgegenkommen gegen unsere polnischen Mitbürger. Worin diese Kräfte liegen könnten, wenn sie nicht in der nationalen Verwandtschaft liegen, bin ich zu ermessen außer stande. Wenn der Herr Abgeordnete also die deutsche Nation als solche nicht so anerkannte wie wir, so wollte er sich als Preuße fühlen, und auch damit bin ich gerne zufrieden und freue mich dessen.

Aber er that eine Äußerung, die ich nicht hinnehmen kann; er sagte, daß Preußen bisher, bis vor kurzem, vor wenigen Jahren, von der Ansicht ausgegangen wäre, die Provinz Posen müsse niedergehalten werden aus wirtschaftlichen und politischen Gründen. Meine Herren, das ist mit den Thatsachen in entschiedenem Widerspruch.

Wer hat die Provinz Posen zu dem gemacht, was sie heute ist? Sind das nicht die Könige von Preußen gewesen, von Friedrich dem Großen, der die Warthe und Netze regulierte, bis auf den heutigen Tag? — Was verdankt die Provinz Posen der preußischen Regierung? Ich will nur an die elf Jahre des Flottwellschen Regiments erinnern. Was die Provinz Posen heutzutage ist, verdankt sie nicht der Selbstverwaltung ihrer polnischen Einwohner, sondern der preußischen Regierung."

Stellung Caprivis gegenüber dem Fürsten v. Bismarck.

„Der Herr Abgeordnete hat den Versuch gemacht, mir nachzuweisen, daß ich mich in meiner Rede neulich gegen zwei Fronten geschlagen hätte, und er führt dann eine Schrift an, aus der ich nach seiner Ansicht einen Anlaß genommen haben soll, meinen Herrn Amtsvorgänger anzugreifen. Ich habe diese Schrift nicht mit einem Auge gesehen, vermeide auch alles, was es mir schwer machen könnte, trotz allem, was geschieht, die Stimmung der Dankbarkeit gegen den großen Mann, der so wesentlich an der Schöpfung Deutschlands beteiligt war, mir nicht zu trüben."

Die Kundgebungen des Monarchen ohne Kontrasignatur eines Ministers.

„Der Herr Abgeordnete hat es im Eingang seiner Rede bemängelt, daß Kundgebungen des deutschen Kaisers und des Königs von Preußen veröffentlicht seien, ohne Kontrasignatur eines Ministers beziehungsweise im Reich des Reichskanzlers zu finden. Die Kundgebungen, auf die er abzielt, betreffen Dinge, in denen der Monarch seine Anschauungen dem Staatsministerium oder dem Reichskanzler kund thut. Ich bin nicht leichtfertig in diesen Dingen verfahren; es sind Rechtsgelehrte und die berufenen Rechtsinstanzen gehört worden, um festzustellen: wie weit ist rechtlich eine Kontrasignatur solcher Kundgebungen des Monarchen notwendig? und ich bin in Übereinstimmung mit der Königlichen Preußischen Regierung der bestimmten Ansicht, daß die Kundgebungen, auf die der Herr Abgeordnete Richter abzielte, einer solchen Kontrasignatur nicht bedurften.

Der Artikel 4 der preußischen Verfassung sagt:

Alle Regierungsakte des Königs bedürfen zu ihrer Giltigkeit der Gegenzeichnung eines Ministers, welcher dadurch die Verantwortlichkeit übernimmt.

Und der Artikel 17 der Reichsverfassung:

Die Anordnungen und Verfügungen des Kaisers werden im Namen des Reiches erlassen und bedürfen zu ihrer Giltigkeit der Gegenzeichnung des Reichskanzlers, welcher dadurch die Verantwortlichkeit übernimmt.

Nun bin ich der Meinung, daß, wenn der Monarch dem Staatsministerium eine Anregung zu seiner Thätigkeit giebt, wie es in diesem Falle geschehen ist, das nicht Regierungsakte sind, die der Gegenzeichnung bedürfen. Zu solchen werden sie erst dann, wenn das Ministerium in die ihm nun aufgegebene Beratung eingetreten ist und auf Grund dieser Beratungen dann dem Monarchen seine Vorschläge macht, der sie entweder billigt oder ändert. Dann erst tritt die Gegenzeichnung des Ministeriums oder des Reichskanzlers ein; dann erst ist sie nötig.

Auch der Umstand, daß diese Allerhöchsten Kundgebungen im amtlichen Teile des „Reichsanzeigers" erschienen sind, ändert daran nichts. Es hat diese Publikation keinen anderen Zweck und keinen anderen Effekt, als den authentischen Text der Kundgebungen festzustellen und bekannt zu geben. Der Monarch kann ebenso gut mündlich seinen Ministern diese Kundgebungen mitteilen, im Kronrat aussprechen, was er will, als er es schreiben kann. Ich weiß nicht, was dem im Wege steht, solche Äußerungen des Monarchen, wenn sie seinen Ministern kund gegeben sind und ihrer Natur nach eine Geheimhaltung nicht erfordern, zu veröffentlichen."

Mehrforderungen für das Heer.

„Ich komme dann auf eine zweite Äußerung des Herrn Abgeordneten. Er sagte, ich hätte, indem ich von bevorstehenden Mehrforderungen für die Armee gesprochen hätte, die zweijährige Dienstzeit in Aussicht gestellt (Widerspruch links) — nun, oder von der zweijährigen Dienstzeit gesprochen (Widerspruch links) — dann habe ich ihn mißverstanden. Ich wollte feststellen, daß ich das nicht gethan habe.

Er fügte aber hinzu, ich hätte die Qualität der Truppen in den Vordergrund gestellt und käme nachher doch wieder mit Mehrforderungen. Ich möchte mir hier nur die kurze Bemerkung erlauben, daß die Qualität der Truppen im wesentlichen von ihrer Jugend bedingt wird. Jugend ist niemals ein militärischer Fehler, und jeder Offizier wird viel lieber mit einer jungen Truppe ausrücken als mit einer Truppe von

Großvätern. Wenn wir also die Qualität der Truppen verbessern wollen, ist das erste, was wir thun können: wir müssen sie verjüngen. Um sie aber verjüngen zu können, müssen wir mehr junge Leute als bisher einstellen. Das war der Zusammenhang, den ich zwischen Qualität und Quantität finden würde.

Der Herr Abgeordnete hat gemeint, es wäre auffällig, daß ich von dieser künftigen Mehrforderung gesprochen hätte — und ich will ihm sagen, warum dies geschehen ist. Ich habe neulich gesprochen, um zu beruhigen; nichts beunruhigt aber mehr als dunkle, umlaufende Gerüchte.

Ich habe gesagt, wie die Sache liegt, daß die verbündeten Regierungen vielleicht im nächsten Jahre vor das Haus treten würden. Hätte ich von der Sache geschwiegen — und der Herr Abgeordnete Richter selbst ist ja ausgezeichnet in militaribus oft unterrichtet —, und wären dann auf dem einen oder anderen Wege in das Publikum die Gerüchte gedrungen: da geht wieder was vor, — so würde mit unendlichen Zahlen gerechnet worden sein, und es würden eben solche Gerüchte zur Beunruhigung beigetragen haben. Ich bin der Meinung, wenn ich hier öffentlich ausspreche, daß die verbündeten Regierungen Rat pflegen nach einer oder anderer Richtung hin, dann übers Jahr mit diesem Rate vor Sie hintrete, so ist von meinem Standpunkt alles geschehen, was einer Beunruhigung vorbeugen kann. Weiter habe ich nichts damit gewollt.

Wenn nun der Herr Abgeordnete Richter für das nächste Jahr in Aussicht stellt, daß infolge meiner vorgestrigen Rede die Verhandlungen über militaria mehr als früher nüchtern, ruhig und sachlich würden geführt werden, so acceptiere ich das mit Dank."

Sitzung am 10. Dezember 1891.

Erste Beratung der Zoll- und Handelsverträge mit Österreich-Ungarn, Italien und Belgien.

Die Debatte darüber giebt dem Reichskanzler Gelegenheit, ein umfassendes Bild unserer wirtschaftlichen Lage zu entwerfen und die Maßnahmen der Regierung nach allen Richtungen hin zu erklären und zu rechtfertigen.

„Die Zoll- und Handelsverträge, welche den Gegenstand der heutigen Tagesordnung bilden, werden, wie ich mit Bestimmtheit annehmen kann, zur Stunde um einen vierten, um den mit der Schweiz, vermehrt worden sein.

Ich darf voraussetzen, daß die diese Verträge begleitende Denkschrift dem hohen Hause bekannt ist. Sie legt dar, wie die Zölle von 1879 entstanden waren, wie sie 1885 und 1887 erhöht worden sind, und wie sie auf das Deutsche Reich und auf das Ausland wirkten; wie die Wirkung zuerst in Deutschland eine nach allen Richtungen befriedigende war, wie aber allmählich in dem Maße, als andere Staaten dasselbe System annahmen, die Vorteile desselben sich für das Deutsche Reich in Nachteile verkehrten.

Die autonome Feststellung von Zöllen, die Feststellung unseres Zollsystems nach unserem eigenen Bedürfnis, ohne Fremde zu hören und zu berücksichtigen, hat den großen Vorteil gehabt, daß die heimische Industrie erstarkte und sich in einer Weise entwickelte, begünstigt von dem Aufschwung der Technik, von dem Vorhandensein verfügbarer Kapitalien, wie sie es bis dahin nicht gekannt hatte. Je mehr die Industrie aber auf den inneren Markt beschränkt wurde, desto mehr traten mit der Zeit auch Schattenseiten dieses Systems hervor, nämlich, daß der Markt überfüllt wurde, daß eine Überproduktion eintrat, daß also diese hochgesteigerte Industrie anfing, wenn auch diese Anfänge bisher nur schwache gewesen sind, in Verlegenheit um den Absatz zu geraten.

Neben den autonomen Zöllen war charakteristisch für das bisherige Verfahren das Bestreben, das Meistbegünstigungsrecht von anderen Staaten zu erwerben. Artikel 11 des Frankfurter Friedens gewährt Frankreich und Deutschland wechselseitig in einem gewissen Umfange die Meistbegünstigung. Beide Länder schienen anfangs davon Vorteil zu ziehen, bis man dann auf der anderen Seite zu der Ansicht kam, daß die ausgedehnte Meistbegünstigung, die dann infolge von Verträgen, welche mit dritten Staaten abgeschlossen wurden, auch denen zu teil wurde, ihre Nachteile hätte. Und so fing auch diese gute Seite des Systems an, sich in eine ungünstige Seite zu verkehren; aus der Meistbegünstigung wurde allmählich eine Gesamtbeschädigung.

Um nicht einzelne Vorteile gewähren zu müssen, entschloß sich in erster Linie unser westlicher Nachbar — darin aber werden ihm voraussichtlich andere Staaten folgen — dazu, auch Deutschland nichts mehr zu gewähren, und wir sehen im Augenblick in Frankreich einen Maximal- und Minimaltarif entstehen, von denen selbst der Minimaltarif einem Prohibitivzoll ziemlich gleich kommt.

In unseren Absatzgebieten beschränkt zu werden, ist für Deutschland in höchstem Grade empfindlich. Wir haben einen weitausgedehnten Handel; wir führen jährlich etwas über 4000 Millionen Mark fremde Waren ein und führen nur für etwas über 3000 Millionen eigene Waren aus. Es bleibt also zwischen Ausfuhr und Einfuhr eine Differenz, die 800 Millionen übersteigt. Was wir vom Auslande einführen, brauchen wir; es sind zum Teil unentbehrliche Nahrungsmittel, für unsere Industrie unentbehrliche Rohprodukte und Halbfabrikate. Wir müssen in der Lage sein, diese Dinge zu bezahlen; und um sie bezahlen zu können, haben wir in der Hauptsache nur ein Mittel: indem wir unsere Fabrikate dahin geben, woher wir diese Rohprodukte, diese Nahrungsmittel empfangen haben. Wenn wir nun aber um 800 Millionen Mark jährlich weniger ausführen, als wir einführen, so kommen wir mit dem, was man gemeinhin die Handelsbilanz nennt, in Verlegenheit: wir sind auf die Dauer nicht imstande, das zu bezahlen, was wir brauchen, um zu leben und um unsere Industrie in schwunghaftem Betriebe zu erhalten. Das ist ein Übelstand, der sich voraussichtlich von Jahr zu Jahr mehr geltend machen wird, weil unsere Bevölkerung steigt; wir haben mehr Menschen im Inlande zu ernähren, und wir müssen für mehr Hände Arbeit schaffen. Es ist also die Abnahme oder die nicht mehr hinreichende Zunahme, die nicht mehr im Verhältnis zur Bevölkerungsziffer stehende Zunahme des Exports, eine Kalamität, der vorzubeugen wir bestrebt sein müssen. Schon in der Allerhöchsten Botschaft vom 4. Februar 1890 war gesagt worden:

> Der Rückgang heimischer Betriebe durch Verlust ihres Absatzes im Auslande würde nicht nur die Unternehmer, sondern auch die Arbeiter brotlos machen.

Das trifft sicherlich noch heute zu und nötigte die verbündeten Regierungen, sich umzusehen, wie diesem Übelstande abgeholfen werden könnte.

Das erschien sehr bald zweifellos, daß auf dem bisherigen Wege fortzugehen, der Ruin nicht nur unserer Industrie, unseres Arbeiterstandes, sondern auch vielleicht des Staates sein würde. Wir können die Frage nicht so stellen: wollen wir Freihandel treiben oder wollen wir Schutzzoll haben? Ich glaube, daß das doktrinäre Begriffe sind, die durch die thatsächliche Entwickelung überholt worden sind. Es handelt sich heutigen Tages darum, die Mittel zu finden, die für das Land zur gegenwärtigen Zeit die geeignetsten sind, um seine Landwirtschaft lohnend zu erhalten, seine Industrie im Betriebe zu wissen und seinen Arbeitern Arbeit zu geben. Auf dem bisherigen Wege würden wir nicht weiter gekommen sein. Bei der Tendenz, sich abzuschließen, die, wie ja bekannt ist, Rußland, Amerika und Frankreich haben, wird, wenn wir ferner in der Abschließung verharren, oder, was wahrscheinlich eine Folge dieses Verharrens würde sein müssen, noch weiter in der Abschließung gingen, die Folge sein ein Krieg aller gegen alle, — alle europäischen Staaten würden sich gegeneinander abzuschließen suchen. Das läßt sich machen. Aber wenn wir auch imstande sind, uns abzuschließen gegen andere, so sind wir nicht imstande, uns auf die Dauer selbst zu genügen. Wir sind auf den Austausch von Produkten und Waren mit anderen Staaten durch die Naturgesetze, durch unsere Ausdehnung, unser Klima, unseren Boden unweigerlich angewiesen.

Wenn wir den Versuch machen wollten, bei dem bisherigen Verfahren zu bleiben, so würde bei dem immer erbitterter werdenden Kampfe ums Dasein zweifellos Deutschland in einiger Zeit in die Lage geraten, einen Betrieb nach dem anderen einstellen zu müssen. Die verbündeten Regierungen konnten daher nicht im Zweifel sein, daß, so wie die Dinge sich entwickelt hatten, eine weitere Fortsetzung des Weges, den wir eingeschlagen, unthunlich war.

Handelt es sich nun aber nicht um Freihandel oder Schutzzoll, so blieb nur ein Mittel übrig: den Versuch zu machen, Tarifverträge mit anderen Staaten abzuschließen, auf diesem Wege unser Absatzgebiet zu erweitern, neue Märkte zu gewinnen und das, was unsere Industrie im Inlande nicht mehr finden konnte, was sie im Auslande, welches sich wie die vorgenannten Staaten auf die Dauer gegen uns abschließen zu wollen scheint, verlor — das zu ersetzen durch eine Vereinigung mit anderen naheliegenden Nationen.

Wir können von den vorliegenden Verträgen nicht erwarten, daß die Wirkung eine plötzliche sei; das kann nur langsam geschehen. Es ist deshalb für die Wirksamkeit der Verträge ein längerer Zeitraum ins Auge gefaßt worden.

Noch ein anderes Motiv sprach dafür: der Wunsch, den Betrieben der Landwirtschaft und der Industrie diejenige Stetigkeit zu geben, deren sie unbedingt bedürfen. Die erste Forderung für jede Industrie ist, daß sie mit längeren Zeiten rechnen kann, daß sie weiß, worauf sie sich einzurichten hat; werden ihr solche längere Zeiten gegeben, so findet sie Mittel und Wege, den Anforderungen gerecht zu werden.

Wenn auch nicht in so hohem Grade, gilt das auch von der Landwirtschaft. Einmal ist die Landwirtschaft heutzutage selten ein ganz isoliertes Gewerbe; sie ist vielfach mit der Industrie verbunden, sie hat auch die Schwierigkeit zu überwinden, daß sie in der Regel ihr Kapital jährlich nur einmal umsetzt, während die Industrie an einen häufigeren Umsatz gewöhnt ist. Aber auch die Landwirtschaft muß wissen, wie sie auf ihren Betrieb sich einrichten kann; sie muß ungefähr auf eine Reihe von Jahren hinaus wissen können, wie sich die Preise, soweit sie überhaupt vorher zu übersehen sind, gestalten werden."

Nachdem der Redner noch einige Wirkungen der Verträge erwähnt und einige Bedenken berichtigt hatte, die in der Presse hervorgehoben waren, kam er auf die Landwirtschaft folgendermaßen zu sprechen:

„Ich verkenne nicht, daß die deutsche Landwirtschaft sich in einer schwierigen Lage befindet. Es ist begreiflich, wie sie da hineingekommen ist. Durch Verbesserung der Kommunikationsmittel, durch die Benutzung des Dampfes traten Staaten, Reiche, die bisher auf dem deutschen Markt mit Getreide nicht hatten erscheinen können, anbietend auf. Die deutsche Landwirtschaft verlor dadurch einen Schutz gegen fremde Konkurrenz, den sie bisher in ihrer geographischen Lage gefunden hatte. Solange es weder Eisenbahnen, noch Dampfschiffe gab, kam ein mäßiges Quantum fremden Getreides vielleicht die Flüsse herunter oder auf Segelschiffen in die Häfen; das alles war, um so mehr, als die Getreideproduktion damals zur Bevölkerungszahl in einem viel günstigeren Verhältnis stand, nicht imstande, den inländischen Getreidebau zu gefährden. Erst als das entstand, was man jetzt den Weltmarkt nennt, wurde die deutsche Landwirtschaft gefährdet. Es war natürlich, daß unter diesen Verhältnissen die deutsche Landwirtschaft sich nach einem Schutz umsah, und daß sie diesen Schutz in den Zöllen fand. Auch heute ist die Lage noch so, daß sie diesen Schutz nicht entbehren kann, sie würde auch heute gegenüber den Reichen, die entweder auf jungfräulichem Boden billig bestellen oder die Arbeitskräfte sehr gering zu lohnen brauchen, nicht konkurrenzfähig bleiben, wenn sie nicht geschützt würde.

Es liegt nicht in der Absicht der verbündeten Regierungen, wie die Vorlage ja zeigt, diesen Schutz aufzuheben; auf der anderen Seite ist es zweifellos, daß die Schutzzölle im allgemeinen das für die Landschaft nicht gewirkt haben, was man voraussetzte; sie haben vielleicht vor einem allzu plötzlichen Schwanken nach unten, vor einem jähen Niedergang bewahrt, —

aber befriedigt haben sie wohl erst im letzten Jahre, wo sehr hohe Zölle mit Kalamitäten in anderen Ländern und einer mäßigen Ernte im eigenen Lande zusammenfallen.

Auch räumlich ist die Wirkung der Schutzzölle eine verschiedene gewesen. Ich glaube nicht zu irren, wenn ich ausspreche, daß sie am wenigsten unseren östlichen Provinzen genützt haben.

Aber immerhin bleibt bestehen: wären die Schutzzölle nicht dagewesen, so wären wir voraussichtlich inzwischen einer landwirtschaftlichen Krisis entgegengegangen, und eine solche landwirtschaftliche Krisis ist in ihren Folgen doch nicht gering anzuschlagen. Es handelt sich nicht darum, daß A. sein Gut verliert und B. es kauft, oder daß mehrere Käufer sich in das bisherige Gut teilen. Ehe es so weit kommt, ringt A. um sein Dasein und saugt den Boden immer mehr aus; er ist nicht mehr imstande zu düngen; die Gläubiger drängen ihn nicht, weil keiner von ihnen geneigt ist, das heruntergegangene Gut zu übernehmen.

So geht die Sache durch Jahre bergab; dann kommt der neue Käufer, der macht erst seine Erfahrungen, und wie wir neulich hier gehört haben, kann man es auf etwa sieben Jahre veranschlagen, bis jemand sein Gut soweit kennt, daß er es mit Sicherheit bewirtschaften kann. Man darf die Parallele mit den englischen Kornzöllen und deren Aufhebung nicht ziehen. Unsere Verhältnisse sind durchaus andere als die englischen: da handelte es sich um relativ wenige große Magnaten, die schließlich einiges aushalten können. Was wir bei uns Großgrundbesitzer nennen, sind zum Teil nur kleine Grundbesitzer, die kümmerlich sich durchschlagen und, um eine gewisse Apparence aufrecht zu erhalten, sich mühsam durchs Leben drücken.

Diese kleinen Grundbesitzer haben entweder teuer gekauft — es ist ja bekannt, wie nach dem Krimkriege die Güter in die Höhe gingen, es folgten dann eine Zeitlang günstige Jahre, es stiegen die Güter im Preise — man hat hoch gekauft und gepachtet, man hat Schulden aufgenommen auf das Gut, und durch diese Schulden würde eine landwirtschaftliche Krisis weit über den Rahmen der nominellen Gutsbesitzer hinauswirken;

alle diese Gläubiger würden in Mitleidenschaft gezogen werden, und ich glaube, daß ich mich keiner Übertreibung schuldig mache, wenn ich sage: eine landwirtschaftliche Krisis wäre eine Kalamität ersten Ranges für den Staat im ganzen gewesen.

Ich schlage den Wert der Landwirtschaft nicht gering an. Ich habe mich schon öfter darüber ausgesprochen, daß es notwendig ist, die staatserhaltenden Kräfte zu stärken und zu vermehren, und ohne irgend einem Stande zunahe treten zu wollen, bin ich der Meinung, es liegt in den Bedingungen des Daseins der Landwirtschaft ein starkes Moment, das unter allen Umständen den Landwirt — mag er einer politischen Partei angehören, welcher er will — zu einem staatserhaltenden Menschen macht. Vollends, wenn der Grund und Boden durch Generationen in denselben Händen bleibt, erwächst eine Liebe zur Heimat, wie sie kein anderer Stand hat, und die die erste und sicherste Quelle des Patriotismus ist, wie ihn der Staat in ernsten Zeiten braucht.

Ich halte weiter dafür, daß eine der wesentlichsten Grundlagen unseres Daseins das Familienleben ist. Die Arbeiter, die in industriellen Betrieben beschäftigt sind, mögen noch so weitgehende Wohlfahrtsanstalten genießen: — im allgemeinen glaube ich mich nicht zu irren, wenn ich annehme, daß das Leben des Arbeiters auf dem Lande eher die Möglichkeit eines gesunden Familienlebens giebt als das eines Arbeiters in der Stadt.

Das höchste und letzte Motiv aber für die Erhaltung der Landwirtschaft ist ein durchaus und exklusiv staatliches. Ich bin der Überzeugung, daß wir eines Körnerbaues, der zur Not hinreicht, selbst die steigende Bevölkerung, wenn auch unter Beschränkungen, im Kriegsfall zu ernähren, gar nicht entbehren können.

Das Dasein des Staates wird aufs Spiel gestellt, wenn er nicht imstande ist, von seinen eigenen Bezugsquellen zu leben.

Sie können mir erwidern: es können Mißjahre, es können Unglücksjahre eintreten. Jawohl; das sind dann aber keine normalen Verhältnisse, und in etwas sehen wir solchen Unglücksfällen auch dadurch vor, daß wir in diesen Verträgen das Bestreben haben, uns mit einem hervorragend getreidebauenden Staat so eng zu verbinden, daß wir hoffen dürfen, selbst im Kriegsfalle würden dessen Mittel uns zur Verfügung stehen. Ich habe sagen hören: das ist eine übertriebene Ansicht; selbst wenn wir einen Krieg hätten zugleich gegen Frankreich und Rußland, — es bleibt uns ja doch der Weg über die See offen! Da sind neutrale Staaten, die werden das Korn bei uns einführen. Ich möchte das Wohl des Staates auf so unsichere Faktoren nicht stellen. Der Seehandel im Falle eines Krieges ist geregelt oder soll wenigstens geregelt sein durch die Pariser Konvention von 1856. Was aber dermaleinst, wenn ein Weltbrand kommt, die zur See mächtigen Staaten für Kontrebande und für eine effektive Blockade erklären werden, das wollen wir einmal abwarten, und ich halte es für richtiger, daß Deutschland sich auf seine Landwirtschaft stützt, sie erhält, selbst wenn es nur mit Opfern geschehen kann, als daß es sich auf einen so unsicheren Kalkül über die Unterstützung durch Dritte im Kriegsfalle verläßt. Ich bin vielleicht durch meine Vergangenheit als Soldat und durch die Zeit, die ich in der Admiralität zugebracht habe, darauf angewiesen worden, solchen Fragen näher zu treten, und ich habe diese Überzeugung nicht von heute. Mir ist es eine ganz unerschütterliche Überzeugung, daß in einem künftigen Kriege die Ernährung der Armee und des Landes eine geradezu entscheidende Rolle spielen kann. Diese entscheidende Rolle geschädigt zu sehen, würde ich fürchten müssen, wenn die Landwirtschaft in gedeihlichem Betriebe gestört würde.

Daß nun aber eine solche Störung in Aussicht stünde, wenn man den Roggen- und den Weizenzoll um 1,50 Mark heruntersetzt, bestreite ich mit derselben Entschiedenheit. Die Landwirtschaft wird imstande sein, diese Zollherabsetzung zu tragen und weiter zu prosperieren. Ich variiere insofern von den Herren Agrariern, glaube ich, als ich der Meinung bin, es handelt sich nicht darum, daß in dieser Beziehung die Landwirtschaft Opfer bringt, sondern darum, daß für die Landwirtschaft Opfer gebracht werden. Der Staat muß nach meinem Dafürhalten Opfer bringen, und es ist ja ein schweres Opfer für den Staat, welches in den Getreidezöllen liegt; denn es kommt in Betracht nicht bloß die Verzollung des Getreides, welches eingeführt wird, sondern auch die Steigerung des Getreidepreises im Inlande.

Ich verkenne also die Größe dieses Opfers nicht; aber das Opfer muß gebracht werden, und ich habe zu meiner Freude in einer Broschüre, die mir sonst nicht sympathisch ist, die überschrieben ist: „Ablehnen und Annehmen" — ich glaube, sie entstammt einem agrarischen Konsortium — zum ersten Mal in der Überschrift eines Kapitels gesehen: „Opfer, die für die Landwirtschaft zu bringen sind." Da möchte ich die Herren Agrarier beim Wort nehmen. Die Regierung ist bereit und will diese Opfer weiter dem Lande auferlegen, weil sie sie für unumgänglich hält; aber sie verkennt immerhin nicht, daß es Opfer sind, die das Land bringt.

Nun bleiben die 3,50 Mark noch über dem Maß der Zölle von 1885, und die Herren, die die damaligen Verhandlungen mitgemacht haben, oder die sich mit den stenographischen Berichten und der einschlägigen Litteratur beschäftigt haben, werden mich vielleicht nicht Lügen strafen, wenn ich behaupte, die Erhöhung der Zölle auf 5 Mark war eine Kraftprobe; und ich glaube, diese Kraftprobe ist nicht zu Gunsten des Staates ausgefallen. Man hat den Bogen überspannt.

Jede Überspannung eines Bogens in Bezug auf solche Zölle, die ein unentbehrliches Nahrungsmittel der großen Menge sind, birgt aber für den Staat die große Gefahr in sich, daß daraus ein Agitationsmittel geschmiedet wird, was sich gegen den Staat und die staatserhaltenden Parteien richtet. Die verbündeten Regierungen haben also die ernste Pflicht, zu erwägen: wie weit können wir mit den Zöllen auf Lebensmittel heruntergehen, ohne die Landwirtschaft zu schädigen? Wie hoch können wir sie halten, ohne eine Agitation hervorzurufen?

Die Behandlung der Industrie bei den vorliegenden Zöllen war eine ungleich schwierigere als die der Landwirtschaft. Die deutsche Industrie hat alle Arten von Betrieben, von der Großindustrie bis zur Hausindustrie; sie umfaßt fast alle Branchen, und sie hat wenigstens Ansätze zum Export in fast alle Weltteile. Das giebt so verschiedene Verhältnisse, daß deren Berücksichtigung bei solchen Verträgen nicht immer leicht ist und einen hohen Grad von Geschick und Sachverständnis seitens der Kommissarien erfordert.

Weiter ist ein erschwerender Umstand für die deutsche Industrie bei allen Zollfragen, daß sie sehr wenig hochfeine Artikel hervorbringt, Artikel, die ohne weiteres schließlich jeden Zoll tragen. Will man das Charakteristische der deutschen Industrie im ganzen zusammenfassen, so ist es eine maschinelle Massenproduktion. Wenn Sie die Tabellen, die darüber existieren, nachsehen, so werden Sie finden, daß, wenn man die Staaten, mit denen wir in Handelsverbindung stehen, rangiert nach den Mengen unserer Ausfuhr und Einfuhr und nach deren Wert, total verschiedene Resultate herauskommen. Wir führen eben relativ sehr große Mengen mit verhältnismäßig geringem Wert aus.

Der Wert der Industrie für den Staat wächst von Jahr zu Jahr. Es ist mir interessant gewesen, eine Äußerung Friedrichs des Großen an seinen Regiedirektor zu lesen, der ihm vorschlug, er solle den Handel sich freier bewegen lassen. Der König führt darauf aus, das ginge nicht, er brauche für seine Landwirtschaft Vieh aus Polen und dergleichen Dinge; das alles müsse er in der Hand behalten. Er fährt dann fort:

> Sie haben große Absichten, aber Sie eilen der Zeit voraus; ist diese gekommen, so werde ich schon thun, was Sie mir raten. Was Sie mir sagen von Handel und Industrie, ist ganz gut. Die Industrie ist in der That die Nähramme des Landes, und der Handel die lebendige Seele des Staates; allein das gilt nur von Ländern, wo die Industrie die Grundveste des Handels, und der Handel der Geschäftsmann der Industrie ist.

Seitdem ist ein Jahrhundert und mehr verflossen: — im Grunde ist das noch heute wahr. — Man muß vollkommen anerkennen, daß die Industrie die Nähramme des Staates ist; aber noch heute kann sie sich nicht ganz frei bewegen: sie bedarf noch heute eines gewissen Schutzes. Man hat gesagt, Deutschland wäre Industriestaat geworden, und ich bin auch nicht abgeneigt, diesen Ausdruck anzunehmen, insofern, als die Industrie fortwährend im Steigen ist und fortwährend an Bedeutung für den Staat gewinnt. Es ist ein charakteristischer Zug zwischen der Industrie und der Landwirtschaft, daß die Landwirtschaft eines Staates nur bis zu einem gewissen Grade steigerungsfähig ist, weil sie vom Grund und Boden abhängig bleibt. Man kann intensiver wirtschaften, und ich zweifle nicht, daß aus unserem Grund und Boden noch mehr herauszuwirtschaften ist, als bis jetzt geschieht; aber es bleibt immer derselbe Grund und Boden, auf dem gewirtschaftet werden muß.

Die Industrie dagegen ist abhängig von den Absatzmärkten. Erweitert man ihr dieselben, wie wir das durch diese Verträge wollen, so kann sich auch die Industrie erweitern, und es ist fürs erste kein Ende in dieser Beziehung abzusehen, sofern nur die Möglichkeit eines lohnenden Verkaufs ihrer Fabrikate für die Industrie da ist. Handel und Industrie sind und bleiben die wesentlichsten Quellen des Wohlstandes und damit politischer Macht, kultureller Bedeutung; denn ohne einen gewissen Grad von Wohlstand werden Kunst und Wissenschaft — ich weiche darin von dem Herrn Abgeordneten Bebel wesentlich ab, wie in manchen anderen Dingen — nicht gedeihen können.

Aber noch weiter! Ich glaube nicht, daß man leugnen kann, daß zwischen Wohlstand und Sittlichkeit gewisse Beziehungen bestehen, und daß die Sittlichkeit in den unteren Klassen bis zu einem gewissen Grad einen steigenden Wohlstand zur Voraussetzung hat. Mit der Industrie hängt ja der Arbeiterstand auf das engste zusammen, und wir würden unsere Pflicht vernachlässigt haben, wenn wir beim Abschluß dieser Verträge nicht die Möglichkeit, unseren Arbeiterstand leistungsfähig zu erhalten, ins Auge gefaßt hätten. Es kommen dabei zwei Momente zur Sprache; einmal, billigere Lebensmittel zu schaffen. Soweit das, ohne die staatlichen, die höheren staatlichen Interessen zu gefährden, geschehen konnte, haben die verbündeten Regierungen eine Reihe von kleinen Maßregeln eintreten lassen. Sie haben diejenige Herabsetzung der Zölle für Lebensmittel vorgenommen, die sie für zulässig hielten. Ich erachte aber für viel wesentlicher für die Erhaltung und für das Gedeihen des Arbeiterstandes, daß ihm Arbeit geschaffen werde.

Wenn dies nicht die wesentlichere Frage wäre, so würde der Andrang unserer ländlichen Arbeiter in die Städte und nach dem Westen gar nicht zu erklären sein. Unser Westen hat unausgesetzt Preise für unentbehrliche Lebensmittel, die so viel höher sind als im Osten, daß, wenn man diese Preise miteinander vergleicht und sie absolut nimmt, man meinen sollte, es müßte im Westen eine fortwährende Teuerung da sein. Daß trotzdem die Menschen so gerne nach dem Westen gehen, hat seinen Grund darin, daß sie die lohnendere Arbeit den billigeren Lebensmittelpreisen voranstellen.

Lohnende Arbeit wird aber, wenn diese Verträge zur Perfektion kommen, gefunden werden. Wir werden sie finden durch den Export; wir müssen exportieren: entweder wir exportieren Waren oder wir exportieren Menschen. Mit dieser steigenden Bevölkerung ohne eine gleichmäßig zunehmende Industrie sind wir nicht in der Lage, weiter zu leben. Ich möchte aber hier noch ein Wort für den Arbeiterstand sagen. Wir gewöhnen uns an — und jene Herren sind daran schuld; wenn man Dinge hört, wie man sie in Erfurt*) gehört hat, so ist man unwillkürlich geneigt —, mit einer gewissen Mißgunst die Menschen anzusehen, die sich in Erfurt versammelt haben, wenigstens das Volk um die Rednertribüne in Erfurt; — trotzdem können wir nicht verkennen, welchen Wert ein kräftiger Arbeiterstand in jeder Beziehung für Deutschland hat. Wir müssen uns nicht angewöhnen, diesen Arbeiterstand immer mit einem pessimistischen Blick anzusehen; wir dürfen die Hoffnung nicht aufgeben, auch diese Leute wieder zu gewinnen.

Wir stehen noch ganz auf dem Boden der Botschaft von 1881, die die Überzeugung ausspricht, daß die Heilung der sozialen Schäden nicht ausschließlich auf dem Wege der Repression sozialistischer Ausschreitungen, sondern gleichmäßig auf dem der positiven Förderung des Wohls der Arbeiter zu suchen sei.

---

*) Daselbst hatte im Oktober 1891 der sozialdemokratische Parteitag stattgefunden.

Man hat von der politischen Seite dieser Verträge viel
gesprochen und wohl hier und da erwartet, die Regierung habe
Geheimnisse nach dieser Seite zu enthüllen. Das ist durchaus
nicht der Fall. Was zuerst Belgien und die Schweiz angeht,
so sind das neutrale Staaten, deren Neutralität durch politische
Verträge gewährleistet ist, und von denen wir nichts anderes
wünschen, ja dringend hoffen, als in freundnachbarlichen Be=
ziehungen mit ihnen zu leben. Anders steht die Sache in
Bezug auf den Dreibund. Der Dreibund ist geschlossen zu
gegenseitiger Abwehr; er hat nicht die mindesten aggressiven Ziele;
aber ich bin der Meinung, daß, wenn man mit anderen Staaten
ein Bündnis abschließt, dessen Zweck es ist, auf lange Zeit, so
Gott will, diesen Frieden zu erhalten, es dann nicht möglich
ist, mit denselben dauernd in einem wirtschaftlichen Krieg zu leben.

Wenn ich jemand wirtschaftlich mit einem Krieg überziehe,
so will ich ihn schwächen; wir aber haben gerade das Interesse,
unsere Verbündeten zu stärken.

Wir haben den Wunsch, daß diese Verträge sich immer
tiefer in die Bevölkerung einleben. Zu Friedrichs des Großen
Zeiten führte man Kriege, die man mit dem technischen Namen
„Kabinettskriege" belegt hat. Der Fürst beschloß, einen anderen
Fürsten mit Krieg zu überziehen, erwarb oder schaffte sich
sonstwie Soldaten, suchte Geld zu bekommen, und dann führte
er seinen Krieg, an dem die Bevölkerung selbst innerlich immer
nur einen beschränkten Anteil nahm. Selbst zu Friedrichs des
Großen Zeiten war es vielmehr das Bild dieses großen Mannes,
was die eigene Bevölkerung fortriß, was weit nach Süd=
deutschland wirkte, als das Gefühl, daß es sich hier um
Preußen handelte. Kaltblütig sah man eine Provinz abtreten,
wenn es notwendig war; man lebte eben schließlich unter einem
anderen Fürsten ebenso weiter wie bisher.

Das hat sich vollkommen geändert. Seit dem Ende des
vorigen Jahrhunderts werden Volkskriege geführt, und es ist
nicht die mindeste Frage, daß der nächste Krieg der Mitwirkung
des Volkes nicht nur mit den Händen, sondern auch mit dem
Herzen bedarf. Der Krieg muß aus dem Gefühl des Volkes
hervorgehen. Dasselbe überträgt sich auch auf die Verträge.

Man konnte früher Kabinettsverträge abschließen von Fürst zu Fürst; sie engagierten sich zu gewissen Leistungen, sie hatten die Mittel in der Hand, diesen Leistungen mit den Armeen, über die sie geboten, gerecht zu werden. Heutzutage muß ein Bündnis, wenn es die Garantie geben soll, daß es dermaleinst im gegebenen Augenblick auch haltbar sei, in die Seele der Völker eingelebt sein. Dieses Einleben zu erleichtern wird, wie ich hoffe, eine Wirkung dieser Handelsverträge sein.

Wir haben die Hoffnung, daß mit der Zeit noch andere Staaten sich diesen Verträgen anschließen werden.

Es ist in der letzten Zeit eine weltgeschichtliche Erscheinung zum Bewußtsein der Völker gekommen, die ich hoch anschlage: Das ist die Bildung großer Reiche, das Selbstbewußtsein dieser Reiche, das Bestreben, sich gegen andere abzuschließen. Unser östlicher Nachbar verfügt über ein Gebiet, was von der Zone nördlich vom Himalaya bis an das Eismeer reicht; er ist imstande, fast alle Produkte, die ein Reich zu seiner Existenz braucht, selbstständig hervorzubringen, er hat eine große Expansionskraft für seine Arbeit; große Aufgaben liegen nach dieser Richtung vor dem russischen Reiche. Jenseits des atlantischen Ozeans nimmt die Bevölkerungszahl der Vereinigten Staaten von Amerika von Jahr zu Jahr zu; ihr Kraftbewußtsein, die Energie, mit der sie ihre eigenen Interessen verfolgt, nimmt zu. Als im vorigen Jahre diese Erscheinung zum ersten Male auftrat, war man bei uns darüber erstaunt, und ich habe wohl Äußerungen gehört, das wäre völkerrechtlich nicht zulässig. Ja, meine Herren, jeder Staat hat — und darin unterscheidet er sich vom Individuum — als erste Pflicht die der Selbsterhaltung, und in dem Triebe nach Selbsterhaltung werden die Staaten in absehbarer Zeit viel weiter gehen als bisher.

Es ist nicht ausgeschlossen, daß es zwischen den Staaten zu einer Art von Kriegsführung kommt, in der nicht geschossen wird, in der sie den Gesetzesparagraphen und die Tarifposition in der Hand haben. Wie das Schicksal von Australien sich gestalten wird, das mag dahin gestellt bleiben: auch da wächst die Bevölkerung fortwährend. Und wenn kundige Beobachter der Erscheinungen, die jetzt in China zu Tage treten, recht haben, ist China an dem Anfang einer großen Umwälzung, vor deren weiterer Entwickelung nicht abzusehen sein wird, ob es sich dann nicht gegen andere abschließen wird, und wie weit auch China in den Wettbewerb auf dem Weltmarkt wird eintreten können. Auf alle Fälle ist so viel klar: wir haben es mit großen Staaten zu thun, die über kurz oder lang zur Rücksichtslosigkeit gegen andere neigen werden. Der Schauplatz der Weltgeschichte hat sich erweitert: damit sind die Proportionen andere geworden, und ein Staat, der als europäische Großmacht eine Rolle in der Geschichte gespielt hat, kann, was seine materielle Kraft angeht, in absehbarer Zeit zu den Kleinstaaten gehören. Wollen nun die europäischen Staaten ihre Weltstellung aufrecht erhalten, so werden sie nach meinem Dafürhalten nicht umhin können, soweit sie wenigstens ihren sonstigen Anlagen nach dazu geeignet sind, eng aneinander sich anzuschließen. Es ist nicht unmöglich, daß die Zeit kommen wird, wo sie einsehen werden, daß sie Klügeres zu thun haben werden, als sich gegenseitig das Blut auszusaugen, weil sie im wirtschaftlichen Kampf um das Dasein genötigt sein werden, alle ihre Kräfte einzusetzen.

Wie dem aber auch sein möge, — man möge das für Zukunftsgedanken halten, die noch eines reellen Bodens entbehren, — so glaube ich, wird man so viel wenigstens zugeben, daß eine solche Entwickelung wahrscheinlich genug ist, um bei allen Schritten auf dem wirtschaftlichen Boden Berücksichtigung zu verdienen.

Würden die Verträge, wie sie Ihnen vorgelegt sind, abgelehnt, so weiß ich in der That nicht, — und ich möchte das hier nicht ausmalen — wo in etwa einem Jahrzehnt die Grenze der Notstände liegen würde, die über Deutschland hereinbrechen würden. Ich bitte Sie noch einmal, sehen Sie diese Verträge als ein Ganzes mit Vaterlandsliebe an; lassen Sie sich nicht durch einzelne Details beirren, sondern legen Sie sich die Frage vor: geht Deutschland mit oder ohne diese Verträge einer gedeihlicheren und aussichtsvolleren Zukunft entgegen? — und ich gebe mich der Hoffnung hin, Sie werden mit den verbündeten

Sitzung am 11. Dezember 1891.

Fortsetzung der ersten Beratung der Zoll- und Handelsverträge.

Diese Rede greift in vielen Punkten noch auf die der vorhergehenden Sitzung zurück, enthält eine längere Auseinandersetzung mit dem Abgeordneten von Kardorff, dem gegenüber Caprivi den Standpunkt vertritt, daß in absehbarer Zeit in Bezug auf unsere Währung nichts geändert werden könne. Die Gründe, welche für die Zulassung des amerikanischen Schweinefleisches ausschlaggebend gewesen seien, die Notwendigkeit der wirtschaftlichen Abmachungen mit unseren politischen Verbündeten ꝛc., bilden den ferneren Inhalt der Rede, die ihren Gegenstand oft auch mit feinem Humor zu beleuchten weiß.

„Aus der längeren, spannenden und seine persönlichen Verhältnisse auch gegenüber der Regierung berührenden Einleitung des Herrn Abgeordneten ist für mich nur ein Punkt übrig geblieben, den ich zu erwähnen habe. Er richtete an mich das Ersuchen, meine Meinung, daß er an der Broschüre: „Ablehnen oder Annehmen?" beteiligt sei, aufzugeben. Ich habe meines Wissens mit keiner Silbe gesagt, daß der Herr Abgeordnete von Kardorff die Broschüre geschrieben habe; ich habe gestern nur gesagt, sie rühre, soviel ich wisse, von einem agrarischen Konsortium her. Soweit hat aber der Herr Abgeordnete von Kardorff das Agrariertum nicht monopolisiert, daß ich annehmen mußte, daß er bei jeder Äußerung desselben beteiligt sei.

Seine erste sachliche Äußerung richtet sich, wie die des Herrn Grafen Kanitz gestern, gegen die Anschauung, daß der innere Markt hinter den äußeren Markt zurückgesetzt werden sollte. Als der Herr Graf Kanitz seine gestrige Rede mit dieser Äußerung begann, hatte ich das Gefühl: der Herr kämpft gegen Windmühlen; das Gefühl habe ich heute wieder gehabt. Weder in der Denkschrift, noch in meinen, noch in des Herrn Staatssekretärs Äußerungen ist ein Wort darüber vorgekommen, daß wir dem inneren Markt nicht seine volle Gerechtigkeit zu teil werden lassen wollten. Worum es sich hier aber handelt, ist der Umstand, daß der innere Markt nicht mehr genügt, und daß wir deshalb einen geeigneten Export für nötig halten.

Der Herr Abgeordnete ist auf die Bemerkung, die ich gestern schon widerlegt zu haben glaubte, zurückgekommen, daß wir doch besser gethan hätten, erst unseren Tarif autonom festzustellen und dann uns aufs Handeln zu legen, das heißt also mit anderen Worten, erst uns einen höheren Tarif als den gegenwärtigen zu machen, dann zu handeln. Ich habe mir gestern anzudeuten erlaubt, daß, wenn wir dieses Verfahren eingeschlagen hätten, eine lange Zeit darüber hingegangen sein würde. Diese Zeit würde von anderer Seite in derselben Weise benutzt worden sein. Beide hätten die Mauern, die sie umgeben, erhöht; der Zollkampf oder — wenn dem Herrn Abgeordneten dieser Ausdruck nicht zusagt — der Wettbewerb hätte immer schärfere Formen angenommen, und es wäre dann voraussichtlich ein Zustand eingetreten, der uns überhaupt unmöglich gemacht hätte, noch zu verhandeln. Wenn wir aber den Weg eingeschlagen hätten, dann bleibt der Herr Abgeordnete immer noch die Antwort darauf schuldig, was dann nachher, wenn wir diesen Weg eingeschlagen hätten, geschehen wäre; denn ich habe noch keinen Menschen gesehen, der darauf eine genügende Auskunft gegeben hat. Denn was diesem Zustand von provisorischem Kampf — der Herr Abgeordnete sieht ihn selbst nur als provisorisch an, er meinte, das wäre eine erste Maßregel, nachher sollten wir verhandeln — folgen sollte, habe ich noch nicht gehört. Sollten dem dann auch Tarifverträge folgen, so sehe ich nicht ein, warum wir die Verträge nicht jetzt schon schließen; daß dann die Chancen günstiger gewesen sein würden, leugne ich entschieden, weil wir auf eingelebte Verhältnisse gestoßen wären. Wir haben bei den Verhandlungen mit Österreich schon jetzt manche Schwierigkeiten dadurch zu überwinden gehabt, daß seit der Zeit, in der wir das Schutzzollsystem treiben, in Österreich-Ungarn Industrieen entstanden sind, die noch vor zehn Jahren nicht existierten.

Wir hätten eine Menge Dinge, die wir jetzt von Österreich-Ungarn erkauft haben, vor einigen Jahren umsonst haben können.

Andere Industrieen, ich weise auf den Veredelungsverkehr hin, sind uns überhaupt unmöglich geworden. Ich glaube also, daß die Behauptung, wir hätten durch Warten etwas gewonnen, nur dem Wunsche entspricht, daß das nicht geschehen möge, was dem Herrn von Kardorff nicht recht ist; ob nachher etwas Besseres hätte geschehen können, ist mir fraglich; jedenfalls hat er eine Andeutung hierüber nicht gegeben.

Es ist ihm dann unangenehm gewesen, daß in der Denkschrift — ich habe sie jetzt nicht nachgeschlagen, aber ich acceptiere die Äußerung ohne weiteres — stünde: Deutschland ist ein großer Industriestaat geworden. Ich sehe darin weder etwas für Deutschland Verletzendes, noch Schädliches.

Die Landwirtschaft und ihre Stellung im Staatsleben wird dadurch in keiner Weise berührt; wenn sie berührt wird, wird sie höchstens verbessert, denn sie hat zahlreicheren Absatz. Daß übrigens unsere Industrie wächst, ist ein nicht abzuleugnendes und nach meiner Ansicht glückliches Faktum. Ob nun der Herr Abgeordnete den jetzigen Zustand mit dem Adjektivum „groß" oder mit irgend einem anderen bezeichnen will, überlasse ich ihm gern; ich bin der Meinung, wir sind durch das große Wachstum unserer Industrie in einen Industriestaat hineingekommen: das ist ein Faktum, an dem die Bezeichnung, die man der Sache giebt, nichts ändert.

In Bezug auf meine Äußerung über die Handelsbilanz hatte der Herr Abgeordnete die Güte, mich darauf aufmerksam zu machen, daß ich dadurch den Beifall der Freisinnigen nicht gefunden haben werde, ich habe auch den seinigen nicht gefunden. Ich muß aber gestehen, daß ich weder auf den seinigen, noch auf den der Freisinnigen gerechnet habe, sondern daß über die

Handelsbilanz geschrieben und gesagt worden ist, was ich für die Wahrheit halte.

Der Herr Abgeordnete kam dann auf das Thema, über das wir ihn so oft und gern schon gehört haben, die Remonetisierung des Silbers. Ich glaube, daß das Eingehen auf diese Frage zur Zeit entbehrlich ist. Wenn ich mich nicht irre, schwebt diese Frage etwa zwanzig Jahre, und ich sehe nicht die mindeste Wahrscheinlichkeit dafür, daß wir in der kurzen Spanne Zeit bis zum 1. Februar nächsten Jahres auch nur um einen einzigen Schritt in dieser Frage vorwärts kommen könnten.

Ich will dem Herrn Abgeordneten das Bekenntnis machen, daß ich einen Teil meiner Muße diesen Sommer dazu benutzt habe, um mich einigermaßen in dieser Frage zu orientieren, und da habe ich die Überzeugung gewonnen, daß sie eine der schwierigsten von der Welt ist, daß sie sich nicht über das Knie brechen läßt, und daß der Herr Abgeordnete von Kardorff mit einigen wenigen politischen Freunden doch ziemlich isoliert dasteht.

Ich verkenne nicht, daß eine stärkere Strömung für die Verwendung des Silbers in dem Münzverkehr vorhanden ist, als sie noch vor 10, 15 Jahren da war. Daß diese Strömung aber so weit gehen sollte, jetzt die Frage mit Aussicht auf Erfolg in die Hand nehmen zu können, das bestreite ich, und ich will mich bemühen, das Vertrauen des Herrn Abgeordneten in dieser Beziehung zu rechtfertigen, wenn er die Güte haben will, mir noch einige Zeit für die Inangriffnahme dieser Frage zu lassen. Ich glaube, im Augenblick ist sie sowohl, was das Verhältnis zu England, als zu anderen Staaten, auch zu Amerika angeht, nicht gerade reif, um weiter geführt zu werden.

Seiner Gewohnheit gemäß brachte der Herr Abgeordnete diese Frage in Verbindung mit der Getreidefrage, und er sagte: ich könnte mich schon mit der Herabsetzung — ich glaube, er sagte sogar der Aufgabe — der Getreidezölle vertraut machen, wenn man mir die Doppelwährung gäbe; denn die Getreidezölle, wie sie jetzt sind, bleiben immer ein Agitationsmittel, was in die Massen und in die landwirtschaftlichen Kreise geworfen wird, ohne auf ein weitgehendes Verständnis rechnen zu können.

Man sagt der Landwirtschaft und sagt den Bauern: wenn wir nur die Doppelwährung hätten, dann würdet ihr gute Geschäfte machen. Was aber Doppelwährung ist, ahnt der Bauer nicht, und ich glaube, daß selbst von den politischen Freunden des Herrn von Kardorff der eine oder andere im Innersten seines Herzens in Bezug auf die Wirkung der Doppelwährung auf das Wohl seiner Landwirtschaft Zweifel hat.

Der Herr Abgeordnete hat sich dann noch darauf bezogen, daß der Herr Staatssekretär des Auswärtigen Amts ja Bimetallist sei und an einer früheren Aktion der Bimetallisten teilgenommen habe. Ich bin — will ich weiter noch sagen — nicht durch den Freiherrn von Marschall, wie ich ausdrücklich betone, sondern auf dem Wege meiner Studien auf eine Konferenz in Köln im Jahre — wenn ich nicht irre — 1882 gestoßen — Herr von Kardorff wird mich rektifizieren, wenn das nicht richtig ist, — an der, glaube ich, Herr von Kardorff, Herr Arendt und mein verehrter Herr Kollege teilnahmen. In dieser Konferenz — ich muß mich wieder auf mein Gedächtnis verlassen, weil ich auf diese Debatte heute nicht vorbereitet war — ist anerkannt worden, daß in Bezug auf unsere Währung nichts geändert werden könne, wenn England nicht dabei wäre. Also wollen wir uns — wenn ich mir den Vorschlag erlauben darf — dahin einigen, auf diesem Standpunkt stehen zu bleiben und abzuwarten, was England thut.

Herr von Kardorff kam von dem Gold und dem Silber auf die Schweine und wirft uns vor in Bezug auf den Vertrag mit Amerika — wenn man das einen Vertrag nennen will —, nicht das erreicht zu haben, was wir hätten erreichen können. Wenn man plus und minus in Bezug auf diesen Vertrag gegenüberstellt, so muß ich bitten, von vornherein außer Rechnung zu lassen die Zulassung des amerikanischen Schweinefleisches in Deutschland. Es bleibt die Meistbegünstigung Amerikas und die Rübe übrig. Ich stelle die Bitte, die Einfuhr des Schweinefleisches außer Betracht zu lassen, weil das deutsche Verbot, wie alle diese Verbote, nicht mit dem Bedürfnis unserer Landwirtschaft Amerika und der Welt gegenüber motiviert worden war, sondern pure und ausschließlich immer nur aus veterinären

Rückſichten. Wie konnten wir da, wenn nun die amerikaniſche Regierung ſagte: wir ſind jetzt imſtande, Anſtalten zu treffen, um die Gefahren zu beſeitigen, — einwenden: nein, jetzt wollen wir doch bei unſerem Verbot ſtehen bleiben, denn die Aufhebung desſelben paßt unſerer Landwirtſchaft nicht. Das war un= möglich. Jetzt mußten wir das Motiv, auf dem wir jahrelang geritten hatten, weiter reiten und mußten anerkennen, daß es nicht mehr ſtichhaltig ſei.

Ich erkenne vollkommen den Wert der Schweine für den kleinen Mann an. Ich glaube aber nicht verkennen zu können, daß die Schweinezucht für den kleinen Mann von einer Menge von Umſtänden abhängt, und daß, wenn ſie jetzt etwa zurück= geht, dies nach meinem Dafürhalten nicht ſowohl die Folge der kaum wirkſam gewordenen amerikaniſchen Schweineeinfuhr iſt, als vielmehr davon, daß unter den verhältnismäßig nicht glänzenden Umſtänden dieſes Jahres der kleine Mann nicht imſtande iſt, Schweine aufzuziehen.

Ich habe alſo auch in dieſer Beziehung Mitleid mit dem kleinen Mann. Ich glaube aber anderſeits, daß die Zulaſſung des amerikaniſchen Schweinefleiſches auch vorwiegend den kleinen Leuten zu gute kommt. Große Leute wählen ihre Nahrung meiſt anders.

Ich kann alſo den weiteren Vorwurf, den der Herr Abge= ordnete machte, die Regierung hätte auf das Schwein des kleinen Mannes nicht hinreichend Rückſicht genommen, nicht auf uns ſitzen laſſen. Was im übrigen den Kampf der Rübe gegen das Schwein angeht, ſo wird der Herr Abgeordnete, glaube ich, wenn man die erſte Frage ausſcheidet, doch mit uns einver= ſtanden ſein, daß wir ihn ſchließlich in einer Weiſe geführt und zu Ende gebracht haben, bei der die Rübe ſich ganz wohl befindet.

Da der Herr Abgeordnete die Sache einmal zur Sprache gebracht hat, ſo will ich auch hier auf die Trichinenfrage, ſoweit ich, ohne das Material zur Hand zu haben, dies kann, ein= gehen. Wenn eine Regierung ſich vertragsmäßig verpflichtet, die Aufſicht über die Fabrikation eines Nahrungsmittels zu übernehmen, ſo hat eine andere Regierung ſchwerlich das Recht, zu behaupten: „du wirſt das nicht können," ſo lange bis der

Nachweis geführt ist. Daß in Amerika alle Dinge, die Handel und Wandel betreffen, andere Proportionen annehmen als bei uns, ist zweifellos; und wenn die Rechnung des Herrn von Kardorff, daß man in Chicago 400 Veterinäre anstellen müsse, richtig ist, so glaube ich nicht, daß für die Vereinigten Staaten von Amerika die Anstellung von 400 Veterinären ein Moment ist, an dem sie eine ihnen sonst vorteilhaft erscheinende Maßregel würden scheitern lassen.

Der Herr Abgeordnete war dann der Meinung, wir würden in einen Zollkrieg mit Österreich, auch wenn wir eine Mauer gebaut hätten und die Österreicher auch, nicht geraten sein. Ich muß dem Herrn Abgeordneten bemerken: ziemlich dicht an einem solchen Krieg war der Zustand, aus dem wir jetzt herauszukommen suchen, ohnehin schon. Unsere Ausfuhr nach Österreich nahm allmählich immer mehr ab, und wenn auch die Maßregeln getroffen wären, die der Herr Abgeordnete im Auge hat, und wenn es dabei zu keinem Kriege gekommen wäre, — das Faktum steht mir fest: wenn Österreich uns die Aufnahme und Produkte unserer Waren versagt hätte, wir würden immerhin nicht umhin gekonnt haben, österreichisches Getreide bei uns zuzulassen.

Endlich eine kurze Bemerkung in Bezug auf den Wein. Das, worum es sich hier in der Hauptsache handelt, wenn man Frankreich und Italien einander gegenüberstellt, sind die Verschnittweine. Wir wünschen Verschnittweine aus Italien zu beziehen; Italien wünscht dasselbe. Verschnittweine aber bei uns einzuführen, ist Frankreich außer stande. In dieser Beziehung ist also eine Überschwemmung unseres Landes ausgeschlossen; denn französische Verschnittweine kommen nicht.

Am Schlusse seiner Rede machte der Herr Abgeordnete die Bemerkung, er würde sich auf fünf Jahre den Vertrag gefallen lassen. Ich kann mich in dieser Beziehung auf die Erwiderung beschränken, daß die verbündeten Regierungen den Vertrag auf fünf Jahre sich **nicht** würden gefallen lassen."

Sitzung am 12. Dezember 1891.

Fortsetzung und Schluß der ersten Beratung der Zoll- und Handelsverträge.

Diese Rede beschäftigt sich noch einmal näher mit der Landwirtschaft, ihrer Stellung im Staate und ihrem Verhältnis zur Industrie und weist die Annahme, der Reichskanzler habe letzterer in einer früheren Rede die größere Bedeutung zugestanden, mit ruhigen, sachlichen Worten zurück.

"Ich bitte zunächst um die Erlaubnis, den beiden Herren Vorrednern*) meinen Dank dafür aussprechen zu dürfen, daß sie die Vorlage der verbündeten Regierungen und die Äußerungen, die ich dazu gemacht habe, auch da, wo sie mit ihnen nicht übereinstimmen, in einem so freundlichen und wohlwollenden Tone behandelt haben. Wenn der Herr Abgeordnete von Manteuffel es für notwendig gehalten hat, auf die Vaterlandsliebe zurückzukommen, an die ich appelliert habe, und diese Eigenschaft für seinen andersdenkenden Fraktionsgenossen in Anspruch nimmt, so nehme ich nicht den mindesten Anstand, auch meinerseits zu erklären, daß ich an der Vaterlandsliebe des Herrn Abgeordneten Graf von Kanitz noch nie gezweifelt habe, an der Vaterlandsliebe eines Mannes, der einer Familie angehört, die durch Generationen dem Staate hervorragende Männer geliefert hat, die mit Gut und Blut für den preußischen Staat zu allen Zeiten eingetreten sind.

Ich kann mich aber auf den Kompromißvorschlag des Herrn Abgeordneten Freiherrn von Huene einlassen und bin gewillt, der Industrie die Rolle der Nähramme und der Landwirtschaft die der Nährmutter zuzusprechen; und wenn die Sache damit erledigt ist, kann ich mich für befriedigt erklären.

Man hat dann gesagt — nicht heute, oder wenigstens heute nur in leisen Anklängen, gestern stärker, aber da die leisen Anklänge heute von einer so wohlwollenden Seite wiederkehren,

---

*) Freiherr von Huene und Freiherr von Manteuffel.

will ich doch darauf eingehen —: warum ist denn bei diesen Verträgen die deutsche Landwirtschaft der leidende Teil, warum konnte man das nicht anders machen? Ja, wenn wir einmal Verträge abschließen zwischen zwei Staaten, die im Vergleiche mit uns durch ihre landwirtschaftlichen Produkte exzellieren, während wir solche Produkte einführen müssen, so liegt es in der Natur der Sache, daß von den beiden anderen Staaten zu uns landwirtschaftliche Produkte herüberkommen. Das trennt uns nicht und kann uns auch nicht trennen.

Es ist aufgefallen — und wiederholt davon gesprochen —, daß ich in meinen Äußerungen der Industrie eine bevorzugte Stellung vor der Landwirtschaft eingeräumt hätte. Ich muß gestehen, daß mich diese Behauptung in Erstaunen setzt. Ich weiß in der That nicht, wenn ich nochmals eine Rede zu halten hätte, wie ich es anfangen sollte, um mich in einer wohlwollenderen Weise für die Landwirtschaft zu äußern, um mehr zu betonen, als ich gethan habe, daß ich deren Dasein für die Existenz des Staates für unumgänglich nötig halte. Spricht man in einer längeren Rede von verschiedenen Dingen, so pflegt man sie zu gruppieren, und es kommt hier eine Gruppe und da eine andere Gruppe. Es ist nicht wohl zulässig, in jedem einzelnen Satze die Landwirtschaft und Industrie gegen einander abzuwägen. Ich möchte bitten, meine Rede in dieser Beziehung als ein Ganzes zu betrachten und zu sehen: was ist von der Landwirtschaft und was von der Industrie gesagt? — Wir haben da Österreich=Ungarn mit ausgedehnten Tiefebenen, in denen viel Korn gebaut wird, in denen das Vieh gut aufwächst, auf der anderen Seite Italien, das uns von den Blumen über den Wein und feine Öle bis zum Reis Artikel giebt, die wir zu produzieren nicht imstande sind. Ich möchte glauben, daß noch kein Mensch das Mittel gefunden hat, mit Italien und mit Österreich=Ungarn einen Handelsvertrag abzuschließen, wo beide Staaten sich in dem, was sie geben und annehmen, ergänzen müssen, anders, als indem jene Staaten landwirtschaftliche Produkte geben und dafür industrielle empfangen.

Immer wieder taucht die Frage auf, ob es denn nun den verbündeten Regierungen mit dem Festhalten dieses Zolles auch) wirklich ernst gemeint wäre. Wenn uns der Zoll von 3,50 M. für die Getreidesorten nicht ernst gewesen wäre — eine Kleinigkeit war es, aus den Verträgen mit einem geringeren Zollsatz hervorzugehen.

Sie ahnen nicht, was für ein Kraftaufwand unsererseits notwendig gewesen ist, diesen Zoll zu erhalten. Glauben Sie, daß wir die Kraft aufgewendet haben würden, wenn wir der Meinung gewesen wären, es wäre zweckmäßiger, mit einem niedrigeren vorlieb zu nehmen? Ich nicht!

Endlich der Mangel an ländlichen Arbeitern und was damit zusammenhängt. Die verbündeten Regierungen erkennen diesen Mangel, glaube ich, mindestens ebenso klar, wie irgend ein Mitglied des Hauses. Denn uns gehen, nicht von einer Stelle, sondern von den verschiedensten Stellen des Ostens, die Klagen darüber zu, und ich kann erklären, daß die verbündeten Regierungen in Erwägungen eingetreten sind, was nach dieser Richtung zu thun ist, im speziellen darüber, ob und wie das Gesetz über den Unterstützungswohnsitz zu ändern wäre, und ich glaube, daß diese Tagung nicht verlaufen wird, ohne daß die verbündeten Regierungen an das Haus mit einer Vorlage herantreten."

Sitzung am 15. Dezember 1891.

Zweite Beratung der Handelsverträge.

Diese Rede erwidert auf den Vorwurf, daß der neue Tarifvertrag überstürzt und daß bei seinem Zustandekommen der Reichstag nicht genügend zu Rate gezogen worden sei.

„Ich will auf einige Einzelheiten, die der Herr Abgeordnete*) angeführt hat, nicht näher eingehen, um den Kreis der Debatte nicht noch zu erweitern. Wenn er auf seine alten Waffen zurückgegriffen hat, wie das Sozialistengesetz, so glaube

---

*) von Kardorff.

ich im Interesse des Hauses zu handeln, wenn ich auch dies nicht noch in die Debatte hineinziehe, in die schon eine Menge Dinge hineingezogen sind, die nicht hineingehören.

Wenn der Herr Abgeordnete von neuem das Geflügel unter seine schützenden Fittige genommen hat, so finde ich darin, daß er wiederholt darauf zurückgekommen ist, und daß ähnliche Details einen solchen Umfang gewinnen, doch ein Anzeichen davon, daß der Wert der Dinge, um die es sich hier im ganzen handelt, in dem Bilde, das das Haus sich macht, immer mehr zurücktritt gegen die kleinen Details, die in den Vordergrund gestellt werden.

Wenn der Herr Abgeordnete die Schätze, die an Familiensinn und Religiosität in unserem Bauernstande liegen, hochschätzt, so gebe ich ihm darin nichts nach; ich gehe vielmehr noch weiter als er: ich schätze sie so hoch, daß ich glaube, sie werden selbst durch den partiellen Schaden, den sie an den 1,50 M. erleiden könnten, nicht alteriert werden.

Der Herr Abgeordnete verwahrt sich eingangs seiner Rede dagegen, ich hätte ihm imputiert, er habe ein System mit hohen Mauern empfohlen. Sowie der Herr Abgeordnete sagt, daß er das nicht empfohlen hat, versteht es sich von selbst, daß ich revoziere; ich bin dann aber noch nicht imstande, zu erkennen, was er eigentlich empfiehlt. Denn, wenn er sagt, wir wollen unsere Tarife jetzt revidieren, so wird ein Mann wie Herr von Kardorff doch nicht glauben, daß damit die gegenwärtige Frage aus der Welt geschafft wäre, daß, wenn wir unsere Tarife revidiert und einige Zölle, wie er wünscht, in die Höhe gesetzt hätten, daß wir damit um die kolossale Frage, vor der wir stehen, herumgekommen wären.

Der Herr Abgeordnete sagt weiter, er getraue sich nicht, über irgend eine Industrie ein Urteil abzugeben, klagt aber gleichzeitig darüber, daß das Parlament nicht mitgewirkt habe. Ja, meine Herren, wenn nun viele Herren in derselben Lage sein sollten wie der Herr Abgeordnete, würde ich meinen, daß der erste Satz, den er ausgesprochen hat, den Wert des zweiten Satzes wesentlich abschwächt. Er vermag nicht abzusehen, wie ein Tarif wirkt, klagt aber darüber, daß man diese Tarife überstürzend hier eingebracht hat. Die verbündeten Regierungen haben in langen Jahren noch keinen Tarifvertrag — und sie haben schon manchen hier eingebracht — in anderer Weise eingebracht: noch keiner ist anders behandelt worden. Wenn also in dem Verfahren etwas läge, was seitens der Regierungen den Abgeordneten eine Überstürzung oder Pflichtverletzung zumutete, so würde doch auch der Reichstag an diesem Vorwurf insofern einen großen Teil haben, als er die früheren Verträge nicht anders behandelt hat.

Endlich meinte der Herr Abgeordnete — und ich glaube, er hat mir den Vorwurf neulich schon gemacht, ich kann mich aber darin irren —, man hätte den Reichstag vorweg zu Rate ziehen sollen. Nun giebt unsere Verfassung meines Wissens keine Mittel dazu. Wenn der Herr Abgeordnete Mittel und Wege fände, einen Gesetzesvorschlag einzubringen, der dahin ginge, daß dem Reichstag, schon ehe die verbündeten Regierungen in Verhandlung mit anderen Regierungen eintreten, eine Mitwirkung zugestanden werden soll, und wenn dieser Gesetzesvorschlag den Beifall des Hauses fände, so würden seitens der verbündeten Regierungen dem keine Schwierigkeiten entgegenstehen. Ich halte das einfach für unmöglich."

Sitzung am 18. Dezember 1891.

Dritte Beratung der Handelsverträge.

Es handelt sich in dieser Rede fast ausschließlich um eine persönliche Auseinandersetzung mit dem Abgeordneten von Kardorff, dessen Anschauungen über einzelne Vorgänge der äußeren Politik der Reichskanzler völlig ablehnend behandelt.

„Zu meinem aufrichtigen Bedauern — und ich glaube, ich stehe mit diesem Bedauern im hohen Hause nicht ganz allein — ist der Herr Abgeordnete von Kardorff von der meines Erachtens sehr löblichen Tendenz, die er gestern bekundete, die Verhandlungen nicht unnötig in die Länge zu ziehen, zurückgekommen.

Noch einmal hat er an dem inneren Gesicht dieses Hauses alle seine Schmerzen vorüberziehen lassen. Ich kann dem nichts entgegensetzen als meine Hoffnungen, und ich glaube, diese Hoffnungen werden zum großen Teil von der Majorität dieses Hauses und auch von der Majorität des Landes geteilt. Im übrigen sind es nur wenige Punkte, die ich kurz erwähnen möchte. Er klagt, daß er durch Äußerungen von mir enttäuscht worden wäre. Nach dem, was ich bis jetzt von dem Herrn Abgeordneten von Kardorff gehört habe, muß ich zu meinem Bedauern gestehen, daß ich die Befürchtung habe, ich werde ihn noch öfter enttäuschen.

Er unterstellt dann — und das ist das, was mich nötigte, das Wort zu ergreifen — den verbündeten Regierungen Motive, die diese weder in der Denkschrift, noch in den Äußerungen, die hier gefallen sind, jemals dargelegt haben. Ich spreche dem Herrn Abgeordneten jede Berechtigung hierfür ab. Ich nehme dies Schicksal aber nicht tragisch, weil die verbündeten Regierungen es mit einer großen Menge von Parteien im Hause teilen, welchen er ebenfalls Motive unterstellt hat, von denen ich bisher nichts gehört habe.

Der Herr Abgeordnete schadet damit weder der Sache noch den verbündeten Regierungen noch den Parteien. Ich glaube also auch hierüber leicht hinweggehen zu können.

In dem Teil seiner Rede, in welchem er die auswärtige Politik berührte und abfertigte, hat er geäußert, er erkenne in der Mac-Kinley-Bill keine politische Aktion. Wenn er in der Mac-Kinley-Bill keine politische Aktion erkennt, so erkennt er auch in dem Panamerikanismus keine politische Aktion; und wenn das der Fall ist, werde ich so lange, bis dem Herrn Abgeordneten diese Erkenntnis gekommen sein wird, darauf verzichten, mich über äußere Politik von dieser Stelle mit ihm zu unterhalten."

Die Handelsverträge werden in dieser Sitzung mit 243 gegen 48 Stimmen angenommen; 5 Abgeordnete enthalten sich der Abstimmung.

Sitzung am 15. Februar 1892.

Zweite Beratung des Reichshaushaltsetats für 1892/93:
Verwaltung des Reichsheeres, Militärjustizverwaltung.

Der Reichskanzler nimmt in dieser Rede Stellung zu den Mißhandlungen von Soldaten durch ihre Vorgesetzten. Die Darlegung spricht für den hohen, humanen Standpunkt des Redners und ist gleichzeitig getragen von festen, klaren Begriffen über die Aufgabe der Armee zu Kriegs- und Friedenszeiten. Der Reichskanzler wendet sich gegen eine ganze Reihe populär gewordener Irrtümer und Mißverständnisse.

„Der früheren Gepflogenheit würde es entsprochen haben, wenn bei den Initiativanträgen aus diesem Hause der Reichskanzler das Wort nicht ergriffe. Angesichts der Beunruhigung, die der Herr Abgeordnete Dr. Casselmann*) so drastisch dargelegt hat, und deren Dasein ich nicht in Abrede zu stellen imstande bin, angesichts der indirekten Angriffe, die der Herr Abgeordnete gegen die preußische Verwaltung gerichtet, deren Chef heute leider durch Krankheit verhindert ist, hier zu sein, sehe ich mich indes veranlaßt, das Wort zu nehmen.

Zunächst ist unter uns allen ja darüber Einverständnis, daß die Mißhandlungen, die Gegenstand zu der Debatte geben, überaus beklagenswert sind. Ich brauche darüber kein Wort zu verlieren. Sie sind vielleicht vom Standpunkt des Militärkommandos noch beklagenswerter als von irgend einem anderen; denn sie erschweren die Aufrechterhaltung von Zucht und Ordnung in der Truppe, das, woran niemand anders ein so starkes Interesse hat als das Militärkommando. Also darüber sind wir alle einig, — ich verliere kein Wort weiter darüber.

---

*) Der Abg. Dr. Casselmann hatte an den von dem sozialdemokratischen Blatte „Vorwärts" veröffentlichten Erlaß des kommandierenden Generals des sächsischen Armeekorps, Herzogs Georg von Sachsen, erinnert, dessen Inhalt eine ganze Reihe von Soldatenmißhandlungen bilde, die an Grausamkeit und Roheit alles bisher Dagewesene weit hinter sich gelassen haben.

Beruhigend kann für den Herrn Abgeordneten vielleicht sein, daß die Dinge doch auch bei dem heimlichen norddeutschen Verfahren zu Tage gekommen sind, und daß sie eine Ahndung gefunden haben, wie es bei dem bayerischen Verfahren vielleicht nicht schärfer der Fall gewesen sein könnte.

Wenn der Herr Abgeordnete aus dem Umstande, daß acht Tage durch die Zeitungen die Nachricht ging, in Köln wäre ein Marinesoldat erschossen worden, ein Moment gegen das preußische Verfahren herleitet, so sehe ich nicht ein, wie sich Leute über so etwas beunruhigen können. Wenn jemand in der Zeitung lügt, und dem wird nicht widersprochen, so läßt sich nicht verhindern, daß solche Lügen üble Folgen haben. Wir sind aber auf der anderen Seite weder gewillt noch verpflichtet, gegen jede Lüge öffentlich aufzutreten, und ich habe schon früher einmal an dieser Stelle gesagt, ich könnte einen eigenen Beamten halten, der alle Tage das dementierte, was von dem Reichskanzler gesagt sein soll; das würde allein einen Mann beschäftigen können.

Der Herr Vorredner hat die Ansicht ausgesprochen, in Bayern hätte man die besten Erfahrungen gemacht, dank des vorzüglichen bayerischen Verfahrens, dessen Vorteile nicht anzuerkennen mir fern liegt; — ich habe selbst einmal die Ehre gehabt, bayerische Truppen zu kommandieren; ich bin diesen Verhältnissen näher getreten. Ich wünsche von dem Herrn Abgeordneten nur, daß er dem preußischen Verfahren eine ebenso unparteiische Beurteilung entgegenbringt, wie ich dem bayerischen, — und vielleicht verhelfe ich ihm in diesem Falle zu einer solchen Unparteilichkeit dadurch, daß ich ihm sage: das Zurückgehen der Strafen wegen Mißhandlung von Untergebenen, was er dem bayerischen Verfahren als eine Folge vindiziert, existiert in Preußen thatsächlich auch seit einer Reihe von Jahren; die Fälle wegen Mißhandlung gehen bei uns konstant herunter. Ich kann also nicht zu dem Schluß kommen, daß diese Thatsache die Folge des einen oder des anderen Verfahrens sein soll. Nun muß ich schon bei der eingehenden Weise, mit der der Herr Abgeordnete sich mit dem nichtpreußischen Verfahren beschäftigt hat, um die Erlaubnis bitten, auch darzustellen, wie denn die Dinge bei uns in diesem Falle liegen.

Es existiert eine Kabinettsordre vom 6. Februar 1890, die in Preußen ziemlich bekannt ist; ich bitte aber doch um die Erlaubnis, sie verlesen zu dürfen. Sie handelt über dergleichen Dinge und heißt:

Ich habe aus den Mir von den kommandierenden Generalen eingereichten Nachweisungen über die Bestrafungen wegen Mißhandlung Untergebener ersehen, daß die Bestimmungen der Ordre vom 1. Februar 1843 noch nicht durchweg in dem Geist aufgefaßt und gehandhabt werden, in dem sie gegeben worden sind. In Meiner Armee soll jedem Soldaten eine gesetzliche, gerechte und würdige Behandlung zu teil werden, weil eine solche die wesentlichste Grundlage bildet, um in demselben Dienstfreudigkeit und Hingebung an den Beruf, Liebe und Vertrauen zu den Vorgesetzten zu wecken und zu fördern. Treten Fälle von fortgesetzten, systematischen Mißhandlungen Untergebener hervor, so haben Mir die kommandierenden Generale bei Einreichung der Nachweisungen zu berichten, welche Vorgesetzten die Verantwortung mangelhafter Beaufsichtigung trifft, und was ihrerseits gegen dieselben veranlaßt worden ist.

Sie haben hiernach das Erforderliche zu veranlassen und den kommandierenden Generalen auch die Bemerkungen, zu welchen Mir die letzten Nachweisungen Anlaß gegeben haben, zugehen zu lassen.

Berlin, den 6. Februar 1890.

(gez.) Wilhelm.

Diese Ordre bezieht sich also auf eine Ordre von 1843, und so lange ich denken kann, existiert in der preußischen Armee die Bestimmung, daß — früher die alte Ordre, jetzt wahrscheinlich die neue Ordre, den Unteroffizieren und Offizieren vor jeder Rekruteneinstellung vorgelesen und eingeschärft wird.

Trotz alledem sind Mißhandlungen nicht aus der Welt zu schaffen gewesen, und — das erkennt der Herr Vorredner auch an — weder durch Ermahnung noch durch öffentliche Verhandlung solcher Dinge wird die menschliche Natur geändert werden. Es wird immer, wie Sie ganz treffend sagten, rohe und heftige Menschen geben; das wird unter dem einen Verfahren so bleiben wie unter dem anderen. Ich konstatiere aber hiermit, daß in Preußen seit dem Jahre 1843 von dem Monarchen darauf hingewirkt worden ist, die Zahl solcher Fälle zu reduzieren.

Wir haben die Bestimmung, wonach Strafbücher geführt werden, bei allen Kompanieen und Eskadrons; diese Strafbücher werden revidiert seitens der Vorgesetzten mit einer Peinlichkeit, wie sie, glaube ich, selten wieder vorkommt, und gegen die man schon das Bedenken erhoben hat, daß, weil die Kontrolle der Hauptleute, der Kompaniechefs, in Bezug auf ihre Bestrafungen eine so starke wäre, sie die Lust am Bestrafen ganz verlieren könnten und lieber eine Sache laufen lassen, als sich dieser unausgesetzten scharfen Kontrolle, diesem Erwägen des Für und Wider bei jeder einzelnen Bestrafung auszusetzen. In dieser Beziehung ist nach meinem Dafürhalten auch nicht gefehlt worden.

Es ist aber anzuerkennen, daß der Beruf der Offiziere und Unteroffiziere ein schwerer ist, daß er immer schwerer geworden ist, und die verbündeten Regierungen werden es an dem ihrigen nicht fehlen lassen, um dahin zu wirken, daß nach dieser Richtung eine Erleichterung eintreten kann. Wenn Sie sich in die Lage eines Hauptmanns versetzen, so werden Sie, glaube ich, zugeben müssen, sofern Sie die Verhältnisse überhaupt kennen, daß er in einer Weise in Anspruch genommen ist, wie überhaupt kaum ein anderer Beamter.

Er ist nicht imstande, seine Untergebenen Tag und Nacht so zu bewachen, daß einzelne Fälle von Mißhandlungen nicht vorkommen können. Wenn wir aber entweder die Zahl der Offiziere vermehren oder aber sie nach anderer Richtung erleichtern können, wenn wir den Stand unserer Unteroffiziere zu heben imstande sind, so werden wir darin auch eins der Mittel finden, nicht ein Palladium für alle Fälle, aber eins der Mittel, die nach dieser Richtung mitwirken können.

Bei den sehr schroffen Fällen — und Fälle, wie sie in der Königlich sächsischen Armee vorgekommen sind, sind ja auch anderwärts vorgekommen — ich erinnere an die Broschüre eines Herrn Abel; ich glaube, er hat bei einem Trainbataillon gestanden, — bei den sehr schroffen Fällen also habe ich die Überzeugung, daß oftmals ein gewisser Grad von geistiger Störung die Ursache zu den Ausschreitungen seitens der Vorgesetzten ist; in dem Falle, der den Herrn Abel veranlaßt hat, in der Presse thätig zu werden, ist der Irrsinn des Vorgesetzten konstatiert worden: er ist in ein Irrenhaus gebracht worden.

Es werden immer solche Fälle übrig bleiben. Sie werden sie durch kein Verfahren ganz aus der Welt schaffen können. Aber in allen deutschen Staaten, so gut in Preußen, in Sachsen wie in Bayern, herrscht das Bestreben der Vorgesetzten, und es wird mit allem Ernst danach getrachtet, diese Fälle aus der Welt zu schaffen."

Caprivi wendet sich hierauf zum Inhalt der Interpellation, wobei er nicht umhin kann, die schroffe Form zu konstatieren, die sie angenommen habe, kommt auf den Charakter des Beschwerdereglements und das militärische Strafprozeßverfahren zu sprechen, wobei er betont, daß seinem Dafürhalten nach ein sehr wesentlicher Unterschied besteht zwischen den Anforderungen, welche an ein Militär- und ein Zivilverfahren zu stellen sind.

„Dieser Unterschied beruht darauf, daß eine Armee um so besser ist, je mehr ihre Friedenseinrichtungen sich dem Kriegszustande nähern. Es darf nicht mit dem Übergang vom Frieden zum Krieg der Vorhang fallen und dann an einer anderen Seite wieder aufgehen; der Mann darf nicht das Gefühl haben: jetzt hört alles das, was du im Frieden gelernt hast, auf, du kannst auch Zucht und Ordnung zu hause lassen, es fängt ein ganz neues Leben an. Je mehr wir die Friedensgewohnheiten auf den Krieg übertragen können, um so leichter werden wir imstande sein, die Disziplin im Kriege aufrecht zu erhalten. Wenn man dies zugiebt, so ist die Forderung nicht unbescheiden, daß bei der Beratung einer Militärstrafprozeßordnung auch die

Frage erwogen wird: wie würde sich denn dies Verfahren im Kriege gestalten?"

Nach einer Charakterisierung der zwei Arten von Militärgerichten: Kriegsgerichte und Standgerichte — letztere seien nicht mit den politischen Standgerichten zu verwechseln — wendet sich der Reichskanzler der Forderung zu, daß man den religiösen Sinn im Heere fördern müsse. Sein Standpunkt in dieser Frage ist der, daß von konfessionellen Truppenteilen nicht die Rede sein könne und daß es nicht thunlich wäre, in den Kasernenstuben Konventikel abzuhalten. Der Reichskanzler hält es für ein Glück, daß die Armee es bisher verstanden habe, die Frage, die jahrelang während des Kulturkampfes die ganze deutsche Welt aufs tiefste erschütterte, von sich fern zu halten. Zum Schluß hebt der Reichskanzler noch hervor, daß er den Wert der Presse — deren Bedeutung er sonst volle Gerechtigkeit widerfahren lasse — für das militärische Leben total leugne, ja ihre Einwirkung für schädlich halte, sobald der Soldat aus ihr abfällige Urteile über seine Vorgesetzten vernehme; die Disziplin würde durch solche öffentliche Abkanzelung bedeutend erschwert. Nachdem der Reichskanzler der Handhabung dieser Disziplin noch einige kräftige, anerkennende Worte gewidmet hat, — beendet er diese Rede mit folgendem Gedanken:

„Man hat sich bei uns daran gewöhnt, manche Dinge als selbstverständlich anzusehen. Man hat angenommen, daß es der Regierung gleichgültig ist, ob man auf sie schilt oder nicht. Ebenso hat man es als selbstverständlich anzusehen angefangen, daß wir eine gute Disziplin haben. Aber wenn eine Agitation in die Massen kommt, wenn nicht bloß die Zeitungen, die auf der extremsten Seite stehen, sondern wenn man immer weiter geht, sich abfällig mit der Armee und ihren Einrichtungen zu befassen beginnt, so kann auch diese vorzügliche Armee zerstört werden. Ich habe das hier ganz geflissentlich gesagt; ich weiß, man wird mich in der Presse angreifen; es ist mir aber gleichgiltig. Wenn ich nur erreichte, daß ein paar Journale das ließen, so würde ich glauben, der Armee und dem Reiche einen Dienst geleistet zu haben.

Sie werden also überzeugt sein, meine Herren, daß das, was erforderlich ist, und was mit der Erhaltung der Disziplin der Armee verträglich ist, geschehen wird, um mit Ihnen zu einer Vereinbarung über ein Strafprozeßverfahren zu kommen. Daß diese Vereinbarung in dieser Session noch stattfinden könnte, halte ich für ausgeschlossen; ich bitte Sie aber, den verbündeten Regierungen das Vertrauen entgegenzubringen, daß sie bestrebt sein werden, das Verfahren zu finden, was der Sache am besten dient."

Dieselbe Sitzung.

Caprivi polemisiert eifrig gegen Bebel, der die gegen preußische Truppenteile und Offiziere erhobenen Beschuldigungen nicht durch Angabe der Quellen stützen mag und der von dem Gesichtspunkt auszugehen schiene: für den Soldaten sei der Zweck das Beschwerdeführen.

Der Reichskanzler konstatiert mit sichtlicher Genugthuung, daß ihm das Buch des Herrn Göhre gezeigt habe, wie sehr doch selbst unter den Sozialdemokraten die Anhänglichkeit an die Truppe und die alten Führer lebt.

„Ich kann nicht umhin, trotz der späten Stunde mit ein paar Worten zu erwidern. Zunächst habe ich zu bemerken, daß der Herr Abgeordnete Bebel meine Äußerungen über die Zukunft des Militärgerichtsverfahrens unrichtig dargestellt hat. Ich verweise ihn auf den stenographischen Bericht. Ich habe meine eigene Ansicht ausgesprochen und habe den preußischen Standpunkt dargelegt, ohne mich darüber zu äußern, was in Zukunft geschehen wird.

Ebenso muß mich der Herr Abgeordnete in Bezug auf das mißverstanden haben, was ich über Religion gesagt habe. Ich begreife nicht, wie Herr Abgeordneter Bebel die Armee und die Volksschule in dieser Beziehung auf eine Stufe stellen kann. Er hat uns geraten, Kameradschaft, vielleicht sogar auch Nächstenliebe statt der Religion anzuwenden. Der Herr Abgeordnete Bebel verwechselt Wirkung und Ursache, und ich fürchte, auf diesem Boden werde ich mich mit ihm über Religion niemals verständigen.

Er hat dann geschwelgt in einer Reihe von Fällen übler Art von Mißhandlungen. Ich möchte ihn auffordern, mir diejenigen Gewährsmänner zu nennen, denen er die Fälle verdankt.

Ich würde es noch für kürzer gehalten haben, wenn diese Gewährsmänner sich an die militärischen Vorgesetzten gewandt hätten. Dann würde ich ganz sicher sein, daß die Sache untersucht und zu Ende geführt worden wäre. Wenn der Herr Abgeordnete Bebel sich hier herausnimmt, preußische Truppenteile und Offiziere vor der Öffentlichkeit zu beschimpfen, dann fordere ich ihn heraus, die Namen seiner Gewährsmänner zu nennen; das ist seine Pflicht.

Dann werden wir eingreifen! So lange Sie diese Menschen nicht nennen, können wir das nicht; so lange bleiben diese Äußerungen auf dem Niveau anonymer Denunziationen, auf die einzugehen die Militärverwaltung nicht gewohnt ist.

Man sollte glauben, der Herr Abgeordnete Bebel hält das Beschwerdeführen für einen Zweck des Soldaten; so oft kommt er damit; er soll Beschwerde führen; er muß angewiesen werden, Beschwerde zu führen. Ich habe das Buch des Herrn Göhre gelesen und zu meiner Freude darin gefunden, wie sehr doch selbst unter den Sozialdemokraten die Anhänglichkeit an die Truppe und an die alten Führer noch wach ist, und ich habe dabei zu meinem Erstaunen zum ersten Male in meinem Leben mit den Sozialdemokraten sympathisieren können. Der Herr Abgeordnete Bebel wird mir erlauben, mich in meinem Glauben über die Sozialdemokraten und über ihr Verhältnis zu den Truppen an das zu halten, was Herr Göhre sagt, und nicht an das, was er hier gesagt hat.

Der Herr Abgeordnete hat die Quelle darin, daß vielfach nicht Beschwerde geführt wurde, in einem Mangel an Mannesmut gesehen. Er mag vielleicht recht haben; es setzt mich nur in Erstaunen, daß er dafür immer noch Herrn Abel zitiert. Herr Abel hat, ausweislich seiner eigenen Aussagen, vier Monate lang Tagebuch über die Mißhandlungen anderer Leute geführt; er hat das sorgfältig jeden Tag mit sich nach Hause genommen und ist dann damit an die Öffentlichkeit getreten. Wie es da mit dem Mannesmut bei ihm steht, lasse ich dahingestellt.

Was die Selbstmorde anlangt, so habe ich zunächst zu bemerken, daß bei jedem Selbstmord eine gerichtliche Untersuchung stattfindet. Ob das, was der Herr Abgeordnete Bebel hier angeführt hat, richtig ist oder nicht, kann ich nicht beurteilen; das weiß ich aber, daß viel von dem, was über die Selbstmorde in der sozialdemokratischen Presse geschrieben ist, unrichtig gewesen ist. Was die Selbstmorde in der Armee angeht, so wird der Herr Abgeordnete Bebel mit mir sich darüber freuen, daß sie in den letzten Jahren konstant abgenommen haben, und zwar betrug in der preußischen Armee die Zahl der Selbstmorde im Jahre 1881 256, das macht 0,77 vom Tausend der Truppenstärke. Dann kommt 1886 mit 0,63 vom Tausend, 1889 0,56 und im Jahre 1890 0,50.

Was nun die Zahl der Selbstmorde angeht, die die Folge von Mißhandlungen sind — und da eben jedem Selbstmord ein gerichtliches Verfahren folgt, so ist wenigstens die Militärbehörde von dem Verdacht frei, nicht alles gethan zu haben, um herauszubekommen, ob eine Mißhandlung vorlag oder nicht —, so habe ich ihm zuerst zu bemerken, daß die Selbstmorde bei Unteroffizieren ungleich stärker sind als bei den Mannschaften, also bei den Mißhandelnden stärker als bei den Gemißhandelten.

Dann habe ich ihm weiter folgende Zahlen anzugeben. In der preußischen Armee waren gekommen auf Selbstmord aus Furcht vor Strafe 45,35, aus Unlust am Dienst 9,2, aus Ärger über Bestrafung 4,9 und wegen Mißhandlungen 2,6 Prozent.

Also ich glaube, der Herr Abgeordnete wird mir zugeben, wenn auch die Zahl noch immer beklagenswert groß ist, wenn sie auch das übersteigt, was in den gleichen Jahren in der Zivilbevölkerung vorkommt — worüber sich aber auch manches zu Gunsten der Militärbehörde sagen läßt und schon oft genug gesagt worden ist, was ich aber der späten Stunde wegen verschweigen will —, der Herr Abgeordnete wird mir zugeben, daß auch hier eine Besserung eingetreten ist.

Der Herr Abgeordnete hat uns dann eine neue Militärerziehungsmethode empfohlen. Bei allem Respekt vor seiner umfassenden Kenntnis, würde ich doch den verbündeten Regierungen raten, sich in dieser Beziehung an berufenere Männer zu wenden.

Er hat dann weiter auch einzelne militärische Übungen kritisiert, er ist auf die Exerzier- und Übungsplätze gegangen. Daß Übungen der Gesundheit schädlich sein können, ist eine bekannte Thatsache; es kommt leider auch vor, daß ab und zu ein Todesfall die Folge sein kann. Er hat einen im vorigen Jahre in Weimar vorgekommenen Fall zitiert; derselbe ist untersucht worden, und es ist festgestellt, wer Schuld gehabt hat. Aber ich muß ein für allemal ablehnen, auf Recherchen über die Ausübung des militärischen Kommandos im Dienst einzugehen. Stellen Sie sich einmal vor, wenn das erst Mode würde, daß hier kritisiert wird, ob eine Kompanie zu lange geritten hat, ob es bei zu strenger Kälte geschehen ist, ob der Mann gestürzt ist, und ob man dem Pferd den Sprung noch zumuten konnte — stellen Sie sich einmal vor, wenn das Mode würde, und wenn die verbündeten Regierungen darauf eingingen: was würden wir im Kriege erleben nach dem ersten unglücklichen Gefecht? Also das Eingehen auf diese Übungen, die lediglich von der Kommandogewalt abhängen, lehne ich ein für allemal bestimmt ab.

Endlich hat der Herr Abgeordnete gemeint, ich wäre der Meinung, daß man klüger thäte, die Leute nicht lesen zu lehren, damit sie nicht die Zeitungen in der Kaserne lesen. Ich gebe ihm das mit der Beschränkung zu, daß es mir allerdings lieber wäre, die Leute könnten gar nicht lesen, als daß sie die Zeitungen der sozialdemokratischen Partei lesen."

Sitzung am 16. Februar 1892.

Fortsetzung der Diskussion über die Militärjustizverwaltung.

Der Reichskanzler verwahrt die Regierung gegen die Anschuldigungen einiger Abgeordneten, als ob von ihr aus nicht genügende Maßregeln getroffen würden, um der Soldatenmißhandlung und der Verrohung in der Armee vorzubeugen; er tadelt ferner, daß unter der Flagge der Redefreiheit eines sozialdemokratischen Deputierten sich jedes Mißvergnügen, jede Unzufriedenheit der Gemeinen sofort Luft machen könne.

„Der Herr Abgeordnete Haußmann hat mir den Rat gegeben, mich gelegentlich vom Schlachtfelde zu seiner Kulturhöhe zu erheben. Ich bin nicht imstande zu ermessen, welche Anstrengung meinerseits dazu erforderlich sein würde, weil ich zu wenig das Vergnügen habe, den Herrn und seinen Kulturstandpunkt zu kennen.

Nach der Rede, die er heute gehalten hat,*) könnte ich der Gefahr ausgesetzt sein, diese Höhe zu unterschätzen; denn ich kann mir nicht ganz klar darüber werden, welchen anderen Zweck diese Rede hätte haben können als Mißtrauen und Mißvergnügen zu erregen.

Meine Herren, was soll es denn, wenn jemand sich hierher stellt und vor dem Lande eine Anzahl von Fällen, die hier zu beurteilen kein Mensch imstande ist, vorträgt?

Er denunziert hier die Handhabung des Gerichtswesens, er denunziert den ärztlichen Dienst, ganz abgesehen von dem militärischen Dienst, — und ich glaube, von uns allen ist kein einziger in der Lage zu übersehen, wie der Fall wirklich lag. Der Herr Abgeordnete kann nach meinem Dafürhalten mit

---

*) Der Abgeordnete Haußmann hatte mehrere Fälle von Mißhandlungen, die in Württemberg vorgekommen, zur Sprache gebracht. Nachdem der stellvertretende Bevollmächtigte zum Bundesrat für das Königreich Württemberg Oberstleutnant von Neidhardt den Thatbestand richtig gestellt, nahm der Reichskanzler das Wort.

dieser Rede keinen anderen Zweck gehabt haben, als das Land darauf aufmerksam zu machen und den Glauben zu erregen, daß von seiten der kompetenten Stellen nicht das geschehe, was geschehen müsse.

Das ist eine Kulturhöhe, auf die ich dem Herrn Abgeordneten Haußmann zu folgen nicht gesonnen bin.

Der Herr Abgeordnete hat eine Differenz konstatieren zu müssen geglaubt zwischen dem, was ich gestern über die von den preußischen Generalkommandos eingeforderten Berichte gesagt habe, und dem, was heute hier gesagt worden ist. Diese Differenz existiert nicht; ich habe nicht gesagt, daß diese Berichte noch nicht da wären; ich verweise den Herrn Abgeordneten in dieser Beziehung auf den stenographischen Bericht.

Der Herr Abgeordnete hat den einen und den anderen Fall hier erwähnt, der ja so beklagenswert ist wie die Fälle, die wir gestern gehört haben. Ich kann aber, sofern diese Fälle nicht schon ihre gerichtliche Erledigung gefunden haben, nur wiederholen, was ich gestern gesagt habe: die Militärbehörde kann auch auf diese Dinge nur eingehen, wenn die Herren die Güte haben, die Gewährsmänner zu nennen.

Es ist in meinem Auftrage heute früh an den Herrn Abgeordneten Bebel ein Schreiben gerichtet worden, er möge die Güte haben, die Gewährsmänner zu nennen, damit dagegen eingeschritten werden kann.

Der Herr Abgeordnete Haußmann hat mir einen Vorwurf daraus gemacht, ich hätte mehr als preußischer General denn als Reichskanzler gesprochen. Wenn ich meinen Pflichten als Reichskanzler dadurch nicht gerecht geworden wäre, so würde ich das beklagen. Den Beweis ist er mir aber schuldig geblieben, und im allgemeinen glaube ich aussprechen zu können, daß auch ein Reichskanzler sich nichts vergiebt, wenn er als preußischer General auftritt.

Der Herr Abgeordnete hat den § 7 des Beschwerdereglements in den Kreis seiner Betrachtungen gezogen und ihn natürlich auf seine Weise gedeutet, was ich ihm nicht verdenken kann. Dieser Paragraph hat — und das ist ganz ersichtlich aus dem ganzen Zusammenhang — keinen anderen Zweck als einen für den Mann, für den Beschwerdeführer, wohlwollenden.

Denn wenn der Mann eine unbegründete Beschwerde anbringt, so wird er nach § 152 des Strafgesetzbuchs bestraft. Da nun der Mann wohl wissen kann, — alle Soldaten wissen, bei wem sie sich zu melden haben, wenn sie eine Beschwerde anbringen, — so reicht das hin. Aber der Mann kennt den § 152 des Strafgesetzbuches nicht; er ist eben kein Jurist. Er kann auch nicht ein so kleines Handbuch in der Tasche haben; das würde ihm auch nichts nützen. Also den Mann darauf aufmerksam zu machen, ob er sich mit dem § 152 des Strafgesetzbuches in Konflikt setzt oder nicht, ist der Zweck dieses Artikels 7, und der Artikel 7 ist, soviel ich weiß, bisher wirksam gewesen im Interesse der Mannschaften.

Der Herr Abgeordnete hat zwischen der starken Inanspruchnahme der Vorgesetzten, zwischen der abnehmenden Zahl der Mißhandlungen und zwischen meiner Behauptung, daß die Verrohung in der Bevölkerung zunehme, daß das aus den Vorstrafen zu ersehen sei, einen Zusammenhang konstruiert, aus dem er sich für berechtigt gehalten hat, mich eines Mangels an Logik zu zeihen. Ich bin, muß ich gestehen, nicht imstande gewesen, seinen Betrachtungen zu folgen. Die Verrohung liegt vor dem Eintritt; je verrohter der Soldat, um so leichter die Versuchung für den Vorgesetzten ihn zu mißhandeln. Wenn also trotz der verrohteren Soldaten die Zahl der Mißhandlungen abnimmt, so ist das eine Erscheinung, welche für die Vorgesetzten spricht.

Der Herr Abgeordnete hat dann weiter gemeint, ich hätte den Ausdruck „Verrohung" nicht vor dem Auslande gebrauchen sollen. Ja, wenn wir von dem Auslande sprechen, so will ich zunächst dem Herrn Abgeordneten Richter meinen Dank dafür aussprechen, daß er sich an der schmutzigen Wäsche, die wir hier vor dem Auslande vorgenommen haben, nicht beteiligt hat.

Der Herr Abgeordnete Richter aber hat mir vorgeworfen, ich hätte Preußen gelobt auf Kosten von Bayern; ich hätte nicht anerkannt, daß das bayerische Verfahren ein gutes sei. Der Herr Abgeordnete Richter muß nicht gegenwärtig gewesen sein, als ich sprach), oder ich habe vielleicht nicht laut genug gesprochen. Ich spreche nicht gern laut, weil ich dann auch gerade beim Herrn Abgeordneten Richter, wie ich heute wieder gesehen habe, leicht den Eindruck mache, ich wäre gereizt. Das war gestern nicht der Fall und ist auch heute nicht der Fall.

Ich will nun aber doch dem Herrn Abgeordneten Richter aus dem stenographischen Bericht vorlesen, was ich gesagt habe:

Der Herr Vorredner hat die Ansicht ausgesprochen, in Bayern hätte man die besten Erfahrungen gemacht dank des vorzüglichen bayerischen Verfahrens, dessen Vorteile nicht anzuerkennen mir fern liegt; — ich habe selbst einmal die Ehre gehabt, bayerische Truppen zu kommandieren; ich bin diesen Verhältnissen näher getreten. Ich wünsche von dem Herrn Abgeordneten Richter nur, daß er dem preußischen Verfahren eine ebenso unparteiische Beurteilung entgegen bringt, wie dem bayerischen.

Und an einer anderen Stelle, wo ich von dem bayerischen Verfahren sprach:

Es liegt mir fern, diese Vorzüge in Abrede zu stellen.

Nun, ich weiß nicht, was ich eigentlich noch sagen soll. Worauf gründet der Herr Abgeordnete Richter seine Behauptung, ich hätte vom bayerischen Verfahren nicht das gesagt, was ich hätte sagen müssen? Ich vermute, der Herr Abgeordnete Richter hat hier die Absicht, zwischen der preußischen und der bayerischen Regierung Mißtrauen zu erregen; ich glaube aber nicht, daß ihm das glücken wird.

Der Herr Abgeordnete Richter hat dann weiter gesagt: Die bayerischen Erfahrungen haben sich nach der Ansicht aller bewährt. Ich zweifle nicht daran, daß viele bayerische Erfahrungen sich nach der Ansicht vieler bewährt haben; aber ganz so allgemein und ausnahmslos ist das denn doch nicht.

Ich zitiere aus einer bayerischen Zeitung die Äußerung des Königlich bayerischen Kriegsministers, der eine Erklärung abgegeben hat, die dahin lautet:

Die Staatsregierung ist deshalb zur Zeit nicht in der Lage, bezüglich der Militärgerichtsverfassung und der damit zusammenhängenden Fragen eine bindende Erklärung abzu=

geben, obgleich sie sehr geneigt ist, die Grundsätze der bayerischen Militärstrafgerichtsordnung, insoweit sie sich durch die Erfahrungen erprobt haben, auch zu vertreten und anzuerkennen.

Wenn man also die Frage aufwerfen wollte, ob die bayerischen Erfahrungen sich erprobt haben oder nicht, so muß mindestens zugegeben werden, daß diese Erklärung des bayerischen Herrn Kriegsministers einen Spielraum läßt, der auf anderer Stelle zu der Frage Anlaß giebt: ist es denn nun wirklich rätlich, die Dinge einfach so einzuführen?

Der Herr Abgeordnete Richter hat in die Tage seiner Jugend zurückgegriffen und sich daran erinnert, daß die Soldaten damals vielfach auf den öffentlichen Plätzen exerzierten, und daß da solche Dinge wie heutzutage nicht vorgekommen wären. Ich erinnere mich solcher Dinge auch; aber ich drehe die Sache um. Ich sage: wir sind viel empfindlicher geworden. Auch früher ist beim Exerzieren manches passiert, das nicht schön und nicht recht war; aber man fand eben nichts dabei: das Niveau der ganzen Welt war in diesen Dingen anders; und jeder, der älter ist und in der Armee vor 30, 40 Jahren gestanden hat, wird mir zugeben, daß damals in einer Art und Weise geschimpft wurde, von der wir heutzutage gar keine Vorstellung haben.

Wenn dergleichen Dinge auf öffentlichen Plätzen geschahen, so hatten eben der Beteiligte und der Zuschauer ein Schimpfwort mehr gehört; es machte aber nichts aus.

Heutzutage ist der Mann aber empfindlicher, und nun hat man die Presse, und es geht durch die ganze Welt. Ich glaube also, dieser Versuch eines Beweises war dem Herrn Abgeordneten nicht ganz gelungen.

Er hat ferner gemeint, die Presse sei ein Surrogat für die Öffentlichkeit. Da wir die Öffentlichkeit hier noch nicht hätten, so wäre es gut, daß die Presse da wäre.

Ich kann die Besorgnis nicht ganz unterdrücken, daß, wenn wir die Öffentlichkeit des Militärstrafverfahrens haben, es mit der Presse noch schlimmer würde.

Denn wenn ich ein Sozialdemokrat wäre und die Ziele verfolgte, die die Herren verfolgen, dann würde ich bei Einführen des öffentlichen Verfahrens sofort eine Enquete unter meinen Gesinnungsgenossen veranstalten — nicht eine Enquete mit Worten, sondern eine mit dem Klingelbeutel, nur einen Fonds zu gründen für Advokaten, die als Reporter in allen diesen Gerichten herumgingen; und ich bin überzeugt, daß bei dem Geschick vieler dieser Herren es eine Kleinigkeit wäre, täglich hier aus Berlin aus Stand- und Kriegsgerichten eine Sammlung von gut arrangierten, packenden kleinen Geschichten zusammenzustellen, mit denen man eine Zeitung füllen könnte. Es kommt eben bei diesen Dingen lediglich darauf an, mit welchen Augen man sie ansieht.

Geht denn aus dem, was der Herr Abgeordnete Bebel gestern sagte, nicht schon hervor, daß wir auf dem besten Wege sind, eine Sammelstelle für Militärklagen zu gründen? Das nimmt ja natürlich zu; jeder Vater, jeder Anverwandte eines nicht mit seiner Lage zufriedenen Soldaten hat, indem er sich an Herrn Bebel wendet, ein sehr bequemes Mittel, seinen Gefühlen Luft zu machen; es kann ihm gar nichts dabei passieren.

Unter der Flagge der Redefreiheit eines Abgeordneten segelt das vergnüglich in die Welt. Warum soll man diesen Zustand, wenn man eben Sozialdemokrat wäre, nicht noch viel weiter ausbilden? Ich bin fest überzeugt, er wird weiter ausgebildet werden; und deshalb eben thut es mir leid, daß die Herren uns Wege bezeichnen, von denen ich überzeugt bin, daß sie manches Gute enthalten, aber vielfach lediglich dieser Partei zu gute kommen werden.

Dann hat mich, glaube ich, der Herr Abgeordnete Richter noch an einer anderen Stelle mißverstanden. Ich habe gesagt, daß die Leistungen der Armee Friedrichs des Großen nicht sowohl dem Stock zu verdanken gewesen wären, als vielmehr dem inneren Verhältnis der Truppen zum großen König, der Verehrung, der Liebe zu ihm. Die Gloria, die er hatte, unter der prosperierte der Soldat.

Nun sagt der Herr Abgeordnete: ja, aber die Disziplin blieb dieselbe, und dann kam Jena. Damit bestätigte er doch

nur, was ich gesagt habe. Die Disziplin blieb dieselbe, der
große König aber war nicht mehr da, dieses Verhältnis der
Liebe zwischen Feldherrn und Truppe war nicht mehr da, und
damit kam Jena. Dieses Verhältnis der Offiziere aber zur
Truppe zu erhalten, ist die erste Pflicht der Militärverwaltung
bei jeder Vorlage, die sich auf die Disziplin der Truppe bezieht,
und die Militärverwaltung kann und wird diese Pflicht nicht
aus den Augen lassen."

Sitzung am 27. Februar 1892.

Fortsetzung der zweiten Beratung des Reichshaushaltsetats
für das Etatsjahr 1892/93: Marineverwaltung.

Caprivi äußert sich in dieser Rede des längeren über die
Zukunft unseres Handels, dessen Entwickelung dahin führen
würde, daß wir noch mehr als bisher in fremden Weltteilen
Absatz suchten. Die Rolle, welche in solchem Fall unsere
Flotte zu spielen hat, wird ausführlich erläutert.

Das Stationieren unserer Schiffe im Auslande.

„Es ist die Frage gestreift worden, ob die Besetzung
der westamerikanischen Station dauernd erforderlich sein werde,
und ob, wenn diese Frage zu verneinen wäre, nicht eine Ver=
ringerung des Personals die Folge davon sein könnte. Es ist
den Herren erinnerlich, daß, als aus diesem Hause die Besetzung
der westamerikanischen Station während des Krieges mit Chile
gewünscht wurde, ich mir erlaubte zu bemerken, daß es sehr
zweifelhaft sei, ob dies Kreuzergeschwader nicht in China und
in Japan nötiger wäre als in Chile. Es ist dann, nachdem
auch von unserer diplomatischen Vertretung in Chile diese Hin=
sendung von Schiffen gewünscht worden war, der Befehl an
das Kreuzergeschwader ergangen, sich an die westamerikanische
Küste zu begeben.

Daß in China und in Japan auf die Dauer die An=
forderungen an eine maritime Vertretung des Deutschen Reichs

nicht sinken werden, halte ich für ausgemacht; ob wir in West=
amerika dauernd ein Schiff brauchen werden, mag dahingestellt
bleiben. Aber so viel, glaube ich, läßt sich mit Sicherheit ab=
sehen, daß mit der fortschreitenden Zeit die Anforderungen, die
die allgemeine Politik und unsere Wirtschaftspolitik an die Ge=
stellung von Schiffen auf auswärtigen Stationen stellen werden,
nicht fallen, sondern steigen.

Als die verbündeten Regierungen dem hohen Hause die
Handelsverträge vorlegten, ist von der Wichtigkeit unseres Ex=
ports, von der Notwendigkeit, den Export zu erhalten, die Rede
gewesen, und ist von unserer ausgedehnten Reederei die Rede
gewesen; es ist angeführt worden, daß wir unseren Export nicht
zu konzentrieren imstande sind auf einzelne überseeische Länder,
sondern daß, wie wir fast in allen Artikeln exportieren, wir
auch an unzählige Stellen exportieren. An diesem Verhältnis
wird sich nichts ändern; ich hoffe sogar, der Export wird zu=
nehmen, — und wenn wir neue Stellen finden, so werden
wir das benutzen. Die Folge davon wird sein, daß die An=
forderungen an das Stationieren von Schiffen, an das Er=
scheinen von Schiffen an auswärtigen Stationen nicht werden
geringer werden, als sie bisher gewesen sind; ich möchte viel=
mehr glauben, daß die Entwickelung unseres Handels uns in
der Zukunft dahin führen wird, noch mehr als bisher in
fremden, entlegenen Weltteilen Absatz zu suchen. Ich habe mir
schon damals anzudeuten erlaubt, daß ich der Meinung bin,
es könnten wohl Zeiten kommen, wo wir Verhältnissen ent=
gegen gehen, in denen, um diesen absolut notwendigen Handel
zu erhalten, europäische Staaten sich werden vereinen müssen,
um ihrem Handel in fremden Weltteilen den nötigen Schutz
zu geben."

Die Rolle unserer Flotte in einem künftigen Kriege.

„Wenn dabei unsere Flotte mitspielen soll, so wird sie
doch immer eine solche Stärke haben müssen, die unseren
Interessen entspricht, — wenn wir auch niemals dahin kommen
werden, selbständig eine Flotte zu unterhalten, die über den
ganzen Erdball unseren Handel zu schützen imstande wäre; und

ich stimme dem Herrn Abgeordneten Richter darin vollkommen bei; es ist ganz unmöglich, jedes unserer Handelsschiffe, die über den Ozean zerstreut sind, zu schützen. Aber immerhin so, wie sich die Dinge einmal historisch entwickelt haben, werden sie sich voraussichtlich weiter entwickeln; da, wo der Handel sich niederläßt, wird er den Wunsch haben, wenn auch nur durch das zeitweilige Erscheinen von Kriegsschiffen geschützt zu werden; die Kriegsflagge wird auch weiter der Handelsflagge folgen müssen. Die verbündeten Regierungen sind also nicht imstande, in der Weise, wie sie sich die Entwickelung des Welthandels denken, ein Motiv für die Annahme zu finden, wir würden für die Zukunft auf den auswärtigen Stationen weniger Schiffe brauchen als bisher.

Wenn wir aber von der Ansicht ausgehen, daß eine Zeit kommen kann, in der gegenüber anderen Weltteilen die europäischen Seemächte genötigt sein werden, ihre Kraft mehr zusammenzunehmen, so läßt sich daraus weiter folgern, daß das erste Erfordernis für unsere Marine ein gutes und so zahlreiches Personal ist, daß es für solche spätere Entwickelung selbst dann, wenn diese Anforderung plötzlich eintreten sollte, einen Keim bilden könnte; und um in dem Personal unserer Marinen einen solchen Keim zu erziehen, dazu wieder ist die Ausbildung des Personals auf Schulschiffen erforderlich. Und wenn unser Personal auch immer künftigen Anforderungen gegenüber ein kleines bleiben wird, so muß der Grundsatz aufrecht erhalten werden: dieses kleine Personal muß so gut wie möglich ausgebildet werden. Also wir können auch an Schulschiffen nichts missen.

Ich möchte also im Namen der verbündeten Regierungen schon von diesen allgemeinen Gesichtspunkten aus befürworten, an der Erweiterung der Marine in personeller Beziehung nicht zu sparen.

Der Herr Abgeordnete Freiherr von Stumm hat zunächst erwähnt, daß die Leistungen der Marine, wenn man ihr auch in unseren Zukunftskriegen — und das thue ich auch —, so weit man sie prophetisch äußern kann, nur eine sekundäre Rolle zuschreibt, doch in dieser sekundären Rolle indirekt dem haupt=

entscheidenden Faktor, der Armee, zu gute kommen können. Man braucht sich da nicht in Zukunftsbilder zu verlieren oder in die Ferne zu schweifen; man braucht sich nur zu erinnern, wie die Verhältnisse im Jahre 1870 lagen.

Wenn ich mich recht erinnere, blieben damals zunächst drei Divisionen zum Küstenschutz zurück: die eine in Bremen, die andere in der zentralen Stellung in Hannover, die dritte, wenn ich nicht irre, in Hamburg. Diese Divisionen wurden erst dann frei, als infolge von Ereignissen, wie sie schwerlich wiederkehren werden, die französische Flotte genötigt war, unsere Gewässer zu verlassen. Darauf sind diese drei Divisionen nachgezogen worden und haben wesentlichen Anteil an der Fortsetzung des Krieges und den Erfolgen unserer Armee gehabt. Wenn nun ähnliche Verhältnisse nicht wieder eintreten werden, so wäre doch immerhin der Fall denkbar und wünschenswert, daß unsere Flotte in der Lage wäre, die gegnerische Flotte an unserer Küste so zu schlagen, daß für den Küstenschutz Truppen des Landheeres nicht mehr verfügbar gehalten zu werden brauchen. Kann ich die feindliche Flotte, die sich im Jahre 1870 aus Gründen, die in ihr selbst und in dem französischen Heere lagen, zurückzog, dadurch unschädlich machen, daß ich sie schlage, so kommt die Leistung unserer Marine direkt dem entscheidenden Faktor, dem Landheere, zu gute.

Nun möchte ich annehmen, ohne in diese Geheimnisse eingeweiht zu sein, daß in einem nächsten Kriege der Küstenschutz eher noch stärkere als geringere Anforderungen an die Armee stellen wird, so lange, bis es etwa unserer Marine geglückt ist, die Wässer von feindlichen Schiffen frei zu machen.

Ein französischer Marineminister, der zugleich als Schriftsteller aufgetreten ist, drückte sich so aus, daß der künftige Krieg bestehen würde in einer guerre d'incendie et de pillage, einem Kriege von Brandstiftungen und Räubereien, und er führte das näher aus, indem er darlegte, wie alle nur irgend vom Wasser aus erreichbaren Städte nach und nach gebrandschatzt werden müßten. Der Grundsatz war neu; er widersprach den Anschauungen, die man bisher von der Führung des Krieges gehabt hatte. Man war bisher der Ansicht, daß Städte, die sich nicht verteidigten, auch nicht wohl Gegenstände eines Angriffs werden könnten. Aber wer giebt uns die Garantie, daß dieser Grundsatz nicht doch zur Ausführung kommt? Und wenn er dann zur Ausführung kommt, werden wir nicht genötigt sein, mehr Städte zu schützen, also mehr Truppen für den Küstenschutz zu verwenden, als bisher?

Ich möchte also hiermit der Anschauung, daß die Marine in ihrer sekundären Rolle für die Hauptentscheidung nicht nutzbar gemacht werden könne, doch entgegentreten.

Es wird die Marine zu einer solchen Mitwirkung um so eher befähigt sein, je schneller und je stärker sie auftreten kann. Man braucht nicht den Unterschied zwischen einer defensiven oder offensiven Flotte zu machen, um so weniger, als kein Schiff sich rein defensiv verteidigen kann; aber wenn man auch nur den Schutz unserer Küsten im Auge hat, so ist es erforderlich, daß das, was dazu verwandt wird, so schnell wie möglich auftritt; und zwar ist dies Erfordernis in dem letzten Jahrzehnt wesentlich gestiegen. Wir haben in der Armee einen Teil unserer Erfolge dem Umstand zu verdanken gehabt, daß wir schneller auf dem Platze zu erscheinen imstande waren als unsere Gegner. Die Marineverwaltung hat sich durch lange Jahre bemüht, einen ähnlichen Zustand auf dem Wasser herbeizuführen; und ich glaube mich in der Annahme nicht zu irren, daß wir eine Zeitlang einen nennenswerten Vorsprung in Bezug auf die Geschwindigkeit hatten, nicht, weil wir übermäßig geschwind waren, sondern weil andere übermäßig langsam waren und sie am Alten hingen. Diese Verhältnisse haben sich geändert, und wir müssen damit rechnen, daß andere Marinen schnell auftreten.

Nun kommt bei einer Seeschlacht, und zwar bei der ersten Seeschlacht, viel darauf an, daß man stark ist; denn die erste Seeschlacht entscheidet vielleicht über das Schicksal des Seekrieges definitiv. Ich kann nicht, wie beim Landkrieg, wenn ich eine Aufstellung an der Grenze genommen habe und noch schwach bin und zurückgedrängt werde, morgen zwei, drei Meilen rückwärts eine neue Aufstellung nehmen. Eine Seeschlacht, wenn sie energisch durchgeschlagen wird, wird immer mit der Ver=

nichtung eines großen Teils der beiderseitigen Streitkräfte endigen; und diese Seeschlacht an einer anderen Stelle im Wasser wieder aufzunehmen, ist voraussichtlich ausgeschlossen. Also auf die erste Entscheidung kommt auf dem Wasser noch mehr an als auf dem Lande.

Wird das zugegeben, so müssen wir einmal an Schiffen so stark sein, als wir sein können; zweitens aber müssen wir auch schnell auftreten können. Wir müssen imstande sein, mit so vielen Schiffen als irgend möglich dem Gegner, der auch schnell auftritt, überlegen zu sein. Es gewinnt dadurch die Notwendigkeit, auf den Schiffen größere Stämme zu erhalten, als sie früher erhalten worden sind, sehr wesentlich am Gewicht.

Der Herr Abgeordnete Richter hat mit Recht angeführt, daß wir jetzt auch alte Schiffe noch ins Gefecht führen wollten, und daß, weil nun die Besatzungen für die neuen Schiffe gefordert werden, und dabei die alten noch bemannt werden sollten, daraus ein Teil der Höhe unserer jetzigen Forderungen entstände. Das ist vollkommen richtig. Aber wenn wir nun einmal stark erscheinen müssen, wenn wir einmal einer größeren Anzahl Schiffe von hause aus bedürfen, so sollte ich meinen, daß gerade der Herr Abgeordnete Richter Ursache hätte, der Marineverwaltung dankbar zu sein, daß sie jetzt noch mit alten Schiffen zu schlagen gedenkt und nicht auch für diese alten Schiffe schon jetzt neue fordert, wenn er zugiebt, daß wir einmal mit weniger Schiffen als den neuen plus der alten unsere Küsten und unsere Häfen zu verteidigen nicht imstande sein werden."

Sitzung am 29. Februar 1892.

Marineverwaltung.

Der Reichskanzler spricht eindringlich für die Beschleunigung des Baues der Kreuzerkorvette K, der in der Kommission gegen vier Stimmen abgelehnt worden war, und führt unter den Momenten, die dabei in Anschlag kommen, die Beschäftigungs=

losigkeit, welche einen großen Teil der Arbeiter Stettins betroffen habe, mit ins Treffen, betonend, daß es höchst bedauerlich wäre, wenn auch die Schiffsbaugesellschaft „Vulkan" genötigt würde, durch Vertagung des Baues der Korvette K ihr Kontingent zu den Arbeitslosen zu stellen.

Weitere Punkte der Rede bilden die Erörterungen über Kaperkrieg und Kreuzerkrieg.

„Ich bitte um die Erlaubnis, für die Kreuzerkorvette K ein Wort einlegen zu dürfen und dem hohen Hause die Frage nochmals ans Herz zu legen, ob die Vorteile, die durch eine Verschiebung dieses Baues auf das nächste Jahr eintreten — denn um mehr als das kann es sich ja doch nicht handeln — die Nachteile, die in diesem Jahre durch eine Absetzung entstehen würden, aufwiegen.

Das, was der Herr Referent gesagt hat, macht es für mich entbehrlich, auf diejenigen Dinge zurückzukommen, die in den Zeitungen über unsere Absichten bezüglich des Kreuzerkrieges in durchaus irrtümlicher und falscher Weise des breiteren dargelegt worden sind. Wir stehen in dieser Beziehung auf dem Programm vom Jahre 1888/89 nach wie vor. Daß wir künftig wahrscheinlich noch mehr als jetzt Kreuzer gebrauchen werden, darüber habe ich schon in der vorigen Sitzung meine Ansicht auszusprechen mir erlaubt. Daß wir nicht mit lauter kleinen und schwachen Kreuzern auskommen können, selbst im Frieden nicht, folgt schon daraus, daß, wenn die deutsche Flagge im Auslande nur immer von schwächlichen, weniger leistungsfähigen Fahrzeugen vertreten wäre, ihr Ansehen mit der Zeit leiden müßte; man respektiert nur den Arm — und auch diejenigen wilden Völkerschaften, welche sich auf dem Wasser zeigen, thun das —, der auch einmal fest zuzuschlagen imstande ist. Die Marine braucht also, wenn wir auch das Bestreben haben, uns so billig wie möglich einzurichten und den Stationsdienst mit weniger leistungsfähigen Fahrzeugen als Regel zu versehen, — die Marine braucht doch Kreuzer, die imstande sind, energischer aufzutreten und größere Kraftleistungen zur Geltung zu bringen. Dazu sind Kreuzerkorvetten bestimmt.

Es ist von einer der Gruppen, deren Äußerungen der Herr Referent wiedergab, die Ansicht ausgesprochen worden, daß den feindlichen Handel zu schädigen im Kriege keinen Zweck habe, nach dem Ende des Feldzuges drücke sich ja das in den Entschädigungen, die der Besiegte zu zahlen habe, aus.

Das ist bis zu einem gewissen Grade richtig, es ist aber nicht ganz richtig; denn es wirkt auf den Gegner nicht bloß der reelle Schaden, den ich ihm zufüge, sondern es wirkt auf ihn auch die Befürchtung, daß sein Handel gestört werden könne. Ich darf nur daran erinnern, daß, als auf dem englischen Markt bekannt wurde, daß die südamerikanische Korvette "Alabama" ihre Kreuzerzüge mit Erfolg begonnen hätte, die Versicherungsprämien für Schiffe an einem Tage, wenn ich mich noch recht entsinne, um acht Prozent in die Höhe gingen. So wirkte die Befürchtung auf den Handel, und so wird sie immer wirken. Dies Mittel, die Befürchtung wirken zu lassen, können wir aber nicht anwenden, wenn wir nicht im Besitz von Kreuzern sind, die imstande sind, feindlichen Handel, wenn es verlangt wird, zu schädigen.

Es ist hier der Ausdruck "Kaperkrieg" gebraucht worden. Ich möchte bemerken, daß es sich um den für uns nicht handelt. Technisch wird unter "Kaperkrieg" derjenige Krieg verstanden, der von Privaten auf eigene Kosten mit Genehmigung der Regierung in Szene gesetzt wird. Die deutsche Regierung ist in dem Pariser Vertrage von 1856 denjenigen Mächten beigetreten, die dem Kaperkriege für die Zukunft entsagt haben. Etwas anderes aber ist der Kreuzerkrieg, der von kaiserlichen Schiffen, die militärisch bemannt und geführt sind, unter kaiserlicher Flagge geführt wird; und den Kreuzerkrieg ganz entbehren zu wollen, nicht die Mittel dafür in den Etat der Marine einstellen zu wollen, das halte ich für durchaus unmöglich und wiederhole meine Ansicht: wir werden nach wie vor Kreuzer brauchen.

Meine Herren, die Bemerkung, daß man nur das Schiff J bauen wollte und nicht auch die Schwester K, hat ja etwas für sich, indem man sagt: wir wollen erst mal den Versuch mit der J machen, und wenn die genügt, dann werden wir auf die K kommen. Dem steht aber anderseits der Umstand entgegen, daß es — und nicht erst jetzt, sondern seit langen Jahren — in unserer Marine System ist, Stammannschaften für die Marine auf Schiffen auszubilden und sie dann auf gleichartigen Schiffen zu verwenden. Wenn man also selbst die K etwas besser bauen könnte als die J, bleibt es wünschenswert, bei dem einen Typus stehen zu bleiben und mehrere Schiffe derselben Art zu haben.

Dies alles würde mich nicht veranlaßt haben, heute das Wort zu ergreifen; ich glaube aber, für die Beurteilung der Frage, ob es wünschenswert ist, die Kreuzerkorvette K jetzt zu streichen und im nächsten Jahre wieder einzusetzen, vielleicht noch ein neues Moment vorbringen zu können. Ich habe gestern von dem Herrn Ober-Präsidenten der Provinz Pommern ein Schreiben bekommen, das ich um die Erlaubnis bitte hier vorlesen zu dürfen. Er sagt:

Das allgemeine Darniederliegen von Handel und Verkehr hat auch hier in Stettin Zustände geschaffen, welche die ernsteste Aufmerksamkeit der Staatsgewalt in Anspruch nehmen.

Zwar ist nach den mir zugegangenen Nachrichten auch schon früher alljährlich im Winter ein gewisser Prozentsatz der hiesigen Arbeiterbevölkerung ohne Beschäftigung und muß die Ersparnisse des Sommers dazu benutzen, um sich und ihre Familien durch den Winter zu bringen. Indessen ist diese schwierige Periode immer nur eine verhältnismäßig kurze gewesen, und der Eintritt der guten Jahreszeit, namentlich die Wiedereröffnung der Schiffahrt, hat stets wieder ausreichende Arbeitsgelegenheit mit sich gebracht. In diesem Jahre dagegen wird sich dies alles anders gestalten. Der sonst zu erwartende Wiederaufschwung des Verkehrs im Frühjahr bleibt aus, und die darbende Arbeiterbevölkerung entbehrt in erheblich größerem Maße wie sonst des lohnenden Verdienstes. Ziffernmäßig läßt sich allerdings der Umfang des Notstandes nicht genau feststellen; indessen berechnen der Polizeipräsident und andere ortskundige Personen, welche ich darüber gehört habe, die von der Arbeitslosigkeit betroffene

Bevölkerung Stettins doch einschließlich der Familienglieder auf zirka 4000 bis 5000 Seelen.

Ist schon der geschilderte Zustand an sich bedenklich genug, so würde er noch um ein bedeutendes verschärft werden, wenn auch die Schiffsbaugesellschaft „Vulkan" genötigt wäre, ihr Kontingent zu den Arbeitslosen zu stellen. Diese Gefahr zeigt sich aber jetzt in bedrohlichster Nähe. Dem „Vulkan" war nämlich von der Admiralität die Zusicherung erteilt worden, daß ihm der Bau der im vorigen Jahre vom Reichstag zurückgestellten, aber nach Lage der Sache für dieses Jahr in sichere Aussicht genommenen Korvette K übertragen werden sollte. In der festen Zuversicht, daß die Admiralität imstande sein werde, die Zusicherung zu verwirklichen, hatte der „Vulkan" eine bedeutende Anzahl von Arbeitern, die sonst schon im Herbst überflüssig geworden wären, nicht entlassen, sondern, so gut es ging, wenn auch ohne allen Gewinn für das Unternehmen, weiter beschäftigt. Mit der größten Besorgnis muß daher der Beschluß der Budgetkommission erfüllen, dem Reichstage auch für dieses Jahr die Absetzung der Korvette K zu empfehlen.

Der Ober=Präsident führt dann weiter aus, daß Hunderte von Arbeitern brotlos sein würden, daß ihre Familien darunter zu leiden hätten; er zieht Rückschlüsse auf den Zustand, der dadurch in Stettin und in dem Orte Bredow, in welchem der „Vulkan" liegt, entstehen würde.

Ich habe daraus gestern noch Veranlassung genommen, das Reichsmarineamt zu einer Äußerung aufzufordern, weil das Schreiben des Herrn Ober=Präsidenten insofern einen Angriff gegen die Marineverwaltung zu involvieren schien, als es scheinen könnte, sie habe dem „Vulkan" eine Zusicherung gegeben, ein Versprechen gemacht, welches sie nicht gehalten, wenn auch durch force majeure gehindert; es bleibt immerhin der Schein bestehen, sie hätte etwas versprochen, was sie nicht versprechen durfte. Ich habe darauf von der Reichsmarineverwaltung folgende Antwort bekommen:

Dem „Vulkan" wurde unter dem 20. Oktober v. J. geschrieben, daß ihm der Auftrag zur Erbauung der Korvette K, und zwar einschließlich Maschinen, Kessel, sämtlichen Hilfsmaschinen, komplett fertig erteilt würde, wenn er sich ausdrücklich damit einverstanden erklärte, daß dieser Auftrag als annulliert gelten solle, falls die für den Etat 1892/93 beantragten Mittel für die Kreuzerkorvette K der Marineverwaltung vom 1. April 1892 ab nicht zur Verfügung stehen sollten.

Nachdem sich „Vulkan" hiermit einverstanden erklärt hatte, wurden ihm die Bauzeichnungen des Schiffes mit Bauvorschriften 2c. zugestellt, damit er alle Vorbereitungen treffen könne, um, sobald die Bewilligung der Mittel erfolgt sein würde, sofort kräftig mit dem Bau beginnen zu können. Soviel bekannt, hat „Vulkan" die Linien des Schiffes bereits auf dem Schnürboden abgeschlagen und auch mit der Herstellung von Modellen, z. B. für den Steven, begonnen.

Das alles sind Umstände, die in diesem Jahre die Situation in den nächsten Wochen, Monaten vielleicht etwas mehr erschweren als sonst, Umstände, die nicht bedrohlich erscheinen, die aber doch der preußischen Staatsregierung schon die Frage nahe gelegt haben, ob und was sie thun könne, um die Arbeiten so viel als möglich in Gang zu halten. Die preußische Regierung ist darüber nicht im Zweifel gewesen, daß die eine oder die andere Arbeit, die bis zum Sommer oder bis zum Jahresschluß zurückgestellt worden ist, schon jetzt in Bestellung zu geben sei, nur um die Arbeiter zu beschäftigen. Ähnlich liegt es nach meinem Dafürhalten hier. Wenn einmal zugegeben wird — und ich habe keinen Zweifel daran —, daß die Zahl der Arbeitslosen sich in Stettin erheblich vermehren würde, wenn der Bau abgelehnt wird; wenn auf der anderen Seite doch wohl nicht wird in Abrede gestellt werden können, daß der Bau im nächsten Jahre doch käme, und die Ausgabe doch gemacht werden würde, und daß es sich nur um die Veränderung des Zeitpunktes handelt, so möchte ich glauben, daß gewichtige Gründe dafür sprechen, noch einmal in Erwägung zu nehmen, ob es nicht vorzuziehen sei, dieses dem „Vulkan" nun einmal versprochene Schiff dieses Jahr, und nicht erst im nächsten, zu geben. Es würde auf diesem Wege wenigstens etwas dazu beigesteuert werden können, um die Verlegenheiten, die in Bezug auf die Arbeiter entstehen, zu beseitigen, und ich möchte dem hohen Hause eine nochmalige Erwägung nach dieser Richtung ans Herz legen."

Sitzung am 4. März 1892.

Zweite Beratung des Reichshaushaltsetats für 1892/93: Auswärtiges Amt.

Der Reichskanzler äußert sich in dieser Rede über einen Antrag, der dem Schutz des Privateigentums zur See in Kriegszeiten gilt, in dem Sinne, daß sich unter keinen Umständen behaupten lasse, daß Mächte, die mit einem Seekrieg zu rechnen haben, im entscheidenden Falle geneigt sein würden, auf die Zerstörung des feindlichen Handels zu verzichten, und zeigt dann, wie sich die realen Verhältnisse zu Ungunsten des Antrages geändert haben.

„Der vorliegende Antrag ist ein altes Postulat der Kaufleute und humaner Herzen aus allen Ständen, und auch die verbündeten Regierungen würden ihrem humanen Herzen nach dieser Richtung hin gerne Luft machen, wenn sie sich zur Zeit einen Erfolg davon versprechen könnten. Mit Vergnügen würde ich die Sache in die Hand nehmen, selbst wenn sie von der freisinnigen Partei allein, ohne die Unterstützung ihrer — ich glaube, der vorsichtigere Ausdruck war: nationalliberalen Freunde — ausgegangen sein sollte; sehr gerne würde ich die Sache in die Hand nehmen, sobald ich mir irgend einen Erfolg davon verspräche. Das aber ist zur Zeit nicht der Fall; ich würde im Gegenteil mich zu der Besorgnis neigen, daß, wenn die Frage jetzt Gegenstand internationaler Verhandlungen würde, die Verhandlungen ein Resultat haben könnten, das der Humanität noch weniger günstig wäre als die Feststellungen, die wir seit dem Jahr 1856 als allgemeines Recht gelten sehen und gern gelten lassen, — Feststellungen, die zwar nicht, wie mir wohl bekannt ist, unter der Beteiligung Deutschlands im Jahre 1856, sondern unter deren Preußens zustande gekommen sind, die aber Deutschland ganz und voll anerkennt.

Nun aber, warum ist es zur Zeit nicht wahrscheinlich, daß Verhandlungen nach der angedeuteten Richtung einen Erfolg haben? Der Herr Abgeordnete hat richtig angegeben, daß wir im Jahre 1866 das Privateigentum auf der See haben schonen können; unsere Gegner thaten desgleichen. Im Jahre 1870 fingen wir, wie er ebenfalls zutreffend angeführt hat, dasselbe an; wir konnten es nicht durchführen, sondern wir mußten es fallen lassen. Wenn ich mich zunächst nur auf den Boden der Litteratur und der humanen Bestrebungen halte, so habe ich nicht den Eindruck, den der Herr Vorredner hat, daß seit dem Jahre 1870 die Richtung nach dieser Seite hin stärker geworden wäre, als sie etwa im vorigen Jahrhundert, aus dem er auch Beispiele angeführt hat, gewesen ist. Auf dem Kongreß internationaler Männer im Jahre 1882 — man kann also doch voraussetzen, daß dieser Kongreß von ganz humanen Männern besucht war, die sehr geneigt waren, billige Beschlüsse zu fassen, ohne sich um die Ausführung zu kümmern — obwohl dieser Kongreß von solchen Männern besucht war, hat er die Erklärungen in Bezug auf den Schutz des Privateigentums zur See nur mit zehn gegen, wenn ich mich nicht irre, sieben Stimmen angenommen. Also selbst in solchen Kongressen ist eine starke Minderheit dagewesen. Es ist eine hervorragende, unzweifelhaft das deutsche Gemüt und den deutschen Sinn ehrende Erscheinung, daß in der Litteratur, die sich mit diesen Gegenständen beschäftigt, die Deutschen allemal in erster Linie stehen; auch heute noch, wenn ich die Zahl und das Gewicht der Stimmen, die sich über diese Dinge geäußert haben, gegen einander abwäge, habe ich, abweichend vom Herrn Abgeordneten Baumbach, den Eindruck, daß auf seiten der humanen Tendenz in der Hauptsache die Deutschen stehen, während die Vertreter der anderen Staaten mehr nach der anderen Seite gravitieren. Wie die Stimmung in England jetzt ist, wie in

Amerika, in den gesetzgebenden Körperschaften, bei den Regierungen, das weiß ich nicht; ob aber Amerika nach dem Jahre 1864 noch dieselbe Stellung einnehmen sollte, die es im Jahre 1856 eingenommen hat, das kann immerhin zweifelhaft sein.

Nun aber abgesehen hiervon, wenn weiter nichts vorläge, so könnte ja der Versuch doch immer der Mühe lohnen. In der That aber haben die realen Verhältnisse die Entwickelung des Seehandels und die Veränderungen in den Mitteln der Seekriegführung die Sachlage seit dem Jahre 1856 sehr geändert und haben sie geändert zu Ungunsten des Schutzes des Privateigentums zur See. Seeschlachten entscheiden sehr selten, werden entscheidend vielleicht nie in der Zukunft über das Schicksal der Staaten, sondern erst die Folgen der Seeschlachten sind das Entscheidende. Wenn zwei große Flotten den Kampf miteinander ausgekämpft haben, so ist an der Lage der beiden Staaten, die den Kampf kämpfen, nichts weiter geändert, als daß jeder von beiden einen größeren oder geringeren Betrag seiner Kraft zur See eingebüßt hat. Auf die Neigung des in der Seeschlacht Besiegten, Frieden zu schließen, kann der Sieger nur auf zwei Wegen einwirken, einmal, wie der Herr Abgeordnete richtig bemerkte, durch eine Landung im größeren Stil, und zweitens durch die Zerstörung des feindlichen Handels.

Nun hat der Herr Abgeordnete Rickert neulich gemeint, es wäre ja nach dem Ende eines Krieges immerhin das Mittel anwendbar, daß man sich durch Milliarden an den anderen schadlos hielte. Dies Mittel ist doch nur anwendbar, wenn man zugleich einen Landkrieg führt, wenn man mit dem Staate, den man zur See bekriegt, auf dem Lande Nachbar ist. Wo diese Nachbarschaft nicht zutrifft, versagt das Mittel. Der Herr Abgeordnete Baumbach hat die Möglichkeit, daß wir zu einem Kriege mit Spanien gekommen wären, hingestellt. Ich weiß nicht, wie wir uns Spanien auf einem anderen Wege hätten unterwerfen wollen als durch einen Seekrieg. Unsere Armee konnte nicht hinkommen; eine Landung konnten wir nicht vornehmen: wir konnten die Küste belagern, wir hätten im übrigen zur Zerstörung des feindlichen Handels schreiten müssen. Das wird in den meisten Fällen in Zukunft die Lage im See=

kriege sein. Es wird der eine Teil trachten müssen, den Handel des anderen Teils zu zerstören.

Dies Trachten wird um so notwendiger sein, je mehr der andere auf seinen Handel angewiesen ist. Er kann darauf angewiesen sein, einmal in Bezug auf seine eigene Ernährung, dann aber auch in Bezug auf Rohprodukte, die er nicht entbehren kann, um seine Industrie im Gang zu halten. Ich weiche von dem Herrn Abgeordneten Baumbach insofern ab, als ich der Anschauung bin, es kann die Zerstörung des feindlichen Handels im Seekriege ein unumgängliches Mittel bleiben, eben die ultima ratio, weil nichts anderes da ist. „Es ist der Krieg ein roh, gewaltsam Handwerk", hat schon Schiller gesagt, und das gilt zu Lande so gut, wie zur See. Wer Krieg führt, will den Kriegszweck erreichen; und wenn er energisch ist, erreicht er ihn unter Anwendung aller Mittel: und es wird zu diesem Zweck im Seekriege der Versuch, den feindlichen Handel zu zerstören, für denjenigen gehören, der die Mittel dazu besitzt. Daraus folgt weiter, daß die Stellung der Seemächte zu der Frage, die angeregt ist, eine sehr verschiedene sein kann, daß England, die größte Seemacht der Welt, eine ganz andere Stellung dazu einnehmen kann, als kleinere Seemächte. Das aber wird sich unter keinen Umständen behaupten lassen, daß Mächte, die mit einem Seekrieg rechnen müssen, den sie nicht gegen ihre Nachbarn führen, geneigt sein würden, im entscheidenden Falle auf die Zerstörung des feindlichen Handels zu verzichten.

Dazu kommt, daß es sich hierbei nicht bloß, wenn man vom Handel spricht, um das Gut, sondern auch um das Schiff handelt. Das Seebeuterecht, wie es bisher besteht, umfaßt nicht bloß das feindliche Gut, sondern auch das feindliche Schiff. Was nun das Gut angeht, so kann sehr wohl ein Staat das Interesse haben — ohne sich dem Vorwurf auszusetzen, wie er hier gemacht worden ist, daß er ein barbarisches System anwende —, daß das Gut der feindlichen Bürger auf der See der Beschlagnahme unterliegt, während im Landkriege von alledem nicht die Rede ist — ohne sich solchem Vorwurf auszusetzen, wird nach meinem Dafürhalten die Möglichkeit bleiben, daß

Staaten dazu in einem Seekriege greifen. Es liegt das auch nicht wesentlich anders als beim Landkrieg, obwohl ich von hause aus zugebe, daß zwischen Seekrieg und Landkrieg, zwischen Seehandel und Landhandel ein großer Unterschied vorhanden ist. Schreitet ein den Seekrieg führender Staat dazu, dem anderen Staate seinen Handel unterbinden zu wollen, so pflegt er damit anzufangen, daß er die Küste des Gegners blockiert. Es ist eine alte Frage, und die internationalen Rechtslehrer haben sich den Kopf darüber zerbrochen, — in der Praxis ist die Frage verschieden beantwortet worden: was ist eine effektive Blockade? Von vornherein ist zugegeben, daß, selbst wenn ich eine Insel blockieren will, ich es nicht in der Weise thun kann, wie ich etwa eine feindliche Festung auf dem Lande blockiere, so daß keine Maus heraus oder herein kann. Bei günstigem Wind und Wetter werden feindliche Schiffe, Blockadebrecher, immer durchkommen. Wenn nun der Blockierende Schiffe, die die Blockade durchbrechen wollen, wegnimmt, wenn sie unter feindlicher Flagge fahren, feindliches Gut an Bord haben, ist das nun etwas so wesentlich anderes, als was wir auf dem Lande thun würden? Wenn jemand während der Belagerung von Paris einen Extrazug ausgerüstet hätte, um Lebensmittel nach Paris zu bringen, so würden wir den einfach weggenommen haben. Genau dasselbe geschieht auf der See, wenn jemand Schiffe ausrüstet, um dem feindlichen Staat Mittel zuzuführen — und wenn es auch nur Nahrungsmittel und Rohprodukte wären für seine Industrie, die er nicht entbehren kann, so wird der andere das Bestreben haben, sie wegzunehmen. Und wenn Staaten diese Tendenz im Kriege verfolgen, so würde ich eben sagen, sie bedienen sich nur der Mittel, die der Krieg ihnen an die Hand giebt; ich würde darin aber keine von der Weise, wie der Landkrieg geführt wird, abweichende Barbarei finden. Ich glaube doch, es ist vielfach dadurch, daß seit Nelsons Zeiten kein Seekrieg im großen Stile geführt worden ist, eine Vorstellung vom Seekrieg bei uns aufgekommen, die dessen Gewalt und dessen Kraft vielfach unterschätzt.

Der Herr Abgeordnete Rickert, der sich mit diesen Fragen ja mehr beschäftigt als viele andere, hat, wenn ich mich nicht irre, neulich den Ausspruch gethan: warum sollten wir noch neue Kreuzerkorvetten bauen? die eine „Alabama" hätte hingereicht, um den ganzen Handel in der höchsten Weise zu schädigen! Diese Vorstellung ist schon heute von dem Herrn Abgeordneten Baumbach in etwas rektifiziert worden. Er erkannte an, daß es drei Schiffe der Südstaaten gewesen wären; er hat sich aber nur auf die Schiffe beschränkt, die in England ausgerüstet waren. Im ganzen sind die Südstaaten im Besitz von elf Kreuzern gewesen. Und daß ein von solchen Kreuzern geführter Krieg kolossale Resultate haben kann, hat der Herr Abgeordnete Baumbach selbst anerkannt. Er hat Zahlen angegeben. Ich glaube, es beläuft sich im ganzen auf 18 Millionen Dollars, was die Südstaaten durch die Kreuzer den Nordstaaten Schaden gethan haben. Sie haben den Handel, vielmehr noch die Reederei Nordamerikas, bis auf den heutigen Tag geschädigt dadurch, daß ein großer Teil der Reederei in andere Hände überging. Im Jahre 1863 allein sind 300 Schiffe der nordamerikanischen Handelsmarine unter andere Flagge gegangen. Ist das einmal geschehen, hat ein Handel solchen Schaden erlitten, so erholt er sich sehr schwer davon.

Ich bin also geneigt, vor einer Unterschätzung des Seekrieges in seiner ganzen Gewalt zu warnen. Sind Staaten eben auf dies Mittel angewiesen, so werden sie davon Gebrauch machen.

Der Herr Abgeordnete hat gemeint, die nordamerikanischen Staaten hätten es schwer gebüßt, daß sie der Konvention von 1856 nicht beigetreten sind. Das habe ich nicht ganz verstanden. Die nordamerikanische Handelsmarine wurde geschädigt nicht durch eine Macht, die 1856 beigetreten oder nicht beigetreten wäre, sondern sie wurde durch Schiffe des eigenen Landes, was sich im Bürgerkrieg gespalten hatte, geschädigt.

Ist nun das feindliche Gut schwerlich in dem Zukunftskriege überall vor der Hand des Feindes zu schützen, so gilt das noch in höherem Grade von den feindlichen Schiffen — und darin liegt ein tiefgehender Unterschied gegen die Zeit Nelsons. Wenn früher ein Admiral auf den Gedanken gekommen wäre, seine Kriegsflotte dadurch, daß er Handelsschiffe in die Kriegsflotte einstellte, zu verstärken, so würde er geringen Erfolg gehabt haben. Die Schiffe waren darauf nicht eingerichtet, nicht dazu gebaut; es wäre schwerlich etwas mit ihnen anzufangen gewesen. Heutzutage liegt die Sache ganz anders. In allen Ozeanen fahren unter allen Flaggen große Schiffe mit schneller Geschwindigkeit, Schiffe, die wohl geeignet sind, in der einen oder anderen Weise für den Seekrieg brauchbar gemacht zu werden. Da giebt es eine Menge Zwecke: man kann sie zum Rekognoszieren brauchen, man kann sie auch mit Artillerie bestellen, man kann sie selbst im Kreuzerkrieg brauchen, man kann sie zum Truppentransport verwenden. Solche Schiffe gab es nicht zu Nelsons Zeiten. Und diese Privatschiffe haben fast immer vor den Kriegsschiffen voraus, daß sie eine größere Geschwindigkeit haben: sie werden darauf gebaut, zwischen Bremen und New-York in sieben Tagen zu laufen. Der Konstrukteur hat ganz andere Ziele zu verfolgen, nämlich die Geschwindigkeit, und die Bequemlichkeit der Passagiere; der Militärkonstrukteur muß, wenn er das Deplacement veranschlagt, das ihm zur Verfügung steht, für Artillerie, für Munition, für große Besatzung, für Torpedowesen das Gewicht berechnen, — er kann nicht bloß auf Geschwindigkeit konstruieren. Die Folge davon ist, daß die Schiffe der Handelsmarine in der Geschwindigkeit fast immer der Kriegsmarine überlegen sein werden.

Nun sprechen sehr viele — und ich müßte, um dies näher auszuführen, einen längeren Exkurs halten, als mir lieb wäre — Rücksichten gegen den Gebrauch solcher Schiffe; aber wir sehen doch, daß die Mehrzahl der großen Seestaaten mit der Möglichkeit und Notwendigkeit rechnet, solche Schiffe der Handelsmarine im Kriegsfalle dienstbar zu machen. Es ist das bekannt in Bezug auf die französischen Schiffe; die englische Admiralität führt Listen, die man die Admiralitätslisten nennt: Schiffe, die von englischen Reedern gebaut werden, suchen die Gunst nach, in diese Admiralitätsliste aufgenommen zu werden, sie können aber dieser Vergünstigung nur teilhaftig werden — einer Vergünstigung, die ihnen ein gewisses Renommee giebt —, wenn sie gewissen militärischen Bedingungen genügen.

Also auch in England wird der Gebrauch von Privatschiffen im Kriegsfall schon im voraus ins Auge gefaßt. — Es ist ja bekannt, daß Rußland eine freiwillige Kreuzerflotte hat; das ist ja auch nichts anderes, als die Tendenz, Privatschiffe für den Krieg auszunutzen.

Es geht also die Entwickelung dahin, im Seekriege Schiffe des Privathandels zu benutzen. Es bleiben die Schiffe nichtsdestoweniger Privatschiffe so lange, bis sie eine Flagge hissen, die kundgiebt, daß sie von der Regierungsgewalt als Kriegsschiffe anerkannt sind. Aber glaubt man wohl, daß der Gegner diese Schiffe so lange ruhig durch den Ozean wird laufen lassen, bis der andere sie requiriert hat und zum Kriegsgebrauch einzieht? Nein, er wird das Bestreben haben, sich in den Besitz dieser Schiffe zu setzen, sie zu zerstören, ehe es so weit kommt.

Ich habe hiermit zeigen wollen, daß auch abgesehen von aller Humanität, abgesehen von der Richtung, die die Geister in der Welt nehmen, sehr starke sachliche Gründe da sind, die es wahrscheinlich machen, daß man im Kriege das Privateigentum auf der See auf keinen Fall mehr respektieren wird als seither, und ich folgere daraus, daß es für die verbündeten Regierungen nutzlos sein würde, in Verhandlungen mit anderen Regierungen in der beantragten Richtung einzutreten."

Dieselbe Sitzung.

Der Welfenfonds.

„Ich erkläre: erstens, daß vom 1. April dieses Jahres ab das Reich keinen Pfennig mehr aus dem Welfenfonds bekommt; zweitens, daß neben den 500 000 Mark, die hier im Kapitel 6, Titel 4, gefordert sind, in Zukunft keine Beiträge zu demselben Zwecke aus dem Welfenfonds bezahlt werden.

Ich erkläre drittens — was nach meiner Überzeugung überflüssig ist, da es schon in der Thronrede steht, aber zur

Beruhigung des Herrn Abgeordneten Rickert —, daß die Staatsregierung ernstlich damit beschäftigt ist, daß ich das Resultat in nicht ferner Zeit für erreichbar halte, eine anderweitige gesetzliche Regelung für die Verwaltung des Welfenfonds herbeizuführen."

Sitzung am 5. März 1892.

Maßregeln zur Unterdrückung des Sklavenhandels und zum Schutze der deutschen Interessen in Ostafrika.

Diese Rede enthält die Rechtfertigung der Ausweisung des Berichterstatters des „Berliner Tageblatt", Eugen Wolf, aus der ostafrikanischen Kolonie und stellt gleichzeitig der Amtsthätigkeit des Gouverneurs, Herrn von Soden, das ehrendste Zeugnis aus.

„Die Äußerung des Herrn Vorredners,*) daß von allem, was uns in Ostafrika interessiert, das Wesentlichste die Männer seien, die in der Kolonie thätig zu sein haben, kann ich mir vollkommen zu eigen machen, und ich werde mich in meiner Erwiderung auf diese Frage beschränken.

Ich kann ihm zuerst berichtigend in Bezug auf Herrn von Wißmann bemerken, daß derselbe nicht ausgeschieden ist. Herr von Wißmann ist noch heute Beamter des Deutschen Reiches; er hat eine schwere Krankheit, die ihn auf dem Kommando in Kairo befallen hatte, überstanden und ist jetzt auf dem oberen Nil, um seiner Wiederherstellung zu leben. Wir geben uns der Hoffnung hin, daß er in nicht zu ferner Zeit auf die eine oder anderer Weise für die Kolonieen wieder verwendbar werde.

In Bezug auf Emin Pascha sagte der Herr Vorredner, er hätte stillschweigend Ostafrika den Rücken gekehrt, und man kann daraus wohl schließen, daß etwas nicht ganz gesund in Ostafrika sei. Vielleicht wäre auch der Schluß zulässig, daß etwas nicht ganz gesund in Emin Pascha ist.

---

*) Abgeordneter Dr. Bamberger.

Ich will darauf aber nicht näher eingehen.

Der uns zur Zeit am meisten interessierende Mann in Ostafrika ist der Gouverneur von Soden, in dessen Händen alle Zweige des Dienstes zusammenlaufen, und von dem das Gedeihen der Kolonie mehr als von einem anderen Menschen abhängt. Herr von Soden ist seit Monaten der Gegenstand heftiger Angriffe des Korrespondenten einer hiesigen Zeitung, eines Herrn Eugen Wolf, geworden. Es ist mir bekannt, ich habe es gestern hier gehört, daß eine Petition dieses Herrn an den Reichstag vorliegt; ich will aber, da die Sache einmal heute hier berührt ist, auch heute und hier schon antworten, um so mehr, als ich nicht weiß, wann die Petition zur Besprechung kommen wird, und ob ich dann in der Lage sein würde, gegenwärtig zu sein.

Herr Eugen Wolf ist aus Ostafrika ausgewiesen worden, aber nicht, wie Herr Dr. Bamberger annimmt, durch Herrn von Soden, sondern durch mich. Ich bin zum Eingreifen in diesem Falle dadurch veranlaßt worden, daß ich der Meinung war, es ist oft eine Wohlthat für den Untergebenen, wenn der Vorgesetzte ihm die Verantwortung abnimmt; und ich meinte weiter, daß das Odium, welches mit dieser Maßregel verbunden sein könnte, leichter von mir getragen würde als etwa von Herrn von Soden, vollends wenn in Ostafrika selbst verschiedene Meinungen über die Maßregel unter den Deutschen auftauchen. Also ich ganz allein trage die Verantwortung.

Es hat kein Gesuch des Herrn von Soden vorgelegen; kein Wort hat er gesagt. Herr von Soden ist auch ein Mann, der vor der Verantwortung nicht zurückschreckt, der schließlich die Maßregel wohl selbst würde ergriffen haben, wenn er nicht anders gekonnt hätte. Ich ganz allein aber habe es gemacht.

Daß ich rechtlich dazu befugt war, steht außer allem Zweifel. Nach § 11 des Gesetzes, betreffend die Rechtsverhältnisse der deutschen Schutzgebiete, welcher besagt:

> Der Reichskanzler ist befugt, für die Schutzgebiete oder für einzelne Teile derselben polizeiliche und sonstige die Verwaltung betreffende Vorschriften zu erlassen.

hatte das Reichsjustizamt, das mein berufener Ratgeber in diesen Dingen ist, nicht den mindesten Zweifel an meiner rechtlichen Befugnis. Ich könnte Ihnen die Gutachten von anderen anerkannten Rechtslehrern, die in derselben Richtung liegen, anführen, wenn das gewünscht werden sollte.

Berechtigt war ich also. Jetzt käme die zweite Frage: war es rätlich den Herrn auszuweisen? Und da möchte ich mir nun in Entgegnung auf das, was der Herr Abgeordnete Dr. Bamberger sagte, die Bemerkung erlauben: „mir nichts, dir nichts" habe ich ihn auch nicht ausgewiesen, sondern ich habe mir das Ganze reiflich und ernstlich überlegt; ich bin aber zu dem Schritt gekommen im wesentlichen aus folgenden Gründen.

Unsere Kolonie ist noch sehr jung, noch zu jung, um solche Erregungen, wie sie durch die Presse, durch Kritiken von Personen in Deutschland vorkommen, ohne Schaden ertragen zu können. Hier in den alten festgegründeten Verhältnissen ist manches angängig, was in Ostafrika schädlich sein würde. Die Kolonie hat ja vor nicht langer Zeit einen Krieg, einen schweren Aufstand durchgemacht; sie ist noch jetzt in der Rekonvalescenz begriffen, und ich war der Meinung, daß diese Rekonvalescenz durch das agitatorische Auftreten eines zweifellos begabten Mannes, wie es Herr Eugen Wolf zu sein scheint, nur gestört werden konnte. Ostafrika lebt in gewissem Sinne in einer Art von Diktatur; diese Diktatur kann aber nur insoweit wohlthätig wirken, als der Diktator in seinen Maßregeln nicht gestört wird. Etabliert sich nun in Ostafrika neben dem Gouverneur unter den wenigen Deutschen, die da sind, ein Mann, der die Mittel hat, täglich nach Berlin zu telegraphieren, eines unserer gelesensten Blätter und auf diesem Wege eine Menge anderer Organe mit Nachrichten zu versehen, so muß das ja zurückwirken auf die Kolonie selbst. Es wird ja bekannt: hier ist ein Mann, der hat Verbindungen, der telegraphiert wieder — wer weiß was; was werden sie zu hause dazu sagen?

Es ist eine Thätigkeit, die unsere Beamten in Ostafrika in ihrer Pflichterfüllung und in ihrem Gehorsam gegen den Gouverneur — ich will nicht sagen, erschüttern, aber doch vielleicht schwächen könnte. Hier bei uns in Deutschland aber müssen solche Telegramme — und sie haben das gethan —, wenn sie eines auf das andere folgen und mit apodiktischer Sicherheit Nachrichten und Urteile aussprechen, — sie müssen einen Eindruck machen, der, wie mir scheint, der Kolonie nicht vorteilhaft sein kann.

Wir haben in den Kriegen militärische Amateurs unserer Truppe folgen sehen, für die der Soldat den Ausdruck „Schlachtenbummler" hatte, Leute, die es gut meinten, die auch mal teilnehmen wollten — sie waren sonst vielleicht aus dem einen oder anderen Grunde verhindert —, die aber für die Truppe nicht immer bequem und angenehm waren. Sie waren oft sehr weise, namentlich post festum, sie trugen keine Verantwortung; die Verantwortung reichte nicht weiter als die eines Menschen, der sich hinsetzt, um für eine Zeitung einen geistvollen Artikel zu schreiben.

Diese Thätigkeit des „Schlachtenbummlers" ist der Armee nicht schädlich geworden, zum großen Teil deshalb, weil eben alles immer gut ging, und weil für eine erbitterte Kritik kein Punkt da war, wo man einen Haken einschlagen konnte. Ob aber die Thätigkeit von Kolonialbummlern ebenso unschädlich bleiben könnte, ist mir zweifelhaft. Keinesfalls wird sie dann unschädlich bleiben, wenn in der Kolonie Krisen und schwierige Verhältnisse eintreten. Der Herr Eugen Wolf war schon einige Zeit in der Kolonie, seine Berichte über die Kolonie waren nicht ohne Wohlwollen, bis der erste Unfall eintrat: die Katastrophe des Detachements Zelewski. Diese Katastrophe hatte am 17. August stattgefunden. Im „Berliner Tageblatt" vom 8. Oktober kommt der erste Bericht von Eugen Wolf darüber und ist datiert: Zanzibar, vom 12. September. In diesem Bericht sagt Herr Wolf nach Auseinandersetzung der Verhältnisse:

Hier hilft es nichts, die Angelegenheiten zu vertuschen oder in milderem Lichte zu schildern — das Fazit ist unumstößlich, daß Wißmann und seine braven Truppen 1889, 1890 und im Frühjahr 1891 umsonst gekämpft haben. All' das ausgegebene Geld, all' die Opfer an Menschenleben, an

Gesundheit, die es gekostet hat, um die Küste wieder in unseren Besitz zu bringen, waren sozusagen umsonst. — Hier muß schnell und energisch geholfen werden, und das kann meiner Ansicht nach nur durch zwei Dinge geschehen: Bewilligung von Geld, viel Geld, um die nötige Anzahl von Truppen und Geschützen ins Feld bringen zu können, und die Stellung des richtigen Mannes an den richtigen Platz. Nur der offene Geldbeutel kann hier helfen. Ein erfahrener Führer wird sich wohl heute ohne sehr große Truppenmacht nicht ins Innere wagen. Bisher hat man gegen zusammengelaufene Banden gekämpft; jetzt wird man gegen ganze Völker kämpfen müssen. Eugen Wolf.

P. S. Soeben habe ich Wißmann einen Moment gesprochen; er brach in Thränen aus, rief ein um das andere Mal: meine tapfere Schutztruppe, meine braven Kameraden alle hin!

Dies war selbst der Redaktion des „Berliner Tageblatts" etwas zu stark; denn inzwischen waren eine Menge Telegramme hier angekommen, die ganz unwiderleglich darlegten, daß zwar der Untergang dieser Expedition und der wackeren Männer, die sie geführt hatten, sehr beklagenswert, daß aber eine Katastrophe, die weiter wirkte, nach keiner Richtung eingetreten war. Die Redaktion des „Berliner Tageblatts" sagt zu demselben Bericht in einer Anmerkung:

Das sind die ersten brieflichen Nachrichten, welche über den Untergang der Expedition Zelewski nach Deutschland gelangten. Die Briefe sind in der ersten Aufregung geschrieben und spiegeln Verstimmungen und Beklemmungen wieder, welche sich inzwischen glücklicherweise in manchen Dingen als übertrieben erwiesen haben.

Dafür, daß sie sich als übertrieben erwiesen haben, werde ich noch andere Zeugnisse anführen und zunächst den Bericht eines Mannes, der ihn an demselben Tage geschrieben hat, wo Herr Eugen Wolf seinen agitatorischen Bericht, der von Pessimismus kohlschwarz ist, herschickte. Dieser nach meinem Dafürhalten unverdächtige Zeuge ist der Kommandant Seiner

Majestät Kreuzer „Schwalbe", der Korvettenkapitän Rüdiger, der inzwischen zum Kolonialdienst kommandiert worden ist, der aber damals davon keine Ahnung hatte und vollkommen unabhängig von Herrn von Soden war; er ist nicht sein Untergebener. Dieser Herr berichtete an seine vorgesetzte Behörde, an das Oberkommando der Marine. Der Bericht ist, wie alle solche Berichte, die das Auswärtige Amt interessieren könnten, diesem zugegangen. Der Korvettenkapitän schreibt also am 12. September folgendes:

Über den Ernst der Lage gehen die Ansichten auseinander. Major von Wißmann, auf seine Kenntnis der afrikanischen Völkerschaften nach seiner Erfahrung verweisend, sieht alles Erreichte für verloren an und ist der Überzeugung, daß diese ernste Schlappe Folgen nach sich ziehen muß, die das deutsche Ansehen in Ostafrika ohne die allergrößten Anstrengungen, durch zahlreiche Truppen unterstützt, dauernd vernichten müssen.

Von der Sicherung der Karawanenstraßen, womöglich Unternehmungen im Gebiete der Seen, kann gar keine Rede mehr sein. Nach seiner Meinung mußte alles, was von Mpuapua westlich liegt, sofort zurückgerufen werden, ohne Rücksicht, ob dort etwas Erreichtes im Stich gelassen wird oder nicht. Nur die Küste halten, kann die einzige Aufgabe sein.

Seine Excellenz der Gouverneur glaubt wohl die Sache sehr ernst nehmen zu müssen, will auch der Völkerkenntnis des Majors von Wißmann alle Rücksicht zu teil werden lassen, meint aber nur, er könne die Flinte nicht ins Korn werfen, ohne thatsächliche Bestätigung der Befürchtungen zu haben. Sollte er durch ein Telegramm nach Berlin, daß fast alles verloren, nur die Küste noch zu halten sei, eine Aufregung schaffen, die ihm vorläufig noch nicht nötig erscheint?

Ich muß
— fährt Rüdiger fort —
mich bei aller Möglichkeit der Vorhersagungen und Befürchtungen des Majors von Wißmann doch auch der Ansicht des Gouverneurs anschließen, die vorläufig darin gipfelt: „es könnte doch anders sein, und deshalb will ich abwarten."

Thatsächlich ist inzwischen erwiesen, daß es anders gewesen ist. Indessen, die Berichte, die Telegramme des Herrn Eugen Wolf, riefen in dem deutschen Publikum doch einen Grad von Aufregung hervor, der der Kolonialabteilung nicht ganz unbedenklich erschien, und es fand ein ziemlich lebhafter Depeschenwechsel zwischen uns und Herrn von Soden statt. Es waren Tage seitdem wieder vergangen; Herr von Soden bestätigte immer mehr: es ist nicht verloren, es ist gar keine Gefahr da, nur ruhig bleiben! Es wurde ihm dann eines der aufregendsten Telegramme des Herrn Eugen Wolf von hier mitgeteilt, und er sandte darauf das inzwischen vielfach zitierte Telegramm zurück: „Alles ruhig!" So weit habe ich das Telegramm damals veröffentlicht. Es hatte aber noch einen Zusatz, den will ich heute aussprechen, und der hieß: „ausgenommen Eugen Wolf."

Unter dem 26. September, also 14 Tage nachdem Herr Eugen Wolf in Zanzibar seinen Bericht geschrieben hatte, nachdem der Depeschenwechsel zwischen uns und Herrn von Soden stattgefunden hatte, schreibt Herr von Soden:

Aus Ton und Inhalt der seitens des Auswärtigen Amts neuerdings an mich gerichteten Telegramme muß ich schließen, daß man dem Untergang der Expedition Zelewski zu hause wohl eine viel größere Tragweite beigemessen hat, als er unter den hier herrschenden Verhältnissen hatte und haben konnte.

Ich mußte mich darauf beschränken, wiederholt zu antworten, daß alles ruhig sei, da die ganze ostafrikanische Legende sich leider telegraphisch nicht zerstören läßt. Das Äußerste, was überhaupt zu befürchten stand, war eine Bedrohung der Mission Condoa und der Station Mpuapua, sowie der dortigen Karawanenstraße, Ereignisse, die unter allen Umständen jeder Zeit hier eintreten können, die aber im vorliegenden Falle insofern einen etwas ernsteren Charakter gehabt hätten, als man zu Gegenmaßregeln nicht sofort die nötigen Truppen zur Verfügung gehabt hätte, oder doch bloß Truppen, die durch die Katastrophe in Uhehe als nicht unbedingt zuverlässig gelten konnten.

Bis zu Abgang dieses Briefes hat sich aber auch diese einzig mögliche Befürchtung nicht bestätigt; wenigstens sind indessen Missionare aus Condoa zurückgekehrt, die beruhigende Nachrichten brachten.

Von dieser Zeit her datiert nun in unserer Presse eine Art Kriegführung des Herrn Wolf gegen Herrn von Soden. Ich möchte mich alles Persönlichen über Herrn Wolf enthalten und auf die Einzelheiten seiner späteren Berichte, die ja auch alle zu den Akten zu legen sind, weil sie zum größten Teil durch die Thatsachen widerlegt sind, nicht weiter eingehen. Ich finde das ja ganz begreiflich, daß, nachdem Herr Wolf einmal diese Depeschen abgelassen hatte, er dann weiter in demselben Tone fortfuhr. Es ist ja auch weiter ganz begreiflich, daß ein solcher Korrespondent dazu neigt, sich in Opposition mit den bestehenden Verhältnissen zu setzen; was ich aber auf das tiefste — ich will einen sehr milden Ausdruck gebrauchen — beklage, das ist die Weise, in der er auf die persönlichen Verhältnisse der Gouverneurs von Ostafrika eingeht.

Am Schlusse dieses persönlichen Artikels sagt Herr Eugen Wolf von Herrn von Soden:

Wenn man ein Gehalt von 50000 M. bezieht, nebenbei noch 15- bis 20000 M. für eine Privatgartenanlage bewilligt bekommt, sich ein Palais als Wohnung aufführen läßt, eigene Dampfer für Küstenfahrten zur Verfügung hat, nebenbei noch Tagegelder, wie ich höre, erhält, so kann man doch auch an solchen Tagen, will man es nicht aus Regierungsgeldern thun, aus seiner Tasche ein paar Rupien springen lassen.

Dieser Deutsche, Eugen Wolf, schildert den deutschen Gouverneur von Ostafrika als einen geizigen Mann, der für seine Stellung fürchtet und viel Geld ausgiebt in seinem eigenen Interesse. Wenn nun etwas den thatsächlichen Verhältnissen nicht entspricht, so ist es das. Es ist ja bekannt, daß Herr von Soden ein Gehalt von 50 000 Mark bezieht, also etwa das Gehalt eines Gesandten in Athen, während ebenso bekannt ist, wie teuer das Leben in Ostafrika ist. Herr von Soden ist nach meiner Überzeugung einer der in dieser Beziehung selbstlosesten Beamten, die wir haben. Er ist ein durchaus unabhängiger Mann, der den Staats- und Reichsdienst jeden Tag quittieren könnte, wenn er dazu Lust hätte; und daß er nicht dazu Lust hat, das kommt eben daher, daß er das Pflichtgefühl hat, auf fatalem Posten auszuharren, und daß er denjenigen Grad von Passion für den Kolonialdienst hat, der es ermöglicht, vieles, was manchem sehr schlimm erscheinen würde, leicht zu nehmen.

Herr von Soden bewohnt kein Palais, sondern — ich bin bereit, die Zeichnung auf den Tisch dieses Hauses niederzulegen — ein Ding, das man vielleicht eher ein schweizer Chalet nennen könnte, ein Haus, das unten von Stein gebaut ist; der Oberbau ist aus Altona bezogen. Trotz des weiten Transports kostet der ganze Bau 63000 Mark, und in diesem seinem „Palais" hat Herr von Soden sechs Stuben für sich: er hat Bureauzimmer, Dienerzimmer, er muß mehr als zwei, drei Stuben für sich haben, weil er in der Lage sein muß, durchkommende Fremde, ankommende Offiziere vom Innern bei sich zu beherbergen. Das weiß der Herr Eugen Wolf ebenso gut wie wir alle; denn er ist in Dar-es-Salaam gewesen, und doch hat er die Dreistigkeit, von Herrn von Soden zu behaupten, daß er in Wohlleben praßt!

Was er in Bezug auf die Tagegelder und Gartenanlagen sagt, ist vollkommen aus der Luft gegriffen. Herr von Soden hat, wie mir nicht durch ihn bekannt geworden ist, aber auf einem anderen, ganz sicheren Wege, in Kamerun aus seinem eigenen Vermögen nicht unerheblich zugesetzt, um Akklimatisationsversuche in größerem Maßstabe mit Pflanzen und Tieren zu machen. Wenn derselbe Herr sich jetzt Pflanzen um sein Haus pflanzt, so bin ich überzeugt, daß das dem Reiche nichts kostet, und daß das nicht, wie Herr Eugen Wolf hier angiebt, eine Art von Bequemlichkeit, von Neigung zur Größe ist. Herr von Soden erspart nichts, Herr von Soden setzt zu in seinem Dienst, er setzt zu um Deutschlands willen, und da sollte ich meinen — — ich habe keinen Ausdruck für die Äußerung des Herrn Eugen Wolf nach dieser Richtung.

Ich will mir nur noch erlauben, etwas zur Schilderung

dieses Herrn beizutragen; denn ich empfinde als Vorgesetzter das Gefühl sehr lebhaft, einen Mann, der von hier mit Schmutz beworfen wird, der nicht in der Lage ist, sich dagegen wehren zu können, hier aufs äußerste zu vertreten und klarzustellen, was ich kann, um auch dem hohen Hause diese Überzeugung beizubringen, daß das ein rechtschaffener, kluger Mann, der beste Beamte ist, den wir haben können."

Hierauf erfolgt durch den Reichskanzler die Verlesung des letzten Berichts von Herrn von Soden, der ein klares Bild gewährt von den Verhältnissen in Ostafrika und von der Weise, wie solche Herrn von Soden erscheinen.

„Nun frage ich Sie, meine Herren: ist das der Bericht eines Mannes, der, wie der Vogel Strauß, den Kopf in den Sand steckt, oder der den schlimmen Zustand der Kolonie zu verheimlichen bestrebt ist? Ich habe durch die Berichte des Herrn von Soden von Anfang an den Eindruck behalten, daß er einen klaren Weg zielbewußt verfolgt, und er hat darin schon nennenswerte Erfolge zu verzeichnen. Es geht seine Absicht dahin, zunächst die Küste sicher zu stellen, und zwar dadurch, daß er das Hinterland der Küste in einer Entfernung von 100 bis 150 Kilometern mit militärischen Stationen besetzt; in dem Maße, wie diese Stationen wirksam werden und die umliegende Bevölkerung zur Ruhe bringen, will er sie weiter ins Innere vorschieben und dann an der Küste durch eine mehr zivile Verwaltung ersetzen, sodaß also an der Küste nach und nach eine zivile Verwaltung eingerichtet wird; die ganze lange Küste durch eine Reihe von militärisch besetzten Stationen sichern; diese Stationen mit der Zeit weiter vorschieben; außerdem Karawanenstraßen in das Innere anlegen und mit militärischen Stationen besetzen, und hierüber hinaus nach den Seen einzelne Expeditionen energischer Afrikareisender nach wie vor zulassen und begünstigen.

Ich glaube, daß das ein System ist, mit dem man nur einverstanden sein kann, und das wir nur wünschen können.

Ich komme auf den Anfang meiner Rede zurück und erkläre noch einmal, daß ich Herrn Eugen Wolf nicht allein

ausgewiesen habe, sondern die Ausweisung auch aufrecht zu erhalten gewillt bin. Es ist möglich, daß durch solche Maß=
regeln ein einzelner hart betroffen wird; ich bin aber auch der Meinung, daß in diesen Dingen der einzelne dem Ganzen untergeordnet werden muß, und daß es meine Pflicht ist, in erster Linie das Wohl und das Gedeihen dieser Kolonie im Auge zu behalten und danach zu handeln."

Als der Abgeordnete Rickert den Berichterstatter Eugen Wolf als einen Mann hinstellte, der lediglich aus patriotischem Interesse, aus einer gewissen Schwärmerei für die Kolonial= politik nach Afrika gegangen sei, und daß man andere Formen des Vorgehens hätte wählen sollen, um diesen Mann zu be= seitigen, nahm der Reichskanzler noch einmal das Wort:

"Wenn Herr Eugen Wolf, wie der Herr Abgeordnete Rickert annimmt, aus Patriotismus gehandelt hat, so kann ich dem nicht widersprechen; ich bin aber der Meinung, dieser Patriotismus war mißverstandener Patriotismus. Wenn Herr Eugen Wolf von hier mit Empfehlungen nach Afrika ge= gangen ist, wenn er im Anfang von den Beamten und, ich glaube, auch von Herrn von Soden, freundlich aufgenommen worden ist, so bin ich der Meinung, daß ihm das erst recht die Verpflichtung auferlegt hätte, in seinen Mitteilungen doch gewisse Grenzen nicht zu überschreiten. Herr Rickert meint, das Unheil, das Herr Eugen Wolf anrichten könnte, könnte er ja von hier aus vom Kaiserhof*) aus auch anrichten. Zweifellos ist die Fähigkeit der Menschen, Unheil anzurichten, größer als die, zum Heil zu wirken.

Aber er wird hier aus dem Kaiserhof wenigstens nicht mehr mit dem Nimbus eines von der afrikanischen Sonne ge= bräunten Sachverständigen auftreten, sondern er wird hier auf das Niveau derjenigen zurücktreten, die über solche Dinge von hier aus schreiben.

Den guten Rat des Herrn Rickert hinsichtlich der Un= empfindlichkeit, die er als eine Grundbedingung des konstitutio= nellen Lebens bezeichnet hat, würde ich gerne annehmen, auch

---

*) Ein vornehmes Gasthaus.

seiner Äußerung gegenüber, insofern, als ich gar keine Reue
darüber empfinde, daß ich Herrn Eugen Wolf ausgewiesen habe.
Ich hatte auch keinen Anlaß, empfindlich zu sein: mir ist bei
der ganzen Sache nichts geschehen. Ich bin für einen Unter=
gebenen und für die deutsche Sache hier eingetreten, sogut, wie
ich sie verstehe, und wie es mir nach meinem Gewissen erscheint.

Nun bin ich eingetreten; nun wird die öffentliche Mei=
nung gegen mich losgehetzt werden, und da garantiere ich Herrn
Rickert vollständige Unempfindlichkeit."

Sitzung am 26. März 1892.

Dritte Beratung des Reichshaushaltsetats.

Caprivi bestreitet den Ausführungen des Abgeordneten
Richter gegenüber, daß durch die Trennung, die in den
Ämtern des Reichskanzlers eingetreten sei, das Reich
irgendwelchen Schaden gelitten hätte, und führt sodann aus,
daß im Gegenteil die Vorteile die Nachteile überwögen.

„Der Herr Abgeordnete Richter hat seine Rede mit der
Behauptung begonnen, der Reichskanzler wäre heute zwar er=
schienen; aber er wäre nicht mehr derselbe wie früher, er wäre
halbiert. Das ist eine Behauptung, die ich von hause aus
bestreite. Ich werde versuchen, zu zeigen, daß weder der Reichs=
kanzler noch das Reich durch die Trennung, die in den Ämtern
eingetreten ist, eine Einbuße erlitten hat. Der Herr Abgeordnete
Richter wird mir erlauben, den Fürsten Bismarck, den er
für seine Meinung zitiert hat, auch für die meinige anzurufen.
Ich bitte um die Erlaubnis, zunächst aus einer Rede des
Fürsten Bismarck vom 25. Januar 1873 verlesen zu dürfen,
wie er damals über die Stellung und den Wert des Amtes
eines preußischen Ministerpräsidenten dachte. Er sagte:

Es ist sogar bei uns der eigentümliche Fall, daß der
Präsident des Staatsministeriums, obschon ihm ein größeres
Gewicht der moralischen Verantwortlichkeit als jedem anderen

Mitgliede ohne Zweifel zufällt, doch keinen größeren Einfluß als irgend einer seiner Kollegen auf die Gesamtleitung der Geschäfte hat, wenn er ihn nicht persönlich sich erkämpft und gewinnt. Unser Staatsrecht verleiht ihm keinen. Wenn er diesen Einfluß gewinnen will, so ist er genötigt, ihn durch Bitten, durch Überreden, durch Korrespondenzen, durch Beschwerden beim Gesamtkollegium, — kurz und gut, — durch Kämpfe zu gewinnen, welche die Leistungsfähigkeit des Einzelnen in sehr hohem Maße in Anspruch nehmen.

In den späteren Jahren, in derselben Rede vom 5. März 1878, die der Herr Abgeordnete Richter teilweise zitiert hat, hat der Fürst Bismarck gesagt:

Im preußischen Ministerium hat der Ministerpräsident kein Veto. Da giebt es überhaupt keinen Ministerpräsidenten, nur einen Minister, der den Titel führt und die Debatte geschäftlich zu leiten hat und seine Kollegen bitten kann; aber zu sagen hat er nichts, auch kein Veto; und wenn sich jemals ein Ministerpräsident eines gewissen Einflusses auf seine preußischen Kollegen erfreut, so ist das doch gewöhnlich mehr das Ergebnis einer sehr langjährigen Dienstzeit und eines besonders hohen Maßes von Vertrauen, dessen er beim Monarchen genießt, aber nicht der Ausdruck der Institution; der preußische Ministerpräsident hat gar keinen gesetzlichen Einfluß.

Zweifellos ist diese Äußerung des Fürsten Bismarck, daß der preußische Ministerpräsident gesetzlich gar keinen Einfluß hat, richtig, und ich kann auf die ersten Staatsrechtslehrer in dieser Beziehung verweisen. Es bleibt danach der persönliche Einfluß, und auch da klagt Fürst Bismarck, wieviel Kräfte er zusetzen muß, um diesen persönlichen Einfluß sich zu erhalten, und wie schwer ihm das wird. Können Sie erwarten, daß jemand, der nach dem Fürsten Bismarck Ministerpräsident wird, der bei seinem Eintritt ins Amt erkannt hat, daß das preußische Staatsministerium fortan eines stärkeren Hervorkehrens der kollegialischen Verfassung bedarf, — können Sie erwarten, daß der Mann denjenigen Einfluß auf das preußische Staatsministerium in kurzer Zeit gewinnen wird, den Fürst Bismarck noch im Jahre des Heils 1878 nicht zu besitzen beklagt?

Nun habe ich mich umgesehen: wo liegen denn die Schattenseiten einer solchen Trennung? „Der leitende Staatsmann verliert den Einfluß auf Preußen." Worin besteht denn sein Einfluß? Er sitzt dem Staatsministerium vor und hat eine Stimme. Gelingt es ihm durch seine Beredsamkeit, durch das Gewicht seiner Gründe die Kollegen zu gewinnen, dann wird er mit dieser einen Stimme das Staatsministerium nach sich ziehen. Ob der Minister aber vor dem Tisch quer vorsitzt oder auf dem Platze des preußischen Ministers der auswärtigen Angelegenheiten, ändert in der Sache gar nichts. Sind seine Gründe eben so, daß er seine Kollegen überzeugt, dann wird er sie von dem einen Platze aus überzeugen, wie er sie von dem anderen aus überzeugt haben würde, und er kann überstimmt werden in der einen Stellung und kann überstimmt werden in der andern Stelle. Ich bin also der Meinung, daß thatsächlich der Reichskanzler dadurch, daß er den Vorsitz im preußischen Staatsministerium aufgiebt und sich auf die Rolle des Ministers der auswärtigen Angelegenheiten, auf die Stimmführung im Bundesrat beschränkt, nichts in Preußen verliert. Hat er einen persönlichen Einfluß, so wird er ihn so haben, wie er ihn so gehabt hat; einen gesetzlichen hat er so nicht und so nicht. Fürst Bismarck hat — und da hat der Abgeordnete Richter ganz richtig vorgelesen — in späteren Jahren hier und da auch eine andere Ansicht ausgesprochen.

Es ist dann vielfach exemplifiziert worden auf die kurze Zeit, in der Graf Roon das preußische Ministerpräsidium innegehabt und der Fürst Bismarck sich auf die Stelle zurückgezogen hat, die mir jetzt amtlich zufällt. Ich habe mich bemüht, zu ergründen, ob dieses Verhältnis Nachteile gehabt hat, und welche, und ob es dieser Nachteile wegen wieder aufgehoben worden ist, oder aus anderen Gründen. Ich bin zu der Ansicht gekommen, daß nicht sachliche Nachteile zur Wiederaufhebung dieses Verhältnisses geführt haben. Der Minister Graf Roon übernahm das Ministerpräsidium, weil er in eine jetzt ja ziemlich öffentlich bekannt gewordene Differenz mit dem Fürsten Bismarck geraten war. Fürst Bismarck war leidend; er zog sich zurück; der Graf Roon war auch leidend, und sein Vorsitz im Staatsministerium wurde bald illusorisch. Sein Leiden nahm zu; nachdem er elf Monate den Vorsitz gehabt hatte, erklärte er selbst, nicht allein diesen Vorsitz, sondern alle seine Ämter niederlegen und den Abschied nehmen zu müssen. Darauf baten die preußischen Minister den Fürsten Bismarck, er möge den Vorsitz in dem Staatsministerium wieder übernehmen. Das ist geschehen. Daß aber während dieser Zeit aus der Trennung der Ämter sachlich irgend ein Schaden entstanden wäre, vermag ich nicht abzusehen.

Der Herr Abgeordnete Richter hat als einen weiteren Nachteil hervorgehoben, daß nun der Reichskanzler, wenn er nicht mehr preußischer Minister sei, nicht mehr die Politik des do ut des treiben könne, daß er nicht mehr im Reich ein Angebot machen und es in Preußen bezahlen könne. Ich weiß nicht, ob ich das bisher gemacht haben würde; denn immer wieder würde ich dazu der Zustimmung meiner preußischen Kollegen bedurft haben; ich würde aber auch als Reichskanzler geglaubt haben, mich am Reiche zu versündigen, wenn ich eine Forderung im Reich mit einer Preußen schädigenden Gegenleistung erkauft haben würde.

Ich meine, von einer solchen Politik kann nicht die Rede sein.

Wenn ich also für mich und meine Stellung Nachteile aus der Trennung nicht befürchte, so kann ich nicht verkennen, daß auf der anderen Seite Vorteile ganz zweifellos sind. Ich könnte Ihnen wieder Äußerungen des Fürsten Bismarck darüber anführen, wie schwer ihm das in Preußen geworden ist, wie es nicht die Arbeit allein gewesen ist, sondern das gesteigerte Maß von Verantwortung, das es ihm schwer machte, und das ihm den Wunsch nahe legte, sich von dem preußischen Amt eines Ministerpräsidenten zu trennen. Wenn der Fürst Bismarck bei seiner kolossalen Kraft, bei der Geschichte, die er hinter sich hatte, es schwer empfand, die Verantwortlichkeit der Reibungen in Preußen zu tragen, so werden Sie mir zugeben, daß es unbescheiden für jeden anderen wäre, auch nur zu denken, daß er dadurch nicht leiden würde. Ich kann versichern, daß die Sorgen, die mir das preußische Ministerpräsidium gemacht hat, der unausgesetzte Druck der Verantwortlichkeit für Dinge, die mir doch im ganzen fern lagen und in die direkt einzugreifen ich nicht imstande war, zu den schwersten Teilen meines Daseins bisher gehört hat.

Ich bin aber auch der Meinung, daß direkt für das Reich aus dieser Trennung ein Vorteil insofern erwächst, als der Reichskanzler künftig nicht mehr in jede preußische Krise verwickelt zu werden braucht. Nun kann man ja sagen: das brauchst du ja nicht, stelle dich doch als Ministerpräsident so abseits, daß, wenn einer oder der andere deiner Kollegen fällt, du nicht mitzufallen brauchst. Das wäre nach meiner Auffassung von den Pflichten des Ministerpräsidenten doch nicht immer angängig. Ich will von vorneweg sagen: diese Pflichten und Stellungen lassen sich reglementarisch und allgemein gar nicht begrenzen; in so hohen Stellungen muß sich alles auf die Person zuschneiden. Ich aber habe einmal die Auffassung von meinen Pflichten als Ministerpräsident dahin gehabt, daß ich, wenn ein Minister eine Vorlage einbrachte, und das Staatsministerium sich mit ihm einverstanden erklärt hatte, der nächste dazu war, um hinter dem Ressortminister zu stehen.

Ich habe die Ansicht gehabt, daß wenn der Ministerpräsident in einer solchen Lage den Ressortminister fallen läßt, er dann im Staatsministerium überhaupt null wird; wenigstens mein an sich nicht großer Einfluß wäre null geworden, wenn meine Kollegen nicht die Überzeugung haben konnten: der Ministerpräsident wird, soweit es in seinen schwachen Kräften steht, hinter uns stehen.

Ich bin von der Ansicht ausgegangen, daß die erste Pflicht des preußischen Ministerpräsidenten die ist, auch mit seiner Person zu bezahlen. Es ist mir das sehr leicht geworden; denn bei keiner der Vorlagen habe ich mich von meiner eigenen Überzeugung zu trennen gebraucht.

Ich glaube also, daß die Besorgnis, es könne das Reich zu Schaden kommen bei der Trennung, nicht vorliegt. Ich glaube vielmehr, daß in den Verhältnissen des Reichs eine wünschenswerte Stabilität dadurch herbeigeführt wird. Es kann weder der auswärtigen Politik noch der Reichspolitik dienen, wenn Abstimmungen in den preußischen Häusern, wenn eine schwierig werdende öffentliche Meinung in Preußen immer in letzter Perspektive den Fall des Reichskanzlers zeigt. Es ist nicht Unbescheidenheit; ich bin aber der Meinung, daß es dem öffentlichen Interesse Deutschlands nicht dient, wenn die Stellung des Reichskanzlers häufig als unsicher erscheint.

Nun hat der Herr Abgeordnete Richter gemeint, man könne dem ja abhelfen durch eine parlamentarische Regierung. Nun glaube ich nicht, daß der Abgeordnete das für Preußen im Ernst gesagt hat.

Ich glaube, er weiß so gut wie ich, daß wir, Gott sei Dank, davon noch weit ab sind. Er hat aber für das Reich auch ein Auskunftsmittel, nämlich Reichsministerien. Nun frage ich, wer wohl hier ernstlich glaubt, daß zur Zeit Reichsministerien einzuführen wären. Es mag ja mancher hier sein, der es für wünschenswert hält — die verbündeten Regierungen halten es nicht für wünschenswert —; ob aber irgend jemand hier ist, der das jetzt für ausführbar hält, ohne den Bundesrat zu beseitigen, ohne unsere ganze Reichsverfassung auf den Kopf zu stellen, ist mir in hohem Grade zweifelhaft.

Ich meine doch, daß wir gut thun werden, abzuwarten, wie die Dinge sich entwickeln, und ich meine, daß Deutschland doch zu fest steht, um durch eine solche Frage wie die, ob der Reichskanzler einen Teil seiner preußischen Ämter, den er selbst für unbedeutend hält, abgiebt oder nicht, erschüttert zu werden. Ich bin der Meinung: Deutschland wird dies überstehen und wird dadurch nicht verlieren, sondern eher gewinnen."

Sitzung am 23. November 1892.

Der Reichskanzler übergiebt dem Reichstage im Namen der verbündeten Regierungen zwei Vorlagen. Die eine betrifft den Entwurf eines Gesetzes über die Ersatzverteilung, die andere die Friedenspräsenzstärke des deutschen Heeres. Er begründet diese Vorlagen folgendermaßen:

„Die verbündeten Regierungen sind sich der Verantwortung, die sie, indem sie diese Gesetze vorlegen, übernommen haben, klar bewußt. Es ist ihnen nicht leicht geworden, der Nation pekuniäre Opfer zuzumuten, die zwar nicht unerschwinglich, die aber doch schwer sind. Drei Jahre sind vergangen, seit die Notwendigkeit einer durchgreifenden Vermehrung unserer Wehrkraft erkannt werden ist. In diesen drei Jahren ist die wirtschaftliche und militärische Seite der Vorlage eingehend erwogen worden. Die verbündeten Regierungen sind zu der Überzeugung gekommen, daß der Zustand, wie er jetzt besteht, nicht länger dauern kann; sie haben die Verantwortung, die Vorlage vorzulegen, übernommen trotz der Schwere der pekuniären Lasten, trotz der Unruhe, die bis zu einem gewissen Grade dadurch in Deutschland hervorgebracht wird, und trotz der ernsten Gefahr, die aus einer Ablehnung der Vorlage für Deutschland entstehen könnte. Ich brauche die Gefahr hier näher nicht zu erörtern. Wenn die Vorlage, wie ich hoffe, von dem hohen Hause genehmigt wird, so wird der 1. Oktober 1893 der früheste Termin sein, an dem mit der Durchführung angefangen werden kann. Es wird dann das Jahr 1894 vergehen, bis die Durchführung der vermehrten Ersatzeinstellung möglich gewesen sein wird. Damit ist aber die Wirkung der Vorlage noch nicht erschöpft; die wirkt erst in vollem Umfange nach 20 Jahren.

Ich kann nicht mit „Krieg in Sicht" auftreten; davon ist keine Rede, ich werde nicht mit dem Säbel rasseln, ich werde mich jeder Schwarzmalerei enthalten, aber, soweit es meiner Kenntnis der Sache und meiner Gewissenhaftigkeit möglich ist, die reine Wahrheit vor Ihnen entrollen.

Die deutsche Regierung lebt in normalen und freundlichen Verhältnissen mit allen anderen Regierungen. Es ist uns seit der Zeit, wo ich die Ehre habe, an dieser Stelle zu stehen, nicht schwer gemacht worden, von keiner einzigen Regierung schwer gemacht worden, die Würde und die Ehre Deutschlands dem Auslande gegenüber zu repräsentieren. Wir haben aber auch nichts gewollt, was das anderen Leuten hätte erschweren können. Es ist Ihnen früher von dieser selben Stelle erklärt worden, **die deutsche Nation ist satt**; wir haben nach dem

Jahre 1870 das, was wir gewünscht haben, und wir haben kein anderes Ziel, als den Besitzstand, den der Frankfurter Frieden gegeben hat, zu erhalten. Es ist ein durchaus treffendes Wort Sr. Majestät des Kaisers gewesen, das er bei der Übernahme von Helgoland sprach, daß dies das letzte Stück deutscher Erde gewesen ist, nach dem unser Sinnen stand. Dies letzte Stück haben wir bekommen. Wir haben nichts von anderem mehr zu wünschen, nichts zu begehren.

Nehmen wir an, es würde die Meinung herrschend, daß wir durch einen Präventivkrieg den schwierigen Zuständen, in denen wir leben, ein Ende machen könnten, so würde die Frage entstehen, was ist denn nun unser Siegespreis, was könnte unser Siegespreis beispielsweise Frankreich gegenüber sein? Wir haben nicht den Wunsch, von Frankreich auch nur einen Quadratkilometer uns anzueignen; wir würden in Verlegenheit geraten, wenn wir undeutsche Menschen dem Deutschen Reiche einverleiben wollten. Wir haben in dem Gewinn von Milliarden doch auch in mancher Beziehung ein Haar gefunden, und wenn man mir endlich sagt, nehmt doch französische Kolonieen, so möchte ich erwidern, zunächst haben wir an unseren eigenen genug; sie würden uns Schwierigkeiten machen und Kosten, für die wir nach dem Ablauf eines solchen Präventivkrieges wohl nicht den Sinn und die Mittel haben würden. Das Ziel dieses Präventivkrieges könnte nur das sein, daß wir nach seiner glücklichen Beendigung auf eine längere Periode des Friedens hoffen könnten, als wir heutzutage zu hoffen imstande sind."

Die Aussichten eines Krieges mit Frankreich.

„Nun bitte ich Sie, in Ihre Erinnerung zurückzurufen, daß, als wir im Jahre 1870 die französische Grenze überschritten, uns acht kaiserlich französische Armeekorps entgegenstanden, während wir, wenn ich die süddeutschen Kontingente mitzähle, mit etwa 17 Armeekorps die Grenzen überschritten. Schon aus diesem einen Umstand ergiebt sich, daß es uns im nächsten Kriege nicht so leicht werden wird, wie im vorigen, glänzende Siege zu erringen; denn wir würden im nächsten Kriege mindestens ebensoviel gute französische Armeekorps uns gegenüber finden und hinter ihnen noch eine Reservearmee, die in ihrer Beschaffenheit weit über dem Niveau stehen würde, das wir zu Gambettas Zeiten kennen gelernt haben. Aber wir überschreiten die Grenze, wir siegen, obwohl wir nicht die numerische Überlegenheit in dem Maße haben wie 1870; denn wir würden doch immer damit rechnen müssen, daß ein Teil unserer Armee in den Garnisonen an der russischen Grenze zurückbleibt. Wir würden ein solches Entgegenkommen wie beim Beginn des Krieges 1870 von russischer Seite nicht mehr erwarten können. Aber wir rücken in Frankreich ein, wir siegen, wir stoßen auf eine Linie von Sperrforts, die seit Jahren sorgfältig vorbereitet und mit allem ausgerüstet sind, was die moderne Technik bietet. Diese Sperrforts liegen an der Mosel und an der Maas, Flüssen, deren Überschreitung uns ohnehin Schwierigkeit machen wird. Es müssen aber mehrere solcher Sperrforts genommen werden, wenn Armeen mit ihrem Heergerät imstande sein sollen, weiter in Frankreich vorzugehen. Aber wir nehmen auch diese Sperrforts, zwar mit Aufenthalt, doch wir nehmen sie. Und nun kommen wir an die Reihe der großen Festungen Verdun, Toul, Epinal, Festungen, von denen jede einzelne stärker ist fortifikatorisch und stärker armiert, als Metz und Straßburg 1870 waren, also Festungen, vor denen wir wieder einen Aufenthalt erleiden und einen Teil unserer Kräfte stehen lassen müssen. Wir lassen sie stehen und schreiten weiter vor. Wir schlagen auch die französische Reservearmee, die uns entgegentritt, und unsere Armee geht nach Paris. Wir finden das Paris nicht wieder, was wir 1870/71 gekannt haben, sondern eine Festung, wie die Welt sie noch nicht gesehen hat, umgeben von 56 Forts und mit einer äußeren Linie von 130 Kilometer. So einzuschließen wie das alte Paris ist es nicht. Es aushungern würde sehr schwer sein, vielleicht nicht einmal glücken. Aber es werden sich andere Mittel finden. Man wird schließlich, wenn die Ausdauer und der Wille nicht fehlen und Gott uns begünstigt, auch damit fertig werden. Wir kommen nun nach einem Kriege, der aber länger sein würde, als im Jahre 1870/71, endlich zum Ziele und haben

Paris wieder erobert. Was ist die weitere Folge? Würden wir nun eine Ruhe von 20, 30 Jahren genießen können? Würden wir nicht, wenn wir nach Hause kämen, in der Lage sein, von neuem rüsten zu müssen, und in einer Weise, die voraussichtlich weit kostspieliger, weit lästiger wäre als die gegenwärtige? Wenn wir erschöpft aus einem langen prophylaktischen Kriege nach Hause kämen, würden nicht andere Leute da sein, die vielleicht geneigt wären, von unserer Schwäche Vorteil zu ziehen? Ich habe die feste Überzeugung, daß selbst nach einem glücklichen Abschlusse eines prophylaktischen Krieges der Zustand, in den wir versetzt werden würden, ungleich ungünstiger wäre, als der gegenwärtige."

Die Emser Depesche vom 13. Juli 1870.

„Ich komme von hier auf eine Bewegung, die die Gemüter jetzt vielfach erregt hat dadurch, daß in Bezug auf den Beginn des Krieges 1870/71 Publikationen und Äußerungen stattgefunden haben, die geeignet sind, das öffentliche Urteil zu verwirren. Man hat die Behauptung aufgestellt, Deutschland und in erster Linie Fürst Bismarck habe durch gewisse Manipulationen — man ist selbst bis zum Ausdruck „Fälschungen" gegangen, die in einer Depesche vorgenommen wären — fälschlich den Glauben erregt, daß Frankreich uns zum Kriege provoziert habe, während faktisch wir und zunächst der Fürst Bismarck der Provozierende gewesen seien. Die ausländische Presse hat daran einen Entrüstungssturm geknüpft, der, wenn man diesen Zeitungen glaubt, die Überzeugung zurücklassen mußte, daß alles, was wir seit 22 Jahren geglaubt haben, eitel Lug und Trug gewesen wäre. Dem ist nicht so. Ich bin in der Lage, auf Grund aktenmäßigen Materials den Beweis zu führen, erstens, daß Deutschland Frankreich nicht provoziert hat, zweitens, daß der Fürst Bismarck Depeschen nicht gefälscht hat, und drittens, daß, was von einigen Journalen behauptet, angedeutet worden ist, weil sie sich einen Vers aus der Sache nicht machen konnten, daß der alte Kaiser Wilhelm zu versöhnlich gewesen sei oder vielleicht in dem Verkehr mit den Franzosen den Accent nicht getroffen habe, der dem berechtigten Bewußt=

sein der deutschen Nation entsprach, falsch) ist. Ich rufe ins
Gedächtnis zurück, daß der hochselige Kaiser Wilhelm sich am
13. Juli 1870 in Ems befand, daß er da auf der Morgen=
promenade von dem französischen Botschafter Grafen von
Benedetti angeredet wurde, daß der König ihm eine abweisende
Antwort gab, daß der Graf Benedetti den Versuch, sich dem
König zu nähern, wiederholte, und der König seinen Flügel=
adjutanten schickte und sagen ließ, daß, wenn er nochmals eine
Audienz nachsuchte, um auf die Sache zurückzukommen, der
König sie ihm nicht gewähren würde. Die Erzählung dieser
Dinge ist niedergelegt in einem Promemoria, das der Flügeladjutant
Prinz Anton Radziwill am Abend des 13. Juli aufgezeichnet hat.
Dieses Promemoria ist erst am 17. Juli in Berlin eingegangen,
wie das Präsentat in den Akten ergiebt, nicht telegraphisch,
sondern am 17. Juli, also nach der Rückkehr des Königs.
Die erste Depesche, die aus Ems am 13. Juli an den
Fürsten Bismarck ergangen ist, also die sogenannte echte
Depesche, die bisher nie publiziert worden ist, ist von dem
Wirklichen Geh. Legationsrat Abeken verfaßt. Sie ist auf=
gegeben am 13. Juli 1870, 3 Uhr 50 Minuten nachmittags
in Ems, und angekommen in Berlin 6 Uhr 9 Minuten nach=
mittags. Die Entzifferung lautet: „Seine Majestät der König
schreibt mir: Graf Benedetti fing mich auf der Promenade
ab, um auf zuletzt sehr zudringliche Art von mir zu verlangen,
ich sollte ihn autorisieren, sofort zu telegraphieren, daß ich für
alle Zukunft mich verpflichtete, niemals wieder meine Zustim=
mung zu geben, wenn die Hohenzollern auf ihre Kandidatur
zurückkämen. Ich wies ihn zuletzt etwas ernst zurück, da man
à tout jamais dergleichen Engagements nicht nehmen dürfe
noch könne. Natürlich sagte ich ihm, daß ich noch nichts er=
halten hätte, und da er über Paris und Madrid früher benach=
richtigt sei als ich, er wohl einsehe, daß mein Gouvernement
wiederum außer Spiel sei."

Es bezieht sich dies darauf, daß Benedetti dem König
gesagt hat, er wisse aus Madrid über Paris, daß die Hohen=
zollernsche Kandidatur zurückgezogen sei. Um die Zeit, als
Benedetti das dem König sagte, hatte der König noch keine

Nachricht darüber. Nun fährt Herr Abeken fort: „Seine Majestät hat seitdem ein Schreiben des Fürsten (des alten Fürsten von Hohenzollern) bekommen. Da Seine Majestät dem Grafen Benedetti gesagt, daß er Nachricht vom Fürsten erwarte, hat Allerhöchstderselbe, mit Rücksicht auf die obige Zumutung, auf des Grafen Eulenburg und meinen Vortrag, beschlossen, den Grafen Benedetti nicht mehr zu empfangen, sondern ihm nur durch einen Adjutanten sagen zu lassen: daß Seine Majestät jetzt vom Fürsten die Bestätigung der Nachricht erhalten, die Benedetti aus Paris schon gehabt, und dem Botschafter nichts weiter zu sagen habe. Seine Majestät stellt Eurer Excellenz (das ist der damalige Bundeskanzler Graf Bismarck) anheim, ob nicht die neue Forderung Benedettis und ihre Zurückweisung sogleich sowohl unseren Gesandten als in der Presse mitgeteilt werden sollte".

Das ist geschehen. Die Depesche, die Graf Bismarck einem Beamten diktiert hat, lautet:

Nachdem die Nachrichten von der Entsagung des Erbprinzen von Hohenzollern der Kaiserlich französischen Regierung von der Königlich spanischen amtlich mitgeteilt worden sind, hat der französische Botschafter in Ems an Seine Majestät den König noch die Forderung gestellt, ihn zu autorisieren, daß er nach Paris telegraphiere, daß Seine Majestät der König sich für alle Zukunft verpflichte, niemals wieder seine Zustimmung zu geben, wenn die Hohenzollern auf ihre Kandidatur wieder zurückkommen sollten. Seine Majestät der König hat es darauf abgelehnt, den französischen Botschafter nochmals zu empfangen, und demselben durch den Adjutanten vom Dienste sagen lassen, daß Seine Majestät dem Botschafter nichts weiter mitzuteilen habe.

Also nachdem Seine Majestät der König Wilhelm dem Kanzler anheimgegeben hat, diese zwei Dinge mitzuteilen, führt der Graf Bismarck diesen Auftrag aus und erläßt am 13. Juli 11 Uhr 15 Minuten abends die Depesche, die ich eben vorgelesen habe und die, wenn man sie der anderen gegenüberstellt, sich lediglich als eine Ausführung der Königlichen Anheimgabe charakterisiert. Es kann hier von einer Fälschung keine Rede sein; der Bundeskanzler führt aus, was der Monarch ihm aufgetragen hat, und führt das vollkommen korrekt aus.

Um nun aber der Insinuation, als sei der hochselige Kaiser Wilhelm nicht der Mann gewesen, der selbst für seine Ansichten eingetreten wäre, entgegenzutreten, will ich noch einen zweiten Beweis liefern, einen Beweis von demselben Tage. Nach der Unterhaltung mit Benedetti bekam der König Wilhelm ein Schreiben von dem damaligen Gesandten Herrn von Werther aus Paris vom 12. Juli, in welchem Herr von Werther eine Unterhaltung schildert, die er mit französischen Ministern gehabt hat, und die auch darauf hinauskommt, daß man sich mit der hohenzollernschen Entsagung auf den spanischen Thron nicht zufrieden geben könne, sondern noch einen weitern Schritt verlange. Es ist hier ein eigenhändiges Billet des Kaisers Wilhelm an Herrn Abeken in den Akten enthalten von demselben 13. Juli: Es ist doch notwendig an Werther zu chiffrieren, daß ich indigniert sei über die Grammont=Ollivier'sche Zumutung und mir das Weitere vorbehalte."

Frankreich hat den Krieg gewollt.

„Es bleibt mir nur noch übrig, nachdem ich von dem Grafen Bismarck den Verdacht der Fälschung abgelenkt habe, nachdem ich gezeigt habe, daß Kaiser Wilhelm nicht der schwache Mann war, sondern daß er in seiner treuen Pflichterfüllung auch hier das Richtige getroffen hat — der Beweis dafür, daß Europa damals die Sache so auffaßte, wie Deutschland und wie Kaiser Wilhelm. Ich habe zwei Depeschen hier, die eine von dem Grafen Bernstorff, der damals unser Botschafter in London war:

Lord Lyons telegraphiert von gestern abend, daß die französische Regierung mit dem Rücktritt des Prinzen von Hohenzollern nicht befriedigt sei und heute in einem Konseil über weitere Beschlüsse beraten werde. Er habe stark remonstriert. Lord Granville hat zugleich zurücktelegraphiert, um den Botschafter anzuweisen, noch vor dem Konseil bestimmt zu erklären, daß Frankreich befriedigt sein müsse. Herr Gladstone, der mir dies eben vertraulich sagt, ist der Meinung, daß wir bis an die äußerste Grenze der Versöhnlichkeit gegangen sind, und Frankreich im flagrantesten Unrecht sein würde, wenn es trotzdem den Krieg anfinge.

Bernstorff.

Ein zweites Dokument! Der Kanzler Fürst Gortschakoff war damals in Berlin; zugleich war unser Gesandter in Petersburg, Prinz Reuß, in Berlin. Prinz Reuß zeichnet auf:

Berlin, den 13. Juli 1870, 6 Uhr abends. Fürst Gortschakoff hat soeben in meiner Gegenwart ein Telegramm an Okuniew und Brunnow*) diktiert folgenden Inhalts (in deutscher Übersetzung): Wir begreifen nicht, daß nach der freiwilligen und vollständigen Verzichtleistung des Erbprinzen von Hohenzollern die französische Regierung den preußisch-französischen Zwischenfall nicht als erledigt ansieht, im Interesse des Friedens, den Frankreich, wie man uns versichert, will.

Ich könnte außer diesen beiden Depeschen auch aus anderen Hauptstädten von anderen Regierungen ähnliche Depeschen vorlesen. Ich halte hiernach für erwiesen, daß, nachdem die Kandidatur Hohenzollern zurückgezogen war, nicht allein in Deutschland, sondern auch außerhalb Deutschlands die Ansicht die herrschende war, daß nunmehr für Frankreich kein Grund vorläge, mehr zu verlangen. Wenn Frankreich trotzdem mehr verlangte, so konnte es nur entweder den Krieg oder die Demütigung Deutschlands wollen. Daß es das nicht erreicht hat, verdankt es den Männern, die damals an der Spitze Preußens standen. Es wäre aber auch nach meinem Dafürhalten für Deutschland nie möglich gewesen, eine Demütigung, wie sie Frankreich uns zumutete, hinzunehmen.

Die Sache ist für den Augenblick von Belang und steht auch mit der Militärvorlage in einer gewissen Verbindung, wenn man in Betracht zieht, daß wir Mittel fordern, um

---

*) Russische Vertreter in Paris und London.

unsere Wehrkraft zu verstärken, und dabei versichern, daß diese
Mittel einem aggressiven Zwecke nicht gelten, daß wir sie nur
zu unserer Selbstverteidigung fordern. Uns ist es nicht gleich=
gültig, ob gleichzeitig von einer anderen Seite der Verdacht
erregt wird, als hätten wir vor 20 Jahren provokatorische Ab=
sichten gehabt. Das würde auf uns zurückwirken, und um der
fides der deutschen Regierung willen, um des Vertrauens willen,
das Deutschland selbst braucht, das Ausland von uns braucht,
habe ich Wert darauf gelegt, diese Depeschen zu veröffentlichen.

Auch nach einer anderen Richtung sind diese Depeschen
doch wohl lehrreich, wenn sie uns ins Gedächtnis zurückrufen,
daß wir ohne jeden äußeren Anlaß, nachdem wir bis an die
äußerste Grenze des Möglichen entgegengekommen sind, von
Frankreich mit Krieg überzogen wurden. Was geschehen ist,
kann wiederum geschehen; und es liegt in diesem Verhalten
eine Mahnung für uns, auf unserer Hut zu sein und nicht
die Hände in den Schoß zu legen."

Unser Verhältnis zu Frankreich und unsere Beziehungen zu Rußland.

„Das lehrt uns ohnehin die Entwickelung, die die Dinge
seit dem Jahre 1870 in Europa genommen haben. Wir haben
Elsaß=Lothringen in Deutschland einverleibt. Die deutschen
Fürsten und ganz Deutschland haben das einstimmig nicht
allein als eine Sühne für den Krieg, sondern auch als eine
Folge der jahrhundertelangen Geschichte der Grenzhändel, die
diese ursprünglich deutschen Lande uns genommen hatten, an=
gesehen. Aber auch wenn wir Elsaß=Lothringen nicht genommen
hätten, würde der französische Revanchegedanke derselbe sein.

Anders liegen unsere Verhältnisse nach der anderen Grenze:
Von alters her haben Rußland und Preußen freundschaftliche
Beziehungen miteinander verbunden. Es giebt nicht den min=
desten realen Streitpunkt zwischen Rußland und Deutschland,
nicht das mindeste, was wir von Rußland begehrten; und daß
Rußland zur Zeit geneigt sein sollte, von uns etwas zu
begehren in einer Zeit, wo es mit seiner eigenen Unifikation
noch so stark beschäftigt ist, glaube ich nicht. Wenn schon

hierin eine Bürgschaft dafür liegt, daß wir im Grunde in guten Beziehungen zu Rußland weiter leben könnten, müßten, so liegt nach meiner Ansicht eine noch stärkere in der Person Seiner Majestät des Kaisers von Rußland. Der jetzige Kaiser von Rußland ist durch seine hochherzige und friedliche Gesinnung einer der stärksten Faktoren für die Erhaltung des Friedens in Europa. Und ich freue mich, aussprechen zu können, daß ich auf Grund guter Autorität weiß, wie der Kaiser von Rußland die friedliche und loyale Politik, die ich auf Befehl Seiner Majestät des Kaisers führe, zu würdigen weiß. Ich bedaure, daß diese Hochschätzung des Zaren in Deutschland nicht allgemein geteilt wird, nicht einmal so geteilt wird, daß unsere Presse Anstand nähme, sich an der Person dieses Monarchen zu vergreifen. Ich habe vor einigen Wochen mit aufrichtigem Bedauern in einem Witzblatte*) eine Zeichnung gesehen, die geeignet war, den hohen Herrn in einem — ich will mich milde ausdrücken — sehr falschen Lichte darzustellen; und ich habe noch mehr bedauert, daß unser Preßgesetz uns nicht die Möglichkeit gab, gegen diese Ausschreitung vorzugehen.

Aber bei all diesen Momenten, die auf der russischen Seite in die Wagschale des Friedens fallen, kann ich doch nicht verkennen, daß andere Momente da sind, die in die andere Wagschale fallen. Es ist in den weitesten Kreisen der russischen Nation eine Verstimmung verbreitet, eine Verstimmung, die sich gegen uns richtet, deren innere Gründe schwer abzusehen sind. Sie datiert in ihren Anfängen wohl zurück auf den Krimkrieg; sie ist dann vermehrt worden durch den Haß, den man in Rußland gegen die in Rußland lebenden Deutschen hatte, ein Haß, der sich dann über die Grenzen fortpflanzte und der auch stieg mit unseren Waffenerfolgen und leider auch mit den diplomatischen Erfolgen, die mein Herr Amtsvorgänger im Interesse Rußlands davongetragen hat. Wir müssen mit dieser Verstimmung rechnen, wie mit einer elementaren Kraft, sie wirkt mit der Sicherheit eines Naturgesetzes. Und wenn wir auch die Hoffnung nicht aufgeben können, daß sie einmal

---

*) Im „Kladderadatsch", der deshalb in Rußland verboten wurde.

rückläufig werden wird, so ist bis jetzt doch davon keine Spur vorhanden. Die russische Politik ist gewohnt, mit großen Zeiträumen zu rechnen. Auch die russische Militärverwaltung rechnet mit längeren Zeiträumen als andere, und sie geht periodisch, aber sicher und zielbewußt in ihren Rüstungen weiter. Sie ist noch nicht am Ende; sie ist jetzt auf ein Prozent der Bevölkerung angekommen mit ihrem Friedenspräsenzstande, ich halte es für wahrscheinlich, daß das noch weiter gehen wird; sie ist organisatorisch nicht am Ende; sie ist technisch nicht am Ende, sie ist im Begriff, ein neues Gewehr einzuführen. Aber das, was sie bis jetzt gemacht hat, reicht schon hin, um unsere ernste Aufmerksamkeit zu verdienen. Ganz zielbewußt hat die russische Regierung uns gegenüber ihre Grenzen von Kowno an über Grodno längs der Narew und Weichsel immer mehr befestigt. Zielbewußt hat die russische Regierung ihre Kavalleriemassen an unsere Grenzen gelegt; wahrscheinlich wird sie sich nicht dem Glauben hingeben, damit wesentliche militärische Resultate zu erreichen; sie wird aber hoffen, daß es ihr gelingt, auf diesem Wege unsere Mobilmachung zu stören.

Bei aller Hochachtung und Wertschätzung der Friedensliebe des jetzt regierenden Kaisers von Rußland darf doch nicht vergessen werden, daß zu einer Zeit, wo unser alter Kaiser Wilhelm noch lebte und durch innige Freundschaft mit dem Kaiser Alexander II. verbunden war, von meinem Herrn Amtsvorgänger hier von einer vollständigen Kriegsdrohung von Rußlands kompetentester Seite gesprochen worden ist. Ich glaube, daß auch heute die Verhältnisse der beiden Monarchen so gut wie möglich sind, daß ebensowenig ein realer Kriegsgrund vorliegt, wie zu der Zeit, von der der Fürst sprach. Aber auch das kann wiederum geschehen; es kann der jetzt regierende Kaiser von Rußland in eine Lage kommen, wo es ihm als dem Souverän eines großen Staates nicht anders möglich ist, als zum Kriege zu schreiten.

Man hat der jetzigen Regierung den Vorwurf gemacht, wir hätten den Draht zerrissen, der uns mit Rußland verbunden hätte. Dem widerspreche ich ganz bestimmt. Wir haben alle Sorgfalt darauf verwendet, diesen Draht zu erhalten; wir wünschen nur nicht, daß er uns den Strom aus denjenigen Leitungen nimmt, die uns mit Österreich-Ungarn und Italien verbinden."

Rußlands Annäherung an Frankreich.

„Es ist zweifellos, daß zwischen Rußland und Frankreich eine innere Annäherung stattgefunden hat, und nicht erst, seitdem die jetzige Regierung am Ruder ist. Die Anfänge dieser Annäherung werden auf die siebziger Jahre zurückdatiert, nur ist sie mit der Zeit immer sichtbarer hervorgetreten; sie ist so sehr hervorgetreten, daß es wohl möglich war, ihre Symptome, wie Kronstadt und andere unbedeutendere Ereignisse, so auszulegen, als wenn in der That ein festes Bündnis zwischen Rußland und Frankreich existierte; und immerhin sind die Äußerungen auch der russischen Presse in dieser Beziehung doch beachtenswert. Ich bin nicht der Meinung, daß die russische Presse Druckerschwärze*) ist; sondern ich bin der Meinung, daß gerade in einem Lande, wo die Staatsgewalt noch so stark ist, die Preßäußerungen um so eher Beachtung verdienen, als es der Regierung leicht sein würde, sie zu hindern.

Ein französisches Blatt brachte vor einiger Zeit einen Artikel, der war überschrieben: Flirt ou Alliance? — Kurmacherei oder Ehebündnis? Das Blatt wußte selbst nicht, in welchem Verhältnisse es sich Frankreich zu Rußland denken sollte, — und wenn es die Franzosen selbst noch nicht wissen, können wir annehmen, daß der Bund noch kein allzu enger geworden ist. Aber immerhin: zwei Liebende spielen mit Feuer, sie zünden von Zeit zu Zeit Freudenfeuer an, deren Funken über unsern Hof fliegen, und wir haben allen Anlaß, unser Löschgerät instandzuhalten und, wenn es uns nicht vollständig genug scheint, es zu ergänzen. Wir können gegenüber einer Annäherung von Frankreich an Rußland weder Elsaß-Lothringen aufgeben noch unsere Beziehungen zu Österreich-Ungarn und zu Italien preisgeben.

---

*) Hindeutung auf ein Wort Bismarcks.

Wir wollen weder Frankreich noch Rußland angreifen; wir wollen aber für den Fall, daß diese beiden Staaten sich mehr einander nähern sollten, alle Mittel aufbieten, die uns zur Verfügung stehen, um einen etwaigen Angriff zurückweisen zu können."

Der Krieg mit zwei Fronten.

„Schon in der Vorlage zu dem Gesetz behufs Vermehrung der Wehrkraft von 1888 haben die verbündeten Regierungen ausgesprochen, daß der Krieg mit zwei Fronten ins Auge gefaßt werden müßte, und von dieser Stelle hier ist Ihnen das aufs nachdrücklichste und wirksamste vorgeführt worden. Es liegt ja auch auf der flachen Hand, daß, wenn Rußland die Neigung haben sollte, uns mit Krieg zu überziehen, das Bündnis von Frankreich ihm jeden Tag zur Verfügung steht. Ob, wenn Frankreich uns angriffe, ein russischer Angriff eben so sicher und mit derselben Schnelligkeit zu erwarten wäre, das will ich dahingestellt sein lassen. Immerhin aber würde das Dasein von Rußland uns nötigen, an unserer Grenze Kräfte stehen zu lassen, die dem, was wir gegen Frankreich aufzubieten haben, abgehen würden. Daß wir dem Kriege mit zwei Fronten nicht gewachsen sind, ist ziemlich allgemein anerkannt worden; man hat aber gesagt: ja, wenn wir einen Krieg mit zwei Fronten führen sollen, so werden wir niemals stark genug werden, um nach beiden Seiten zu schlagen. Das soll doch nichts anderes heißen, als: wenn wir einmal mit Übermacht angegriffen würden, so wollen wir uns gar nicht verteidigen. Das ist doch ein für Deutsche unmöglicher Gedanke, und ich will nur erinnern an die Männer von 1813, die vom Jahre 1807 bis 1813 unaufhörlich im kleinen Preußen schufen, die Wehrkraft zu vermehren suchten, bis sie sie auf 12 Infanterieregimenter gebracht hatten. Was würden die Männer gesagt haben, und welch heiliger Zorn würde sich von den Zungen dieser Männer auf uns ergießen, wenn sie uns von der Möglichkeit sprechen hörten, daß, wenn wir einmal nicht so stark wären, wie andere, wir unsere Verteidigung aufgeben wollten! Diese Männer haben damals im kleinen Preußen gegen die Weltmacht eines Napoleon gerüstet und sind zum Erfolge gekommen, und wir sollten nicht weiter gehen, als wir bisher gegangen sind, wir sollten nicht an die äußerste Grenze des Möglichen in Bezug auf unsere militärische Leistungsfähigkeit zu gehen bereit sein, bloß weil Fälle denkbar sind, in denen andere noch stärker sind? Das halte ich für unmöglich."

Der Dreibund.

„Je stärker wir sind, um so eher können wir auch in schwierigen Fällen auf Bundesgenossen rechnen. Wir können aber schon heute auf Bundesgenossen rechnen und auf Bundesgenossen, deren Wert ich sehr hoch schätze. Der Dreibund ist vielleicht in keiner der drei Nationen so populär, wie bei uns, und ich glaube, die Nation rechnet es meinem Herrn Amtsvorgänger als eines seiner größten Werke an, daß er diesen Dreibund geschaffen hat. Wir halten an dem fest und sind überzeugt, daß unsere Verbündeten ebenso fest daran halten. Daraus folgt aber nicht, daß wir nun nicht mit uns zu Rate gehen müßten, ob wir wirklich stark genug sind, ob der Dreibund als Ganzes auch stark ist, und ich glaube, daß Ihnen von militärischer Seite wird der Nachweis geliefert werden können, daß der Dreibund nicht diejenige Truppenzahl aufzubringen imstande ist, die Frankreich und Rußland aufzubringen vermögen. Jeder Koalitionskrieg hat seine Schwierigkeiten. Wir haben Schwierigkeiten, die ein einfacher Blick auf den Atlas ergeben kann: auf der einen Seite springt das Gouvernement Warschau sehr tief zwischen Galizien und Ostpreußen ein und auf der anderen Seite die Schweiz mit ihrer international garantierten und unantastbaren Neutralität. Das allein sind Umstände, die einen gemeinsamen Gebrauch der Truppen überaus erschweren würden, selbst wenn man in einen solchen gemeinsamen Gebrauch überall einwilligte.

Auch hier hat man einen Einwand gemacht und hat gesagt: ja, warum soll Deutschland immer weiter rüsten, laßt doch einmal die Italiener und Österreicher antreten und es Sache der deutschen Regierung sein, daß sie dafür sorgt, daß Österreich und Italien auch das ihrige thun. Ich glaube, daß dieses das Verkehrteste wäre, was wir thun könnten. Ich glaube, es ist viel besser, daß sie sich auf uns verlassen, ebenso wie wir uns auf sie verlassen, und wir sind ebenso überzeugt, wie sie es sein können, daß, wenn einmal der große Krieg kommen wird, alle drei Staaten ihr Bestes einsetzen werden. Übrigens lassen sich solche Bündnisse in Bezug auf die Truppenzahl gar nicht kontingentieren. Wenn Deutschland und Österreich eine Kampagne in Schleswig-Holstein anfangen, so kann man sehr wohl sagen: ich stelle so viel, und du stellst so viel. Das ist bei einem Zukunftskriege ausgeschlossen, das ist ausgeschlossen bei einem Bündnis, das nicht auf den Krieg geschlossen ist, sondern auf die Erhaltung eines langen Friedens. Immer wird das bestehen bleiben, daß wir im Dreibunde, wenn es zum Kriege kommt, die **Hauptlast auf unsere Schultern zu nehmen haben.** Das ist auch insofern keine Unbilligkeit, als wir von den drei Staaten der einzige sein werden, der genötigt ist, nach zwei Seiten zu schlagen."

Warum hat Deutschland seine militärische Suprematie verloren?

„Die deutsche Armee und das deutsche Volk haben seit dem Jahre 1870 nicht auf ihren Lorbeeren geruht, sie haben mit einem Fleiße gearbeitet, wie ihn die Armee vorher noch nie gesehen hat, mit einem Fleiße, betreffs dessen man Bedenken haben kann, daß ein Teil der Kräfte von Offizieren und Unteroffizieren zu früh ruiniert werden wird. Aber ist es nicht ganz natürlich, daß nach einem großen und schweren Kriege, der bald auf zwei andere Kriege gefolgt war, der Sieger weniger die Neigung hat, Opfer zu bringen, als der Besiegte? Naturgemäß kommt der Sieger mit dem Gefühl nach hause, daß er satt ist, — wir Deutsche überdies mit dem glücklichen Gefühl, daß wir endlich geeinigt waren. Es ist natürlich, daß man nach Sedan in einer anderen Stimmung ist, wie nach Jena und Auerstädt. Es ist natürlich, daß der Sieger sich die Frage stellt: mit welchem Minimum von Leistungen kann ich die Früchte meines Sieges erhalten? während der Besiegte sich fragt: welches Maximum von Leistungen kann ich aufbringen, um das, was ich verloren habe, wieder zu bekommen? Es ist also, wenn die deutsche Suprematie nach und nach in ein Gleichgewicht mit unseren Nachbarn übergegangen ist, der Grund lediglich darin zu suchen, daß unsere Nachbarn ihre Wehrkraft in einer Weise gesteigert haben, die wir nicht vorhersahen.

In Frankreich, und in Rußland nach dem Türkenkrieg, wo die Russen zwar Sieger, aber nicht überall von ihren eigenen Zuständen befriedigt waren, hat man systematisch Schritt für Schritt die Wehrkraft verstärkt. Wir scheuten uns, wir nahmen Rücksicht auf die wirtschaftlichen, auf die finanziellen Verhältnisse — durchaus berechtigte Rücksichten, aber Rücksichten, die uns nach und nach dahin führten, daß wir immer einen kleinen Schritt vorwärts machten, daß wir nachhinkten, statt systematisch vorzugehen. Da wir jetzt nicht glauben, vor einem nahen Kriege zu stehen, da wir aber doch auf der andern Seite glauben, mit einem Kriege rechnen zu müssen, so schlagen wir Ihnen Maßregeln vor, die nicht ad hoc getroffen sind, die langsam und sicher, aber besser wirken werden!" —

Die Heeresorganisation war schon 1889 geplant.

„Im Jahre 1889 erkannte der damalige Kriegsminister*) die Notwendigkeit, eine durchgreifende Reform einzuführen, die Armee zu vermehren und sie in den Stand zu setzen, daß sie nicht schon in den ersten Augenblicken nach Ausbruch des Krieges genötigt wäre, ihre ältesten Leute gegen den Feind zu führen. Fürst Bismarck äußerte sich dabei, daß es sich nicht um die Abwehr einer einmaligen Bedrohung handele, sondern um die dauernde Abwehr etwaiger Bedrohungen, und es würde daher erforderlich sein, die Einnahmen dauernd zu erhöhen, um sie den militärischen Bedürfnissen anzupassen. Ich befinde mich ganz auf demselben Standpunkt. Ich habe ganz dieselbe Überzeugung von der Notwendigkeit und Unaufschiebbarkeit der Vermehrung unserer Wehrkraft. Aber ich habe mir gesagt, und bin darin durch den Verlauf der Session 1890 mit den

---

*) General von Verdy.

Windthorstschen Resolutionen bestärkt worden: das, was hier als Projekt vorlag, ist nicht durchzusetzen mit diesem Reichstag; wir werden uns den Verhältnissen anpassen und untersuchen müssen: was ist das unumgänglich Notwendige? wie können wir das Projekt beschränken, um wirtschaftlich und finanziell den gebotenen Rücksichten gerecht zu werden? Wir haben noch heute personell nach meiner Überzeugung die Überlegenheit über jede andere Armee, unsere Generale sind besser, unsere Offiziere sind besser und unser Mann ist besser. Wir haben die Möglichkeit, unsere Stellung zu erhalten; aber woran es fehlt, das ist die Stärke und die Organisation. Wir sind zu schwach, zu alt und zu lose in Bezug auf unsere Kriegsorganisation, und wir wollen verstärken, verjüngen und verbessern."

Die Zahlenwut.

„Wir wollen verstärken. Wir wollen in Bezug auf die Gemeinen auf eine Zahl von 492068 Mann als Jahresdurchschnitt hinkommen. Die Erhöhung beträgt, die Unteroffiziere inbegriffen, 38894. Das sind erhebliche Zahlen. Ich selber habe das französische Wort »rage des nombres« in diesen Reichstag eingeführt, und man hat in der Presse weidlich auf diesem Pferde herumgeritten und behauptet: wie kann dieselbe Regierung, die von der rage des nombres gesprochen hat, jetzt mit einer solchen Vermehrung des Heeres kommen? Zunächst möchte ich dagegen erwidern, daß, wenn man einen hohen Wert auf die Güte der Truppen legt, doch zuletzt immer ein Maß kommt, in dem die Zahl auch zur Geltung gelangt. Die besten Eigenschaften müssen eben in einer Anzahl lebendiger Leiber zum Ausdruck kommen, und wenn die Anzahl der Menschen zu gering wird, so ist heute vielleicht in Afrika noch ein Erfolg möglich, aber in Europa nicht mehr. Wir rechnen darauf, daß diese Massen auf zwei Schauplätzen gebraucht werden, und daß wenigstens zur Aufsicht an einer Grenze so viele abgehen, daß die Zahl auf der andern Seite uns nicht unbequem wird. Wir wollen dahin kommen, nicht schon am ersten Mobilmachungstage, wie es jetzt der Fall ist, gleich Landwehr zweiten Aufgebotes und Landsturm einzuberufen.

Also, wenn wir höhere Zahlen wollen und bekommen, und wenn die uns zu viel werden sollten, giebt es nichts Einfacheres, als uns des Plus aus älteren Jahrgängen zu entledigen. Wir wollen nicht Zahlen schaffen, sondern Werte. Das aber unterliegt keinem Zweifel, daß der jüngere Mann, der unmittelbar oder nach kurzer Pause aus dem Friedenspräsenzstand in das Kriegsheer eingestellt wird — bei aller Hochschätzung der Eigenschaften der Vaterlandsliebe und des Patriotismus der Landwehrleute — doch militärisch einen höheren Wert besitzt."

Die Leistungsfähigkeit der Landwehr.

„Wir wollen weiter verjüngen. Es handelt sich bei der Frage über Landwehr und Linie ja nicht darum: was hat die Landwehr geleistet? sondern: was kann man der Landwehr zumuten? Es sind Artikel in einer militärischen Zeitschrift erschienen, denen die Regierung und die Militärverwaltung fern steht, Artikel, die eine gewisse Unzufriedenheit, einen Ärger, eine gewisse Aufregung hervorgebracht haben, indem man von der Ansicht ausging, es läge darin eine Beschimpfung, — es wurde dann abgemildert —, eine Verunglimpfung der Landwehr. Ich nehme nicht an, kann es auch nicht annehmen, kann das auch aus dem Artikel nicht herauslesen, daß der Schreiber die Absicht gehabt habe, die Landwehr herabzusetzen, — das kann und wird kein deutscher Offizier thun.

Alle menschliche Leistungsfähigkeit hat ihre Grenzen. Der erste Napoleon hat den Ausspruch gethan, Menschen und Truppen wären im Kriege journaliers, also ihre Leistungen wären tageweise verschieden. Das ist richtig. Es ist niemals einwandfrei festzustellen: welche Umstände haben auf das Mißgeschick, das der Truppenteil gehabt hat, zurückgewirkt? Es ist nicht möglich, sich später zu vergegenwärtigen oder klarzustellen, in welchem physischen Zustande die Truppe gewesen ist, — war sie satt, war sie ausgeschlafen, was für moralische Eindrücke habe sie vorher gehabt? Das sind Fragen, die beantwortet sein müssen, ehe man ein Urteil über die Leistungen eines Truppenteils im Felde fällt.

Aber immerhin sind wir genötigt, uns vor die Frage zu

stellen: ist es richtig, die Landwehr in erster Linie zu verwenden, oder thun wir klüger, zuerst diejenigen Menschen, die wir in jugendlichem und kräftigen Alter noch in Deutschland haben, an den Feind zu bringen, ehe wir auf die älteren zurückgreifen? Was wir hier bezwecken, geht dahin, die älteren Jahrgänge zu schonen, sei es, daß man sie ganz zu hause läßt, oder sei es, daß man mindestens, bis es notwendig ist, sie nicht an den Feind schickt. Der 32jährige Mensch wird und kann dasselbe leisten, was der 22jährige leistet, aber der Aufwand an Kraft und Opferwilligkeit ist sehr erheblich größer bei den 32jährigen als bei den 22jährigen.

Ich achte die Opfer, die unser Beurlaubtenstand, Offiziere wie Mannschaften, im Kriege bringen, sehr hoch, — es ist viel mehr, was diese Männer leisten, als was wir Berufssoldaten leisten, und die Kriegsdenkmünze auf der Brust eines alten beurlaubten Soldaten ist in meinen Augen eines der höchsten Ehrenzeichen, die ein Mensch tragen kann, und der Name eines deutschen Landwehrmannes wird auf alle Zeiten ein Ehrenname bleiben."

Die Beschaffung der Mittel für die Neuorganisation.

"Ich streife nur die finanziellen Mittel. Sie haben im „Staatsanzeiger" voraussichtlich gelesen, daß wir auf Bier, Branntwein und Börse zurückgreifen wollen, und daß wir den Tabak haben fallen lassen. Man hat gesagt, wir hätten überhaupt lieber eine Steuer nehmen sollen, sie würde weniger Opposition gefunden haben. Das ist richtig; wir würden weniger Interessen geschädigt haben. Wir waren aber von hause aus der Meinung, daß es rätlicher sei, die Last auf mehrere Schultern zu verteilen. Ich sehe es nun kommen, daß die Biersteuer einer lebhaften Opposition begegnen wird. Im ganzen kommt durch die neuen Steuern auf den Kopf der deutschen Bevölkerung jährlich 1,1 bis 1,2 Mark mehr. Die Annahme der Vorlage würde bewirken, daß in Norddeutschland — Süddeutschland wird ja von dem Gesetze gar nicht direkt berührt — von dem Liter $^{8}/_{10}$ Pfennig, also von dem Seidel noch nicht ½ Pfennig mehr Steuer erhoben wird, als bisher: — eine Versteuerung, die im Ausschank wahrscheinlich nicht zur Geltung kommen wird, und die schließlich doch gering erscheint, wenn man bedenkt, daß in Deutschland jährlich für Bier und Trinkbranntwein an zwei Milliarden ausgegeben werden. Wir sind bisher der Staat gewesen, ausgenommen Österreich-Ungarn, der am wenigsten für seine Wehrkraft ausgegeben hat, wir werden auch nach dieser Vorlage, wenn sie angenommen wird, in derselben Lage bleiben, vielleicht, daß dann auch Italien hinter uns zurücktritt. Es ist also auch aus dem Vergleich mit andern Staaten die Behauptung einer anormalen, unerträglichen Belastung nicht herzuleiten.

Militärisch wollen wir die Mittel dadurch aufbringen, daß wir zur allgemeinen Wehrpflicht zurückgreifen. Wir wollen aber sorgsam in der Auswahl sein und den Begriff „Tauglichkeit" nicht ausdehnen, sondern wollen uns mit den Leuten begnügen, die wir mit gutem Gewissen nach ärztlicher Prüfung für tauglich halten."

Die Übelstände bei der bisherigen Ersatzverteilung.

„Das Gesetz schreibt vor, daß der Ersatz nach der Bevölkerungszahl verteilt wird. Die Folge davon ist, daß in denjenigen großen Städten, Handelsplätzen, wo viel Zuzug männlicher Jugend ist, eine große Anzahl von jungen Leuten zur Musterung gehen, eine größere Anzahl, als sie der Bevölkerungsziffer entspricht. Das ist soweit gegangen, daß das Vorkommen der Militärpflichtigen auf 1000 Seelen der Bevölkerung geschwankt hat zwischen 7,73 im Fürstentum Schwarzburg-Sondershausen und 13,3 in Hamburg, und innerhalb der Anteile der unter preußischer Verwaltung stehenden Bezirke zwischen 7,71 und 10,35. Die Militärpflichtigen — also die, die neuausgehoben wurden — variieren in ähnlichen Zahlen. In der freien und Hansastadt Bremen sind in einem Jahre 175 Rekruten für den aktiven Dienst gestellt, in Sondershausen 487; innerhalb der preußischen Anteile hat die Zahl geschwankt zwischen 503 und 320, immer auf das Tausend gerechnet. Diese Mißstände zu heben ist der Zweck des einen Gesetzes."

Die zweijährige Dienstzeit.

„Wir wollen zu der zweijährigen Dienstzeit bei den Fuß=
truppen übergehen, und verstehen die verbündeten Regierungen
unter Fußtruppen alle Truppen, ausgenommen Kavallerie und
reitende Artillerie. Wir würden die dreijährige Dienstzeit lieber
behalten, als die zweijährige, aber wir müssen uns sagen, einmal
haben wir die dreijährige Dienstzeit nie gehabt, wir haben jetzt
einen verstümmelten, einen Zwitterzustand zwischen zwei= und
dreijähriger Dienstzeit gehabt, der mit sehr ernsten Mißständen
verbunden war. Die verbündeten Regierungen haben sodann
den wirtschaftlichen Interessen der Nation Rechnung
tragen wollen und haben sich deshalb entschlossen, die zweijährige
Dienstzeit anzunehmen, in der auf militärische Autoritäten ge=
stützten Ansicht, daß wir die zweijährige Dienstzeit ohne Schaden
werden durchführen können, in der Voraussetzung, die=
jenigen Kompensationen zu bekommen, die wir für nötig
halten. — Die Regierung ist der Meinung, daß die Be=
dingungen jetzt gefunden worden sind, und daß, wenn sie Be=
rücksichtigung finden, die zweijährige Dienstzeit ohne allen
Schaden angenommen werden kann."

Durchschnittsziffer statt der Maximalziffer.

„Wir wollen weiter statt der Maximalziffer der Etatsstärke,
die bisher gegeben worden war, eine Durchschnittsziffer geben.
Wenn wir eine Durchschnittsziffer bekommen, die die Militär=
verwaltung zu variieren die Mittel hat, wird unsere
Organisation auch an solchen Stellen, wo uns in die Karten
sehen zu lassen wir weniger Neigung haben, weniger durch=
sichtig werden. Unsere Nachbarn sind in der Lage, in
Nancy und in Warschau ihre Etats zu vermehren, still, ohne
daß wir davon etwas bemerken. Bei unserer bisherigen Organi=
sation ist das nicht möglich. Bekommen wir diese Durchschnitts=
stärken, so sind wir auch in der Lage, dem momentanen Be=
dürfnisse an der einen oder anderen Stelle geräuschlos genügen
zu können."

Übungen der Ersatzreserve.

„Wir werden ganz absehen von den Übungen der Ersatzreserve, ausgenommen für solche Leute, die für Verwaltungszweige eingezogen werden sollen; also Übungen mit der Waffe für die Ersatzreserve würden unter der Voraussetzung, daß die Vorlage im übrigen angenommen wird, nicht mehr stattfinden."

Dauer des Gesetzes.

„Wir wollen für das Gesetz ein Quinquennat (5 Jahre) uns erbitten. Die Gründe, die gegen eine einjährige Bewilligung sprechen, sind allgemein bekannt. Das nur will ich hinzufügen, daß wir eine längere Frist aus rein militärischen Gründen bedürfen, um die Reform durchzuführen."

Die Windthorstschen Resolutionen.

„Ich bin der Meinung, daß die verbündeten Regierungen diesen Resolutionen*) soweit nachgekommen sind, als es irgend in ihrer Macht lag. Die erste Resolution war:

„Die Erwartung auszusprechen, daß die verbündeten Regierungen Abstand nehmen werden von der Verfolgung von Plänen, durch welche die Heranziehung aller wehrfähigen Mannschaften zum aktiven Dienst durchgeführt werden soll, indem dadurch dem Deutschen Reiche unerschwingliche Kosten erwachsen würden." Wenn man die stenographischen Berichte nachsieht, so liegt der Accent nicht auf der „Durchführung der allgemeinen Wehrpflicht", sondern liegt auf den „unerschwinglichen Kosten". Eine Resolution gegen die Durchführung der allgemeinen Wehrpflicht würde sicherlich nicht die Zustimmung gefunden haben, da ja die Reichsverfassung schon die allgemeine Wehrpflicht statuiert. Nun glaube ich, daß, wenn wir von 117 Millionen auf 57 Millionen zurückgegangen sind, dann der Ausdruck „Unerschwinglichkeit" nicht mehr zutreffend ist.

Nr. 2 der Windthorstschen Resolution richtete sich gegen das Septennat. Ich habe mir anzuführen erlaubt, daß wir

---

*) Sie wurden im Jahre 1890 gefaßt.

bis zu einem Quinquennat gehen zu können glauben und gehen wollen.

Die dritte der Resolutionen ging dahin, die „Dispositionsurlauber zu vermehren", die vierte, „womöglich die Einführung der gesetzlichen zweijährigen Dienstzeit für die Fußtruppen in ernstliche Erwägung zu nehmen". Diesen beiden Resolutionen sind wir, glaube ich, so weit nachgekommen, als überhaupt möglich war."

Die Folgen einer Niederlage.

„Die Vorlage ist natürlich unwillkommen. Auch wir haben sie nicht gern gebracht. Aber, meine Herren, der Krieg ist noch unwillkommener, und eine Niederlage wäre das Unwillkommenste. Mein Herr Amtsvorgänger hat im Jahre 1887 hier eine Rede gehalten, die mit großen, packenden Zügen von den Folgen einer Niederlage sprach. Das hat im Augenblick Eindruck in Deutschland gemacht. Ich habe aber das Gefühl, wie wenn dieser Eindruck nicht tief gegangen wäre. Man ließ sich allenfalls eine Gänsehaut überlaufen, aber man drehte sich um und ruhte weiter. Ich wünschte, daß die ganze Nation, jeder einzelne sich darüber klar würde, was eine Niederlage für ihn zu bedeuten hätte. Die ältesten von uns werden sich noch der Erzählungen ihrer Mütter aus der Franzosenzeit erinnern, jener Zeit der Demütigungen und Schädigungen, denen damals keine Familie entging. Wir haben den Krieg, als wir selber Sieger waren, von einer milderen Seite kennen gelernt, und ich glaube, wir halten zu sehr an der Vorstellung fest, daß auch ein künftiger Krieg so mild verlaufen würde, wenn wir die Geschlagenen wären. Das wäre ein schwerer Irrtum. Wir würden dann mit Milliarden bezahlen müssen, was wir heute an Millionen ausgeben. Ein Blatt, das der äußersten Linken angehört, gefällt sich darin, fast täglich von dem **Moloch des Militarismus** zu sprechen, der uns nachgerade aufzehrt. Weshalb werden denn diese Ausgaben gemacht? Doch nur, um jeden einzelnen Deutschen in seiner Existenz zu sichern. Jeder, auch der ärmste, kann noch geschröpft werden, und auch der ärmste würde von einem siegreichen Feinde zu Diensten

herangezogen werden können, die ihm nicht angenehm sind. —
Es würden sich die Folgen einer Niederlage auf alle Gebiete
unseres Lebens ausdehnen. Unser Handel und Wandel ist
national geworden und hat nationalen Aufschwung genommen.
Wenn wir eine Niederlage im nächsten Kriege erleiden, würde
von dem Schutze unseres überseeischen Handels und unseres
Exports, wenn wir dann überhaupt noch in der Lage sein
sollten, zu exportieren, gar keine Rede sein. Wir sind zu national
geworden, um heutzutage, wenn wir eine Niederlage erlitten,
noch viel von deutscher Kunst, von deutscher Wissenschaft er=
warten zu können. Die Zeiten sind vorüber, wo, während die
Kanonen bei Jena und Auerstädt donnerten, deutsche Gelehrte
und Dichter zu hause sitzen konnten und ruhig weiter arbeiten,
wie wenn nichts geschehen wäre. Uns würde das Herz brechen,
wenn wir das erlebten, und ich behaupte: deutsche Wissenschaft
und deutsche Kunst geht ihrem Verfall entgegen, wenn wir
geschlagen werden. Wir müssen uns klar darüber werden, daß
wir einen Kampf ums Dasein zu führen haben, — einen
Kampf ums Dasein, politisch, materiell und kulturell. Wir
müssen uns klar darüber werden, daß es unsere Pflicht ist,
alles zu thun, was wir zu thun imstande sind, diesen Kampf
zu bestehen. Unsere Pflicht zuerst gegen Gott. Jede Nation
hat in der Kultur der Welt ihre Stelle einzunehmen. Der
Ausfall der Deutschen würde durch keine andere Nation ersetzt
werden können. Staaten haben nicht, wie Menschen, die Pflicht,
sich in Nächstenliebe für andere zu opfern; ihre nächste Pflicht
ist, sich zu erhalten. Nur wenn ein Staat sich erhält, kann
er noch das Werkzeug Gottes bleiben. Wir haben weiter die
Pflicht, Deutschland zu erhalten, im Andenken an die
Männer und an die Generation, die Deutschland geschaffen hat,
nicht am wenigsten an die vielen Tausende, die für die Schaffung
Deutschlands geblutet haben! Soll man dermaleinst sagen
können: jene haben ihr Blut für Deutschland gegeben, und
diese hier wollen nicht ihr Geld geben! (Sehr gut! rechts.
Widerspruch links). —

Bitte, hören Sie mich erst aus! — Wir haben die Pflicht,
Deutschland zu erhalten auch für die kommende Generation;

wir müssen der kommenden Generation das Werkzeug zurechtstellen, mit dem sie das, was sie ererbt hat, noch einmal wird gewinnen können und gewinnen müssen, um es zu besitzen; wir würden bittere und berechtigte Vorwürfe des kommenden Geschlechts auf uns laden, wenn wir etwas versäumten, was imstande wäre, das Glück zu erhalten, das wir zum ersten Male empfunden und kennen gelernt haben, das Glück: Bürger eines einigen Deutschlands zu sein.

Vereinigen Sie sich, meine Herren, mit den verbündeten Regierungen, um die Vorlage ohne Voreingenommenheit zu prüfen, um der Nation das zu geben, dessen sie bedarf, damit sie, wenn sie wieder einmal zu den Waffen gerufen wird, mit demselben ruhigen Vertrauen kommen kann, das das Volk im Jahre 1870 auszeichnete, — mit dem Vertrauen, daß ihm wahrscheinlich ernste Kämpfe nicht werden erspart werden, mit dem Vertrauen aber, das am endlichen Sieg niemals zweifelt, und das in der Heimat wie im Felde in dem Gedanken ausklang: „Lieb Vaterland, kannst ruhig sein!"'

Sitzung am 30. November 1892.

Erste Beratung des Entwurfes eines Gesetzes, betreffend den Reichshaushaltsetat für das Etatsjahr 1893/94.

Gegen die Angriffe des Abgeordneten Richter.

„Der Herr Abgeordnete Richter hat im Beginn seiner Rede mich in einer Weise angegriffen, die die denkbar schärfste war, der ich aber irgend eine Berechtigung nicht zuerkennen kann. Er hat die Behauptung aufgestellt, ich folgte dem Grundsatz, daß der Zweck die Mittel heilige, und mir wäre heute schwarz, was mir gestern weiß gewesen wäre. Der Herr Abgeordnete hat sich auf meine Rede vom vorigen Jahre gestützt, aber nur diejenigen Stellen aus dem Zusammenhang gerissen, die ihm etwa passen konnten. Ich habe wörtlich folgendes gesagt: Wenn ich eine Truppe zu führen hätte und wüßte, sie soll sich morgen schlagen, — dann würde ich das Bestreben haben, sie heute nacht ruhig schlafen zu lassen. Ich habe in diesen Worten zusammengefaßt, daß ich nicht willens wäre, die Nation zu beunruhigen, ohne daß eine Notwendigkeit vorläge. Ich habe denselben Standpunkt in meiner letzten Rede festgehalten; ich habe alles vermieden, was beunruhigen könnte. Wenn ich aber bei diesem militärischen Gleichnis stehen bleiben darf: ich habe nicht Alarm geschlagen, sondern ich habe die schlafende Truppe ruhig aufwecken lassen, weil ich wünsche, daß sie an die Gewehre tritt, daß sie namentlich aufgerufen wird, um festzustellen, ob sie noch stark genug ist; damit sie Waffen und Munition nachsieht und sich dann wieder zur Ruhe legt. Ich habe in derselben Rede vom vorigen Jahre gesagt: Ich will nicht leugnen, daß, wenn es hart auf hart kommt, wir großen Gefahren ausgesetzt sind; aber beunruhigen können wir uns immer noch später, soweit ist die Sache noch nicht. Ich halte es nicht für ausgeschlossen, daß im nächsten Winter die Regierungen mit diesem hohen Hause in Verhandlungen darüber eintreten werden, wie die steigende Bevölkerungsziffer ausgenutzt werden kann, um auch unsere Wehrkraft entsprechend zu steigern. Also ich bin mir im vorigen Winter darüber so klar gewesen, als ich mir heute bin, daß wir nicht am Ende der Entwicklung unserer Wehrkraft sind. Wenn ich im vorigen Jahre Sie nicht aufrufen, Sie nicht in der Ruhe habe stören wollen, so hatte dies seinen Grund darin, daß dies keinen Zweck gehabt hätte.

Der Herr Abgeordnete hat mir unterstellt — und das ist nicht die einzige irrige Unterstellung in seiner langen Rede —, ich habe hier den Wert der italienischen Bundesgenossenschaft heruntergesetzt; ich hätte gesagt, Italien sei zu nichts da, als um Österreich den Rücken zu decken. Ich rufe das hohe Haus zum Zeugen dafür auf, ob ich das gesagt habe; der stenographische Bericht enthält kein Wort davon! Und wenn der Herr Abgeordnete den Versuch machen will, mich zu Äußerungen über die Zukunftsstrategie des Dreibundes zu drängen, so hat er hiermit einen Fehlschlag gethan: Das werde ich nicht thun. Der Herr Abgeordnete hat die Behauptung aufgestellt, ich habe einen ungerechten Ausspruch gegen den Reichstag gethan in Bezug auf dessen Verdienste um die Vermehrung, die Stärkung der deutschen Wehrkraft seit dem Jahre 1870. Den Ausspruch habe ich nicht gethan. Ich habe ausdrücklich hervorgehoben, daß von seiten des Reichstages das mögliche geschehen ist, um die deutsche Wehrkraft in einen brauchbaren, tüchtigen Zustand zu versetzen.

Zu meinem Bedauern kann ich das in einem solchen Umfange von der freisinnigen Partei nicht sagen."

Die Abstimmungen der freisinnigen Partei bei den Militärvorlagen.

„Mit Ausnahme des Jahres 1888 hat die freisinnige Partei allen den Forderungen der verbündeten Regierungen, welche auf eine organische Stärkung unserer Wehrkraft abzielten, widerstanden. Die freisinnige Partei hat widersprochen der Festsetzung der Friedenspräsenzstärke in der Verfassung des Norddeutschen Bundes mit 15 Stimmen, — zwei waren dafür; dem Gesetz vom 9. Dezember 1871, betreffend die Friedenspräsenzstärke, hat die Gesamtheit der freisinnigen Partei widersprochen; sie hat dem Militärgesetz widersprochen mit 32 Stimmen, während nur acht dafür waren; sie hat dem Gesetz über die Ergänzung des Reichsmilitärgesetzes vom 6. Mai 1880 widersprochen in ihrer Gesamtheit; sie hat dem Gesetz, betreffend die Friedenspräsenzstärke vom 25. November 1886 widersprochen in der Gesamtheit; sie hat später geschlossen gegen denselben unveränderten Entwurf noch einmal gestimmt; sie hat nicht widersprochen dem Gesetz, betreffend Veränderung der Wehrpflicht, vom 11. Februar 1888; sie hat widersprochen dem Gesetz, betreffend Änderung der Friedenspräsenzstärke im Jahre 1890 in ihrer Gesamtheit. Ich meine also, daß, wenn auch dies hohe Haus das vollste Recht hat, für sich in Anspruch zu nehmen, daß es nichts versäumt hat, was von ihm für die Stärkung unserer Wehrpflicht gefordert wurde, das gleiche Verdienst doch nicht der freisinnigen Partei in demselben Maße zugesprochen werden kann. Der Herr Abgeordnete Richter gerierte sich hier als Vertreter des Hauses nach dieser

Richtung. Ich glaube, das war nicht klug; die Rolle hätte er lieber nicht annehmen sollen.

In Preußen, nachdem der Konflikt angefangen hatte und der dänische Krieg kam, hat ein Abgeordneter der freisinnigen Partei*) den Ausspruch gethan: Nun, right or wrong, my country! Recht oder Unrecht, mein Vaterland! Das war schön und patriotisch von ihm; aber es kam drei Jahre zu spät. Im Jahre 1866 — und ich entsinne mich dessen noch mit Freuden — ging aus Breslau von freisinnigem Munde**) der Ruf aus: Die preußische Demokratie wird immer da zu finden sein, wo Preußens Kriegsfahne weht. Das klang erhebend; nur kam es auch sechs Jahre zu spät. Die Reorganisation war 1861 angefangen worden; und wenn man auf die Freisinnigen gehört hätte, so wäre Preußens Fahne im Jahre 1866 nicht zum Wehen gekommen."

Wirkungen der dreijährigen Dienstzeit.

„Die verstümmelte dreijährige Dienstzeit wirkt sehr verschieden; sie wirkt auf Truppenteile mit einem starken Etat anders als auf solche mit schwachem Etat; sie wirkt anders in ländlichen Distrikten, sie wirkt anders in großen Städten. Aber darüber, daß sie nachteilig wirkt und daß da Abhilfe geschaffen werden muß, ist, glaube ich, kein Zweifel. Und wenn wir die Abhilfe in der zweijährigen Dienstzeit zu finden glauben, so geschieht dies immer nur in der Voraussetzung, daß wir die Kompensationen bekommen, die wir für nötig halten.

Wir haben jetzt einen Zustand, bei welchem nach Ausweis der Resultate des Ersatzgeschäfts für 1891 etwa 88 000 Mann der Reserve überwiesen worden sind und 15 000 verfügbar bleiben; rund 100 000 Mann, von denen 15 000 etwa zu einer Reserveübung eingezogen werden; die anderen gehen militärisch ganz leer aus. Es entsteht also ein Zustand, welcher bewirkt, daß gegen 100 000 Leute jährlich — d. h. eine Million und 200 000 Leute, wenn ich auch nur die ersten

---

*) Abgeordneter Loewe.
**) Vom Abgeordneten Ziegler.

12 Jahre der Wehrpflicht in Betracht ziehe — ohne zu dienen zu Hause bleiben. Von diesen Leuten mag im Laufe der Mobilmachung mancher herangezogen werden als Ersatzreservist, auch als Landsturmmann; aber er wird erst später herangezogen, er wird herangezogen werden, wenn die erste Entscheidung gefallen, das erste Blut geflossen ist. Es bleibt also bestehen, selbst wenn ich diese 100 000 Mann auf 60 000 reduziere, daß immer 60 000 Mann jährlich übrig bleiben würden, die nicht herangezogen werden.

Was ist die Folge? Es werden für diese jungen Leute, die unsere jetzige Organisation — um einen trivialen Ausdruck zu gebrauchen — hinter dem Ofen sitzen läßt, alte Leute herangezogen. Das ist ein Fehler, militärisch, wirtschaftlich und finanziell.

Es ist ein Fehler, militärisch, alte Leute heranzuziehen, wenn man jüngere hat. In militärischem Sinne ist ein Mann von 32 Jahren ein alter Mann, ein Mann, der sich in dem Alter befindet, in dem wir anerkennen, daß unsere Unteroffiziere berechtigt sind, eine Zivilversorgung zu verlangen, weil im allgemeinen ihre körperlichen Kräfte nicht mehr ausreichen.

Nun kommt der wirtschaftliche Nachteil. Ich ziehe die Leute ein, die Steuerzahler sind, die sich einen Beruf, ein Gewerbe gegründet haben, die eine Familie haben, die etwas für den Staat leisten, und ich lasse die Leute zu Hause, die noch nicht so weit sind.

Und endlich finanziell! Ich ziehe Leute ein, von denen ich im voraus weiß, daß sie in einem ungleich höheren Maße Invalidenpensionen und Familienunterstützungen beanspruchen, als wenn ich junge Leute einziehe. Ich schwäche die Steuerkraft des Landes und belaste das Land finanziell.

Ich bin der Überzeugung, ohne die Rekrutenmütter oder die Landwehrfrauen zu fragen: im Lande ist die Ansicht sehr weit verbreitet, daß man mit diesem Zustand brechen muß, und ich hätte geglaubt, daß die Fortschrittspartei nicht so heftig gegen diese Veränderung auftreten würde.

Ich entnehme einem Programm der Fortschrittspartei vom Jahre 1878 folgendes: Entwickelung der vollen Wehrkraft des

Volkes unter Schonung der wirtschaftlichen Interessen; daher Verminderung und gleichmäßigere Verteilung der Militärlast durch Verkürzung der Dienstzeit und volle Durchführung der allgemeinen Wehrpflicht. Nun sage ich: wir wollen hier ändern! und nachdem wir angefangen haben, was Sie (links) früher wollten, da sagen Sie: nein, nun wollen wir nicht mehr!"

Unsere Reservedivisionen bestehen aus Landwehr, nicht aus Reservisten.

„Der Abgeordnete Richter hat behauptet, die Reservedivisionen setzten sich aus Reservisten zusammen. Ja, da sieht man: man kann ein politisches A=B=C=Buch schreiben, das ganz geschickt ist, und kann doch im militärischen A=B=C noch einigermaßen zurück sein. Das ist für den einzelnen an sich ja kein Vorwurf. Warum? das ist ja Sache der Fachmänner, dies zu kennen. Aber ich wünschte doch, man hielte mit dem Urteil zurück, wenn man in diesen Dingen nicht ganz zu hause ist. Faktisch liegt die Sache so, daß, ausgenommen bei der Garde, die eine größere Regimenterzahl und von je einen größeren Etat hat, und dadurch in der Lage ist, mit einer jüngeren Altersklasse auszukommen, in keiner unserer Reservedivisionen die Infanterie aus Reservisten zusammengesetzt ist. Diese Divisionen bestehen in ihrer Infanterie durchweg aus Landwehr (ersten Aufgebots)." —

Die Landwehr zweiten Aufgebots und ein Teil des Landsturms wird jetzt am ersten Mobilmachungstage einberufen.

„Was giebt es Ungerechteres, fast Grausameres, als Menschen im Kriege zu Diensten nötigen zu wollen, zu denen sie nicht fähig sind? Ist es nicht eine Grausamkeit, einen nicht ausgebildeten Mann an den Feind zu bringen, der nicht imstande ist, sich mit der Waffe seines Lebens zu wehren? Ist es nicht eine Grausamkeit, alte Leute — wiederum „alte Leute" im militärischen Sinne — in einem Bewegungskriege zu verwenden, in einem Kriege, für den nun einmal ihre Gliedmaßen nicht mehr hinreichen? Muß es nicht das Ziel einer jeden vernünftigen Organisation und Heerführung sein, den Rahmen so zu gestalten, daß die Menschen je nach ihrer Qualifikation gebraucht werden können, daß sie aus dem einzelnen den höchsten Nutzen herauszieht? Thue ich das, wenn ich junge Leute ziehen lasse und alte einstelle? Nein! Wir können sehr wohl in die Lage kommen, wo auch der älteste Mann, auch der Krüppel noch mitgehen muß. Die Türken haben uns vor Plewna gelehrt, daß, wenn man hinter dem Schützengraben liegt und ein Gewehr hat, was ungefähr wie eine selbstthätige Maschine wirkt, man immer nur mit einer Hand herauszukommen braucht, die spannt, abdrückt, ohne daß der Mann sich selbst einer nennenswerten Gefahr aussetzt, und daß doch eine solche Handhabung von Waffen von großem Nutzen sein kann. Wenn ich aber dieselben Leute, die in solchem Gebrauche à la Plewna nützlich sein können, im Feldkrieg gebrauchen wollte, Tag und Nacht marschieren lassen wollte, alle Anforderungen an sie stellte, wie ich sie an die guten Feldtruppen stelle, so müßten sich diese Leute ruinieren. Ich habe die Behauptung aufgestellt, unsere Armee wäre in ihrer Kriegsorganisation zu schwach, zu alt und zu lose geworden; diese Behauptung erhalte ich vollkommen aufrecht. In dieser Behauptung liegt gegen keinen Menschen ein Tadel; Altwerden ist nicht tadelnswert, der Tadel würde nur die treffen, die einen alten Menschen an der falschen Stelle gebrauchten. Ich habe aber auch — und ich lege Wert darauf, das richtig zu stellen — keine Äußerung gethan, die dahin ginge, daß ich vom deutschen Soldaten irgendwie geringer dächte, als von irgend einem der Welt, und ich bitte deshalb um die Erlaubnis, die bezügliche Stelle*) aus dem Stenogramm meiner letzten Rede vorlesen zu dürfen."

---

*) Rede vom 23. November 1892 von den Worten „Wir haben noch heute personell" bis „verjüngen und verbessern".

Sitzung am 1. Dezember 1892.

Bei der Beratung eines Gesetzes, betr. die Feststellung des Haushaltsetats für die Schutzgebiete Kamerun, Togo und das südwestafrikanische Schutzgebiet, hatte der nationalliberale Abgeordnete Dr. Buhl Bedenken geäußert, ob die neue Militärvorlage in dem verlangten Umfange durchführbar sei. Darauf erwidert der Reichskanzler:

„Für die Art und Weise, wie der Herr Vorredner die Militärvorlage gestreift hat, kann ich ihm nur dankbar sein. Er will sie sachlich prüfen und sachlich behandeln. Die verbündeten Regierungen können nichts Besseres wünschen.

Nur einen Punkt möchte ich mir zu erwähnen erlauben, den er berührt hat, das ist der Mangel an Offizieren und Unteroffizieren, ein Einwand, der auch in der Presse eine große Rolle spielt. Wir würden hier auf dem Fleck imstande sein, diese Behauptung zahlenmäßig zu widerlegen. Ich bin bisher der Meinung gewesen und halte daran vorläufig fest, daß solche arithmetischen Nachweise weniger vor das hohe Haus als in die Kommission gehören, daß sie am wenigsten schon in der jetzigen Lage, bei der ersten Beratung des Etats, vorzubringen sind, daß es rätlich ist, damit zu warten; aber ich wiederhole: wir werden zahlenmäßig den Beweis führen können, daß wir das, was wir erstreben, mit Offizieren und Unteroffizieren erreichen können."

Unsere Vertretung bei den Kolumbus-Festen in Italien und Spanien.

„Der Herr Vorredner hat dann unsere Repräsentation bei den maritimen Festen in Italien und Spanien erwähnt, und ich glaube, es ist ihm ein Irrtum insofern unterlaufen, als, wenn ich ihn recht verstanden habe, er gemeint hat, wir wären in Spanien nicht vertreten gewesen. Dasselbe Schiff, das uns in Italien vertreten hat, hat uns in Spanien vertreten. Das gebe ich ihm vollkommen zu, daß es politisch wünschenswert gewesen wäre, mit einer größeren Zahl von Schiffen in Genua zu erscheinen; wir müssen uns aber bei der numerisch doch nur geringen Ausdehnung unserer Marine in solchen Dingen doch eine gewisse Reserve auferlegen. Das müssen wir um so mehr, als das Fest in Genua in die Zeit von Übungen fiel, wo militärischerseits eine weitere Entsendung von Schiffen ohne wesentliche Störung von Übungen nicht zulässig gewesen wäre; und ich glaube, daß die Weise, wie wir repräsentiert worden sind, mit einem schönen, gut bemannten Schiff, eine Deutschlands vollkommen würdige gewesen ist. Andere Staaten, beispielsweise Rußland, sind gar nicht repräsentiert gewesen, und wenn wir es mit der Zahl zwingen wollten bei solchen Anlässen, dann müßten wir das Repräsentieren überhaupt aufgeben. Wir haben von seiten der italienischen und spanischen Regierung einen warmen Dank für die Art und Weise, wie wir bei diesem Feste erschienen sind, erhalten."

Die Resolutionen des Reichstages in Bezug auf die Militärstrafprozeßordnung und in Bezug auf das Beschwerderecht.

„Die letztere ist vom Bundesrat dahin erledigt worden, daß er beschlossen hat, der Resolution keine Folge zu geben, da die Handhabung des Beschwerderechts der Kommandogewalt gehört und der Bundesrat in Kommandosachen nicht kompetent ist.

Die andere Resolution hat der Bundesrat dem Reichskanzler überwiesen. Mir liegt damit die Pflicht ob, dafür zu sorgen, daß ihr weitere Folge gegeben wird. Die Angelegenheit liegt zur Zeit in den Händen der preußischen Militärverwaltung. Ich darf annehmen, daß sie im nächsten Jahr das hohe Haus beschäftigen wird, und gebe mich der Hoffnung hin, daß wir dann gemeinsam zu einem nach allen Seiten befriedigenden Resultat kommen werden."

Sitzung am 2. Dezember 1892.

Erste Beratung über die Feststellung des Reichshaushaltsetats für 1893/94.

Der Reichskanzler wendet sich gegen den Abgeordneten Haußmann*), der den Abgeordneten Richter in Schutz genommen hatte.

„Der Herr Vorredner hat gemeint, ich hätte an der Rede des Abgeordneten Richter nichts auszusetzen gewußt als einen einzigen Punkt, nämlich das Verhältnis der Reservisten und Landwehrleute in gewisser Formation, und ich hätte daraus geschlossen, daß es dem Herrn Abgeordneten Richter an der Kenntnis der militärischen Art fehlte. Auf eine so enge Basis habe ich den letzteren Schluß nicht gestellt; ich habe vielmehr aus dem, was ich vom Herrn Abgeordneten Richter über die Militärvorlage gelesen und gehört habe, die Überzeugung gewonnen, daß er vollkommen verkennt den Wert der Stärke eines Truppenteils, der Altersklassen, aus denen er sich zusammensetzt, und der Kadres, auf die er aufgebaut und ins Feld geführt wird. Ich halte meine neuliche Behauptung aufrecht, daß diese Dinge dem Herrn Abgeordneten Richter unbekannt sind, und daß mir zweifelhaft ist, ob es rätlich ist, daß der Herr Abgeordnete sich so laut und vielfach über diese Dinge vernehmen läßt, daß mir zweifelhaft ist, ob ihm wirklich der Grad von Sachkenntnis innewohnt, der erforderlich ist, um diese Dinge beurteilen zu können."

Die Liste der Abstimmungen der freisinnigen Partei.

„Der Herr Abgeordnete warf mir vor, ich hätte die geschriebene Liste der Abstimmungen der freisinnigen Partei mitgebracht. Das ist richtig; ich bereite mich auf mancherlei vor, weil ich bereit sein muß, mancherlei hier zu hören und mancherlei zu erwidern. Der Herr Abgeordnete wird von mir hoffentlich

---

*) Mitglied der süddeutschen Volkspartei.

nicht verlangen, daß ich die Liste — eine hinreichend lange
Liste — auch noch auswendig lernen soll."

Der vermeintliche Unwille im Lande über die Militär=
vorlage. — Wirkung derselben auf die Sozial=
demokratie.

„Der Herr Abgeordnete meint, der Unwille im Lande
über die Militärvorlage vermehre sich. Ich möchte, daß die
Abgeordneten von jener Partei wenigstens insoweit billig ver=
führen, als sie doch auch die Gründe der Regierung ihren
Wählern zur Kenntnis brächten. Davon sehe ich aber bisher
nicht viel; es werden nur die entgegengesetzten mitgeteilt, und
wenn dann darauf in den Wahlkreisen, die solchen Mitteilungen
zugänglich sind, der Unwille sich vermehrt, so erscheint mir
das nicht wunderbar.

Der Herr Abgeordnete hat mich gefragt, wie denn die
jetzige Vorlage in Verbindung und Einklang zu bringen wäre
mit dem, was ich früher einmal gesagt habe, daß ich mir jedes
Gesetz darauf ansehen würde, wie es auf die Sozialdemokratie
wirke. Ich kann ihm versichern, daß ich das auch bei diesem
Gesetz gethan habe. Ich bin der Meinung, daß durch ein Gesetz,
das dazu führt, in einem so wesentlichen Teile des öffentlichen
Lebens, wie es das Heerwesen ist, der Willkür vorzubeugen,
die Gleichheit vor dem Gesetz zu vermehren, die Gleichheit der
Lasten anzubahnen, sehr viel geschieht, um die Sozialdemo=
kratie in ihren Agitationsmitteln zu beschränken. Der Herr
Abgeordnete möge mir verzeihen, wenn ich noch einmal ein
preußisches Wort anwende. Diese Vorlage ist ein Schritt weiter
nach der Richtung der altpreußischen Devise: Suum cuique!
Schließlich bin ich sogar des Glaubens, daß eine Vorlage,
welche bestimmt ist, auch über die gefährlichsten Zeiten hinweg
das Deutsche Reich und die Staaten, die es bilden, zu erhalten,
auch vom Standpunkt der sozialen Frage günstig zu beurteilen
sein wird; denn ich bin der Meinung, daß, wenn an den
Wünschen, welche die Sozialdemokratie zu tage bringt, irgend
etwas Realisierbares ist, das nur auf dem Boden des be=

stehenden und nicht auf dem Boden eines verschwommenen, unklaren, unmöglichen Zukunftsstaates geschehen kann."

In derselben Sitzung (2. Dezember 1892) hatte der Abgeordnete Rickert scharfe Angriffe gegen den Bundesrat und gegen das Reichsschatzamt gerichtet. Der Reichskanzler weist diese Vorwürfe zurück:

„Der Bundesrat kommt seinen Pflichten vollkommen nach und funktioniert vollkommen korrekt. Er hat keinen Anlaß zu solchen Angriffen*) gegeben; ich habe bedauert, daß sie geschehen sind.

Wenn das Reichsschatzamt wirklich die Ansprüche aller Ressorts nur einfach zusammenstellte und aus dieser Zusammenstellung einen Etat schmiedete und den hier vorlegte, dann würde allerdings das Reichsschatzamt einer groben Pflichtverletzung sich schuldig machen. Ich darf aber annehmen, daß dem Herrn Abgeordneten Rickert nur nicht bekannt ist, wie die Dinge liegen, daß ihm nicht bekannt ist, welche Aktenstücke auch in diesem Jahre zusammengeschrieben worden sind, bis das Reichsschatzamt entweder die Überzeugung gewonnen hat, daß die Ansprüche der einzelnen Ressorts begründet sind, oder bis das Reichsschatzamt die entgegengesetzte Überzeugung gewonnen hat und dann entweder das betreffende Ressort von der Richtigkeit seiner Anschauung überzeugt oder die Sache zum Austrag bei mir gebracht hat. Ich kann versichern, daß das mühevolle Arbeiten sind, die das Reichsschatzamt und die in den einzelnen Ressorts hieran Beteiligten wochenlang und gerade in der unangenehmsten Zeit, im Sommer, auf das schwerste in Anspruch nahmen."

Die Äußerung des Abgeordneten Richter von dem Zweck, der die Mittel heiligt.

„Mir liegt jetzt das Stenogramm vor, und ich gebe zu, daß der Herr Abgeordnete Richter jene Äußerung in Bezug

---

*) Er ließe finanzielle Rücksichten außer acht.

auf meine Person nur in Form einer Frage gethan hat, einer Frage, die er dann aus sachlichen Gründen verneint. Nicht zugeben kann ich, daß im übrigen der Herr Abgeordnete Richter sich sehr schwer verletzender Äußerungen gegen mich enthalten hätte; denn wie das Stenogramm nachweist, hat er gesagt, daß der Fürst Bismarck die Methode gehabt habe oder vielmehr in Anspruch genommen habe, sich selbst widersprechen zu dürfen, dasjenige schwarz zu nennen, pechrabenschwarz, was er früher als weiß bezeichnete; aber auch Fürst Bismarck habe von diesem Recht niemals in so drastischer Weise Gebrauch gemacht wie der gegenwärtige Herr Reichskanzler. Ich stelle der Beurteilung der freisinnigen Parteigenossen des Herrn Abgeordneten Richter anheim, ob diese Äußerung mir Grund gegeben hat, sie scharf zurückzuweisen oder nicht."

Noch einmal die Abstimmungen der Fortschrittspartei.

"Der Herr Abgeordnete Richter ist ferner auf die Liste gekommen, die ich hier verlesen habe, die — ich glaube, er brauchte das Wort — die Missethaten der Fortschrittspartei und der freisinnigen Partei zusammengestellt und in einen Topf geworfen hätte. Ich will nun zunächst den Herrn Abgeordneten Rickert ausnehmen. Er hat der Fortschrittspartei während eines Teiles der Zeit, in welcher jene Abstimmungen stattfanden, noch nicht angehört. Wenn aber der Herr Abgeordnete sich jetzt von dem, was vor dem Jahre 1884 gelegen hat, lossagt, so sagt er sich zu meinem Bedauern von den beiden Äußerungen los, die meinem Herzen die wohlthuendsten aus der freisinnigen oder Fortschrittspartei gewesen sind, die ich seither gehört habe, nämlich das Löwesche right or wrong und das Zieglersche von den preußischen Fahnen. Ich konstatiere, daß diese Äußerungen nicht der freisinnigen Partei, sondern der ehemaligen Fortschrittspartei angehören."

Sitzung am 10. Dezember 1892.

Erste Beratung des Entwurfs eines Gesetzes, betreffend die Friedenspräsenzstärke des deutschen Heeres.

Dazu hielt der Reichskanzler Graf von Caprivi im Laufe der Debatte folgende Rede:

"Ich habe neulich hier gesagt, daß ich den Eindruck hätte, daß der Abgeordnete Richter von dem militärischen A=B=C doch noch wenig verstände. Er ist heute darauf zurückgekommen, und ich will meine Äußerung in etwas, wenigstens in der Hauptsache, modifizieren. Das Wesentlichste, wenn man von militärischen Dingen spricht, ist nach meinem Dafürhalten, daß man imstande sein muß, zu unterscheiden zwischen dem Wert eines Haufens bewaffneter Vaterlandsverteidiger und dem einer Truppe. Bewaffnete Vaterlandsverteidiger können zu Zeiten Heroisches leisten; getragen von Patriotismus und Begeisterung, verrichten — das zeigt die Geschichte — solche Männer Helden=
thaten, aber ein solcher Haufen von Vaterlandsver=
teidigern ist noch keine militärische Truppe, weil ihnen der innere Zusammenhang fehlt, und es ist eine begreifliche Schwierigkeit für jemand, der niemals zur Truppe in Be=
ziehungen gestanden hat, sich dieses Imponderabile ganz klar und gegenwärtig zu machen. Ich erkenne ja an, daß der Herr Abgeordnete Richter die Militaria mit großem Fleiße studiert. Ich glaube auch, er hat es als Militärstatistiker zu einem ziemlich hohen Grade gebracht; aber soldatische Dinge zu be=
urteilen, halte ich ihn eben um deshalb doch nicht fähig, weil ihm diese innere Kenntnis, von dem, was das Wesen einer Truppe macht, fehlt. Ich will nicht sagen, daß Zivilisten sie nicht auch erwerben können. Wir haben leuchtende Beispiele davon. Ich will an den Professor Bernhardi erinnern, der nächst Clausewitz wohl der größte Militärschriftsteller der Welt war. Das setzt aber voraus, daß ein solcher Mann

militärische und kriegsgeschichtliche Studien macht und mit Soldaten umgeht, um solches Urteil zu gewinnen."

Die militärischen Autoritäten. — Vergleich mit Moltke und Roon.

„Der Herr Abgeordnete Richter hat im Verlaufe seiner langen Rede gesagt, wir hätten doch keine Autoritäten für uns. Ja, das ist ganz natürlich; in solchen Organisationsfragen giebt es nur wenig Offiziere, die das Ineinandergreifen in der Armee so übersehen, daß sie wissen, wo eine Änderung an einer Stelle schließlich in letzter Instanz wirkt. Es kommen dabei subjektive Erfahrungen, auch Geschmacksrichtungen in Frage; und ich glaube nicht, daß jemals eine wesentliche Änderung in der Organisation der Armee durchgeführt worden ist, mit der alle Offiziere, selbst die, welche als Autoritäten zu gelten den Anspruch machen können, einverstanden gewesen wären. Es bleibt also in diesen Dingen nur übrig, daß zuletzt entschieden wird; und das kann, da wir nicht in einer militärischen Republik leben, nicht durch Abstimmung und Votieren gemacht werden, sondern die Stelle, die die Verantwortung trägt, muß aus vollem Verständnis der Sache ihre Entscheidung treffen.

Man hat den jetzigen Vertretern dieser Vorlage entgegengehalten: ja, was seid ihr gegen die Männer, die die Reorganisation von 1861 gemacht haben; das waren Moltke und Roon. Nun, als diese Herren die Reorganisation von 1861 machten, hatten sie von ihrer Berühmtheit, unter deren Glorie sie uns vor Augen stehen, noch nichts, sie waren bis dahin unbekannte Stabsoffiziere oder junge Generäle."

Der Reichskanzler ist bereit, die Verantwortung für die Vorlage ganz allein zu tragen.

„Der Herr Abgeordnete Richter meinte: der Reichskanzler urteilt doch auch über viele Dinge, die er nicht versteht; er schätzt mich etwa auf zwei Drittel, so taxiert er mich, und da kann er recht haben. Aber ich bin dauernd bemüht, und die Organisation eines guten Staatswesens muß die Mittel an die Hand geben, daß ein Mann, der an der Spitze steht und unmöglich alle Dienstzweige übersehen kann, in seinen Untergebenen und den ihm Nächststehenden die Stütze und Hilfe findet, deren er bedarf, um sich bei einem gewissen Grade von Fleiß und Redlichkeit ein Urteil zu bilden. Mehr nehme ich in nichtmilitärischen Dingen für mich nicht in Anspruch. Wenn ich nun aber zufällig aus der Armee hervorgegangen bin, so wird mir der Herr Abgeordnete Richter nicht verdenken, wenn ich in militärischen Fragen ein etwas größeres Teil von Urteil für mich in Anspruch nehme. Er hat auch die Güte gehabt, das anzuerkennen.

Er meinte dann, die Vorlage, die wir brächten, wäre ein verzweifeltes Ding, und die Verantwortung dafür zu tragen, wäre schwer, wir möchten uns dessen bewußt sein. Ich, meine Herren, bin von der Notwendigkeit dieser Vorlage für die Fortexistenz Deutschlands so überzeugt, daß, wenn der gesamte Reichstag die Güte haben wollte, mir das nicht geringe Maß seiner Verantwortung auch noch auf die Schultern zu legen, ich bereit wäre, sie allein zu tragen und für die Vorlage einzustehen."

Die zweijährige Dienstzeit mit den erforderlichen Kompensationen ist ein Triumph des militärischen Verstandes.

„Der Herr Abgeordnete hat den Umstand, daß die verbündeten Regierungen jetzt die zweijährige Dienstzeit für zulässig halten, als einen Triumph des Laienverstandes bezeichnet. Ich möchte dem Laienverstand die Freude an diesem Triumph nicht schmälern; aber ist denn das ein Kunststück, die zweijährige Dienstzeit zu erfinden? Sie können ebensogut die einjährige erfinden. Die Herren Abgeordneten von der Sozialdemokratie haben uns neulich so ein leichtes Bild eines Milizheeres gezeichnet, das nur einige Wochen dient. Das kann jeder sagen: ich interessiere mich für die einjährige, zweijährige, dreijährige Dienstzeit. Das Kunststück war, die Kompensationen zu finden, mit denen die zweijährige Dienstzeit allein für uns annehmbar ist. Und diesen Triumph möchte ich dem militärischen Verstande vindizieren."

Der Zahlengewinn nach der neuen Organisation.

„Wenn ich diejenigen Leute abrechne, die bei dem jetzigen Verfahren zur Ersatzreserve gehen, zunächst in die Ersatzbataillone und nicht vor den Feind, weil ihre Ausbildung eine unvollkommene ist, so erhalte ich rund etwa 40000 Mann jährlich, die ich mehr gegen den Feind bringen kann. Führe ich dies System 12 Jahre hintereinander durch, bewilligen Sie also die Vorlage, so tritt nach 12 Jahren ein Zustand ein, in dem ich bei Abzug von 15 Prozent Ausfall 450000 Mann mehr an den Feind führen kann als bisher oder 450000 Junge mehr mitnehmen oder 450000 Alte mehr zu Hause lassen kann. Die Stärke der ausrückenden Feldinfanterie des deutschen Heeres exklusive Landwehr betrug 1870 alles in allem 420000 Mann; also das, was wir durch die Verjüngung erreichen, ist mehr, als die gesamte Feldinfanterie im Jahre 1870 im Norddeutschen Bund und süddeutschen Kontingenten zusammen betrug."

Die Rekrutenmutter und die Landwehrmutter.

„Die Rekrutenmutter hat der Herr Abgeordnete Richter als künftig vielfach in Mitleidenschaft gezogen hingestellt. Ich möchte nur eines berichtigen: daß eine Rekrutenmutter mit drei Söhnen schon in die Lage kommen könnte, drei Söhne einzustellen, ist immer so gewesen; man that es nach und nach, man nahm Rücksicht. Ebenso wird es aber auch bleiben. Und wenn eine Rekrutenmutter einen Sohn hat und die Mutter ist dessen bedürftig, so wird er gerade so gut reklamiert werden wie früher. Also die Rekrutenmutter steht nicht schlechter als früher, und Rekrutenmütter haben auch ein großes Gefühl für Billigkeit.

Von der Einwirkung des weiblichen Geschlechts hat der Herr Abgeordnete Richter neulich die Güte gehabt zu meinen, ich möchte am liebsten diese Einwirkung aus der Armee ganz

verbannen. Diese Einwirkung ist eine sehr wesentliche unter
anderem bei der Mobilmachung: was kein Bezirkskommando
herausbringt, wenn irgendwo ein Mann außer Kontrolle geblieben ist oder nicht die Neigung hat, sich zu stellen — die
Landwehrfrau bringt den Mann heran. Und ebenso kontrolliert
die Rekrutenmutter ganz genau: warum muß denn meiner jetzt
eintreten und der andere nicht?

Die Landwehrmutter hat der Herr Abgeordnete Richter
nicht angegriffen, und ich sehe darin die Konzession, daß er
selbst zugiebt, daß es unter den Landwehrfrauen populärer sein
wird, wenn wir ihre Männer so lange zu Hause lassen, bis
alle jüngeren Leute vor den Feind geführt worden sind."

Sitzung am 12. Dezember 1892.

Beantwortung der Interpellation der Abgeordneten
Dr. Buhl und Dr. von Marquardsen, die neue
Infanteriebewaffnung betreffend.

Die sogenannten Judenflinten.

„Das Gewehr, mit dem die deutsche Infanterie zur Zeit
bewaffnet ist, ist im Modell und in der Ausführung ein durchaus gutes und entspricht allen Anforderungen, die
die moderne Kriegskunst an eine Handfeuerwaffe zu stellen hat.
Das gilt im ganzen Umfange auch von den bei Loewe bestellten Gewehren. Der Gedanke, an Loewe die Gewehre
zurückzugeben oder künftig nicht bei ihm zu bestellen, ist der
Staats- und Reichsverwaltung noch nie gekommen.

Ähnliche Angriffe erfuhr früher das Zündnadelgewehr. Wenn heutzutage über eine neue Waffe Beunruhigung
entsteht, wenn einzelne Mißstände, die hier und da auftreten,
in weitere Kreise getragen werden, so liegt das weniger an der
Waffe als an den veränderten Zeitverhältnissen. Ich habe

noch den Übergang vom Perkussionsgewehr zum Zündnadelgewehr durchgemacht. Ich entsinne mich noch sehr gut der Angriffe, die das Zündnadelgewehr erfuhr; sie waren schärfer vielleicht noch als diejenigen, die heute gegen das Modell 88 gerichtet werden. Nur hatten wir damals nicht die Presse, nicht den Parlamentarismus, nicht eine so ausgebildete Mitwirkung der öffentlichen Meinung. Was damals gesagt wurde, blieb in Offizierskreisen. Man ging so weit, daß man hier und da sogar Witzblätter herausgab, die unter den Offizieren zirkulierten, um das Zündnadelgewehr lächerlich zu machen. Ich kann mich auf das Urteil eines Mannes beziehen, der ein kriegserfahrener Soldat und ein geistvoller Mann war, des Generallieutenants von Gerlach, welcher in seinen jetzt veröffentlichten Memoiren sagt: Die Zündnadelgewehre sind ein Unglück für die Armee. Sie werden gedankenlos eingeführt und gedankenlos angewendet. So dachten damals Hunderte, vielleicht Tausende von Offizieren. Jeder kleine Mangel wurde hervorgehoben, und man glaubte, einen Bruch mit dem Prestige der preußischen Armee zu erleben, weil man sagte: es kann nicht mehr so viel mit dem Kolben geschlagen werden wie früher, — wobei es noch höchst zweifelhaft ist, ob die Kolbenschläge nicht samt und sonders légendaires geblieben sind.

Wenn nun ein solches Gewehr, wie das neue, das seiner Natur und den Fortschritten der Technik und Kriegskunst nach ungleich subtiler ist als die älteren und das Zündnadelgewehr, in den Händen von Landwehrtruppen, die zum erstenmal dergleichen in die Finger bekommen, eine Menge Beschädigungen erleidet, so ist das an sich kein Wunder, sondern natürlich."

Die Schriftstücke im Ahlwardtprozeß sind gestohlen worden.

„Es ist in dem Prozesse ausgesprochen worden, daß durch einen — ich glaube der Ausdruck war: „horrenden" — Vertrauensmißbrauch, Papiere, die dem Artilleriedepot in Wesel gehörten und einen Schriftwechsel mit den Zentralbehörden darstellten, in die Öffentlichkeit gekommen sind. Das war ein kleiner gemeiner Diebstahl, nichts mehr und nichts weniger. Von Vertrauensbruch ist da gar keine Rede. Mir haben diese Schriftstücke vorgelegen: es ist auch nicht ein einziges mit dem, wenn etwas geheim gehalten werden soll im Schriftwechsel, im militärischen Dienst üblichen Vermerk „Geheim" bezeichnet. Die Dinge würden ihren Austrag im geordneten Wege gefunden haben, wenn nicht durch eine Veruntreuung diese Papiere, die auf dem Tische eines Zeugoffiziers in Wesel in offener Mappe gelegen haben, der entnommen und hier in den Prozeß gebracht worden wären."

Die Reparaturen im Artillerie-Depot.

„Wenn nach einer Übung auch an den gröberen Teilen Beschädigungen konstatiert werden, so kann das seinen Grund haben darin, daß einmal allzu roh mit den Gewehren umgegangen ist; es kann auch seinen Grund darin haben, daß bei diesen Gewehren das Material nicht überall das gewesen ist, was es sein sollte. Das kann aber keine Fabrikation verhindern; es kann sich immer beim Gebrauch herausstellen, daß das Eisen, der Stahl zu spröde oder zu weich gewesen ist. Daraus kann keineswegs ein Schluß auf die Kriegsunbrauchbarkeit der Waffen gezogen werden. Von den 580 Gewehren, die im Artillerie-Depot mit 486 Reparaturen figurieren, würden im Falle eines Krieges voraussichtlich der überaus größte Teil ohne weiteres weiter gebraucht worden sein. Das sind gar keine Reparaturen, die die Waffe unbrauchbar machen, das sind nur Reparaturen, mit denen das Artilleriedepot die Waffe nicht in seinen Beständen länger dulden kann. Auch unter den Infanterie-Seitengewehren, die an dieses selbe Landwehrbataillon ausgegeben waren — ich setze voraus, daß die Herren wissen, was ein Seitengewehr ist, das ist das kurze Ding, was in der Scheide ist — von diesen Seitengewehren sind vom Artilleriedepot 81 als reparaturbedürftig bezeichnet worden. Wenn das an einem Dinge, was nie gezückt worden ist, während der ganzen Übung nie gebraucht worden ist, vorkommen kann, dann kann man sich nicht wundern, wenn es in ungleich größerer Zahl bei den Gewehren vorkommt."

Die gegen die Militärverwaltung gerichtete Verleumdung wird zurückgewiesen.

„Es ist letzthin vor Gericht versucht worden, die Militärverwaltung in einer unverantwortlichen und gewissenlosen Weise zu verleumden. Ich kann das als Angehöriger des deutschen Heeres und als Vertreter der auswärtigen Politik des Reichs nur auf das schärfste brandmarken."

Auf die Interpellation des deutschkonservativen Grafen von Mirbach, betreffend die Silberentwertung, antwortet der Reichskanzler folgendes:

„Daß während des Verlaufs diplomatischer Verhandlungen deren Gegenstand zur Diskussion im Deutschen Reichstag gezogen wird, ist ein auffallendes Verfahren; noch auffallender und ungewöhnlicher ist es, wenn ich darauf antworte. Der wesentlichste Grund, der mich hierzu bestimmt, ist, daß ich klar sehe, wie man draußen im Lande bestrebt ist, den Bimetallismus mit dem Antisemitismus vor denselben Wagen zu spannen und mit beiden agitatorisch zu wirken. Die Behauptungen, die der Herr Abgeordnete Graf Mirbach aufgestellt hat, sind vollständig irrig; vollständig irrig ist die Behauptung, daß die in Brüssel zusammentretenden Regierungsbevollmächtigten einmütig bestrebt seien, etwas zustande zu bringen, und ebenso irrig ist die Behauptung, daß die verbündeten Regierungen sich dem gegenüber ablehnend verhalten hätten. Die verbündeten Regierungen stehen noch heute auf dem Standpunkt, auf dem sie seit 15 Jahren stehen. Wir sind der Meinung, daß die deutsche Position münzpolitisch eine sehr gute ist, daß es nicht rätlich ist, die Initiative im Interesse anderer zu ergreifen. Wir beklagen die Entwertung des Silbers, wir beklagen den Preiswechsel im Silber, und wir würden geneigt sein, wenn es sich um das Prinzip unserer Währung handelte, in Einzelheiten zu Konzessionen zu schreiten, wenn wir uns überzeugt hätten, daß diese Konzessionen erfolgreich denjenigen Übelständen abhelfen würden, die hier geschildert worden sind. — Keines der Mitglieder der verbündeten Regierungen wird heute hier weiter auf die Sache eingehen. Ich lege nur Wert darauf, öffentlich noch auszusprechen: es ist in Brüssel ein Dr. Arendt*) erschienen und hat sich bei dem Kaiserlichen Gesandten durch ein Empfehlungsschreiben des Grafen Mirbach-Sorquitten eingeführt. Der Herr geriert sich dort als Vertreter von deutschen Bimetallisten. Ich lege Wert darauf, für Inland und Ausland zu konstatieren, daß dieser Herr nicht in den mindesten Beziehungen zur deutschen Regierung steht."

Als sich Graf von Mirbach gegen die Äußerungen des Reichskanzlers über den mit dem Antisemitismus verquickten Bimetallismus verwahrt, bemerkte hierüber der Reichskanzler:

„Ich werde mich derselben staatsmännischen Ruhe zu befleißigen suchen wie der Herr Vorredner. Ich möchte konstatieren, daß ich die Äußerung, es werde der Versuch gemacht, den Antisemitismus und den Bimetallismus vor denselben Wagen zu spannen und mit der agitatorischen Peitsche zu fahren, nicht auf den Herrn Abgeordneten Grafen von Mirbach angewendet habe. Ich habe seinen Namen erst am Ende meiner Rede genannt, als ich mit Herrn Dr. Arendt mich zu beschäftigen hatte, und bin vorsichtig genug gewesen, am Eingang jener Äußerung ausdrücklich zu sagen: draußen im Lande wird der Versuch gemacht. Daß ich diese Äußerung gethan, dafür habe ich ganz gute und auch sachliche Gründe, und ich habe Wert darauf gelegt, die Stellung der Reichsregierung dem Antisemitismus und Bimetallismus draußen im Lande gegenüber festzulegen."

Die demagogische Wendung des Antisemitismus und des Bimetallismus.

„Ereignisse der letzten Wochen, die zu dem betrübendsten gehören, was ich als Patriot in meinem Leben erfahren habe, scheinen es mir zur Pflicht der Reichsregierung zu machen,

---

*) Mitglied des Preußischen Abgeordnetenhauses (Freikonservativ). Die bimetallistische Bewegung wurde in Deutschland zuerst in lebhaften Gang gesetzt durch das mit heftiger Polemik gegen die Goldwährungspartei auftretende Buch von O. Arendt: „Die vertragsmäßige Doppelwährung".

nicht hinter dem Berge zu halten, sondern zu sagen, wie sie diesen Dingen gegenüber steht. Ich kann es wohl begreifen, daß man Antisemit sein kann; ich kann es wohl verstehen, daß man Bimetallist sein kann, ich kann auch begreifen, daß man beides zusammen sein kann. Aber wenn der Antisemitismus oder Bimetallismus eine Wendung annimmt, eine Behandlung erfährt, die **demagogisch** wird, dann ist es für die Reichs=regierung unmöglich, sich dem nicht zu widersetzen, und es ist mir unmöglich, zu verstehen, wie patriotische Männer das mit=machen können. Ich brauche das Wort „demagogisch" aus=drücklich; ich habe nicht die Kenntnis der Parteiverhandlungen, die der Herr Abgeordnete Graf von Mirbach hat; ich stütze mich hier auf die Wiedergabe von Zeitungen, in denen ausdrücklich das Wort „demagogisch" einem Redner der (konservativen, d. R.) Parteiversammlung in den Mund gelegt wurde, und, soweit meine Kenntnis reicht, hat er einen Widerspruch nicht erfahren. — Der Bimetallismus ist ein ausgezeichnetes Agitationsmittel, weil es so sehr wenige Menschen giebt, die ihn wirklich ver=stehen und durchschauen, er wird aber auch ein sehr gefährliches Agitationsmittel. Seit Jahren wird dem Lande gesagt: wenn nur der Bimetallismus eingeführt würde, dann würden die Klagen der Landwirtschaft schwinden. Ich für meine Person bin doch noch zweifelhaft, ob diese Behauptung richtig ist, und ich sehe, daß sich Männer, die sich mehr damit beschäftigt haben als ich gerade, in diesem Punkte auch zweifelhaft sind.

Schon vor der heutigen Sitzung war mir bekannt, daß einzelne Herren in diesem Hause die Neigung hätten, **ihre Abstimmung über die Militärvorlage von dem Ver=halten der Reichsregierung zum Bimetallismus ab=hängig zu machen.**

Ich habe das zu meinem aufrichtigen Bedauern durch die Rede des Herrn Abgeordneten von Kardorff bestätigt gefunden. Ich muß nun sagen, daß wenn jemand die Absicht haben sollte, mein Verhalten in der Militärvorlage durch Ein=schüchterungen zu beeinflussen, er die Rechnung ohne den Wirt gemacht haben würde. Ich vertrete die Militärvorlage, weil ich der Meinung bin, daß die Existenz Deutschlands davon abhängig sein kann. Wie das Votum der einzelnen Herren über den Bimetallismus ausfallen wird, das kann meine Haltung in der Militärvorlage absolut nicht beeinflussen. Ich mache aber ebenso wenig den Anspruch, diejenigen Herren, welchen der Bimetallismus über die deutsche Wehrkraft geht, irgendwie zu beeinflussen."

Sitzung am 13. Dezember 1892.

Fortsetzung der ersten Beratung eines Gesetzes, betreffend die Friedenspräsenzstärke des deutschen Heeres.

„Ich bin dem Herrn Vorredner*) aufrichtig dankbar für die warme Weise, in der er das Verhältnis der Reichsregierung zur öffentlichen Meinung, zu der Verstimmung, die weite Kreise ergriffen hat, besprach. Täglich muß ich mir sagen: wie ist es möglich, daß die Verstimmung so weit um sich greift? Wie hat die Möglichkeit, diese Verstimmung zu organisieren und in einer Opposition zusammenzufassen, von Tage zu Tage wachsen können? Erkennt denn die Nation nicht die schweren Pflichten, die die jetzige Reichsregierung übernommen hat, die Schwierigkeiten, die der Herr Vorredner so lebhaft geschildert hat, die ihr aus personellen und sachlichen Rücksichten erwachsen? Ich hoffe, daß die Worte, die er hier gesprochen hat, weit wirken werden in das Land hinein, über den Kreis dieser Räume hinaus.

Dann aber will ich meinen Dank an die beiden Herren Vorredner**) richten, welche die Verhandlungen über die Militärvorlage aus einer Menge von Einzelheiten wieder herausgehoben und auf den großen nationalen Grundgedanken zurückgeführt haben.

Der Grundgedanke der Militärvorlage ist doch der: Ist es möglich, daß Deutschland in absehbarer Zeit in eine

---

*) Abgeordneter von Bennigsen.
**) Abgeordneter Freiherr von Stumm-Halberg und Abgeordneter von Bennigsen.

Lage kommt, die es nötigt, zur Erhaltung seiner Existenz seine ganze Kraft einzusetzen? Und die zweite Frage: ist es möglich, die dazu erforderlichen personellen und finanziellen Mittel aufzubringen?

Meine beiden Herren Vorredner haben die Frage berührt: wie kommt es denn, daß vielfach von älteren Offizieren abweichende Urteile über die Militärvorlage geäußert werden?

Ich nehme diese Urteile nicht schwer, auch nicht allzuernst, weil ich weiß, daß jeder hochgestellte General die Möglichkeit hat, seine Anschauungen in solchen Dingen täglich direkt an den Thron zu bringen. Mit der Möglichkeit hat er aber auch die Pflicht, das zu thun, wenn er in grundlegenden Fragen einer anderen Ansicht ist. Und ich habe keinen Grund, anzunehmen, daß, wenn wirklich ein Teil unserer hochgestellten Offiziere über diese Vorlage abweichende Ansichten haben sollten und geneigt sein sollten, diese Ansichten zu äußern, sie solche Äußerungen an eine andere Stelle richteten als an die Person des Allerhöchsten Kriegsherrn."

Die Gutachten der kommandierenden Generäle über die zweijährige Dienstzeit.

„Man hat schon früher, vor einer Reihe von Jahren, die kommandierenden Generäle gehört über die Frage, ob die zweijährige Dienstzeit durchzuführen wäre. Es ist nun durch die Presse die Mitteilung gegangen, damals sei nur ein General für die zweijährige Dienstzeit gewesen, alle anderen hätten sich dagegen geäußert. Das ist nicht ganz richtig, macht aber auch nichts aus. Das wesentliche bei der Sache ist die Fragestellung, und die Fragestellung — ich glaube, es ist im Jahre 1887 gewesen — war so, daß auch ich damals gesagt haben würde: nein, es geht nicht! Inzwischen hat man nach den Mitteln gesucht, die die Einführung der zweijährigen Dienstzeit möglich machen würden, und ist nun auf praktische Versuche gekommen. Über diese praktischen Versuche sind die Vorgesetzten der betreffenden Stellen gehört worden; es liegen 31 Gutachten vor. Wenn diese Gutachten nicht alle übereinstimmen, so werden Sie daraus ersehen, daß der Vorwurf, den man bisweilen macht, es würde in militärischen Dingen nur das berichtet, was oben gern gehört werde, nicht stichhaltig ist. Die 31 Stellen stimmen darin überein, daß der gegenwärtige Zustand der Ausbildung ein unbefriedigender, ungleichmäßiger, für die Kräfte des Ausbildungspersonals erschöpfender ist; über die Frage ist kein Zweifel. Dann kommen zehn Stellen, die suchen Abhilfe dieser geschilderten Umstände in der vollen Durchführung der dreijährigen Dienstzeit bei gleichzeitiger Verstärkung der Armee, — zweifellos militärisch das wünschenswerteste Ziel, finanziell, werden Sie sagen, und habe auch ich gesagt, nicht erreichbar. Dann kommen 21 Stellen, die geben die Möglichkeit der Durchführung der zweijährigen Dienstzeit unter bestimmten Voraussetzungen zu. Zu diesen Voraussetzungen rechnen sie die Vermehrung des Ausbildungspersonals, die Erhöhung der Etatstärke, Entlastung von Kommandos, Arbeitsdienst und noch eine Menge anderer Kleinigkeiten."

Der vermeintliche Mangel an Offizieren und Unteroffizieren.

„Daß wir im Augenblick nicht die nötige Zahl Offiziere und Unteroffiziere haben, um eine so erhebliche Verstärkung der Armee damit zu versehen, ist zweifellos; ebenso zweifellos ist aber auch, daß wir in kurzer Zeit in den Besitz dieses Materials kommen werden. Im Augenblick liegt die Sache bei uns so, daß wir an Offizieren bei einer Waffe überkomplett sind, bei einer komplett, und bei der wichtigsten, bei der Infanterie um die Zeit, wo die gewünschte Reform in Kraft treten wird, also am 1. Oktober 1893, in der Lage sein werden, nicht allein den gegenwärtigen Etat voll zu haben, sondern auch einen Überschuß über diesen Etat. Wir können ferner durch die Zahl der Avantageure, die wir gegenwärtig besitzen, die Anmeldungen, die wir haben, mit Sicherheit feststellen, daß sich der Beruf des Offiziers eines Zulaufs erfreut, der jeden Zweifel in dieser Beziehung ausschließt. Was nun die Unteroffiziere angeht, so behaupte ich, daß keine Armee der Welt ein so gutes Unteroffizierkorps haben kann wie die deutsche; nur muß die Möglichkeit gegeben werden, für die Verwertung seiner Kräfte auch entsprechende Äquivalente zu haben. In dem gegenwärtigen Etat haben wir eine Bestimmung, daß, wenn bei den Fußtruppen Sekondeleutnants mankieren, für zwei Drittel der mankierenden Stellen **Feldwebel** geführt und gelöhnt werden können. In diesen Feldwebeln findet der Offizier bis zu einem gewissen Grade seinen Ersatz, und der Abgeordnete Richter würde mit Befriedigung konstatieren, daß auch **Zugführer** aus dem Unteroffizierstande nicht ganz selten sind. Wenn in der That sich herausstellen sollte, — eine Voraussetzung, für die jede Basis fehlt, — daß wir mit den Offizieren unter Erhaltung unserer Ansprüche nicht weiter kommen könnten, als wir jetzt gekommen sind, so würde daran nun und nimmermehr die Vermehrung unserer Wehrkraft scheitern können; wir würden dann nach andern Mitteln suchen müssen. Wir würden dann in der Ausbildung der Institution der Vizefeldwebel, die man nicht zu Offizieren machen, sondern als Unteroffiziere weiter verwerten würde, ein Mittel finden, um den Offizier zu **entlasten**."

Die Offiziere des Beurlaubtenstandes und die Berufsoffiziere.

„Wir verfügen über ein Offizierkorps des Beurlaubtenstandes, — ich glaube nicht zu viel zu sagen, — wie es in der Welt kein zweites giebt. Und dieses Offizierkorps bringt Eigenschaften mit, die gerade für den Krieg die wertvollsten sind. Er wird zwar nicht den Grad technischer Ausbildung haben, den er haben würde, wenn er Berufsoffizier wäre. Aber das, was der Krieg vom Offizier in den niederen Graden in erster Linie fordert, die Vaterlandsliebe und das Ehrgefühl, das haben unsere Offiziere des Beurlaubtenstandes in einem Grade, der jeden Einwurf schweigen macht."

Die Durchführung der Reform in einer bestimmten Frist.

„Die Pläne des früheren Herrn Kriegsministers gingen viel weiter als der jetzige Plan und waren auf einmal überhaupt nicht durchführbar. Der beschränkte Plan, wie wir ihn jetzt vorlegen, kann in zwei bis drei Jahren — das letzte daraus vielleicht unter Hinausschiebung um weitere zwei Jahre — vollkommen durchgeführt werden. Ich wüßte nicht, warum man die allgemeine Wehrpflicht jetzt erst partiell einführen sollte, warum man etwa die Grenzprovinzen noch mehr dadurch drücken sollte, daß man ihnen die allgemeine Wehrpflicht auferlegte, während man sie den innern noch nicht auferlegte. Es erleichtert sogar die Durchführung, wenn sie hintereinander etwa in zwei Rekruteneinstellungen, die erste im Oktober 1893, die zweite vielleicht im April oder Oktober 1894 — ich weiß nicht, was die Militärverwaltung beabsichtigt — hintereinander erfolgt. Wir haben außer den militärischen Gründen, die die Ausführung auf einmal wünschenswert machen, den politischen Grund, daß, wenn wir einmal erkennen, unsere Lage ist so, daß hier im Laufe der Jahre eine Abhilfe geschaffen werden muß, wir besser bei Zeiten anfangen, weil alle diese Maßregeln, um wirksam zu werden, einen längeren Zeitraum bedürfen."

Der Reichskanzler verbreitet sich sodann noch über die vierten Bataillone, die Mobilmachung, die Vermehrung der Artillerie 2c. Einige prägnante Sätze mögen hier noch eine Stelle finden:

„Der Geist des Truppenteils ist ein Faktor, den ich sehr hoch schätze, und von dem ich annehme, daß die Herren von der Linken auch geneigt sein werden, ihn hoch zu schätzen. Zu allen Zeiten haben die Leistungen einer Truppe im Kriege von ihrem Geiste abgehangen. Diesen Geist im Frieden zu erziehen, ist eine unendlich schwierige Aufgabe. Das wesentlichste Mittel dazu liegt aber in dem Verhältnis des Vorgesetzten zum Untergebenen, und auch dieses Verhältnis wird bei der Mobilmachung verändert. Es ist ein alter militärischer Satz, daß die Geschichte die Truppenteile trägt. Ein Truppenteil mit einer guten alten Geschichte giebt ohne weiteres die Erwartung auch zu neuen guten Leistungen in einem höheren Grade als ein Truppenteil ohne Geschichte. Wie soll aber die Geschichte eines Truppenteils auf ihn einwirken, wenn er sich im Mobilmachungsfalle bunt aus den verschiedensten Elementen zusammen=

setzt! Ich möchte also darauf hinweisen, daß diese Zersetzung, dieser Häutungsprozeß der Truppen im Mobilmachungsfalle, eine so bedenkliche ist, daß unter ein gewisses Maß der Friedensstärke der Truppenteil nicht heruntergehen kann, ohne die Leistungsfähigkeit der Feldtruppen zu gefährden.

Dem erziehenden Einfluß der militärischen Dienstzeit wird eine größere Anzahl junger Leute, auch der Landbevölkerung, jetzt unterworfen, aber nur auf zwei Jahre und nicht mehr auf drei Jahre; und ich möchte glauben, daß daher der Einwand, der früher häufig gemacht worden ist, daß, wenn die jungen Leute von der Truppe auf das Land zurückkämen, sie die schwere Arbeit verlernt hätten, mit der Abkürzung der Dienstzeit doch auch an Schwere verliert. — Es ist ja, wenn man das Wort Ferienkolonie gebraucht hat, dies eine rhetorische Hyperbel gewesen; daß aber im allgemeinen der militärische Dienst den jungen Männern nützlich sein kann, das habe ich nicht allein von hervorragenden Industriellen gehört, die mit einer großen Anzahl von Arbeitern in Beziehung stehen, sondern diese Überzeugung gewinne ich auch auf einem anderen Wege. Ich behaupte noch heute: in den jungen Sozialdemokraten steckt in der Mehrzahl ein kleiner Militärmoloch; sie dienen alle viel lieber, als sie selber denken. Ich habe unter meinem Befehl Truppenteile gehabt, von denen ich mit mathematischer Gewißheit beweisen konnte, ihrer Herkunft nach: der ganze Truppenteil muß sozialdemokratisch gewesen sein. Aber wenn mir in diesen Jahren auch nur so viel vor Augen gekommen wäre! Im Gegenteil, die Leute dienten mit einer Freudigkeit, sie hatten einen schweren, zum Teil dem Tode sehr nahen Dienst, und sie haben den Dienst immer gleichmäßig und korrekt erfüllt. Ich habe daraus geschlossen: diese jungen Leute dienen gern, — und daraus habe ich weiter geschlossen: da sie nun durchtränkt mit Ansichten herkommen, die eigentlich das Gegenteil von ihnen verlangen, so müssen sie instinktiv gefühlt haben, daß ihnen, die das ganze Leben in der staubigen, ungesunden Werkstätte zubringen, diese Dienstzeit wie eine Erholung erscheint."

Sitzung am 14. Dezember 1892.

Fortsetzung und Schluß der ersten Beratung des Gesetzentwurfs, betreffend die Friedenspräsenzstärke des deutschen Heeres.

Die konservative Partei auf dem Parteitage in Berlin.

Nachdem der Abgeordnete von Manteuffel die vom Reichskanzler über die konservative Parteiversammlung gemachten Bemerkungen, die er als ungerechtfertigte, auf unrichtiger Berichterstattung beruhende Vorwürfe bezeichnete, in die Diskussion gezogen, äußerte sich der Reichskanzler wie folgt:

„Ich habe nicht behauptet, daß die konservative Partei als solche ihre Abstimmung von der Haltung der Regierung zur Frage des Bimetallismus oder zu einer anderen, mit der Militärvorlage nicht in unmittelbarem Zusammenhange stehenden Frage abhängig machen würde. Ich habe, wenn ich mich nicht irre, von einzelnen Herren gesprochen. Ich lege aber keinen Wert darauf, auf diese Frage weiter einzugehen, nachdem ein Mitglied, wenn auch nicht der konservativen, so doch der freikonservativen Partei, der Herr Abgeordnete von Kardorff, diesen Standpunkt hier im Hause voll und ganz vertreten hat. Was nun den Parteitag angeht, so habe ich mich für verpflichtet gehalten, mir klar zu machen: wie wird dieser Parteitag wirken, und welche Folgerungen hat man aus diesem Ereignis zu ziehen? Ich habe meine Kenntnis dieses Parteitages aus demjenigen Organ geschöpft, von dem ich annehme, daß es in diesem Falle das bestunterrichtete sein würde, der „Kreuzzeitung".

Ich nehme mit Befriedigung und Genugthuung davon Akt, daß die Äußerung, „man solle demagogisch handeln", nicht im Namen der Partei gethan worden ist, auch nicht von der Partei acceptiert wird. Und nicht diese Äußerung allein ist es gewesen, die mich bedenklich gemacht hat, sondern es fielen Äußerungen, die auf den Prozeß, der sich in der letzten Woche abgespielt hat, hinzielten, und die die offene und unver=

hüllte Teilnahme mit dem Manne zum Ausdruck brachten, der infolge dieses Prozesses verurteilt worden ist und der die deutsche Heeresverwaltung in einer Weise angegriffen und geschädigt hat, wie das von einem Deutschen bisher, soweit ich weiß, kaum geschehen ist. Es war also für mich mindestens entschuldbar, wenn ich aus den Verhandlungen der konservativen Partei an jenem Tage den Eindruck gewonnen hatte, als ob die Partei sich mit dem Angeklagten und dessen Bestrebungen bis zu einem gewissen Grade identifizierte. Ich bitte um die Erlaubnis, verlesen zu dürfen, was ein Teilnehmer des Parteitages gesagt hat:

Ich bin auch aus Arnswalde. Ich bin der konservative Gegenkandidat des Rektors Ahlwardt, und trotzdem habe ich im zweiten Wahlgange bei der Stichwahl Ahlwardt meine Stimme gegeben. Denn wir Konservative sind von der Erwägung ausgegangen, daß zehn Ahlwardt=Antisemiten immer besser sind als ein Freisinniger.

Ich konstatiere noch einmal, ich nehme mit Befriedigung davon Akt, daß die konservative Partei sich diese Äußerung nicht aneignet; aber ich finde es entschuldbar, wenn ich des Glaubens war, sie wäre geneigt, sie sich anzueignen."

Sitzung am 15. Februar 1893.

Fortsetzung der zweiten Beratung des Reichshaushaltsetats für das Etatsjahr 1893/94.

Der Wert der Landwirtschaft.

Der Reichskanzler zitiert aus seiner am 10. Dezember 1891 gehaltenen Rede:

„Ich schlage — und ich glaube, das kann kein Staatsmann, auch in keinem Staate — den Wert der Landwirtschaft nicht gering an. Ich habe mich schon öfter darüber ausgesprochen, daß es notwendig ist, die staatserhaltenden Kräfte zu stärken und zu vermehren, und ohne irgend einem

Stande zu nahe treten zu wollen, bin ich der Meinung, es liegt in den Bedingungen des Daseins der Landwirtschaft ein starkes Moment, das unter allen Umständen den Landwirt — mag er einer politischen Partei angehören, welcher er will — zu einem staatserhaltenden Menschen macht. Vollends, wenn der Grund und Boden durch Generationen in denselben Händen bleibt, wächst eine Liebe zur Heimat, wie sie kein anderer Stand hat, und die die erste und sicherste Quelle des Patriotismus ist, wie ihn der Staat in ernsten Zeiten braucht", —
und fährt dann fort:

„Ich habe dann gesprochen von dem Einfluß auf das Familienleben auch in Arbeiterkreisen und habe endlich gesagt: das höchste und letzte Motiv aber für die Erhaltung der Landwirtschaft ist ein durchaus und exklusiv staatliches. Ich bin der Überzeugung, daß wir eines Körnerbaues, der zur Not hinreicht, selbst die steigende Bevölkerung, wenn auch unter Beschränkungen, im Kriegsfall zu ernähren, gar nicht entbehren können.

Ich meine, der letzte Satz beweist, daß der Zusatz, den Herr Graf Kanitz zu meinen Äußerungen gemacht hat, und der dahin ging, daß ich auch der nationalen Wehrkraft dabei die richtige Würdigung nicht hätte zukommen lassen, hinfällig ist. Ich habe auch den Vorwurf, den Herr Graf Kanitz mir macht, mich der Landwirtschaft nicht hinreichend angenommen zu haben, nach meiner Überzeugung thatsächlich nicht verdient.

Als im Winter 1891 viel über Notstand geklagt wurde, war es, glaube ich, der Abgeordnete Graf Kanitz im preußischen Landtag, der die Neigung hatte, dahin zu wirken, daß die Kornzölle provisorisch ganz aufgegeben werden sollten. Daß das damals nicht geschehen ist, ist nicht zum geringsten Teil meiner persönlichen Einwirkung zuzuschreiben, und ich glaube mir damit ein gewisses Verdienst um die Landwirtschaft erworben zu haben. Ich glaube das noch ein zweites Mal gethan zu haben. Als wir mit Österreich verhandelten, lagen ja sehr starke Motive vor, mit den Zöllen noch etwas weiter, vielleicht noch um 50 Pfennige herunterzugehen. Auch dagegen habe ich gewirkt. Daß wir dafür keinen Dank ernten würden, das habe ich vorhergesehen.

Ich möchte aber noch hinzufügen, wie unbillig es mir erscheint, wenn man die verbündeten Regierungen für die Notstände der Landwirtschaft, die auch ich anerkenne, verantwortlich macht.

Wenn der Abgeordnete Graf Kanitz am Schluß seiner Rede sagt: „Ich verlange kein Benefiz und kein Privilegium für die Landwirtschaft, ich habe niemals eine Bevorzugung für einen einzelnen Erwerbszweig des Landes gefordert" — so glaube ich das dem Herrn Abgeordneten Kanitz ohne weiteres. Ich bin überzeugt davon, daß er so denkt. Wenn er dann aber fortfährt: „ich verlange nur gleiches Maß und Recht", so bekommt man doch den Eindruck, wie wenn wir in einem halb barbarischen Staat lebten. Das aber ist nicht der Fall. Meines Wissens bekommt in Deutschland noch jedermann sein Recht, und meines Wissens hat das Bestreben bei den verbündeten Regierungen immer vorgelegen, auch gleiches Maß zu geben."

Die Kornzölle sind eine schwere Last für das Land. — Opfer für die Landwirtschaft.

„Wenn ich die Kornzölle ins Auge fasse, so gehe ich von der Ansicht aus, daß sie an sich eine schwere Last für das Land sind und daß man nicht recht thut, von Opfern der Landwirtschaft zu reden, sondern richtiger von Opfern, die für die Landwirtschaft gebracht werden. Ich halte es für recht, daß diese Opfer gebracht werden, — die Landwirtschaft muß erhalten werden; aber ich sollte meinen, die Landwirtschaft würde dann gut thun, sich auch etwas in ihren Klagen zu beschränken, und an die konservativen Landwirte würde ich die Bitte haben, diese Klagen nicht zu Anklagen gegen die Regierung zu gestalten, wenn nicht wirklich zwingende Gründe vorliegen."

In derselben Sitzung nimmt der Reichskanzler noch einmal das Wort, um diejenigen Beamten, welche die Handelsverträge mit anderen Staaten abgeschlossen haben, in Schutz zu nehmen.

„Es hat an Verdächtigungen gegen diese Beamten nicht gefehlt, und ich halte es für eine Pflicht und für eine der schönsten Pflichten des Vorgesetzten, für die Beamten eintreten zu können, die in solcher Weise ihre Schuldigkeit gethan haben, wie das hier der Fall gewesen ist. — Ich habe schon einmal gesagt: bitte, greifen Sie mich doch an, wenn Sie etwas gegen die Handelsverträge haben; aber greifen Sie meine Beamten nicht an! Wohin führt es, wenn die Beamten angegriffen werden? Wo soll die Disziplin bei den Beamten bleiben, wenn die Angriffe wirklich eine Wirkung ausübten? Da würden die Beamten in Versuchung sein, künftig mehr dem Eindruck der öffentlichen Meinung nachzugeben, als auf ihre Vorgesetzten zu hören. Das Selbstgefühl, die Lust und Liebe der Beamten muß leiden, wenn sich dergleichen wiederholt."

Sitzung am 17. Februar 1893.

Fortsetzung der zweiten Beratung des Reichshaushaltsetats für das Etatsjahr 1893/94. Handels- und Zollpolitik.
Lage der Landwirtschaft.

Der Handelsvertrag mit Rußland.

„Auf die Ausführungen des Herrn Vorredners*) habe ich nur eine Bemerkung zu machen. Er hat unter den Besorgnissen, die ihm der kommende Handelsvertrag mit Rußland einflößt, auch die Verseuchung unseres Viehs durch importiertes russisches Vieh angeführt. Es ist schon einmal durch den Herrn Staatssekretär des Auswärtigen Amtes gesagt worden, daß wir überhaupt nicht die Absicht haben, mit Rußland über den Import von Vieh zu verhandeln, daß wir nicht die Absicht haben, in dieser Beziehung etwas zu ändern.

Der russische Handelsvertrag ist nicht das Objekt, was den Inhalt dieser Tage**) ausgemacht hat, konnte es auch nicht sein,

---

*) Abgeordneter Holtz.
**) Die Debatten im Reichstage und im preußischen Abgeordnetenhause.

denn es lohnt in der That nicht, über einen Vertrag, der noch Embryo ist, tagelang zu reden."

Die agrarische Bewegung. — Stellung der Regierung zu derselben.

„Die Bewegung, die im Lande und in den beiden Häusern sich geltend gemacht hat, die geht sehr tief. Mir ist jetzt häufig von Herren, die der morgigen Vereinigung*) näher stehen, gesagt worden: Sie glauben nicht, wie tief diese Bewegung geht. Ja, meine Herren, ich glaube das, ich glaube, sie geht sehr tief, und deshalb nehme ich diese Bewegung sehr ernst und habe den Wunsch, diesen meinen Ernst hier noch einmal zum vollen Ausdruck zu bringen.

Schon vor einem Jahre habe ich, wie ich glaube, mit einer Deutlichkeit, die nichts zu wünschen übrig ließ, ausgesprochen, welchen Wert die verbündeten Regierungen auf eine gedeihliche Landwirtschaft legen, daß ich selbst dieser Ansicht bin. Trotzdem aber hören die Zweifel nicht auf: ja, ist das auch so? wird auch die Reichsregierung geneigt sein, diesen Übelständen abzuhelfen? Ich bin noch weiter gegangen: ich habe mich im vorigen Jahre dahin geäußert, daß ich nicht bloß den Wert der Landwirtschaft als solcher anerkenne, sondern daß ich auch den Wert der Erhaltung derjenigen Geschlechter und Familien, die die Landwirtschaft betreiben, in diesem Gewerbe für im Staatsinteresse liegend halte. Ich habe angeführt, welcher sittliche Wert im Heimatsgefühl liegt, das die Landwirtschaft erzeugt, die sich an Grund und Boden knüpft. Das war voriges Jahr, und trotzdem hören die Angriffe nicht auf. Wenn man aber auch so freundlich ist, anzuerkennen, daß ich Interesse für die Landwirtschaft dokumentiert habe, daß auch die verbündeten Regierungen das dokumentiert haben, so sagt man: ja, die Worte hören wir wohl, aber wo ist der Wille? Man geht dabei nicht auf diejenigen tieferen Motive ein, auf die nach meiner Ansicht die Not der Landwirtschaft vielfach zurückführt, sondern man greift kleinere Dinge heraus und sagt: wenn ihr

---

*) Der „Bund der Landwirte" trat am 18. Februar in Berlin zusammen.

diese und jene Wünsche nicht befriedigt, so wollt ihr nichts für die Landwirtschaft thun. Man hat ähnliche Angriffe gegen den Königlich preußischen Herrn Minister für die landwirtschaftlichen Angelegenheiten*) gerichtet. Der Herr ist nun selbst Grundbesitzer, ist aus den Reihen der Herren, die jetzt die Opposition in dieser Richtung machen, hervorgegangen. Ich verstehe nicht ganz, wie es möglich ist, dem Herrn, der die Rentengüter wieder ins Leben gerufen hat, vorzuwerfen, er habe kein Interesse für die Landwirtschaft. Aber auch die preußische Regierung im ganzen kann der Vorwurf nicht treffen. Sehen Sie sich doch an, was in den Steuerfragen jetzt von der preußischen Regierung geschieht. Sie werden nicht behaupten können, daß diese Steuerreform zu Ungunsten der Landwirte stattfindet. Also soweit wir eine Gelegenheit gehabt haben, in Vorarbeiten, in Gesetzen, die wir vorgelegt haben, auf die Förderung der Landwirtschaft hinzuwirken, ist das geschehen; aber wir finden auch unsere Grenzen in den Umständen.

Welche Mittel habe ich, um die englische Regierung zu zwingen, daß sie auf den Bimetallismus eingeht? Alle, auch die Herren, die für den Bimetallismus gesprochen haben, geben zu, daß die Zustimmung Englands Voraussetzung ist. Bei alledem kehrt der Vorwurf wieder: warum führt ihr nicht den Bimetallismus ein? Ja, die Macht, den Weltmarkt zu zwingen, den Weltmarkt wegzuschaffen, habe ich nicht. Er ist da und wirkt mit elementarer Gewalt auf die Verhältnisse unserer Landwirtschaft ein. Kann ich unsere arbeitende Klasse zwingen, daß sie da arbeitet, wo sie nicht arbeiten will, und daß sie da Arbeit nicht sucht, wo ihr die Arbeit lohnender und angenehmer erscheint? Auch dazu hat die Regierung kein Recht."

Der Reichskanzler ist durch und durch konservativer Gesinnung, aber kein Agrarier.

„Ich glaube, ich bin ein durch und durch konservativer Mann. Es fragt sich, was man unter „konservativ" versteht,

---

*) Minister von Heyden.

und ich glaube, daß heutzutage eine Richtung aufgekommen ist, die die Grundlage dieses Begriffes nicht mehr klar erkennen läßt, weil eben viele wirtschaftliche Motive den politisch konservativen Grundgedanken zu überwuchern anfangen. Ich bin der Meinung, daß Konservativsein der Ausfluß einer Welt- und Lebensanschauung ist. Wenn man von der Ansicht ausgeht, daß die Welt nach einem gewissen Plan geführt wird, daß das historisch Gewordene eine gewisse Berechtigung im Dasein hat, die ihm nur genommen werden soll, wenn zwingende Gründe zu einer Änderung vorliegen, wenn man der Meinung ist, daß für uns Deutsche ein christlich-monarchischer Staat der Staat ist, den zu erhalten die konservative Partei und konservative Menschen ein Interesse haben, so bin ich durch und durch konservativ.

Ich muß gestehen, daß ich kein Agrarier bin; ich besitze kein Ar und keinen Strohhalm und weiß auch sonst nicht, wie ich dazu kommen sollte, Agrarier zu werden. Ich weiß sehr wohl, daß in der konservativen Richtung und in dem konservativen Menschen die Erhaltung der verschiedenen Erwerbszweige einen großen Platz einnehmen muß. Aber mir scheint, dieser Platz darf nicht so groß werden, daß eben das auf das Dasein des Staates gerichtete Element im Konservatismus dadurch untergeht. Der Herr Abgeordnete von Kardorff hat früher einmal die Äußerung gethan: es wäre gut, wenn es dahin käme, daß alle Minister angesessene Landwirte wären. Ich bin der Meinung, die Landwirtschaft ist heutzutage ein so schwieriges Gewerbe geworden, daß, wer zu gleicher Zeit Minister und Landwirt sein sollte, das eine oder das andere als Nebenamt ansehen muß. Darunter würde entweder der Minister oder der Landwirt leiden.

Ich glaube daher, es würde nichts dabei herauskommen. Ich muß aber meinen, daß es wünschenswert ist, wenn der Reichskanzler nicht Agrarier ist; denn je mehr unser Parteileben von wirtschaftlichen Interessen bedingt wird, um so mehr muß die Regierung sich einen freien Blick über weite Verhältnisse, über den Staat und das Reich zu erhalten suchen, um diesen zu ihrem Rechte zu verhelfen. Wenn wir den Staat

agrarisch regieren wollten, dann würde das eine Weile ganz
gut gehen, wir würden aber in absehbarer Zeit am Ende sein,
vielleicht vor sehr schweren Katastrophen stehen. Wirtschaftliche
Interessen basieren immer mehr oder weniger auf Egoismus,
— man pflegt zu sagen: gesundem Egoismus, während der Staat
Anforderungen an die Opferfähigkeit und den Idealismus seiner
Bürger stellt. Je weiter die Parteien in das Wirtschaftsleben
und dessen Interessen verflochten werden, um so mehr muß es
Pflicht der Staatsregierung sein, die mehr idealen Interessen
zu vertreten. Wir werden jeden Besitz schützen, — das ist
die Pflicht der Regierung, den agrarischen wie den industriellen
und den kapitalistischen, wir werden ihm sein Recht geben lassen
und mit allen Mitteln danach trachten, daß er geschützt bleibt.
Aber wir haben auch die Pflicht der Fürsorge für die Be=
sitzlosen."

Der Antisemitismus.

„Die Bewegung, die in Deutschland eingeleitet ist und die
aus verschiedenen Motiven hervorgeht, überschreitet vielfach schon,
wie mir scheint, die Grenzen, die mit dem Staatswohl vereinbart
sind. Es werden Geister wachgerufen, von denen man nicht
weiß, ob man imstande sein wird, sie zu bannen. Welche
Garantieen haben denn die Männer, die die Geister wach rufen,
dafür, daß der Strom, von dem sie nun vorwärts getrieben
werden, nicht schließlich mit andern Strömen zusammenfließt,
die sich gegen den Besitz und die staatliche Ordnung richten?
Ich habe die feste Überzeugung, daß die Dinge, die jetzt vor=
gehen, für Deutschland nach innen und nach außen von einer
Bedeutung sind und Gefahren in sich schließen, von denen, wie
ich fürchte, ein großer Teil derer, die jetzt die Schleusen auf=
ziehen, nicht ahnen, wohin sie führen."

Der Reichskanzler wird auf seinem Posten ausharren.

„Wenn ich mir erlaubt habe, eine Warnung, eine Bitte
an diejenigen Herren zu richten, die mit diesen Dingen zu thun
haben, so möchte ich um nichts in der Welt dem Vorwurf oder
dem Gedanken ausgesetzt sein, daß meine Person dabei eine

Rolle spielt. Davon, meine Herren, kann keine Rede sein. Wenn ich die Überzeugung hätte, daß ich dadurch, daß ich dieses Amt aufgebe, Deutschland den mindesten Nutzen schaffte, so würde keine Stunde vergehen, bis ich Seiner Majestät dem Kaiser mein Abschiedsgesuch einreichte. Die Bürde des Amtes, die mir aufliegt, ist so schwer, daß ich den Tag, wo sie mir einmal abgenommen sein wird, segnen werde. Aber ich werde diesen Schritt nicht thun, sondern ich werde auf der Stelle beharren und werde in der altpreußischen Weise, in der ich erzogen bin, meine verfluchte Pflicht und Schuldigkeit zu thun suchen. Und zwar nicht um meinetwillen, sondern um des Kaisers und Reiches willen! Ich bin der Überzeugung, daß wir so schweren Zeiten entgegengehen, daß Festigkeit der Regierung die erste Anforderung ist, die zu einer Gesundung Deutschlands zu stellen ist, und jeder Wechsel in der Person ist mit einer Erschütterung dieser Festigkeit verbunden. Also ich werde aushalten! Ich wünsche aber dringend, daß die Herren, die das agrarische Interesse vertreten, einmal in sich gehen und reiflich erwägen mögen, ob die Wege, die sie einschlagen, wohl mit dem Staatsinteresse dauernd zu vereinigen sind; denn nicht um einen einzelnen Menschen — was ist ein Mann über Bord? — handelt es sich, wenn das Schiff nur weiter geht! Um das Schiff handelt es sich, auf dem die deutsche Flagge weht."

Unterschied zwischen einem Parteimann und einem Staatsminister.

In derselben Sitzung äußerte sich der Reichskanzler auf eine von dem Abgeordneten Grafen von Mirbach gemachte Bemerkung wie folgt:

„Der Herr Minister von Heyden hat vom Anfang der Verhandlungen an den landwirtschaftlichen Standpunkt vertreten, er hat gethan, was er thun konnte, um die Interessen der Landwirtschaft zu vertreten. Indessen ein preußischer Minister ist nicht nur Ressortminister, sondern auch Staatsminister, und das ist einer der wesentlichsten Unterschiede zwischen einem Minister und einem Parteimann: ein Parteimann hat keine

Rücksicht zu nehmen als die seiner Partei, seiner Interessen, seiner Person. Ein Parteimann hat wahrzunehmen — ich will so sagen — er kann wahrnehmen die Interessen seiner Partei, seiner Person, seiner Ansicht; der Ressortminister, der kann seine Ansicht nicht immer aufrecht erhalten, auch nicht immer das Interesse seines Ressorts aufrecht erhalten, sondern, weil er eben Staatsminister ist, muß er weiteren staatlichen Gesichtspunkten das Ressortinteresse häufig unterordnen. Einen Grund, dem Herrn Minister von Heyden einen Vorwurf zu machen, haben die Herren Agrarier nicht."

Sitzung am 28. Februar 1893.

Fortsetzung der zweiten Beratung des Reichshaushaltsetats für 1893/94: Auswärtiges Amt.

Der Handelsvertrag mit Rußland und die Wünsche des Abgeordneten Grafen von Mirbach.

„Es kann meine Sache hier nicht sein, auf Einzelheiten der zur Zeit schwebenden Vertragsverhandlungen einzugehen; aber es ist mir eine angenehme Pflicht, mir darüber klar zu werden, was der Herr Graf Mirbach in der Beziehung denkt. Wenn ich ihn recht verstanden habe, hat er heute gesagt, er hoffe, daß keine Differentialzölle bestehen bleiben, und er hat sich gleichzeitig ausgesprochen für Aufhebung des Identitätsnachweises. Der Herr Abgeordnete Graf Mirbach will also heute den jetzigen Zoll von 50 Mark für Rußland bestehen lassen und gleichzeitig den Identitätsnachweis aufheben. Am 15. dieses Monats hat derselbe Herr Abgeordnete hier geäußert: „Ich gebe auch folgendes zu: wenn wir Rußland konzedierten 35 statt 50 Mark und gleichzeitig die Frage des Identitätsnachweises lösten, so würden wir im Osten, glaube ich, in einer besseren Situation sein, als bei dem gegenwärtigen Zustande."

Also am 15. Januar ließ der Herr Abgeordnete den Zoll von 50 willig gegen den Identitätsnachweis fallen."

In derselben Sitzung.

"Wenn der Herr Abgeordnete von Kardorff heute wieder auf das Gleichnis von dem Baume zurückkommt, dem in jedem Jahre eine Schicht neuer Erde um die Wurzel gelegt wird, so bin ich der Meinung, der agrarische Baum hat schon manche Schicht frischer Erde bekommen, und wenn ich weitere frische Erde um ihn legen sollte, würde ich in der That in Verlegenheit sein, woher sie nehmen."

Einsetzung von Schiedsgerichten zur Entscheidung von europäischen Streitfällen.

"Der Herr Abgeordnete Bebel hat Schiedsgerichte für die Erledigung europäischer Streitigkeiten empfohlen; er hat die Möglichkeit zugegeben, daß ein solches Schiedsgericht auch die elsaß=lothringische Frage vor sein Forum ziehen könne, er selbst hat angedeutet, daß wir an der Erregung des Krieges 1870/71 nicht unschuldig gewesen wären, und daß es Leute geben könnte, die noch stärker als er diese Meinung hätten. Wenn ein Schiedsgericht zusammentritt, wenn es diese seine Meinung bei irgend einer Frage zur Geltung brächte und beschließen wollte, Deutschland solle Elsaß=Lothringen herausgeben, so habe ich die feste Überzeugung, daß die deutsche Nation einem solchen Schiedsgericht sich nie fügen, sondern lieber den letzten Blutstropfen hergeben würde, als Elsaß=Lothringen herauszugeben."

Sitzung am 1. März 1893.

Fortsetzung der zweiten Beratung des Reichshaushaltsetats für 1893/94: Auswärtiges Amt in Verbindung mit dem Haushaltsetat für die Schutzgebiete Kamerun, Togo und Südwestafrika.

Unsere Thätigkeit im südwestafrikanischen Schutzgebiet.

"Der Herr Vorredner*) hat seine Ansichten über die Weise, wie die Geschäfte in Südafrika betrieben werden müssen, dahin zusammengefaßt: man solle nicht mit dem Bergbau anfangen, sondern erst ansiedeln und dann abwarten. Darauf möchte ich ihm erwidern: in dem Zustand des Abwartens sind wir nun nachgerade zehn Jahre gewesen, und da dieser Zustand keine Folgen trug, bin ich geneigt gewesen, auch englisches Kapital in das Land zu lassen. Ich habe der Konzession**) zugestimmt in dem Glauben und in der Überzeugung, daß wir, da wir Südwestafrika einmal haben, es halten werden und halten müssen; daß, wenn wir für das Halten von Südwestafrika Geld ausgeben, eben etwas da sein muß, von dem man hoffen kann, daß es die Kosten des Mutterlandes auch wieder einbringen wird. In den Besprechungen mit dem Herrn von François, einem der verdienten Brüder, denen wir es verdanken, daß wir überhaupt noch in Südwestafrika mit einem so geringen Aufwand von Mitteln geblieben sind, stellte sich heraus, daß auf die Dauer der jetzige Zustand insofern unhaltbar werden könnte, als die Möglichkeit nahe lag, daß der Hendrik Witbooi, dieser Mann, halb Soldat, halb Prophet, der über eine bewegliche Truppe gebietet — der Herr Graf Arnim nannte sie Räuber; nun, ich weiß es nicht: sie mag ja auch diesen Namen verdienen —, daß der Hendrik Witbooi geneigt sei, sich mit den

---
*) Graf von Arnim.
**) Der Damarakonzession, nach welcher einer englischen Gesellschaft die Minen- und Landrechte (Bau von Bahnen, Ansiedelungen, Bergbau ꝛc.) verliehen wurden.

Hereros zu verständigen. Wir haben bisher mit der geringen Truppe, die wir in Südwestafrika hatten, auskommen können, weil wir die Hereros gelegentlich gegen Witbooi ausspielen konnten, vielleicht auch Witbooi gegen die Hereros. Wenn nun aber die beiden die Neigung zeigten, sich untereinander zu verständigen, so wurde unsere Lage schwieriger. (Inzwischen ist das verschanzte Lager des Hottentottenführers Witbooi von unseren Truppen erstürmt worden, Witbooi selbst aber ist entkommen. Am 10. Juli 1893 fand ein neues Gefecht bei Naos statt. D. R.) Für die Leitung der Dinge in Südwestafrika von hier aus liegt eine ungeheure Schwierigkeit in der mangelhaften Kommunikation. Wenn der Hauptmann von François schreibt, so geht der Brief mit der Kameelpost nach Walfischbai. Dort kommt alle vier Wochen ein Schiff von Kapstadt an; dieses Schiff nimmt, wenn es seine Ladung gelöscht hat, den Brief nach Kapstadt zurück, und erst von da wird mittels regelmäßiger Postverbindung hierher befördert. Es folgt daraus, daß man dem Offizier, der die Leitung von Südwestafrika hat, einen großen Spielraum lassen und daß man das Bestreben haben muß, künftigen Ereignissen zuvorzukommen, sie vorauszusehen. Ich habe also auf meine Verantwortung hin, und indem ich die Grenzen des Etats überschritt, einige Veranstaltung schon im vorigen Sommer getroffen. Ich habe zunächst veranlaßt, daß in aller Stille so viel Proviant nach unserer kleinen Feste Windhoek geschafft würde, als notwendig sein würde, um diese Feste und das, was wir in ihrer Umgebung besitzen, zu halten. Ich habe für Munition, für Waffen gesorgt; es ist auch Unterkunftsraum geschaffen worden für eine stärkere Truppe. Endlich ist, wiederum auf meine Verantwortung, durch Seine Majestät den Kaiser der Befehl gegeben worden, eine wesentliche Verstärkung der Schutztruppe vorzunehmen. Wenn das Schiff, das diese Verstärkung bringt und das sich jetzt im Ozean bewegt, in Südwestafrika ankommt, werden wir etwa über 250 Soldaten gebieten. Das ist wenig, es wird aber hinreichen, nicht allein das zu erhalten, was wir besitzen, sondern auch die Polizei insoweit zu üben, daß Deutsche, die nach Minen suchen, die sich an anderen Stellen als in Windhoek ansiedeln, geschützt werden, daß nicht allein Deutsche, sondern auch Engländer, die ihr Geld da unterbringen, sicher sein können vor Insulten dieser farbigen Menschen. Wir wollen keinen Krieg führen, wir wollen auf unblutige Weise uns immer mehr zu Herren des Landes machen und unsere Herrschaft befestigen. Wir haben Südwestafrika einmal, es ist unter Zustimmung des Volkes deutsche Kolonie geworden, es ist jetzt deutsches Land und muß als deutsches Land erhalten werden."

Der Hafen von Walfischbai.

„Die Walfischbai ist ein immer mehr versandender, dürftiger Hafen, an dem sich ein halbes Dutzend schmutziger Hütten befinden, und es hat für uns nur eine gewisse negative Bedeutung dadurch, daß es eben nicht deutsches Land war, daß also jeder Verkehr mit Südwestafrika von hier aus immer durch anderer Leute Gebiet gehen muß. Wir stehen auf bestem Fuße mit den Engländern, wir erfreuen uns ihres Wohlwollens und erwidern dieses Wohlwollen; aber immerhin war es unbequem und um so unbequemer, als wir der Meinung sind: dieser Hafen von Walfischbai wird in absehbarer Zeit versanden. Es wurde also der Hauptmann von François angewiesen, zu untersuchen, ob andere Stellen sich finden würden, Stellen auf deutschem Boden, wo die Landung möglich wäre. Fast an der ganzen Westküste von Afrika sind keine Häfen, sondern es wird überall von Reeden aus gelandet, und zwar unter sehr erschwerenden Umständen, weil meist an der Küste eine schwere Brandung steht, eine Brandung, die mit gewöhnlichen europäischen Booten nicht zu passieren ist. Man hat in Togo und allen diesen Orten Brandungsboote, die von Negern gerudert werden, die ein Metier aus dem Rudern großer Boote durch die Brandung machen. Es wurde also weiter angeordnet, daß ein Brandungsboot gebaut und, mit Krunegern besetzt, hingeschafft wurde nach der Mündung des sogen. Swakopflusses. Es wurde angeordnet, daß ein Schiff Seiner Majestät des Kaisers hinginge und Untersuchung darüber anstellte, ob die Brandung vor der Swakopmündung das Landen von Frachten und Menschen gestatten würde. Vor wenigen Tagen ist der erste kurze telegraphische Bericht darüber eingegangen, und der lautet günstig."

Die Ansiedelungen der Buren.

„Man hat an die Regierung das Ansuchen gestellt, Buren hineinzulassen in das Territorium. Es sind das an die Verhältnisse gewöhnte, fleißige Menschen; indessen hat der Hauptmann von François selbst an der agrarischen Leistungsfähigkeit doch einen gewissen Zweifel. Er glaubt nicht, daß sie die Wasserverhältnisse, die so überaus schwierig sind in Westafrika, so behandeln werden, wie es nötig ist, um von einem Ackerbau überhaupt in Westafrika reden zu können. Nichtsdestoweniger ist die Frage, noch nicht entschieden, ob wir Buren überhaupt hineinlassen wollen oder nicht. Es spricht manches dafür, einmal einen Versuch mit 40, 50 Familien zu machen. Es sind uns von anderer Stelle Offerten gemacht worden, Buren zu zwei oder mehr Tausenden auf einmal hereinzulassen. Dem widerspreche ich ganz entschieden; denn die Buren haben ein sehr starkes Unabhängigkeitsgefühl, und ob einer solchen Burengesellschaft gegenüber, wenn sie mißvergnügt würde, eine Schutztruppe von 200 Mann hinreichen würde, ist fraglich. Die Buren machen ferner den Anspruch, ihr eigenes Recht und ihre eigene Verwaltung zu haben.

Wir glauben, daß, wenn die Dinge in Südwestafrika auch sehr langsam vorwärts gehen, sie doch nicht stillstehen, sondern fortschreiten werden, und daß von seiten der Regierung dasjenige geschehen ist, was zur Zeit möglich ist, um den Männern, die sich eine Aufgabe aus der Aufschließung von Südwestafrika gemacht haben, Ermutigung und Teilnahme angedeihen zu lassen."

Sitzung am 2. März 1893.

Fortsetzung der zweiten Beratung des Reichshaushaltsetats für 1893/94: Auswärtiges Amt.

Die Entwickelung unserer ostafrikanischen Kolonie.

„Meine Herren, wenn ein Mann, wie der Herr Vorredner*), der nicht allein so hohe Ideen über unsere kolonialen Aufgaben hat, sondern auch thätig persönlich eingegriffen hat, ausspricht, daß er mit der Entwickelung unserer ostafrikanischen Kolonie im letzten Jahre zufrieden ist, so konnte mich das nur mit Freude erfüllen. Denn auch ich bin der Meinung, wir können auf das, was in dem letzten Jahre in Ostafrika sich entwickelt hat, mit voller Befriedigung zurücksehen.

Der Herr Vorredner hat dann aber eine Menge von Einzelheiten seiner Kritik unterworfen, auf die zu antworten ich mich doch verpflichtet fühle. Zuerst hat er gesagt, die Leute, die das Aufgeben von Zanzibar für unschädlich gehalten, hätten sich einer Illusion hingegeben. Ja, von Aufgeben kann doch nur dann die Rede sein, wenn man etwas hat. Wir hatten aber Zanzibar nicht, wir konnten es daher nicht aufgeben. Wir müssen sehen, was wir aus Ostafrika machen ohne Zanzibar, weil wir eben Zanzibar nicht haben konnten und nicht haben können.

Der Herr Vorredner hat dann den Wert von Tabora geschildert, und ich glaube, daß er in dieser Schilderung recht hat. Er hat den Anspruch erhoben, wir sollten Tabora stärker besetzen, weil das der Mittelpunkt wäre, von dem aus die Wege nach den Seen gehen. Zugegeben! Die Frage der stärkeren Besetzung hängt immer wieder mit der Vermehrung unserer Schutztruppe zusammen, und ich bin principaliter der Ansicht, daß die Verstärkung dieser Schutztruppe in geringen Grenzen zu halten ist, nicht bloß, weil eine stärkere Schutztruppe mehr Kosten

---

*) Abgeordneter Oechelhäuser.

macht, sondern auch, weil mit der Stärke der Schutztruppe unter den afrikanischen Verhältnissen ganz natürlich die Versuchung zu kriegerischen Unternehmungen wächst. Wir müssen aber ein Interesse daran haben, soweit es irgend angängig ist, ohne Blutvergießen vorzugehen. Und ich möchte hier dem Beispiel der Engländer zu folgen suchen, mehr durch das Anknüpfen freundschaftlicher Verbindungen, wenn auch nicht gerade mit Notabeln im Innern, aber doch mit einzelnen Fürsten, weiter zu kommen als mit Kriegführen. Jede kriegerische Unternehmung stört den Handel im Innern, und je mehr Truppen wir halten, um so häufiger wird der Gedanke für die Leute, die an Ort und Stelle die Sache zu leiten haben, jede Schwierigkeit, auf die sie stoßen, mit den Waffen in der Hand zu überwinden, und das möchte ich vermieden sehen. Ich würde also für die Gegenwart schon zufrieden sein, wenn wir nur die Schutztruppe, die wir haben und haben wollen, auf die volle Kopfstärke gebracht hätten. Es ist nicht leicht, die Schutztruppe zu ergänzen, weil wir die Menschen, die wir dazu brauchen, von weit her holen müssen. Die Eingeborenen eignen sich bis jetzt so gut wie gar nicht zum militärischen Dienst; wir müssen auf die Schwarzen aus anderen Teilen Afrikas zurückgreifen. Das ist kostspielig, mühsam, und die Quelle fließt nicht reichlich."

Unsere Artillerie in Ostafrika.

"Die Artillerie, die wir im Schutzgebiet haben — das sind ein paar Dutzend Kanonen — ist einer Erneuerung bedürftig. Das liegt zum Teil darin, daß die Kanonen teils Liebesgaben waren, die der eine oder der andere schenkte, teils aus den bereiten Beständen genommen wurden, vielleicht sogar hier und da aus einer Rumpelkammer; man glaubte, die seien doch noch gut für Afrika. So ist der Zustand entstanden, daß wir, wenn ich nicht irre, gegenwärtig elf Geschützsysteme haben. Da wir nun nicht gerade Artilleristen ersten Ranges in Afrika haben aufbringen und anwenden können, so ist die weitere Folge, daß diese elf Geschützsysteme nicht immer gerade die Behandlung erfahren haben, die der Menge von Ansprüchen, welche an die Behandlung moderner Geschütze gestellt werden, genügt. Die weitere Folge ist die, daß vor kurzer Zeit die Meldung einging, voraussichtlich sei der größte Teil dieser Artillerie unbrauchbar. Nun lege ich auf die Artillerie bei den Expeditionen keinen allzu großen Wert. Jeder Führer der Expeditionen mag wünschen, Artillerie zu haben; indessen wir haben bei den Expeditionen von Zelewski und Gravenreuth die Erfahrung gemacht, daß die Artillerie hinderlich und schädlich werden kann. Aber für die Sicherheit unserer Stationen und für Tabora, wenn wir das dermaleinst besitzen werden, wie der Herr Vorredner wünscht, wird auch eine Artillerie unvermeidlich sein."

Der Reichskanzler nimmt den Gouverneur Freiherrn von Soden in Schutz.

„Der Herr Freiherr von Soden ist heute noch Gouverneur; er tritt einen Urlaub an, weil seine Gesundheit, nachdem er fünf Jahre in Kamerun gewesen und dann zwei Jahre in Ostafrika, eine Erschütterung erlitten hat. Wie sich aber die Verhältnisse in Ostafrika weiter gestalten werden, welche weitere Verwendung Herr von Soden etwa finden wird, darüber vermag ich mir noch kein Urteil zu bilden. Ich werde erst abwarten müssen, bis er hier ist. Jedenfalls aber empfinde ich es auch hier als eine angenehme Pflicht, diesem so vielen Angriffen ausgesetzten Beamten zur Seite zu stehen.

Die Aufgabe eines Gouverneurs in unseren Kolonieen ist eine ungemein schwierige. Sie ist sachlich sehr schwierig. Wir haben keine Erfahrungen, die Beamten des Gouverneurs haben keine Erfahrungen; es wird getappt hierhin und dahin, bis man etwas klarer sieht. Ich glaube, wir haben in Freiherrn von Soden einen Mann gehabt, der eine große Schärfe und Klarheit des Verstandes mit Energie verbindet, und ich glaube, Deutschland hat alle Ursache, diesem Herrn dankbar zu sein.

Nun ist es nicht leicht, einer solchen Kolonie vorzustehen. Einmal schon der Verkehr mit hier: Von hier kommen Anforderungen, die dem Mann, der da draußen an Ort und Stelle steht, bisweilen unmöglich erscheinen. Wir müssen Rücksicht auf eine Menge von Verhältnissen nehmen, er hat einen engeren Gesichtskreis. Seine eigenen Beamten sind nicht immer mit ihrem Dasein befriedigt; er hat zu rechnen mit Schwarzen, Arabern, Indiern und nicht am wenigsten mit der europäischen Presse.

Wenn die Herren die Güte haben wollten, sich einmal in die Lage eines solchen Gouverneurs zu versetzen, wie ihm zu Mute ist, wenn die Post aus Berlin ankommt. Zuerst greift er nach den amtlichen Erlassen. Hier wird ihm vorgeworfen, oder er wird gefragt: Warum hast Du das und das nicht so und so gemacht? Dann wird ihm gesagt: Probiere doch einmal dies oder das, die Kolonie muß rentieren, sie muß uns mehr geben. Es werden ihm eine Menge Ideen mitgeteilt, die zum Teil bei uns in der Regierung entstanden sind, zum Teil in der öffentlichen Meinung, in Gesellschaften, im Kolonialrat, oft Dinge, die er sich schon an den Schuhen abgelaufen hat. Bekommt er also eine Post, die ihm diese Dinge vorlegt, so ist er schon in angenehmer Stimmung.

Und nun macht er die Zeitungen auf. Kaum eine einzige, in der nicht sein Name steht, in der er nicht scharfe Angriffe erfährt. Da ist dieser oder jener Reisende zurückgekommen, der giebt subjektive Eindrücke wieder; er hat nach meiner Überzeugung in der Mehrzahl von Fällen eine viel geringere sachliche Erfahrung über das, was Ostafrika not thut, als der Gouverneur. Aber es ist ja leider jetzt Mode geworden, Beamte zum Gegenstand von Angriffen zu machen; und so wird nun auch er angegriffen, und das ist um so billiger und leichter, als es mindestens drei Monate dauern würde, bis der Mann einen Strafantrag stellen oder in einer anderen Weise gegen die Preßangriffe sich wehren könnte. Ich meine also, wir sollten in der Beurteilung derjenigen Beamten, die die schwere Pflicht übernehmen, Deutschland in unseren Kolonieen zu vertreten, milde und vorsichtig sein. Jedenfalls kann ich von meinem Standpunkte aus nur konstatieren, daß die Regierung alle Ursache hat, dem Herrn von Soden für das, was er bisher gethan hat, dankbar zu sein."

Warum Dar-es-Salaam und nicht Bagamoyo Hauptstadt geworden ist.

„Ich (nicht Herr von Soden) habe die Entscheidung dahin getroffen, daß Dar-es-Salaam die Hauptstadt werden soll, und habe sie nach reiflicher Überlegung getroffen. Bagamoyo ist der erste Handelsplatz, unbestritten der Handelsplatz, der den Verkehr der Karawanen, die aus dem Innern kommen, mit den Dhaus, diesen Fahrzeugen, die vom Festlande von Afrika nach Zanzibar herüberkommen, vermittelt. Bagamoyo hat eine offene Reede und keinen Hafen, und die Befrachtung macht sich bei den Dhaus, die bei der Ebbe trocken fallen, verhältnismäßig leichter, bei den größeren Schiffen aber schwierig.

Wenn also Ostafrika entwickelungsfähig, blühend, leistungsfähig für Deutschland werden soll, konnte man nicht bei Bagamoyo als Hauptstadt stehen bleiben, sondern mußte den einzigen Ort nehmen, der einen geschützten Hafen hat, und das ist Dar-es-Salaam."

Die Eisenbahn nach dem Viktoriasee.

„Der Bau einer Eisenbahn ist jedenfalls wünschenswert, und ich begrüße den Versuch, der jetzt mit einer Eisenbahn in der Richtung auf den Kilimandscharo gemacht wird, mit Freuden. Ich würde mich aber durch die englische Konkurrenz nicht zu einem übereilten Tempo bestimmen lassen; denn ich glaube, daß dafür gesorgt ist, daß auch auf englischem Boden die Bäume nicht in den Himmel wachsen.

Wenn wir wirklich zu einer Eisenbahn kommen, so würde die Eisenbahn bis Tabora immer noch nicht hinreichen, und es würde wahrscheinlich keine Eisenbahn hinreichen, wenn sie sich nicht im Inlande in mehrere Zweigbahnen zerlegte, um den Karawanenverkehr entbehrlich zu machen."

Der Karawanenverkehr und die Zustände auf den Karawanenstraßen.

„Darin stimme ich vollkommen mit dem Herrn Vorredner überein, daß dieser Karawanenverkehr eine der schwersten

Schädigungen Ostafrikas, eins der schwersten Hindernisse für das Fortschreiten der Kultur ist. Die Schäden sind ungleich größer als alles das, was die Sklavenjagden an Schaden verursachen. Der Karawanenverkehr hindert jede Ausbreitung der Kultur und Gesittung, er hindert uns, festen Fuß zu fassen, er macht das Land, das er durchzieht, zur Wüste. Ich meine also, die erste Rücksicht — und ich stelle die noch vor die Rücksicht für den Eisenbahnbau — ist, diesen Übelständen ein Ende zu machen.

Der Bau einer Eisenbahn von Bagamoyo ist gleichbedeutend mit dem Bau einer Eisenbahn von der Ostsee bei Danzig bis nach dem Bodensee. Diese Eisenbahn überschreitet Gebirge, durchschreitet Urwälder, durchzieht große und weite Gebiete, so weite, wie Königreiche in Deutschland, in denen mannshohes Gras wächst — mannshohes Gras, das, wenn es heute weggebrannt, niedergetreten, ausgerupft wird, in ein paar Monaten wieder dasteht. Also es müßte die Eisenbahn gebaut werden, unterhalten werden, sie müßte bewacht werden. Man würde zunächst vielleicht das Holz abbrennen, was gerade in die Quere kommt, aber man müßte auch Wasser beschaffen.

Die Karawanen, die bisher aus dem Inlande nach Bagamoyo kommen, sind große Karawanen. Die Zahl der Träger beläuft sich auf 1000, bisweilen auf 2000 Mann. Solche Karawane schlägt den Weg ein, auf dem sie auf bevölkerte Ortschaften zu stoßen glaubt; denn sie lebt vom Requirieren, sie braucht Ortschaften und deren Nahrungsmittel. Eine Karawane macht an einem afrikanischen kleinen Orte Halt. Die tausend Leute wollen leben aus einem Orte, der vielleicht von 100, 150 oder 200 Menschen bewohnt ist. Der Afrikaner ist ein genügsamer Mensch und erwartet, daß die Natur ihn leicht ernährt. Er sammelt keine Vorräte im Speicher; was sich also in einem solchen Dorfe findet, ist meist nicht mehr, als was die Einwohner für die allernächste Zeit gebrauchen. Jetzt kommt auf einmal das Zehnfache der Bevölkerung hinein und will leben und muß leben nach seiner Ansicht. Es wird also der Ort und die ganze Straße, die die Karawane passiert, in der vollkommensten Weise ausgesogen.

Ist der Europäer, der eine Karawane führt, ein sehr energischer Mann, so nötigt er seine Schwarzen zu bezahlen. Dann ist aber das Rechtsgefühl der Schwarzen nicht überall so ausgebildet, wie der Herr Abgeordnete Samhammer gestern schilderte. Der Neger bedient sich dann der billigsten Münze, deren er habhaft werden kann, das ist ein Pesa, der an der Küste 2½ Pfennig, im Innern aber gar nichts gilt; diesen Pesa drückt er dem Einwohner in die Hand und nimmt ihm nun alles, was der Mann hat. Es entstehen dadurch auf der Karawanenstraße Zustände, die jeder Beschreibung spotten. Dagegen giebt es nur ein Mittel: das ist, statt der großen Karawanen kleine Karawanen zu nehmen. Wenn es gelingen sollte, solche Karawanen von 1000 Mann in Karawanen von 200 Mann zu teilen, so ist die Möglichkeit nicht ausgeschlossen, daß eine solche kleine Karawane ihren Unterhalt an den Etappenplätzen findet, wenn das Gouvernement entsprechende Einrichtungen getroffen hat. Es würde dazu erforderlich sein, eine Art Karawanserei auf den Etappen anzulegen, diese mit Lebensmitteln und einer Garnison zu versehen und nun dahin zu wirken — und mit Gewalt dahin zu wirken —, daß die Karawane nur an diesen Etappen übernachtet, und daß die Führer das, was sie da entnehmen, bezahlen. In einer Welt aber, wie Afrika, solch ein System einzuführen, ist schwer. Da nützt keine Publikation im Reichsanzeiger und den Amtsblättern, sondern es würden die eingeborenen Karawanenführer nach wie vor an dem alten System so lange kleben, bis sie eben durch Schaden belehrt würden, daß es in der hergebrachten Weise nicht mehr geht."

Die Zölle in unseren Kolonieen.

"Dem Zollausschuß des Bundesrats liegt bereits ein Antrag vor, der dahin geht, unseren Kolonieen die Stellung der Meistbegünstigten in Bezug auf die Zölle zuzuweisen. Wir würden uns weit schneller in Ostafrika entwickeln, wenn wir nicht in der Notwendigkeit wären, Ausfuhrzölle zu erheben. Vorderhand aber sind wir gezwungen, einen Teil unserer Verwaltungskosten aus diesen Ausfuhrzöllen zu decken.

Wollten wir sie fallen lassen, so würde die Voraussetzung sein, daß der Reichstag den Entschluß faßt, eine höhere Summe zur Unterhaltung von Ostafrika beizutragen als bisher. Nach der Auffassung, die ich bis dahin gefunden habe, würde ich Anstand nehmen, namens der verbündeten Regierungen einen Antrag zu stellen, sondern würde vorziehen, dies einem Mitglied des Hauses, vielleicht dem Herrn Vorredner, zu überlassen."

Sitzung am 8. März 1893.

Fortsetzung der zweiten Beratung des Reichshaushaltsetats für 1893/94: Marineverwaltung.

Die Aufgabe unserer Flotte.

„Ich glaube, denjenigen Herren, die meine Amtsführung als Chef der Admiralität von dem Standpunkt dieses Hauses zu sehen und zu beurteilen in der Lage gewesen sind, nicht als Marineenthusiast verdächtig zu sein. Ich habe immer auf dem Standpunkt gestanden: die Marine muß in engen Grenzen gehalten werden, so enge, als unsere Verhältnisse es zulassen. Sie wird, wenn es sich darum handelt, ob der Armee oder der Marine zugelegt werden soll, meist den kürzeren ziehen, aber ich habe auf der anderen Seite keinen Augenblick verkannt und verkenne noch heute nicht, was die Kriegführung zur See Deutschland im entscheidenden Augenblick wert sein kann. Ich habe in den verschiedenen Denkschriften, die ich und mein Amtsvorgänger, der General von Stosch, Ihnen vorgelegt haben, immer festgehalten — und soviel ich weiß, ist das noch heute der Standpunkt der Marineverwaltung —, daß wir unsere Marine auf die Defensive, auf die Verteidigung organisieren müssen. Defensive und Offensive sind Worte, die, wie die Erfahrung bei der Militärvorlage gelehrt hat, vielfach mißverstanden und im engeren Sinne gedeutet werden, weil sie, je nach dem Standpunkt, von dem aus sie gebraucht werden, — politisch, strategisch oder taktisch, — einen sehr verschiedenen Sinn haben können. Ein Schiff kann sich nicht taktisch defensiv schlagen, sondern nur offensiv; aber eine Flotte kann sich strategisch defensiv schlagen, indem sie nicht den Feind in seinen Gewässern aufsucht, sondern indem sie in den heimischen Gewässern bleibt und das heimatliche Land zu schützen sucht. Das ist, glaube ich, die Aufgabe unserer Flotte."

Der Schutz unserer Küste.

"Zweifellos kann man die Küste vom Lande schützen, man kann hindern, daß die Feinde landen, oder, wenn sie gelandet sind, kann man sie schlagen und ins Wasser werfen, vorausgesetzt, daß man über eine hinreichende Zahl von Landtruppen verfügt. Es giebt Lagen, wo man dem Feinde gern eine Prämie gäbe, wenn er bei uns landete; denn eine solche Landung ist ein sehr prekäres Unternehmen und setzt einen so verzweifelten Entschluß voraus, daß ich nicht glaube, daß sich jemand leicht zu einer Landung im großen Stile entschließen wird. Er kann unsere Küste belagern, er kann Städte brandschatzen, bombardieren; aber größere Truppenkörper landen und damit einen entscheidenden Einfluß auf den Ausgang des Krieges üben, wird schwer halten und würde Deutschland gegenüber erst dann möglich sein, wenn wir am Lande so erheblich geschlagen wären, daß der Feind einen Überschuß an Kräften hat, oder, wenn er von hause aus so viel stärker in seiner Organisation wäre, daß ihm am ersten Mobilmachungstage ein Überschuß zu Gebote steht, den er dann, wie es anfänglich 1870 in Frankreich geplant war, an eine unserer Küsten werfen kann. Also, wir können unsere Küste zu Lande schützen, und wir würden von diesem Standpunkt aus, wenn unser Landheer stark genug ist, nichts von der Marine zu erwarten haben. Aber das ist nicht alles, was man im gewöhnlichen Leben unter „Schutz der Küste" versteht. Man versteht darunter auch den Schutz unserer Handelsstädte und unseres Handels, und das ist keine gleichgiltige Frage. Um diesen Handel schützen zu können, müssen wir eine feindliche Blockade von uns fernhalten.

Ich stehe dem Antrage, der darauf abzielt, durch internationale Vereinbarungen das Privateigentum auf See zu schützen, noch heute genau so gegenüber wie im vorigen Jahr. Ich glaube nicht, daß er ausführbar ist, weil ich der Überzeugung bin, daß derjenige, dem im Kriege die Verletzung feindlichen Eigentums vorteilhaft ist, wenn er stark genug ist, sich keinen Augenblick genieren wird, dazu zu schreiten. Wir können unsern Handel an den Küsten selbst im wesentlichen nur schützen durch gepanzerte Schiffe und Fahrzeuge und Torpedos, auf hoher See durch Kreuzer. Man kann nicht mehr wie in alter Zeit ganze Flotten, die mit Getreide kommen, durch Schiffe konvoyieren und eskortieren, sondern man muß durch eigene Kreuzer die Feinde aufsuchen und sie zu vernichten suchen, um dann den eigenen Schiffen den freien Weg über den Ozean zu bereiten. Wir sind für den Kriegsfall in dieser Beziehung, namentlich wenn wir an einen Krieg gegen Westen denken, in einer schwierigen Lage. Was bei uns eingeführt werden soll und über den atlantischen Ozean kommt, muß entweder den Kanal passieren oder nördlich um England herumgehen. Einer an Kreuzern überlegenen feindlichen Flotte würde es nicht schwer sein, unseren Schiffen den Kanal zu sperren. Es würde ihr wahrscheinlich auch nicht schwer sein, den Weg über dem Nordende von Schottland so zu beobachten, daß die Passage für unsere Schiffe eine schwierige wird. Wir werden also immer darauf angewiesen bleiben, zunächst unsere Küsten durch Panzer und durch Torpedos schützen zu müssen, um den Schiffen, die nun durch den Kanal oder um das Nordende von England gekommen sind, wenn sie sich unseren Küsten nähern, den Eingang in unsere Häfen offen zu halten. Wir brauchen also die Panzer nicht, um auf Abenteuer auszugehen, sondern um unsere Existenz während eines Landkrieges zu sichern; denn wenn wir während eines Krieges auf einen Import nicht mehr rechnen können, kann unsere Existenz schwer bedroht sein."

Der Import während eines Krieges.

„Ich halte es nicht für wahrscheinlich, daß wir im Kriege absolut auf den Import fremden Getreides angewiesen wären.

Wir können uns beschränken. Wir können, statt Kartoffeln zu brennen, Kartoffeln essen. Wir würden statt Rüben Getreide bauen können, und so glaube ich, daß, wenn der Himmel nicht allzu ungünstig wäre, wir uns entweder allein oder wenigstens im Verein mit unseren österreichischen Verbündeten würden helfen können. Aber man hat kein Recht, mit so günstigen Umständen zu rechnen. Wir können auch schlecht ernten, und diese ganze Rechnung würde fehlerhaft werden mit dem Augenblick, wo der Kriegsschauplatz auf deutschen Boden verlegt werden würde; denn dann würde das deutsche Korn nicht mehr für Deutsche tragen, sondern für die feindliche Armee. Wir werden also gut thun, unsere Aufmerksamkeit auf die Notwendigkeit zu richten, unsere Häfen entweder ganz oder wenigstens den einen und anderen blockadefrei zu halten, um den Import zu ermöglichen, — nicht allein aber den Import von Getreide, sondern auch von anderen Waren. Wir brauchen Rohstoffe, um unsere Fabriken im Stand zu halten, wir brauchen Kolonialwaren, wir sind verwöhnter als unsere Väter und Großväter, die zur Zeit der Kontinentalsperre mit Eichelkaffee sich begnügten, wir würden eine Menge Dinge schwer entbehren, nicht bloß, weil uns jene Artikel fehlen würden, sondern weil Handel und Wandel dadurch aufs tiefste geschädigt würden.

Ich kann meine Überzeugung nur dahin aussprechen, daß, um während eines Krieges das Landheer leistungsfähig, die Steuerzahler, die überhaupt noch Steuern zahlen, steuerfähig zu erhalten, wir danach streben müssen, die Blockade von unsern Küsten fern zu halten. Und um das zu können, können wir der Panzerschiffe, der Kreuzer und Torpedoschiffe nicht entbehren."

Sitzung am 20. März 1893.

Dritte Beratung des Gesetzes, betr. die Feststellung des Reichshaushaltsetats für 1893/94.

Gegen den Abgeordneten Ahlwardt.

„Der Herr Abgeordnete hat im Anfang seiner Rede die Freude darüber ausgesprochen, mich heute hier zu sehen. Ich kann zu meinem aufrichtigen Bedauern diese Freude ihm insofern nicht erwidern, als es mir leid thut, ihn heute hier zu sehen. Denn der Umstand, daß er Mitglied dieses hohen Hauses ist, und die Achtung, die ich vor diesem hohen Hause habe, hindert mich, ihm dasjenige zu erwidern, was ich ihm sonst erwidern würde.

Er hat im Anfang seiner Rede auf französische Schuhe vor 25 Jahren exemplifiziert und daraus den Schluß gezogen, daß die deutschen Gewehre nichts wert sein können. Eine so gewagte Schlußfolgerung ist, wie mir scheint, selten dagewesen.

Er hat dann auf die Expedition Zintgraff Bezug genommen und gesagt, er wisse, daß da die Gewehre schlecht gewesen seien. Ich glaube, daß ich nicht fehl gehe, wenn ich annehme, daß die Gewehre der Zintgraffschen Expedition, die sich zum großen Teil in den Fingern nicht geschulter Schwarzer befunden haben, vermutlich noch schlechter behandelt worden sind, als es bisweilen bei preußischen Gewehren vorkommt, wenn sie von den Händen ungeübter Landwehrleute gebraucht werden.

Der Herr Abgeordnete hat aber dann eine Reihe von Anschuldigungen gegen die preußische Militär- und Justizverwaltung ausgesprochen. Der letzteren hat er vorgeworfen, daß sein Prozeß das non plus ultra preußischer Rechtspflege gewesen sei. Er hat mir vorgeworfen, ich hätte ausgeführt, auf eidesstattliche Versicherungen legte ich keinen Wert. Das ist mir nicht erinnerlich. Ich habe hier an dieser Stelle behauptet und behaupte auch heute und bin hierin unterstützt worden von dem Königlich sächsischen Kriegsminister auf die energischste, eingehendste und sachverständigste Weise, daß die Löweschen Gewehre durchaus gute sind. Wenn nun heute von dieser Stelle noch einmal der Versuch gemacht wird, die Bewaffnung der deutschen Armee vor dem Auslande als minderwertig hinzustellen, so muß ich mir eben aus Respekt vor diesem hohen Hause versagen, den Ausdruck zu gebrauchen, den ich sonst gebraucht haben würde.

Der Herr Abgeordnete Ahlwardt kann sprechen, so viel und so lange er will — niemals wird er imstande sein, das durch die Jahrhunderte begründete Ansehen der preußischen Militärverwaltung und der preußischen Justiz zu erschüttern."

In derselben Sitzung bemerkte der Reichskanzler auf eine Anfrage des Abgeordneten Rickert, daß die Verhandlungen mit Rußland noch schwebten. Den beunruhigenden Gerüchten fehle jeder Grund.

Sitzung am 3. Mai 1893.

Zweite Beratung des Entwurfs eines Gesetzes, betr. die Friedenspräsenzstärke des deutschen Heeres: § 1. Feststellung der Friedenspräsenzstärke.

„Nachdem monatelang im Plenum, in der Kommission, in der Presse die Militärvorlage diskutiert worden ist, wird es kaum mehr möglich sein, etwas Neues darüber zu sagen. Dagegen erscheint es mir erforderlich, die wesentlichen Gesichtspunkte, die die verbündeten Regierungen geleitet haben, von neuem hervorzuheben; denn unter der Menge von Details, unter den heftigen Kämpfen um Einzelfragen sind die wesentlichen Gesichtspunkte vielfach in den Hintergrund getreten und verdunkelt worden."

Die zweijährige Dienstzeit und die Stellung der Parteien zu derselben.

„Während auf der einen Seite gerade die Partei, in deren Geschichte und in deren Richtung es nach meinem

Dafürhalten lag und liegen mußte, in dieser Frage mit den verbündeten Regierungen zu gehen, zwar theoretisch die Notwendigkeit der zweijährigen Dienstzeit anerkannte, aber nicht gewillt war, diejenigen Konsequenzen zu ziehen, mit denen allein die verbündeten Regierungen die zweijährige Dienstzeit annehmen konnten, fanden auf der anderen Seite die konservativen Parteien, die traditionell durch Jahrzehnte für die dreijährige Dienstzeit gefochten hatten, eine natürliche Schwierigkeit darin, jetzt zur zweijährigen Dienstzeit überzugehen. Ich kann im Namen der Regierungen den Konservativen nicht genug dafür danken, daß, solange es Konservative in Deutschland und Preußen gegeben hat, sie bei allen Fragen der Heeresverstärkung und auch in diesem Falle, auf seiten der Regierungen standen und ihre Einzelüberzeugung im Interesse des Ganzen unterdrückt haben."

Der Zweck der Vorlage.

„Was war das wesentlichste Ziel der verbündeten Regierungen bei dieser Vorlage? Das war, die Wehrkraft Deutschlands zu stärken, sie in einen Zustand zu bringen, der uns nicht nötigt, von der politischen Rolle, die wir bisher eingenommen haben, abzudanken, der uns nicht nötigt, zurückzutreten in der Reihe der europäischen Mächte. Wir haben die Überzeugung gewonnen, daß die Wehrkraft so, wie sie jetzt liegt, **nicht ausreicht.**

Es wird immer unvermeidlich sein, daß man in diesen Fragen denjenigen, deren Beruf es ist, sich mit ihnen zu beschäftigen, ein größeres Gewicht beimißt, als solchen, die nur gelegentlich und laienhaft in diese Dinge eintreten. Wir müssen den Anspruch erheben, daß diejenigen Männer, die nicht allein im Frieden diese Fragen zu erörtern haben, sondern die auch im Kriege mit Ehre und Reputation für das Gelingen der Aufgabe eintreten müssen, die ihnen zufällt, — daß diesen Männern ein höheres Gewicht beigelegt wird als anderen Stimmen.

Man hat uns durchfühlen lassen: euch halten wir für keine Autorität; wenn ihr noch **Moltke** und **Roon** wäret, wollten wir mit uns reden lassen. Ich bedaure, daß diese Männer nicht mehr an dieser Stelle stehen, denn ich bin überzeugt, sie würden noch entschiedener, noch bestimmter, noch besser, als wir es vermögen, für die Forderung eintreten, die wir heute zu vertreten haben. Aber was haben sie denn, die Herren, die die Opposition bilden, für eine Berechtigung, an der Autorität der deutschen Generale zu zweifeln? Als die Herren von Roon und von Moltke am Anfang der sechziger Jahre die Militärvorlage vertraten, hatte der eine, soviel ich weiß, die Badensche Kampagne hinter sich, und der andere eine Schlacht in Kleinasien. Die Männer, die die jetzige Vorlage vertreten, haben eine ungleich reichere Kriegserfahrung; und ich weiß nicht, was Sie berechtigen sollte, diesen Männern ein kompetentes Urteil abzusprechen. Nun kann ich versichern, ich habe noch keinen General gesehen, keinen Generalstabsoffizier, dessen Aufgabe es wäre, den künftigen Krieg vorauszudenken, der der Meinung gewesen wäre, unsere Streitkräfte wären im Vergleich mit denen unserer Feinde so stark, daß wir auch nur annähernd mit derselben Sicherheit wie im Jahre 1870 in den Krieg gehen könnten. Alle stimmen darin überein: es ist das nicht der Fall, und wir brauchen qualitativ und quantitativ eine Verstärkung unserer Wehrkraft.

Es handelt sich um eine Frage von solchem Ernst und solcher Tragweite, von einer so schweren Verantwortung, wie den deutschen Reichstag vielleicht noch nie eine berührt hat. Es handelt sich um die Ehre, um das Dasein, um die Zukunft Deutschlands. Und da verlangen Sie von uns, daß, weil Sie Rechenexempel entgegenstellen denjenigen Offizieren, die mit voller Überzeugung auf Grund ihres Wissens und Könnens behaupten: wir sind nicht stark genug — daß wir da vor Ihrer Rechenkunst zurückweichen sollen? Nein, meine Herren, da würden wir uns an Deutschland auf das schwerste versündigen! Wenn wir einmal überzeugt sind, wir brauchen eine Verstärkung, so werden die verbündeten Regierungen alle die verfassungs= mäßigen Mittel, die ihnen zu Gebote stehen, anwenden, um diese Verstärkung durchzusetzen.

Zuerst wollen wir den Frieden erhalten, wir wollen die Stellung, die Deutschland bisher eingenommen hat, und die ihm die Möglichkeit giebt, für die Erhaltung des Friedens ein gewichtiges Wort einzulegen und dem Friedensstörer empfindlich zu werden, nicht aufgeben."

Die gegen die Vorlage erhobenen Einwendungen.

„Man hat eingewandt: Der Reichskanzler hat selbst zugegeben, daß seit 1890 unsere politische Lage sich nicht verschlechtert habe. Das hat er, und das giebt er auch heute noch zu, aber wenn wir die Reform, die wir Ihnen vorgeschlagen haben, erst dann vorschlagen würden, wenn unsere politische Lage sich verschlechtert hat, dann würde es zu spät sein. Und ich habe die Besorgnis, daß, wenn Sie dieses Gesetz nicht annehmen, unsere politische Lage sich verschlechtern wird, und daß Deutschland es zu bereuen haben wird, daß das Gesetz nicht angenommen worden ist.

Sie haben weiter gesagt: es ist Sache der Diplomatie, für Bundesgenossen zu sorgen; mag sie danach trachten, daß abgerüstet wird, mag sie uns den Frieden erhalten! Ja, ich weiß nicht, welche Diplomatie auf die Dauer dazu imstande wäre, ohne auf eine den Ansprüchen entsprechende Armee gestützt zu sein. Mein Herr Amtsvorgänger hat so wie ich die Überzeugung gehabt, daß die gegenwärtige Kriegsstärke nicht hinreiche, daß die Armee verstärkt werden müsse, — und ich nehme an, es ist niemand in diesem Hause, der den Fürsten Bismarck nicht für eine diplomatische Autorität hält, wie sie in Jahrhunderten nur selten vorkommt. Sie haben keinen Anlaß zu erwarten, daß solche Autoritäten immer an der Spitze stehen werden; es giebt vermutlich auch keine, man wird sie auch nicht immer zu finden wissen. Es wäre eine leichtfertige kriegerische Organisation, die darauf basiert wäre, daß diplomatische Phänomene immer an der Spitze unserer Geschäfte stehen. Sie werden Friedrich dem Großen nicht absprechen wollen, daß er mit dem höchsten militärischen Talent diplomatisches Talent verbunden hat, — und doch hat Friedrich der Große es nicht hindern können, daß er zu Zeiten gegen halb Europa in Waffen stand; seine diplomatische Kunst reichte nicht hin, sich diese Feinde vom Halse zu schaffen."

Keine Macht kann abrüsten.

„Also wir wollen den Frieden aufrecht erhalten. Können wir das aber nicht, werden wir, was Gott verhüten wolle, zum Kriege gedrängt, — wir werden ihn nie suchen —, so wollen wir siegen. Wir wollen nicht unterliegen, sondern wir wollen dann die Herren des Schlachtfeldes bleiben und auch nach dem Feldzug unser Geschick nicht in die Hände von Fremden legen, sondern in unseren eigenen behalten.

Unter den europäischen Mächten herrscht eine gewisse internationale Konkurrenz in Bezug auf die Armeestärke. Keine Macht kann sich dem entziehen; keine Macht kann abrüsten. Wenn man nicht die Gründe, die zur Rüstung geführt haben, aus der Welt schaffen kann, oder wenn man sich eben nicht das gefallen lassen will, was andere für gut halten einem zu bieten, so würde man, wenn man heute auch abrüstet, morgen doch von neuem rüsten müssen. Keine Macht kann wesentlich hinter der Kriegsstärke anderer zurückbleiben; keine Macht kann dulden, daß andere wesentlich über die eigene Kriegsstärke hinausgehen; sie wird davon in Mitleidenschaft gezogen und muß nachfolgen — denn ein Stehenbleiben auf dem inferioren Standpunkt wäre einer Abrüstung im kleinen gleichbedeutend.

Nun sagen Sie uns: wir haben ein großes Vertrauen zur Armee, und ihr werdet nicht geschlagen werden. Ja, dieses Vertrauen zur Armee ist sehr schätzenswert; aber ich habe noch keinen Menschen gesehen, der die Garantie dafür übernehmen kann, daß man mit einer gewissen Truppenzahl unter gewissen Verhältnissen nicht geschlagen werden wird. Sie sagen uns mit andern Worten, meine Herren: wir sind nicht geneigt, euch das zu geben, was ihr haben wollt; ihr seid eine gute Armee; wir wissen ja, ihr habt tüchtige Generale; nun siegt gefälligst billiger!"

Graf Moltke über den Wert der Stärke im Kriege.

„Der Feldmarschall Moltke hat im Jahre 1870 den Krieg mit einer Überlegenheit angefangen, die nahezu das Doppelte derjenigen französischen Streitkräfte betrug, die uns beim Beginn der Kampagne gegenüberstanden; und wer sich davon überzeugen will, was dieser Feldherr über den Wert der Stärke im Kriege dachte, der mag im ersten Band des Generalstabswerks die Denkschrift nachlesen, die der Feldmarschall für die Eröffnung des Krieges entworfen hatte. Ich habe mir in der Kommission erlaubt, aus einer 9 Jahre später entworfenen Denkschrift des Feldmarschalls Moltke den größten Teil vorzulesen; darin sagt der Feldmarschall: „Einen Angriff Frankreichs abzuwehren, sind wir imstande; vermöchten wir das nicht mehr aus eigenen Kräften, so könnte ein Deutsches Reich auf die Dauer überhaupt nicht bestehen." Er spricht nicht von einem Angriff, sondern er spricht von einer Abwehr; er schließt daran einen Satz, worin er über den Wert der Festungen Metz und Straßburg und den Wert des Rheins als Barriere spricht. Wir haben nicht das Bestreben, und werden es niemals thun, einen Krieg mit einer politischen Offensive zu beginnen, also sozusagen vom Zaun zu brechen. Aber wir haben unserer Tradition entsprechend das Bedürfnis, in der Lage zu sein, einen Krieg strategisch offensiv zu beginnen, also mit andern Worten, nicht zu warten, bis man den Krieg auf unsern Boden trägt, sondern, soweit wir es können, den Schauplatz auf feindlichen Boden zu legen. Das schließt der Feldmarschall von Moltke hier schon aus; er sagt: wir werden abwehren können, wir werden defensiv sein können, — und er sagt das im Jahre 1879, wo der Unterschied zwischen den französischen personellen und materiellen Streitkräften und den unsrigen bei weitem nicht so groß war, wie er es heute ist."

Unsere geographische Lage ist schwierig.

„Wir sind auf die Offensive angewiesen. Sie ist voraussichtlich immer die wirksamste Kampfesweise, sie entspricht unseren Traditionen und sie ist das einzige Mittel, uns das zu geben, was wir bei der Natur unserer Nation, unserer wirtschaftlichen Verhältnisse bedürfen: schnelle Erfolge, kurze Kriege und die Vermeidung sich schnell wiederholender Kriege. Ob es aber möglich sein sollte — ich will nur nach Westen sehen —, die Offensive zu ergreifen, und wie weit wir sie führen können, das mag dahin gestellt bleiben.

Man nimmt das zu leicht, man setzt sich über das Schicksal, das die Grenzlande und -Provinzen treffen kann, zu cavalièrement hinweg. Wir haben auf dem linken Rheinufer eine nicht abgeschlossene Grenze, an deren äußerstem Ende eine große Festung liegt; eine zweite liegt weit zurück; man mag diese schätzen wie man will, so kann man doch, wie der Herr Feldmarschall von Moltke annimmt, bei der Abwehr des Feindes bald in die Lage kommen, von der Barriere, die der Rhein bildet, Gebrauch machen zu müssen.

Ungleich ungünstiger liegen unsere Grenzen im Osten. Wir haben dort etwa 1000 Kilometer Grenze, die sehr weit in das Innere von Deutschland hinein tritt. Diese Grenze ist durch kein Gebirge, keinen Fluß geschützt; sie liegt offen vor dem Feinde da. Kann uns denn das Schicksal dieser Grenzlande gleichgiltig lassen? Kann es uns gleichgiltig sein, ob Ostpreußen, Westpreußen, Polen, vielleicht Schlesien vom Feinde überschwemmt, ob sie der Kriegsschauplatz werden?"

Die Schrecken einer feindlichen Invasion.

„Ich bin überzeugt, daß den älteren Bewohnern von Ostpreußen die Schilderungen des Winters von Friedland, von Eylau, und die Schrecken, die er mit sich gebracht hat, noch erinnerlich sind. Ich rufe die Vertreter der Stadt Danzig auf: erinnert sich Danzig nicht mehr, was es bei zwei Belagerungen im Anfang des Jahrhunderts ausgehalten, in den Epidemieen, in der Hungers-, Feuers- und Wassersnot? Auch wenn man diese Dinge nur aus der Geschichte kennt, so ist es nicht möglich, das Schicksal solcher Provinzen im Kriegsfalle auf die leichte Achsel zu nehmen.

Lebhafter noch sind die Erinnerungen in der Pfalz. Zwar liegt weiter zurück die Zeit, in der sie den schwersten Drangsalen ausgesetzt war. Aber näher liegt doch jedenfalls das, was sie in sich im Jahre 1870 durchgemacht hat; sie mußte damals darauf gefaßt sein, der Kriegsschauplatz zu werden.

Die Lage des linken Rheinufers ist ernst, und ich frage, die mitgewirkt haben an der Schöpfung Deutschlands: wozu

haben Sie denn Deutschland geschaffen? Sollen unsere Grenz=
provinzen dem Feinde preisgegeben werden? Oder haben wir
Deutschland gemacht, um ein einig Volk von Brüdern zu sein,
das in Gefahr miteinander steht, um so stark zu werden, daß
wir nicht bei jedem Wetterleuchten längs der Grenze in Be=
sorgnis zu geraten brauchen? Und sind die Elsaß=Lothringer
nicht auch unsere Brüder? Sind wir nicht froh und erfreut
darüber, daß sie es geworden sind? Und was sagt man ihnen
nun? Wir brauchten nicht stark zu sein, um die Offensive zu
führen. Man hat in der Kommission mit Behagen sich auf
das rechte Rheinufer zurückgezogen: wir könnten ja dahin
gehen, der Rhein sei nicht leicht zu überschreiten. Ja, nennt
man das: Elsaß=Lothringen dem Deutschen Reich gewinnen und
germanisieren? Gewiß nicht! Die Verhandlungen, die über
das Militärgesetz in einem Teil der Presse, zum Teil auch in
der Kommission geführt worden sind, können den Elsaß=Lothringern
nur einen Schreck einjagen. Ich bin aber überzeugt: das ist
nicht der Wille der deutschen Nation. Die deutsche Nation
will die Elsaß=Lothringer schützen; sie will auch für diese unsere
jüngsten Brüder den Säbel ziehen und mit allen Kräften ein=
treten."

Man hat die Gründe der Regierung nicht widerlegt.

„Von den Gründen, die wir vorgebracht haben für die
Militärvorlage, ist auch nicht ein einziger widerlegt worden.
Man hat uns entgegengehalten: wir wollen nicht, wir können
nicht, wir haben diese oder jene äußeren Gründe; aber sachlich
sind wir nicht ein einziges Mal, nicht in einem einzigen Grunde
widerlegt. Man hat anerkannt: die Militärreform ist ein
durchdachtes Projekt, gegen das sich nichts einwenden läßt; und
man kam dann dazu, uns zu sagen: wir geben euch nicht mehr,
nun seht, was ihr damit macht."

Die Deckungsfrage.

„Man ist bis zu — ich kann mir nicht helfen — sehr
krassen Übertreibungen gegangen. Man hat ausgesprochen: wir
werden, wenn diese Steuern eingeführt werden, ein Volk von

Bettlern werden. Meine Herren, das glaubt Ihnen kein Wähler, dazu ist die Sache zu durchsichtig. Es ist ja klar, daß Lasten aufgelegt werden müssen, wenn die Militärvorlage durchgeführt werden soll. Es ist klar, daß sie drücken; es ist klar, daß niemand gern mehr Steuern zahlt, noch dazu, wenn ihm von jemand vorgerechnet wird, das wäre ja gar nicht nötig, das könnte man ebenso gut bleiben lassen. Aber sicher ist, daß die hervorragendsten Volkswirtschaftslehrer mit uns einer Meinung sind darin, daß die deutsche Nation, sowohl was die Militärlast auf den Kopf der Bevölkerung als die prozentuale Militärlast im ganzen Budget angeht, niedriger steht als bei fast allen Staaten, die den Anspruch machen, eine Großmacht zu sein. Wir haben Ihnen Steuern vorgeschlagen, wir halten diese Steuern noch jetzt für den besten Weg, die Mittel aufzubringen, wir würden aber, wenn auch andere durch den Reichstag vorgeschlagen würden, bereit sein, darüber mit Ihnen in Verhandlung einzutreten. Was blieb nun noch?"

Das Schlagwort „Militarismus".

„Der alte Gaul aus den sechziger Jahren wird wieder aus dem Stall geholt, frisch gesattelt und aufgezäumt, und, so lahm er war, uns vorgeritten. Dem einen war er kulturmörderisch, dem andern antiparlamentarisch, zu absolutistisch; die Sozialdemokraten schmückten ihn einfach mit dem Epitheton „Moloch". Wo ist denn der Militarismus in dieser Vorlage überhaupt? Was soll damit gesagt werden? Ich meine, man will damit bezeichnen, daß das Militär im Staat, im Reich einen zu großen Platz einnehme. Ja, wenn wir überhaupt Deutschland erhalten und diejenigen Dinge gedeihen sehen wollen, zu deren Voraussetzung das Dasein eines Staates gehört, dann ist das erste, daß dieser Staat da sein muß, in seinem Dasein erhalten werden muß. Erst wenn er das ist, kann überhaupt von anderen Zweigen der Kultur die Rede sein. Es ist ja klar, daß jeder Mensch — und diesen Grad von Einsicht darf ich wohl auch für die uniformierten Staatsbürger in Anspruch nehmen — daß jeder Mensch es vorziehen würde, Ausgaben zu machen, sei es für Schulzwecke, für Kunst, für

Wissenschaft, für Landesmeliorationen. Alles das ist nützlicher, angenehmer auszugeben als Militärausgaben. Das alles sind banale Wahrheiten. Aber wo sitzt nun in dieser Vorlage der Militarismus? Ich vermag das nicht zu erkennen. Die Vorlage ist auf das Mindestmaß zugeschnitten; sie enthält sich jedes Luxus, es ist keine vermeidliche Ausgabe in ihr.

An der deutschen Armee kann man noch manche gute Seite erkennen, und ich glaube nicht, daß ich zu weit gehe, wenn ich sage, daß in der Angliederung der neuen Provinzen an den preußischen Staat vom Jahre 1815 an, im Zusammenschweißen des Deutschen Reichs die Armee einer der wesentlichsten Faktoren, ein hauptsächlicher Kitt gewesen ist. Das sind geschichtliche Thatsachen, die man nicht abstreiten kann, und die ungleich gewichtiger sind als die mehr oder weniger vage Äußerung über den Militarismus."

Die Stimmung im Volke.

„Es ist Verstimmung in vielen Landesteilen da, man wünscht manches anders. Aber ich will die Frage hier nicht erörtern: wie weit ist diese Verstimmung eine Folge unserer ganzen modernen Geistesrichtung, des Materialismus, des Pessimismus, des Unbehagens am Dasein, des immerwährenden Kampfes ums Dasein, der weder Befriedigung aufkommen läßt, noch auch den Grad der Selbstverleugnung, der es dem Menschen möglich macht, mit geringeren Mitteln zufrieden zu leben?

Nun hat man gesagt: ja, wie kann eine einsichtige Regierung zu einer Zeit, wo solche Verstimmungen herrschen, mit einer solchen Vorlage kommen? Erstens, meine Herren, können wir nicht wissen, wann es notwendig sein wird, die Probe auf das Exempel zu machen und diese Vorlage zur Verwendung vor dem Feinde zu bringen. Dann aber auch, sollen wir vielleicht so lange warten, bis das Verlangen nach der Militärvorlage aus den Wahlkreisen kommt? Gewiß nicht! Und glauben Sie etwa, daß die Verstimmung, die im Lande ist, sich heben würde, wenn wir die Franzosen im Lande hätten? Ganz gewiß nicht! Wenn man einmal auf die Stimmungen Rücksicht nimmt, dann liegt es mir sehr nahe, auch auf die Stimmung

Rücksicht zu nehmen, die im Lande sein wird am ersten Mobilmachungstage der Zukunft. Dann brauchen wir die herzliche Teilnahme, das entschlossene Eintreten der ganzen Nation. Dann brauchen wir eine Stimmung in der Nation, die nicht davon abhängt, was dann im Geldschrank sein wird, sondern die zum großen Teil von dem Gefühl bedingt werden wird: für was halten wir uns selber dem Feinde gegenüber, wie stark schlagen wir unsere Macht an, können wir den Glauben haben, daß wir überlegen sein werden, oder müssen wir uns schwächer fühlen? Die Stimmung der ersten Tage im Kriegsfall kann entscheidend für den ganzen Verlauf des Krieges werden, und sie wird nur dann eine gute sein, wenn die Nation die Überzeugung hat, daß geschehen ist, was möglich ist, um die Kraft der Nation ganz und auf die denkbar zweckmäßigste Weise einzusetzen. Wir dürfen nicht das Gefühl, die Schwächeren zu sein, in der Nation aufkommen lassen. Es ist ja ein unzweifelhafter Nachteil dieser Verhandlungen, daß, wenn die Militärvorlage nicht zustande käme, im Volk und in der Armee etwas von dem Gefühl zurückbleiben wird: wir sind nicht mehr so stark, wie wir geglaubt haben. Und dann werden die Tage kommen, wo eine volle Patronentasche mehr wert ist, als ein volles Portemonnaie, und wo die Kurszettel nicht die Kriegsdepeschen, sondern die Kriegsdepeschen den Kurszettel machen."

Wirkungen, die eine Ablehnung der Militärvorlage zur Folge haben würde.

„Nicht allein würden Volk und Armee eine Einbuße an Selbstgefühl erleiden, — wir würden auch im Innern noch nach mancher Richtung es empfinden und schmerzlich empfinden, wenn die Militärvorlage nicht durchginge. Unser Verkehrsleben bedarf einer gewissen Stetigkeit; Handel und Wandel wollen mit Sicherheit darauf rechnen können. Es gilt das sogar von der Landwirtschaft; wenn die Militärvorlage nicht durchgeht, wird eine Unsicherheit eintreten, die wir nicht zu bannen imstande sind. Man wird bei jedem Wölkchen am politischen Horizont nach dem Wetterglas laufen, um nachzusehen, ob man noch ein etwas weitsichtiges Geschäft unternehmen kann oder nicht. Wir würden, wenn die Militärvorlage abgelehnt wird, dem Lande auch nicht die zweijährige Dienstzeit geben können und die Möglichkeit, im Kriegsfall die älteren Jahrgänge an diejenige Stelle zu bringen, die ihrem Alter entspricht, die den verheirateten Mann, den Familienvater mehr schont als den jungen Mann. Und wie sieht es denn nun nach außen aus? Ich habe letzthin einen Deutschen gesprochen, der jahrelang im Auslande lebt, einen urteilsfähigen, patriotischen Mann, der sagte: „Ich habe noch nie, so lange ich im Auslande lebe, ein so peinliches Gefühl gehabt als jetzt während der Debatte im Reichstag über die Militärvorlage; man versteht gar nicht, wie der deutsche Reichstag so schwierig sein kann in der Bewilligung einer Vorlage, die die Regierung, die die militärischen Autoritäten für notwendig halten."

Und, meine Herren, vergegenwärtigen Sie sich einmal, wie die fremde Presse aussehen wird, wenn die Militärvorlage gefallen ist. Noch hält sie sich zurück, aber es wird peinlich sein, das zu lesen, was dann über uns, über unseren Patriotismus gesagt wird. Hält der Schwächezustand, in dem wir uns befinden, an, nimmt er zu, so werden wir bis zu einem gewissen Grade unsere Gegner in die Versuchung führen, leichter mit uns anzubinden, als sie es bisher gethan haben. Alles das sind Momente, die im Frieden schon das Fehlen einer verstärkten Wehrkraft empfindlich machen werden. Bei einem Scheitern der Militärvorlage würde der Eindruck der Schwäche, der nicht weitergehenden Opferwilligkeit zurückbleiben."

Die Miliz. — Gegen die Äußerungen des Abgeordneten Dr. Lieber.

„Die Miliz wurde von den sozialdemokratischen Herren Abgeordneten leicht gestreift, und ich glaube, man kann, ehe man hier im Plenum darauf eingeht, noch einige Zeit warten, eine Majorität für die Miliz würde sich schwerlich finden. Aber es waren unter den gemachten Gegenvorschlägen Richtungen da, die der Miliz vorarbeiten, geradeso wie es Richtungen

giebt, die der Sozialdemokratie auch im übrigen vor=
arbeiten.

Was ist denn Miliz? Miliz ist eine kurz dienende
Truppe mit schwacher Friedenspräsenzstärke, und da haben sich
die Herren gefunden. Auch heute liegt ein solcher Antrag
wieder vor, der darin so weit geht, daß wir uns der Miliz
nicht unerheblich nähern würden; denn wenn man uns zumutet,
die zweijährige Dienstzeit innerhalb der jetzigen
Präsenzstärke anzunehmen, so ist das nach meinem Dafür=
halten der erste Schritt auf dem Wege zur Miliz.

Der Antrag Althaus ist heute den verbündeten Regie=
rungen ebenso unannehmbar, als er es in den Tagen der
Kommissionsberatungen war, und als er es für die Zukunft
ist. Dasselbe gilt von dem zweiten Antrag, der damals Lieber
hieß, heute als Graf Preysing erscheint. Wir sind nicht im=
stande, auf diesen Antrag einzugehen. Auch der Antrag trägt
die charakteristischen Kennzeichen eines beginnenden Milizsystems.

Mir liegt hier ein Blatt vor, das heißt „Der Beobachter
am Main"*), und das giebt eine Rede des Herrn Abgeordneten
Dr. Lieber wieder, in der er sagt: „Lassen Sie es mich ein=
mal öffentlich aussprechen, meine Freunde! Selbst wenn alle
Forderungen der verbündeten Regierungen in dieser Militär=
vorlage politisch und militärisch berechtigt und voll begründet
wären, so ist meiner Meinung nach der Fortbestand einer
Partei wie das Zentrum, so wie es jetzt ist, für das
Deutsche Reich immer noch wichtiger als die Berech=
tigung der Militärvorlage". Das übersetze man einmal
in das Deutsche: es ist mir ganz egal, ob die Russen in Berlin
und die Franzosen in München stehen, wenn nur die Zentrums=
partei noch existiert. Ich will dem Herrn Redner nicht zu
nahe treten. Vielleicht wird er aber später in der Lage sein,
mir den Kern von Patriotismus, der in dieser Äußerung
etwa liegen könnte, herauszuschälen. Mir ist es nicht möglich
gewesen, ihn zu finden.

---
*) Erscheint in Aschaffenburg.

Der Herr Abgeordnete Bebel hielt in der Kommission in der ersten Sitzung eine Rede über die allgemeine politische Lage. Kein Regierungskommissar konnte sie besser halten. Mit Spannung habe ich ihm zugehört und war nun fest überzeugt, daß jetzt der Satz kommen werde: also stimme ich für die Militärvorlage. Nichts weniger als das! Es kam nur: also brauchen wir 8 Millionen Soldaten, und die können wir nur auf dem Weg der Miliz erhalten. Aus einer Reihe von Artikeln, die der „Vorwärts" unter der Überschrift brachte: „Kann Europa abrüsten?" werde ich eine einzige Stelle vorlesen. Der Schriftsteller sagt: er wolle Jugendwehren haben — „das Schwergewicht der militärischen Ausbildung ist in die Jugend zu legen". Um dies nun zu bewerkstelligen, wolle er entlassene Unteroffiziere bei der Dorfschule anstellen. Unterricht sollen sie nicht erteilen, aber Turnen und Exerzieren, und was denkt sich der Schriftsteller als den Erfolg? „Und wenn die Unteroffiziere erst aus der Heimlichkeit der Kaserne und Militärgerichtsbarkeit aus Tageslicht des Schulhofes und des bürgerlichen Strafprozesses versetzt sind, dann, wette ich, bringt unsere rebellische Schuljugend auch dem ärgsten ehemaligen Soldatenschinder mores bei." Das, wohin Sie es mit der Miliz treiben wollen, ist eben, daß der Untergebene dem Vorgesetzten mores lehren soll, und dahin zielen auch alle die Mißhandlungs-Debatten, die hier geführt werden, bewußt oder unbewußt."

Der Antrag des Abgeordneten Freiherrn von Huene.*)

„Ich halte den Antrag für dankenswert und danke dem Herrn Abgeordneten dafür, daß er den Versuch gemacht hat, eine Einigung über dieses Gesetz herbeizuführen. Ich bin nicht imstande, mich jetzt und hier im Namen der verbündeten Regierungen zu äußern; denn diesen ist der Antrag zu derselben Zeit zugegangen wie Ihnen. Für Preußen bin ich zu der Erklärung ermächtigt, daß es in dem Antrag Huene eine annehmbare Lösung der Militärfrage findet.

---

*) Die Abweichungen des Antrages Huene von der auf Seite 351 mitgeteilten amtlichen Heeresvorlage sind bei Artikel II lediglich redaktioneller Natur, in Artikel I dagegen waren 24 Pionierbataillone beantragt.

Wir kommen nach unserer Überzeugung dabei sehr weit entgegen; wir würden nicht einen Schritt weiter gehen können als dieser Antrag; wir würden uns auch vorbehalten, die Konzessionen, die wir machen, wenn einmal Neuwahlen doch nicht zu vermeiden sind, dann zurückzunehmen, auch in späteren Jahren das, was jetzt abgelehnt wird, was wir dann als dringlich erweisen können, nachzufordern. Wir treten voll auf den Boden des Quinquennats, und zu weiterem haben wir uns niemals verpflichtet. Wir glauben, indem wir dem Antrag Huene ein freundliches Entgegenkommen zusagen, bis an die Grenze gegangen zu sein. Wir bitten Sie, kommen Sie mit uns, helfen Sie uns, das zu thun und durchzusetzen, was für die Erhaltung des europäischen Friedens, für die Sicherheit der Ehre und der Zukunft Deutschlands erforderlich ist!"

Sitzung am 4. Mai 1893.

Fortsetzung der zweiten Beratung des Entwurfs eines Gesetzes, betreffend die Friedenspräsenzstärke.

Gegen den Abgeordneten Richter.

"Der Herr Abgeordnete Richter hat das wiederholt, was er schon bei anderen Gelegenheiten gesagt hat, ausgenommen den letzten Teil seiner Rede. Ich verzichte darauf, ihm eingehend zu antworten. Monatelang haben wir dieselben Sachen gehört und gelesen. Ich habe mich gestern schon dahin ausgesprochen, daß ich die Sache zu ernst auffasse, um an kleine Gründe und dialektische Künste noch Hoffnung auf Erfolg knüpfen zu wollen. Wenn die Sache nicht durch sich selbst, durch ihr Gewicht, ihren Ernst durchgeht, — durch Überredung werden wir keinen Menschen mehr gewinnen.

Der Herr Abgeordnete sagt: „Gott beschütze die Regierung vor ihren Freunden!" und nennt als den Mann, vor dem wir geschützt werden müßten, den Freiherrn von Huene. Ich entgegne dem Herrn Abgeordneten: wenn die Regierung unterstützt wird von Männern, die den Grad von Charakterstärke und Mut zeigen, der dazu gehört, der eigenen Fraktion gegenüber so mannhaft für die Ansichten der Regierung einzutreten, so kann die Regierung sich nur glücklich schätzen. Jedenfalls gehört mehr Mut dazu, das zu thun, was Herr von Huene gethan, als die Rede zu halten, die der Abgeordnete Richter gehalten hat. Ich will nur einige der Bemerkungen widerlegen, die der Herr Abgeordnete gemacht hat, weil ich nicht wünschen kann, daß sie sich weiter verbreiten. Der Herr Abgeordnete Richter hat das glückliche Talent, dann nicht zu hören, wenn er nicht hören will, und so kommt er heute wieder mit der Frage: was ist denn Milizsystem? Die Definition davon habe ich gestern gegeben; er hat sie überhört. Der Herr Abgeordnete sagt ferner: ihr wollt die Ersatzreserve nicht beibehalten, der Herr von Verdy wollte sie doch beibehalten. Der Herr Abgeordnete muß häufig überhört haben, daß ich gesagt habe, der Kriegsminister von Verdy wollte das Projekt mit der dreijährigen Dienstzeit ausführen und dabei die Ersatzreserve beibehalten. Daß wir die Ersatzreserve nicht wollen, liegt eben in der Durchführung der zweijährigen Dienstzeit.

Nun hat der Herr Abgeordnete noch ein Talent: er greift einen Gedanken auf und verwertet ihn akrobatisch; er wirft ihn einmal in die Luft, und dann kommt er als etwas anderes herunter, als er in die Höhe geworfen wurde. Nun habe ich gestern von den Leiden der Provinz Ostpreußen in den früheren Kriegen, von der Lage der Pfalz gesprochen, um darauf aufmerksam zu machen, was ein Land, das vom Feinde besetzt wird, etwa zu leiden haben kann. Ich habe damit nicht die Behauptung verbunden, daß die Besetzung von Landesteilen nun durch den Feind wahrscheinlicher wäre, als früher. Ich habe nur behauptet: das kann wieder vorkommen, und dann können solche Leiden eintreten.

Was würde denn bei einem Kriege im eigenen Lande dieses von den eigenen Truppen zu leiden haben? Daß der Verkehr da aufhört, daß der Handel und Wandel still steht, ist ja klar. Aber auch weiter: wenn wir genötigt wären, im eigenen Lande Krieg zu führen, würden wir nicht viel anders verfahren können, als wir in Frankreich verfahren haben. Wir sind sehr human gewesen; aber die Truppen müssen leben, sie müssen untergebracht werden; wenn die Räume den Einwohnern weggenommen werden müssen, so läßt sich das nicht ändern, und wenn das letzte Brot ihnen genommen wird, läßt es sich wieder nicht ändern. Das erste ist im Kriege, die Truppe leistungsfähig zu erhalten, und Weichherzigkeit ist am falschen Fleck, wo der Erfolg, der Sieg, das Dasein des Staates auf dem Spiele steht. Wir können nicht umhin, im eigenen Lande einzuquartieren und zu requirieren; wir würden nicht umhin können, Kunstbauten zu zerstören und Werte zu vernichten, die wiederherzustellen lange Jahre erfordern würde. Ich könnte, wenn ich aus der Kriegsgeschichte Beispiele greifen wollte, wie der Krieg in dem eigenen Lande verfährt, in ganz anderen Farben malen; ich verzichte darauf: ich will Ihnen nur ans Herz legen, sich zu vergegenwärtigen, daß der Krieg im eigenen Lande unter allen Umständen etwas unendlich Schweres ist, was man besser zu vermeiden sucht. Und das kann man nur durch die Offensive, wenn man den Krieg auf den feindlichen Boden trägt. Wenn man da stehen bleibt, bis der Feind kommt, steht man eben auf dem eigenen Boden und hat den Krieg im eigenen Lande. Der Herr Abgeordnete Richter hat eine glänzende Gabe, zu reden und zu rechnen, wenn auch beim Rechnen nach meiner Überzeugung ihm ab und an ein Irrtum unterläuft. Wenn man die Franzosen fortreden und -rechnen könnte, dann würde ich mich auf den Abgeordneten Richter verlassen und auf jede Armee= vermehrung verzichten; solange das aber unwahrscheinlich ist, ziehe ich es vor, auf der Armeevermehrung zu bestehen."

Die Deckungsfrage. — Die volkswirtschaftlichen Autoritäten für die Regierung.

„Der Herr Abgeordnete wirft mir dann vor, ich hätte gestern die Deckungsfrage cavalièrement berührt. Ich habe gar nicht die Absicht gehabt, mich in die Frage zu vertiefen; würde ich es gethan haben, so würde der Herr Abgeordnete

Richter gesagt haben: da seht ihr, da ist der Mann wieder, der immer den Finanzminister spielen will. Den habe ich nicht gespielt, und es ist auch nicht nötig. Warum soll ich mich des weiteren über Finanzprojekte äußern? Wenn der Herr Abgeordnete Richter mit seinem großen Einfluß es dahin bringen wird, daß die Militärvorlage scheitert, dann brauche ich mir zur Zeit über dergleichen noch nicht den Kopf zu zerbrechen.

Ich würde imstande sein, ihm hier die Namen von acht deutschen Autoritäten und vier ausländischen vorzulegen, wenn ich nicht die Besorgnis hätte, die Herren würden hier der Gegenstand seiner abfälligen Kritik und wären nicht in der Lage, sich dagegen zu wahren.

Es steht fest, daß, während wir in Deutschland von unseren Staatssteuern zwei Drittel bis drei Viertel für die Deckung der Kosten der Zivilverwaltung verwenden, Frankreich nur etwas über ein Viertel seiner Staatssteuereinnahmen für die Zivilverwaltung verwenden kann. Nach dem statistischen Material, das mir vorliegt, stellt sich die Kopfquote der Kosten der Landesverteidigung und der Schuldzinsen (unter Berücksichtigung der Prozentanteile, die durch Steuern zu den Staatslasten beigetragen werden) in Preußen und Deutschland auf 9,1 Mark, in Österreich-Ungarn auf 14,7, in Italien auf 24,3, in Frankreich auf 44,4, in England auf 29,6 Mark. Zu diesen Zahlen kommen die volkswirtschaftlichen Lehrer, auf deren Autorität ich mich stütze, übereinstimmend; und jedenfalls erweisen sie das, daß wir verhältnismäßig besser stehen, als irgend eines der Länder, die hier in Frage kommen können.

Der Herr Abgeordnete führt an, wie schlecht es in Preußen bestellt sei. Ja, meine Herren, ich habe die Überzeugung nicht, daß die preußische Lage eine dauernd so schlechte ist. Das ist Übergangszustand. In jedem Etat wird einmal eine Grenze kommen, auch wenn er so reichhaltig als möglich bemessen ist, hinter der unerfüllte Wünsche liegen. Wohl niemals, auch bei der glänzendsten Finanzlage, wird ein Finanzminister imstande gewesen sein, alle Forderungen, die zum Etat angemeldet werden, zu befriedigen."

Der Antrag Huene ist die Wahlparole.

„Ich habe gestern gesagt, wir würden uns auch vorbehalten, die Konzessionen, die wir machen, wenn einmal Neuwahlen nicht zu vermeiden sind, dann zurückzunehmen; ich bin heute in der Lage, zu erklären, daß wir das nicht thun würden, und, um es in eine einfache Formel zu fassen, daß, wenn es zu Neuwahlen kommt, unsere Wahlparole der Antrag Huene sein wird."

Sitzung am 5. Mai 1893.

Fortsetzung der zweiten Beratung der Militärvorlage.

Gegen den Abgeordneten Dr. Lieber.

„Der Herr Abgeordnete Dr. Lieber hat seine Rede mit der Andeutung begonnen, ich hätte, indem ich den Antrag des Herrn Grafen Preysing (Straubing) als den früheren des Herrn Abgeordneten Dr. Lieber bezeichnete, damit bösen Willen gegen den Herrn Abgeordneten Dr. Lieber dokumentieren wollen. Ich will dem Herrn Dr. Lieber die Sache ehrlich auseinandersetzen. Ich habe gegen ihn keinen bösen Willen dabei gehabt, aber guten gegen den Herrn Grafen von Preysing; denn es that mir leid, daß der Name des Herrn Grafen von Preysing jetzt auf dem Antrag stand.

Der Herr Abgeordnete ist dann übergegangen auf meine Stellung zum Zentrum und zu den Katholiken. Er hat gesagt, wie ich ins Amt gekommen wäre, hätte man glauben können, der Kampf solle beendet sein. Ich habe von hause aus den Gesichtspunkt festgehalten, daß die Regierung ein Interesse, eine Pflicht habe, ihren katholischen Mitbürgern nicht allein zu ermöglichen, daß sie in Frieden ihres Glaubens leben, sondern auch, daß sie mit Behagen im Deutschen Reich, im preußischen Staat existieren könnten. Dieselbe Ansicht habe ich noch heute. Ich halte sie auch aufrecht, wenn ich durch die Verhältnisse genötigt bin, in Kampf mit dem Herrn

Abgeordneten Dr. Lieber zu geraten; denn der Herr Abgeordnete Dr. Lieber ist weder die katholische Kirche noch ist er auch das ganze Zentrum. Ich richte meine Angriffe nicht gegen das Zentrum, sondern ich richte sie gegen die Person des Herrn Abgeordneten Dr. Lieber, gegen den Antrag, der früher seinen Namen getragen und jetzt den Namen des Herrn Abgeordneten Grafen von Preysing trägt.

Der Herr Abgeordnete Lieber hat meine Behauptung zurückgewiesen, daß eine Rede, die er in Aschaffenburg gehalten habe, den Patriotismus vermissen ließe. Der Herr Abgeordnete hat die Authenticität meiner Quelle in Abrede gestellt. Meine Quelle ist eine eigens gedruckte Beilage des „Beobachters am Main, Aschaffenburg, Freitag den 7. April," groß mit der Überschrift: „Rede des Herrn Reichstagsabgeordneten Dr. Lieber von Camberg, gehalten in der Versammlung der Zentrumswähler zu Aschaffenburg, Ostermontag im katholischen Vereinshause." Das ist eigens besonders gedruckt; es ist nicht etwa ein Zeitungsreporter, der das gemacht hat, sondern es ist — das unterliegt keinem Zweifel — eine sorgfältige, wahrscheinlich stenographische*) Wiedergabe der Rede; denn jedes Bravo und jedes Gelächter wird auch sorgfältig wiedergegeben. Wenn nun aber der Herr Abgeordnete sich nicht erinnert, diese Worte gesprochen zu haben, so glaube ich, er hätte seit dem 7. April hinreichend Zeit gehabt, um die Dinge richtig zu stellen. Er giebt ja heute selbst zu, daß die Äußerung, wie ich sie zitirt habe, eben nicht gerade ein Kennzeichen von Patriotismus ist.

Nun will er die Äußerung heute richtig stellen, und was macht er? Er setzt bei zwei Adjektiven den Komparativ statt des Positiv ein. Erlauben Sie mir, noch einmal diesen Passus vorzulesen (Geschieht).

Herr Lieber sagt heute — berechtigter und voller begründet wären — so ist meiner Meinung nach der Fortbestand ꝛc. ꝛc.

Nun frage ich: dadurch daß der Komparativ eingesetzt wird, — was wird anders? Es bleibt nach wie vor die Be-

---
*) Der Stenograph selbst hat dies später in öffentlichen Blättern bestätigt.

hauptung bestehen: die Militärvorlage mag noch so berechtigt sein, also mit andern Worten: die Gefahr, in der Deutschland schwebt, mag noch so groß sein — denn das ist das Motiv zur Vorlage, — so stellt der Abgeordnete Lieber doch dieses patriotische Motiv gegen sein Fraktionsmotiv zurück. Ich bin nicht imstande, auch nach dieser Version dem Passus der Rede eine andere Deutung zu geben, als ich sie ihm vorher gegeben habe, und ich glaube auch nicht, daß akrobatische Kunst*) dazu gehört, um diese Deutung herauszulesen. Ich fordere das hohe Haus auf, jeden einzelnen, zu sagen: was steht von diesen Sätzen darin? Ich glaube, Sie werden alle mit mir übereinstimmen: es mag ja der Abgeordnete Lieber im übrigen ein sehr patriotischer Mann sein, aber in diesem Satz ist ihm auf alle Fälle etwas entschlüpft, was nicht patriotisch ist.

Daß das Zentrum eine Partei sein kann, die für das Reich von hohem Wert ist, bestreite ich gar nicht. Das Zentrum kann Ideale verfolgen und hat Ideale verfolgt. Es kann Ideale verfolgen, die uns im Kampf gegen die Sozialdemokratie wertvoll sind. Es ist mir in der letzten Zeit nur die Frage entstanden: verfolgt es diese Ziele auch noch in derselben Weise, oder treten an Stelle der religiös-kirchlichen Motive in neuerer Zeit mehr demokratische Motive? Ich glaube, daß das der Fall ist, und wenn es der Fall ist, so würde das für mich den Wert des Zentrums herabsetzen.

Nun ist der Herr Abgeordnete auf die Militärvorlage übergegangen und hat uns eine Menge Vorwürfe gemacht, die alle so wenig neu sind, daß ich es nicht für nötig halten würde, sie zu widerlegen, wenn ich nicht der Stellung wegen, die der Herr Abgeordnete einnimmt, es für wünschenswert hielte, noch ein paar Worte zu sagen. — Herr Dr. Lieber sagte, unseren Gründen fehlte die Beweiskraft, denn einesteils gingen sie zu weit, bewiesen sie zu viel, andernteils bewiesen sie zu wenig. Sollte da nicht der Schluß nahe liegen, daß wir uns mit unseren Forderungen auf derjenigen Diagonale zu halten gesucht haben,

---

*) Der Abgeordnete Lieber hatte vorher die Übertragung seiner Worte „ins Deutsche" als „eine akrobatische Musterleistung" des Reichskanzlers bezeichnet.

die das Notwendige mit dem Möglichen in Einklang zu bringen bestrebt ist? Und nun kommt noch ein Haupteinwand, der durch die Frage zum Ausdruck gebracht wird: kann man denn bei der Annahme der Vorlage garantieren, daß die Russen nicht nach Berlin kommen? Also der Herr Abgeordnete Lieber verlangt von uns eine solche Garantie. Wenn nun militärische Unkenntnis in wenigen Worten in krasser Weise dargestellt werden könnte, so wäre es hier geschehen. Ich habe noch keinen Soldaten gesehen, der, wenn er in ein Gefecht geht, eine Garantie für den Ausgang übernehmen kann; er kann sie nicht übernehmen, wenn er der Stärkere wäre, und er kann sie gewiß nicht übernehmen, wenn er der Schwächere ist. — Endlich macht er mir den Vorwurf, ich hätte auch für das Ausland verständlich unsere Schwäche dargelegt. Will der Herr Abgeordnete die Güte haben, mir zu sagen, wie ich eine Militärvorlage vertreten soll, und wie alle Militärvorlagen sonst hätten vertreten werden sollen, wenn man nicht die Schwäche Deutschlands darlegte? — In Rußland kann ein Kriegsminister, ein leitender Staatsmann die Armee still vermehren; in Staaten mit parlamentarischen Institutionen ist das nicht möglich, wir müssen eben die gesetzgebenden Körperschaften davon überzeugen, daß wir Geld gebrauchen. Wenn wir Sie davon überzeugen wollen, so können wir nicht anders handeln, als daß wir schließlich unsere Schwäche darlegen. Ich glaube, wir haben das behutsam, vorsichtig gethan; wir sind nur allmählich in der einen oder andern Beziehung etwas weiter gedrängt worden, weil man in unsere Versicherungen keinen Glauben setzen wollte."

Der Antrag Preysing=Lieber ist unannehmbar.

„Ich habe die Überzeugung, daß bei der Annahme dieses Antrags die Armee nicht verstärkt, sondern geschwächt werden würde. Die Annahme würde unseren aktiven Dienststand verschlechtern, unseren Beurlaubtenstand verschlechtern, das Zahlenverhältnis zwischen aktivem und Beurlaubtenstand im Kriegsfalle verschlechtern, den Übergang in der Mobilmachung verlangsamen und dadurch die Zeit verlängern, in der ganz Deutschland bei Ausbruch eines Krieges im wesentlichen wehrlos ist. Einen solchen Antrag anzunehmen, bin ich außer stande. Ich habe, seit ich die Ehre habe, an dieser Stelle zu stehen, manchen Angriff, manchen Tadel ausgehalten; ich habe das hingenommen, wie man eben gutes und schlechtes Wetter hinnimmt. Aber mich dem Tadel aussetzen vor Mit= und Nachwelt, daß ich einem Vorschlag das Wort geredet hätte, von dem ich überzeugt bin: er schädigt Deutschland, er involviert Gefahren für Deutschland, — den Tadel möchte ich auf das entschiedenste von mir fernhalten. Es würde mir schwer sein, wenn ich ihn je hören oder gar glauben müßte, ihn verdient zu haben. Ich würde als Staatsmann und Soldat gewissenlos, pflichtvergessen handeln und gehandelt haben, wenn ich nicht meine ganze Kraft einsetzte für das, was ich im Interesse des Deutschen Reichs für notwendig halte. Der Antrag Preysing=Lieber aber liegt in ganz entgegengesetzter Richtung, und ebenso gewissenlos und pflichtvergessen würde ich handeln, wenn ich nicht meine letzte Kraft einsetzte, um diesen Antrag zu bekämpfen.

Das vor dem Lande auszusprechen, ist mir Bedürfnis gewesen."

Sitzung am 6. Mai 1893.

Militärvorlage.

Schluß der Diskussion über § 1: Feststellung der Friedenspräsenzstärke.

Auf die Anfrage des Abgeordneten Prinz zu Carolath=Schönaich, ob der Reichskanzler Wert darauf legt, in die Einzelberatung der folgenden Artikel einzutreten, erwidert derselbe:

„Ich habe keinen Anlaß, auf die Anregung des Herrn Abgeordneten Prinzen Carolath eine Erklärung abzugeben."

Hierauf wird über § 1 des Antrags Huene abgestimmt. Beteiligt an der Abstimmung haben sich 373 Mitglieder des Hauses, ein Mitglied hat sich der Abstimmung enthalten; mit Ja haben gestimmt 162, mit Nein 210 Abgeordnete. Der § 1 des Antrags Huene ist demnach abgelehnt. Nach Verkündigung dieses Resultats erklärt der Reichskanzler auf Grund einer den Reichstag auflösenden Kaiserlichen Verordnung im Namen der verbündeten Regierungen auf Befehl Seiner Majestät des Kaisers die Sitzungen des Reichstages für geschlossen.

Sitzung am 7. Juli 1893.

Erste Beratung der Militärvorlage im neugewählten Reichstage.

Der Reichskanzler faßt in dieser Rede nochmals alle die Gesichtspunkte zusammen, von welchen die verbündeten Regierungen bei Einbringung der Militärvorlage ausgegangen sind.

Die neue, nach dem Antrage von Huene umgeänderte Militärvorlage hat folgenden Wortlaut:

Artikel I. § 1. Die Friedenspräsenzstärke des deutschen Heeres an Gemeinen, Gefreiten und Obergefreiten wird für die Zeit vom 1. Oktober 1893 bis 31. März 1899 auf 479 229 Mann als Jahresdurchschnittsstärke festgestellt. An derselben sind die Bundesstaaten mit eigener Militärverwaltung nach Maßgabe der Bevölkerungsziffer beteiligt. Die Einjährig-Freiwilligen kommen auf die Friedenspräsenzstärke nicht in Anrechnung. Die Stellen der Unteroffiziere unterliegen in gleicher Weise wie die der Offiziere, Ärzte und Beamte der Feststellung durch den Reichshaushaltsetat. In offenen Unteroffizierstellen dürfen Gemeine nicht verpflegt werden.

§ 2. Vom 1. Oktober 1893 ab werden die Infanterie in 538 Bataillone und 173 Halbbataillone, die Kavallerie in 465 Eskadrons, die Feldartillerie in 494 Batterieen, die Fußartillerie in 37 Bataillone, die Pioniere in 23 Bataillone, die Eisenbahntruppen in 7 Bataillone, der Train in 21 Bataillone formiert.

Artikel II. Für die Zeit vom 1. Oktober 1893 bis zum 31. März 1899 treten bezüglich der Dienstpflicht folgende Bestimmungen in Kraft:

§ 1. Während der Dauer der Dienstpflicht im stehenden Heere sind die Mannschaften der Kavallerie und der reitenden Feldartillerie die ersten drei, alle übrigen Mannschaften die ersten zwei Jahre zum ununterbrochenen Dienst bei den Fahnen verpflichtet. Im Falle notwendiger Verstärkungen können auf Anordnung des Kaisers die nach der Bestimmung des ersten Absatzes zu entlassenden Mannschaften im aktiven Dienst zurückbehalten werden. Eine solche Zurückbehaltung zählt für eine Übung in sinngemäßer Anwendung des letzten Absatzes des § 6 des Gesetzes, betreffend die Verpflichtung zum Kriegsdienst, vom 9. November 1867.

§ 2. Mannschaften, welche nach einer zweijährigen aktiven Dienstzeit entlassen worden sind (§ 1), kann im ersten Jahre nach ihrer Entlassung die Erlaubnis zur Auswanderung auch in der Zeit, in welcher sie zum aktiven Dienst nicht einberufen sind, verweigert werden. Die Bestimmung des § 60, Ziffer 3 des Reichs=Militär=Gesetzes vom 2. Mai 1874 (Reichs=Gesetz=Blatt 1874, S. 45) findet auf die nach zweijähriger aktiver Dienstzeit entlassenen Mannschaften keine Anwendung. Auch bedürfen diese Mannschaften keiner militärischen Genehmigung zum Wechsel des Aufenthaltes.

§ 3. Mannschaften der Kavallerie und der reitenden Feldartillerie, welche im stehenden Heere drei Jahre aktiv gedient haben, dienen in der Landwehr ersten Aufgebots nur drei Jahre.

Es sollen also neu errichtet werden: Infanterie: 173 Halbbataillone — bei jedem Regiment eins — zu 2 Kompanieen (133 preußische, 2 bayerische, 12 sächsische und 8 württembergische). Fahrende Feldartillerie: 20 Abteilungsstäbe (16 preußische, 2 bayerische, 1 sächsischer, 1 württembergischer); 60 Batterieen (48 preußische, 6 bayerische, 3 sächsische, 3 württembergische); außerdem 1 Abteilungsstab und 3 Batterien bei der Feldartillerie=Schießschule (Preußen). Fuß=

artillerie: 2 Stäbe für die 5. und 6. Fußartillerie-Inspektion; 3 Regimentsstäbe (Preußen); 6 Bataillone (5 preußische, 1 bayerisches); 1 Kompanie (Sachsen), außerdem 1 Bataillonsstab und 1 Kompanie bei der Fußartillerie-Schießschule (Preußen). Pioniere: 3 Kommandeure der Pioniere des 1., 15. und 16. Armeekorps — Regimentskommandeure — gegen Fortfall von 2 Festungs-Inspekteuren; 3 Bataillone (Preußen); 2 Kompanieen (Sachsen). Eisenbahntruppen: 1 Regimentsstab (Preußen); 2 Bataillonsstäbe (Preußen); 9 Kompanieen (7 preußische, 1 bayerische, 1 sächsische). Train: 1 Kompanie (Preußen).

„Da die Militärvorlage durch nahezu neun Monate der Gegenstand öffentlicher Verhandlung in Wort und Schrift gewesen ist, wird es nahezu unmöglich sein, Neues darüber zu sagen. Ich glaube aber auch fürs erste davon absehen zu können, das Alte zu wiederholen, und wende mich der neuen Vorlage zu, um diejenigen Dinge kurz zu berühren, die in ihr, von der alten abweichend, wesentlich hervortreten. Es ist den Herren bekannt, daß die verbündeten Regierungen gegen Schluß der vorigen Sitzung sich bereit erklärt hatten, den Antrag des Freiherrn von Huene anzunehmen. Auf Grund dieses Antrages ist die neue Vorlage ausgearbeitet worden. Wenn die verbündeten Regierungen sich dazu verstanden haben, auf diesen Antrag überzugehen, so wurden sie dazu bestimmt, einmal durch die Rücksicht auf die wirtschaftliche Lage, durch den Wunsch, die Lasten, die der Bevölkerung aufzuerlegen waren, auf das Minimum zu reduzieren, dann durch die Rücksichten auf unsere allgemeine Lage auch dem Auslande gegenüber. Es schien den verbündeten Regierungen erwünscht, abzuschließen mit einer Debatte, die, wenn auch irrtümlich, doch im Auslande zu der Anschauung führen konnte, daß in Deutschland nicht mehr überall derjenige Sinn vorhanden wäre, der bereit wäre, alles an die Ehre, an die Sicherheit, an die Zukunft alles zu setzen. Von diesen Gesichtspunkten aus ist zunächst in der neuen Vorlage die Forderung in Bezug auf die Friedenspräsenzstärke ermäßigt worden. Die Miliärverwaltung hat sich bemüht, und ich glaube, es ist ihr gelungen, die Abstriche an denjenigen

Stellen vorzunehmen, an denen eine Störung des organischen Aufbaues nicht zu befürchten war. Immerhin ist der Abstrich sowohl an Mannschaften, wie an Geldforderungen, ein sehr erheblicher; er geht nach der Meinung der verbündeten Regierungen bis an die äußerste Grenze des Zulässigen. Es ist die alte Vorlage darin zu einem Sechstel aufgegeben worden. Es ist mir unerfindlich, wie demgegenüber noch in den letzten Tagen in der Presse die Behauptung hat aufgestellt werden können, die verbündeten Regierungen hängen starr an ihren Forderungen und seien dadurch schuld daran, daß der vorige Reichstag aufgelöst sei; sie wollten alles oder gar nichts. Die Behauptung ist völlig unbegründet. Man wird zugeben müssen, daß, wenn die verbündeten Regierungen bei einer Vorlage, die so ernste Ziele verfolgt, um ein Sechstel zurückgegangen sind, kein Mensch das Recht hat, zu behaupten, die Regierungen hingen starr an ihren Forderungen. Wir hoffen noch jetzt, das, was uns das Wichtigste ist, erreichen zu können; nämlich, daß wir im Kriegsfall den vaterländischen Boden frei halten von feindlichem Einfall, und daß wir das Gewicht, das die deutsche Politik zu Gunsten des Friedens in die Wagschale hat legen können, das Gewicht militärischer Kraft zum Frieden werden verwerten können; denn es ist klar, daß, wenn andere Mächte ihre Wehrkraft steigern, unsere Wehrkraft also relativ zurückgeht, nicht bloß die Fähigkeit der Verteidigung sich verringert, sondern auch unsere Stimme im europäischen Areopag nicht mehr das Gewicht behält, das sie gehabt hat, und diese Stimme wird nach wie vor zu Gunsten des Friedens abgegeben werden. Damit sie laut erklingen könne, ist es erforderlich, ihr den Nachdruck zu sichern, den sie bisher gehabt hat. Die politische Lage ist unverändert geblieben, verändert hat sich nur das Verhältnis der militärischen Kräfte und nur zu unseren Ungunsten. Es ist in den Motiven bereits ausgeführt, daß die Franzosen ihre Friedenspräsenzstärke bedeutend erhöht haben, und daß sie durch die Kadresgesetze das erreichen, was wir durch diese Vorlage in kleinerem Umfange auch erreichen wollen, Kadres zu schaffen, die größere Truppenzahlen fassen, um im Kriegsfall größere Massen an die Grenze marschieren zu lassen. Auch die russische Regierung ist mit

Verstärkung ihrer Wehrkraft vorgegangen; sie wendet dafür starke pekuniäre Mittel auf und ist damit noch nicht am Ende; seit dem Jahre 1889 hat sich die Präsenzstärke des russischen Heeres um 94000 Mann vermehrt. Wir sind mit unseren gegenwärtigen Verhältnissen an die äußerste Grenze gekommen und müssen fürchten, Deutschland zu schädigen, wenn wir keine Vermehrung vornehmen. Wir würden auf den Weg der Miliz gekommen sein, der wohl zahlreiche, aber schlecht organisierte Massen bietet. Die charakteristischen Kennzeichen des Milizsystems sind: kurze Dienstzeit und geringe Kadres. Darauf einzugehen, wären die verbündeten Regierungen nicht imstande. Indem wir unsere ursprünglichen Forderungen beschränkt haben, sind wir zugleich dem Wunsche des Hohen Hauses nachgekommen, daß die allgemeine Wehrpflicht nicht zu schroff durchgeführt werde, keine Untauglichen einzustellen und den Reklamationen nicht weniger Rechnung zu tragen als früher. Auch nach Durchführung der vermehrten Rekruteneinstellung werden wir immer noch einen Überschuß von 90000 Mann haben, die nicht eingestellt zu werden brauchen. Die steigende Bevölkerungszahl giebt uns die Möglichkeit dafür. Also der Einwand, daß die allgemeine Wehrkraft schädigend wirken werde, ist nicht stichhaltig. Ein weiterer Einwand geht dahin: Warum diese Eile? Wartet doch, bis die Notwendigkeit einer Heeresvermehrung an uns herantritt! Ich glaube nicht, daß dieser Einwand ernst gemeint sein kann. Wir wollen mehr Rekruten einstellen, um stärker beurlauben und, was schon oft gesagt worden ist, das stehende Heer verjüngen zu können. Wenn man sagt: Wartet doch damit! so ist das ungefähr so, als wenn Menschen, die in der Nähe eines Flusses wohnen und hören, daß außerhalb ihrer Grenzen sich Wasser ansammelt, sagen würden: Wir wollen warten, bis das Wasser zu uns kommt, und alsdann den Damm verstärken! Damit dürfen wir nicht warten; die Verstärkung muß bei Zeiten geschehen, wenn sie in der Stunde der Gefahr Nutzen bringen soll. Dann ist eingewandt worden, daß die verbündeten Regierungen zwar die zweijährige Dienstzeit einstweilen gewähren, sie aber nicht gesetzlich festlegen wollen. Die Gründe dafür, daß die Verfassungsänderung nicht am

Platze ist, sind schon oft ausgeführt worden. Es handelt sich hier um so vielgestaltige Bestimmungen, daß Platz für deren Festlegung in der Verfassung unmöglich ist, um Dinge und Einzelbestimmungen, die nicht in die Verfassung hineingehören. So viel ich sehen kann, ist der Ruf nach der Veränderung der Verfassung auch im allgemeinen verstummt. Dagegen hat man die gesetzliche Festlegung der zweijährigen Dienstzeit als Stichwort bei den Wahlen benutzt. In der ersten Vorlage haben die verbündeten Regierungen der Absicht Ausdruck gegeben, daß auf fünf Jahre die zweijährige Dienstzeit bei den Fußtruppen festgehalten werden soll. Den Herren kommt es aber darauf an, sie darüber hinaus festzulegen. Nach meiner Ansicht hat diese Frage nur einen theoretischen Wert. Denn wenn die zweijährige Dienstzeit in Verbindung mit den Kompensationen, die wir verlangen, ihre Aufgabe erfüllt, dann wird keine Regierung daran denken können, nach fünf Jahren auf die dreijährige Dienstzeit zurückzukommen, denn sie würde damit die beabsichtigte Verstärkung der Wehrkraft wieder annullieren. Auf der anderen Seite wird keine Volksvertretung, wenn die zweijährige Dienstzeit wider Erwarten die vorausgesetzte Wirkung nicht haben sollte, wenn sich technisch-militärische Schwierigkeiten herausstellen, wenn die militärischen Sachverständigen erkennen sollten: mit der zweijährigen Dienstzeit geht es nicht — an ihr festhalten. Das kann keine Volksvertretung; so vaterlandschädigend kann keine handeln. Es würde also in jedem Falle in neue Verhandlungen eingetreten werden. Zu der Annahme, die Regierung würde nicht ganz offen sein, ist noch kein Anlaß gegeben worden. Es wird ganz offenkundig sein, ob es mit der zweijährigen Dienstzeit geht oder nicht. Die gesetzliche Festlegung hat also für keine Partei den mindesten praktischen Wert. Was aber für uns praktischen Wert hat, das sind die Kompensationen, die wir gefordert haben. Wir können die zweijährige Dienstzeit nicht geben, ohne die Kompensationen. Wir hatten ein Septennat und sind auf fünf Jahre herabgegangen. Fünf Jahre sind der geringste Zeitraum, der erforderlich ist, damit die neuen Maßregeln sich einleben. Ich sehe also nicht ein, wie man so großen Wert auf eine gesetzliche Festlegung der zweijährigen Dienstzeit über diesen Zeitraum hinaus legen kann. Ich meine, was die verbündeten Regierungen in dieser Hinsicht geboten haben, reicht für jede Partei vollständig aus. Ich komme nun zur Deckungsfrage. Die Ihnen vorgelegten drei Steuergesetze sind zu einer gründlichen Beratung nicht gekommen, indessen ließ sich in der öffentlichen Meinung eine lebhafte Opposition gegen zwei der Gesetze wahrnehmen, die sich während der Wahlen noch vermehrt hat. In Steuerfragen muß man doch der öffentlichen Meinung ein erhebliches Gewicht beimessen. Die Regierung hat demgemäß die Steuergesetze nicht wieder vorgelegt, sie existieren also nicht mehr. Unsere Pflicht ist es also, neue Steuerquellen zu suchen, und wir sind dabei Hand in Hand mit der preußischen Verwaltung gegangen. Dabei sind für uns drei Grundsätze maßgebend gewesen. Erstens die Börsensteuer anders und ausgiebiger zu gestalten. Zweitens ist maßgebend gewesen: die leistungsfähigsten Schultern stärker zu belasten und die schwächeren zu schonen. Endlich wollen wir bei der mißlichen Lage, in der sich die Landwirtschaft befindet, dieses Gewerbe von neuen Steuern frei lassen. Neue Vorlagen konnten Ihnen die verbündeten Regierungen bei dem komplizierten Mechanismus des Reiches und der Schwierigkeit des Gegenstandes noch nicht machen. Dazu bedarf es noch monatelanger Arbeit, und wir können darauf mit der Militärvorlage nicht warten. Aber ich kann die Versicherung geben, daß wir thun werden, was wir können, um diese Vorlagen zu fördern. Ich kann mich weiter über diese neuen Vorlagen nicht äußern, denn ich weiß nicht, was der Bundesrat beschließen wird. Ich kann noch nicht sagen, was die Regierungen gegenüber dem Steuervakuum thun werden. Man könnte ja verlangen: Nun, so sage Du uns doch, was Du denkst! Wenn ich das thäte, so würde sich an jedes Substantivum, das ich als Steuerquelle nennen würde, sofort, wie bei den vorigen Vorlagen, eine Opposition knüpfen. Ich kann Sie nur bitten, uns Vertrauen zu schenken, ich kann nur an Ihren Glauben an uns appellieren. Wir haben aber ein dringendes Interesse, schnell mit der Militärvorlage weiter zu kommen, sonst stehen wir am 31. März nächsten Jahres vor einem Vakuum und können nicht einmal den Etat für 1894/95 aufstellen. Wir würden einen ganzen Jahrgang verlieren und müßten ein Manko von 50000 Mann aus dem Beurlaubtenstande ersetzen. Das Nichtzustandekommen der Vorlage im jetzigen Augenblick würde eine Schwächung der Wehrkraft sein. Wir müssen aber auch die Vorlage schnell haben, um die Kriegsbereitschaft schnell durchzuführen. Genau das, was früher durch die Mobilmachung erfolgte: die Vermehrung der Kadres, die Vermehrung der Präsenz und des Pferdebestandes, wird durch die Vorlage erreicht. Ein weiteres Motiv für das baldige Zustandekommen des Gesetzes ist, daß die Bewegung im Lande endlich zur Ruhe kommt. Wir stehen im Innern des Landes vor sehr schweren Aufgaben, und keine Partei kann ein Interesse daran haben, die Unruhe zu vermehren. Wir haben ferner ein wirtschaftliches Interesse, mit diesem Gesetze zu Ende zu kommen, denn unser gewerbliches Leben gedeiht unter der Unsicherheit über diese Frage keineswegs. Ich glaube, es ist nicht viel gesagt, daß diese Unsicherheit unser Gewerbsleben schon ungefähr so viele Millionen gekostet hat, als die Annahme der Militärvorlage erfordert hätte. Endlich kommt für unseren Wunsch, die Vorlage bald angenommen zu sehen, die Rücksicht auf das Ausland in Betracht. Das wird niemand behaupten wollen, daß unser Ansehen im Ausland durch die Verhandlungen über diese Angelegenheit gewonnen hat. Dafür könnte ich gewichtige Stimmen anführen. Das Ausland kennt die deutsche Art wenig; es weiß nicht, daß der Deutsche da, wo es sich nicht um das Heimatsgefühl, sondern um das Staatsgefühl handelt, langsam von Entschluß zu sein pflegt. Es legt deshalb alles, was die Entscheidung in die Länge zieht, als Schwäche aus, als hätten wir den Glauben an uns selbst verloren. Ich bitte Sie, vereinigen Sie sich mit der Regierung; machen Sie diesem Zustande ein Ende, damit Deutschland mit sicherem Blick in die Zukunft sehen kann!"

Diese Rede des Reichskanzlers war, obwohl sie nur kurz war, trotzdem oder vielleicht gerade deshalb wohl die wirksamste, die er im Reichstage bisher gehalten, wozu der Umstand, daß er sich aller heftigen Angriffe oder Ausfälle gegen die Opposition enthielt und ohne auf die militärischen Detailfragen einzugehen, nur von großen nationalen und allgemeinen politischen Gesichtspunkten für die Annahme der Vorlage plaidierte, sicherlich mit beigetragen hat.

Sitzung am 8. Juli 1893.

Militärvorlage.

Schluß der ersten Lesung.

Der Kern dieser Rede sind die Argumente für die Annahme der Militärvorlage.

Der Abgeordnete Gröber (vom Zentrum) suchte mit den im vorigen Winter oft entwickelten Gründen die Vorlage als militärisch unnötig und als politisch und wirtschaftlich höchst bedenklich darzustellen. Nachdem der Abgeordnete von Bennigsen (nat.-lib.) für die Vorlage gesprochen, ergriff der Reichskanzler das Wort:

„Die Ausführungen des Abgeordneten Gröber haben gezeigt, daß die demokratische Richtung im Zentrum immer weitere Fortschritte gemacht, so daß das Zentrum aus einer konfessionellen Partei in eine politisch-demokratische übergeht. Der Abgeordnete Gröber hat die Regierung angegriffen, als ob sie unehrlich gehandelt hätte, in Bezug auf unser Verhalten der Deckungsfrage gegenüber. Ich begreife nicht, wie man ein Verhalten unehrlich nennen kann, das darin besteht, daß ich Dinge nicht sage, die ich zum Teil gar nicht weiß und die ich zum Teil deshalb nicht sagen will, weil ich befürchte, daß dadurch eine Beunruhigung des Erwerbslebens entsteht. Vielleicht ist auch dieser Ausdruck des Abgeordneten Gröber die Folge der zunehmenden demokratischen Richtung im Zentrum. Die Vorlage hat die Absicht, zu beruhigen und nicht zu beunruhigen. Der Abgeordnete Gröber hat dann eine Behauptung aufgestellt, die mich an eine frühere Äußerung des Abgeordneten Lieber erinnert. Derselbe sagte einmal, daß, wenn man nicht so viele Soldaten habe, auch nicht so viele getötet würden. Das ist beinahe so, als wenn man es beklagt, daß die Bevölkerungsziffer zunimmt, da dann auch mehr Leute sterben. Nach diesem Grundsatze wäre es allerdings am besten, wenn man gar keine Soldaten hielte. Die strategische Seite der Vorlage hat sich zu der Frage zugespitzt, ob man ein Anhänger der Quantität oder der Qualität ist. Jeder muß aber zugeben, daß die Quantität und auch die Qualität ihre Grenze hat. Daß, wenn die Quantität eine Grenze hat, dann keine Erfolge zu erzielen sind, das lehrt jede Seite der Kriegsgeschichte. Je schlechter eine Truppe ist, desto blutiger und länger ist der Krieg. Und dies Rezept giebt uns auch Herr Gröber. Wollten wir nach einem Siege in Frankreich stehen bleiben, was übrigens nicht von uns, sondern von den Franzosen abhinge, so hieße das, den Krieg in infinitum verlängern. Ich erinnere an die Schlacht von Vionville. Wir hatten damals eine vorzügliche Truppe von 63000 Mann gegen 113000 Franzosen. Da werden die Anhänger der Qualität sagen: seht Ihr, die 63000 schlugen die 113000 Mann. Das ist richtig, wir konnten aber den Sieg nicht ausnutzen. Wir mußten bis zum 18. warten, wo wir 187000 gegen 113000 Franzosen waren. Das beweist also, daß auch die beste Truppe, wenn sie dem Feinde nicht in der Zahl überlegen ist, den Sieg nicht ausnutzen kann. Das Urteil aller militärischen Autoritäten geht dahin: Wir haben nicht so viel Truppen, wie wir gebrauchen, um einen Krieg erfolgreich zu Ende führen zu können. Deshalb haben wir den Antrag gestellt, die Zahl der Truppen zu vermehren, und die verbündeten Regierungen können von dieser Überzeugung nicht zurückgehen."

Auf eine Anfrage des antisemitischen Abgeordneten Böckel, welche Mitteilungen der Reichskanzler über die Deckungsmittel: Börsensteuer, Luxussteuer, Wehrsteuer ꝛc., machen könne, entgegnet derselbe:

„Hunderte von Beamten wären nötig, um die Fragen alle zu beantworten, die der Vorredner aufgestellt hat. Was die Frage der Deckung anbelangt, so würde ich glauben, den Vorwurf des Abgeordneten Gröber zu verdienen, wenn ich heute etwas anderes antworten wollte, als was ich gestern gesagt habe. Aber ich glaube auch, daß der Vorredner sich dabei beruhigen könnte. Ich bin auch ein Gegner des Schuldenmachens, ob wir damit aber schon aufhören können, kann ich nicht sagen. Meiner Ansicht nach ist es am besten, diese Schulden allmählich zu amortisieren, und auch in Bezug auf die Matrikularbeiträge erkenne ich an, daß dieselben ein Übelstand sind, und man danach trachten soll, sie zu beseitigen. Es ist nur auch hier sehr schwer, ein Einvernehmen herzustellen und zu sagen, wie die Sache sich anders machen läßt. Ich kann den Vorredner nur bitten, zur Regierung das Vertrauen zu haben, daß sie in dem gestern angegebenen Sinne alles thun wird, um die Deckungsfrage zu einer gedeihlichen Lösung zu bringen."

Sitzung am 13. Juli 1893.

Militärvorlage.

Zweite Beratung des Gesetzes, betreffend die Friedenspräsenzstärke des deutschen Heeres.

Zum § 1 nimmt das Wort der Abgeordnete Graf von Hompesch (Zentrum) und weist im Namen des Zentrums den vom Reichskanzler erhobenen Vorwurf, daß das Centrum demokratischen Tendenzen huldige, zurück; es sei eine wahrhaft konservative Partei.

Der Reichskanzler hatte seinen „guten Tag", und der kurze, unfreiwillige Stubenarrest, den ihm eine Venenentzündung auferlegt hatte, schien ihm wenig geschadet zu haben. Dies ging schon aus den wenigen Worten hervor, die er, in trockenem Humor, der Erklärung des Grafen von Hompesch folgen ließ:

„Ich freue mich dieser Erklärung. Ehe ich aber mein Urteil modifiziere, werde ich die weitere faktische Entwickelung der Dinge abwarten."

Mit sichtlichem Gleichmut ertrug er die nun folgenden Angriffe des Abgeordneten Lieber, der der Erklärung des Grafen von Hompesch noch eine längere Erläuterung und eine Rechtfertigung seiner eigenen Person hinzufügte. In seiner Erwiderung hob der Kanzler hervor, daß er wenigstens in der „Kürze" dem Vorredner „über" sein würde.

„Auch ich werde mich der Kürze befleißigen, und ich glaube, ich werde dem Herrn Vorredner darin über sein. Ich habe bei seiner Rede zwei Wahrnehmungen gemacht, eine, die mich betrübt, und eine, die mich erfreut hat. Betrübt hat es mich, daß hier im Reichstage das Beispiel, welches mein Amts= vorgänger gegeben hat, kurzweg als ein schlechtes bezeichnet werden konnte; gefreut hat es mich, daß der Herr Abgeordnete nicht mehr derselbe ist. Der Herr Abgeordnete hat im April in Aschaffenburg eine Rede gehalten, in der er eine Äußerung über die Dynastie, unter der zu leben er die Ehre hat, mit den Worten schloß: Das über den „Hort der Monarchie!" Ich will die Erklärung nicht wiederholen, denn er hat sich ge= wandelt; heute sagte er: En tout fidèle au Roy!*) Ich schließe mit der Hoffnung, daß der Herr Abgeordnete in Zukunft in allem seinem Könige treu sein möge."

---

*) „In allem treu dem Könige." Die Geusen trugen als Erkennungs= zeichen eine Münze, welche auf der einen Seite diesen Spruch und das Brust= bild Philipps trug.

Sitzung am 14. Juli 1893.

Militärvorlage.

Fortsetzung der zweiten Beratung des Gesetzes, betreffend die Friedens=
präsenzstärke des deutschen Heeres.

Die Verhandlung geht zum § 1 des Artikel II ein, der
die Einführung der **zweijährigen Dienstzeit** enthält.

In dieser Rede spiegelt sich so recht die vornehme Natur
Caprivis wie die sachlich abwägende Ruhe des besonnenen
Politikers, der die gegnerischen Einwendungen mit Würde zu
entkräften sucht.

„Der Herr Vorredner*) hat bemerkt, daß ich von der
Möglichkeit, die zweijährige Dienstzeit durchzuführen, nicht hin=
reichend überzeugt sein müsse, sonst würde ich dieselbe nicht
zunächst nur auf 5 Jahre zugestehen. Im Gegenteil, ich bin
persönlich von der Möglichkeit ihrer Durchführung völlig über=
zeugt, mache aber nicht den Anspruch, unfehlbar zu sein und
die Zukunft voraussehen zu können. Bei dem, was der Herr
Vorredner dann von dem Eindringen der Sozialdemokratie in das
Heer gesagt hat, ist er, wie ich bedauere konstatieren zu müssen,
von durchaus falschen Voraussetzungen ausgegangen. Bei der
Zusammensetzung der Infanterie wie der Kavallerie haben wir
die dreijährige Dienstzeit schon lange nicht mehr. (Zwischenruf
des Abgeordneten Grafen von Bismarck: Das habe ich ja
selbst gesagt!) Wir haben per Kompanie niemals mehr als
15—25 Mann vom dritten Jahrgang gehabt. (Zwischenruf des
Abgeordneten Grafen von Bismarck: Sehr richtig! Aber das
habe ich ja selbst schon gesagt!) Das hat der Herr Vorredner
aber nicht gesagt, daß wir die besten Leute beurlauben. Die

---

*) Graf Herbert von Bismarck=Schönhausen hatte vorher eine
sachliche und wohldurchdachte, von der Linken mit heftigen Rufen unterbrochene
Rede gehalten, worin er sein Bedenken gegen die zweijährige Dienstzeit
aussprach.

15, 25 Mann, welche das dritte Jahr hindurch bleiben, sind teils Spezialisten, Schreiber und Burschen, zum anderen Teil aber unfähige Leute. Was die Verseuchung durch die Sozialdemokratie betrifft, so werde ich die durchseuchten Mannschaften jedenfalls zu den schlechten rechnen und demgemäß behandeln. Ob die fünfzehn bis fünfundzwanzig Dreijährigen, die in dieser Weise zusammengesetzt sind, einen heilsamen Einfluß auf die Jüngeren ausüben werden, ist mir mehr als fraglich. Der Herr Vorredner hält eine tiefgreifende Änderung der Organisation, wie die Einführung der zweijährigen Dienstzeit sie bedeutet, wenn ein Krieg schnell ausbrechen sollte, für bedenklich und er meint, wir hätten den Krieg schon bald zu erwarten. (Zwischenruf des Abgeordneten Grafen von Bismarck: Das habe ich nicht gesagt! Unruhe links, Glocke des Präsidenten.) Ich bitte den Herrn Präsidenten, mich vor Unterbrechungen zu schützen!*)

Wenn ein Krieg bald eintreten sollte, so haben wir ja noch lauter Reserven, die drei Jahre gedient haben. Der Herr Vorredner scheint auch zu meinen, daß bei zweijähriger Dienstzeit die aktiven Truppenkörper weniger für den Krieg geeignet sind, und macht mich für einen Artikel verantwortlich, der das behauptete und 1890 im „Militärwochenblatt" erschien. Es könnte ihm bekannt sein, daß ich damals eben ins Amt gekommen war und nicht Zeit hatte, mich um solche Einzelheiten zu kümmern; weiter, daß das „Militärwochenblatt" nicht vom Reichskanzler, sondern vom Kriegsministerium ressortiert. Besonders hat der Vorredner auch hervorgehoben, daß die Schießausbildung leiden müsse. Um die Frage zu lösen, ist eine ganze Anzahl von Bataillonen herangezogen worden, nicht bloß ein einziges, ausgesuchtes, er irrt darin. Gerade geflissentlich wurden auch im Osten wie im Westen solche Versuchsbataillone gebildet, und die Versuche haben vollkommen gute Erfolge ergeben. Weiter bemängelte der Vorredner, daß durch Gutheißung des Antrages Huene die Kompensationen für die zweijährige Dienstzeit auf-

---

*) Graf Bismarck entschuldigte sich nachher wegen dieser Unterbrechungen; es habe ihm die Absicht, den Grafen Caprivi zu provozieren, fern gelegen.

gegeben seien. Auch hierin irrt er wieder entschuldbarer Weise, da er den Kommissionssitzungen nicht beigewohnt hat. Zunächst wurden Ausgleichsmaßregeln bei den Neuformationen gefunden. Die Vermehrung der Artillerie um 60 Batterieen hat mit der zweijährigen Dienstzeit absolut nichts zu thun; sie erfolgt einfach, weil wir in der Artillerie viel schwächer als Frankreich geworden waren. Von der Kompensation haben wir weiter nichts aufgegeben, als vier Mann per Bataillon. Daß diese Schwächung der Bataillone um vier Mann mir leid gethan hat, kann ich nicht leugnen; aber gegenüber dem Durchgehen des ganzen Gesetzes handelte es sich zweifellos nur um eine Kleinigkeit. Nach den Äußerungen des Vorredners müßte es den Anschein haben, als wenn die Regierung leichten Herzens auf die dreijährige Dienstzeit verzichtet habe. Das ist nicht der Fall. Die Verstärkung der Wehrkraft halten wir für eine Notwendigkeit; bei Aufrechterhaltung der dreijährigen Dienstzeit wäre die Vermehrung viel langsamer und kostspieliger gewesen, weil der Beurlaubtenstand viel langsamer wächst. Dies war der eine Grund; der andere ist, daß wir längst aus dem System der dreijährigen Dienstzeit heraus zu einer ganzen Anzahl von Notbehelfen gekommen waren, die im Grunde nur wenig nützende Maßregeln sind. Unser dritter Grund ist: 1888 stellten wir das zweite Aufgebot zurück und hatten damit anscheinend das große Resultat, eine vierte Großmacht mit 700000 Mann gewonnen zu haben. Kein Soldat wird aber glauben, daß das dasselbe Resultat ist, wie wir es jetzt mit der gegenwärtigen Vorlage gewinnen."

Der Paragraph wird hierauf mit dem Rest des Gesetzes angenommen.

Sitzung am 15. Juli 1893.

Militärvorlage. — Nachtragsetat und Anleihe.

Dritte Beratung des Gesetzes, betreffend die Friedenspräsenzstärke des deutschen Heeres.

Abgeordneter Rickert hatte im Laufe der Debatte die Anfrage an den Reichskanzler gerichtet, ob die von demselben betreffs der zweijährigen Dienstzeit und der Deckungsfrage abgegebenen Erklärungen als nicht nur ihn, sondern die Reichsregierung überhaupt bindend anzusehen seien, was Graf Caprivi mit den Worten: „Die Auffassung des Herrn Abgeordneten Rickert ist richtig," bejahte.

Das ganze Gesetz wird in namentlicher Abstimmung mit 201 gegen 185, also mit einer Mehrheit von 16 Stimmen, angenommen. Der Reichskanzler verlas hierauf die Allerhöchste Botschaft, die ihn ermächtigt, die gegenwärtige Sitzung des Reichstages zu schließen, und sprach im Auftrage des Kaisers den Dank für die Annahme der Militärvorlage mit folgenden Worten aus:

„Meine Herren, mit großer Befriedigung begrüßen Seine Majestät der Kaiser und Seine hohen Verbündeten das Ergebnis Ihrer Beratungen. Das feste Vertrauen, der Reichstag werde bereit sein, die als notwendig erkannten Opfer zu bewilligen, hat nicht getäuscht. Je unerschütterlicher die Überzeugung der verbündeten Regierungen feststeht, daß das vorgeschlagene Maß der Heeresvermehrung nicht über das Bedürfnis hinausgeht, um so dankbarer empfinden sie es, daß das Verständnis für die Notwendigkeit der Heeresreform immer weitere Kreise durchdringt und auch hier im Reichstage zur Annahme der Vorlage geführt hat. Es gereicht mir zur besonderen Freude, daß ich von Seiner Majestät beauftragt bin, Ihnen Allerhöchstseinen Dank auszusprechen. Auf Befehl Seiner Majestät des Kaisers, erkläre ich den Reichstag für geschlossen."

Die unter demselben Datum (15. Juli) veröffentlichte Kabinettsordre des Kaisers spricht dem Reichskanzler für die Durchsetzung der Militärvorlage einen besonderen Dank aus:

„Mein lieber Reichskanzler Graf von Caprivi! Mit freudiger Genugthuung blicke Ich auf den erfolgreichen Abschluß der Verhandlungen über die Armee-Reform, welche durch die notwendige Verstärkung unserer Wehrkraft eine Bürgschaft für die Sicherheit des Reichs und damit für eine gedeihliche Entwicklung unserer vaterländischen Verhältnisse darbietet. Neben der patriotischen Unterstützung, welche das von Mir und Meinen hohen Verbündeten verfolgte Ziel in weiten Kreisen des deutschen Volkes sowie bei der Mehrheit des Reichstags gefunden hat, ist das Zustandekommen dieses großen Werkes vor allem Ihr Verdienst, indem Sie mit fachmännischem Verständnis, staatsmännischem Blick und hingebender Thätigkeit in allen Stadien der stattgehabten Erörterungen sich haben angelegen sein lassen, die Reform einem befriedigenden Ende entgegenzuführen. In der Wertschätzung dieser Ihrer Verdienste weiß Ich Mich mit Meinen hohen Verbündeten eins, und es ist Mir eine angenehme Pflicht, Ihnen Meine volle Anerkennung und Meinen unauslöschlichen Dank mit dem Wunsche auszusprechen, daß Ihre unschätzbaren Dienste Mir und dem Vaterlande noch lange mögen erhalten bleiben! Ihr wohlgeneigter Wilhelm I. R."

Reden im preußischen Landtage.

Abgeordnetenhaus.

Sitzung am 15. April 1890.

Bei der dritten Beratung des Gesetzentwurfs, betreffend die Feststellung des Staatshaushaltsetats für das Jahr vom 1. April 1890/91 ergreift der Reichskanzler, Ministerpräsident von Caprivi das Wort, um sich dem Abgeordnetenhause vorzustellen:

„Durch Befehl Seiner Majestät des Kaisers und Königs zum Präsidenten des Staatsministeriums ernannt, habe ich heute zum ersten Male die Ehre, vor diesem Hohen Hause zu erscheinen. Wenn ich mir vor der Tagesordnung das Wort erbeten habe, so ist es nicht etwa geschehen, um im Namen der Staatsregierung ein Programm vor Ihnen zu entwickeln. Eine solche Maßregel würde mir an sich und im allgemeinen fragwürdig erscheinen; sie wäre unmöglich heute gegenüber meiner Person. Den politischen Angelegenheiten bisher fremd, bin ich vor einen Wirkungskreis gestellt, den auch nur im allgemeinen zu übersehen, mir bis heute nicht möglich gewesen ist. Ich habe es aber für meine Pflicht gehalten, und ich habe den Wunsch gehabt zu erscheinen, um den ersten Schritt zur Anknüpfung persönlicher Beziehungen zwischen Ihnen, meine Herren, und mir zu thun. Sie werden begreifen, daß gegenüber meinem großen Vorgänger ich ein sehr lebhaftes Bestreben haben muß, in persönliche Beziehungen mit Ihnen wenigstens insoweit zu treten, als solche persönlichen Beziehungen die sachliche Erledigung der

Geschäfte fördern. Ich müßte das Gefühl etwa eines Ministers haben, der seine amtliche Wirksamkeit mit einem bedenklichen Defizit anfängt, wenn ich nur meine Person an dieser Stelle in Betracht zöge. Wenn ich aber trotzdem unverzagt mein neues Amt angetreten habe, so geschieht es in der Erwägung, daß andere Momente es mir möglich machen werden, wenn auch nicht in dem Maße, wie mein großer Vorgänger, aber in bescheidenerer Weise die Geschäfte zum Segen des Landes zu führen. Ich bin überzeugt, daß das Gebäude, was unter der hervorragenden Mitwirkung des Fürsten Bismarck entstanden ist, seiner genialen Kraft, seines eisernen Willens, seiner tiefen Vaterlandsliebe — daß dieses Gebäude fest genug gefügt und gegründet ist, um auch, nachdem seine stützende Hand ihm fehlt, Wind und Wetter widerstehen zu können. Ich halte es für eine überaus gnädige Fügung der Vorsehung, daß sie in dem Moment, wo die Trennung des Fürsten von dem öffentlichen Leben eintrat, die Person unseres jungen erhabenen Monarchen in ihrer Bedeutung für das In- und Ausland hat so klar hervortreten lassen, daß diese Person geeignet ist, die Lücke zu schließen und vor den Riß zu treten. Ich habe drittens einen unverwüstlichen Glauben an die Zukunft Preußens; ich glaube, daß die Fortdauer des preußischen Staates und des an seine Schultern gelehnten Deutschen Reiches noch auf lange eine welthistorische Notwendigkeit ist, und ich glaube, daß dies Land und dies Reich noch einer hoffnungsvollen Zukunft entgegengehen. Sie werden das Wort Seiner Majestät gelesen haben, daß der Kurs der alte bleiben soll, und schon der Umstand, daß meine Herren Kollegen unentwegt ihre Ämter fortführen, wird Ihnen beweisen, daß die Staatsregierung nicht die Absicht hat, eine neue Ära zu inaugurieren. Es liegt aber in der Natur der Verhältnisse und der Menschen, daß einer Kraft wie der des Fürsten Bismarck gegenüber andere Kräfte schwer Platz greifen konnten, daß unter seiner zielbewußten, auf sich selbst gestellten Weise, die Dinge anzusehen und zu treiben, manche andere Richtung hat in den Hintergrund treten müssen, daß manche Idee, mancher Wunsch, wenn sie auch berechtigt waren, nicht überall haben in Erfüllung gehen können. Es wird die erste Folge des Personenwechsels in Bezug auf die Regierung selbst die sein, daß die einzelnen Ressorts einen größeren Spielraum gewinnen und mehr hervortreten als bisher. Es wird dann ganz unvermeidlich sein, daß innerhalb des preußischen Staatsministeriums die alte kollegiale Verfassung mehr zur Geltung kommt, als sie unter diesem mächtigen Ministerpräsidenten es konnte. Ohne formal autorisiert zu sein, glaube ich auch im Einverständnis mit meinen Herren Kollegen aussprechen zu können, daß die Staatsregierung überall bereit sein wird, solche zurückgehaltenen Gedanken und Wünsche aufzunehmen, sie von neuem zu prüfen, und soweit sie die Überzeugung von ihrer Durchführbarkeit gewinnt, sie zu realisieren. Wir werden das Gute nehmen, von wo und durch wen es auch kommt, und wir werden ihm Folge geben, wenn unserer Überzeugung nach eine solche Folge mit dem Staatswohl vereinbar ist. Wenn auf diese Weise die Staatsregierung dem Hohen Hause und den Wünschen des Landes entgegenzukommen bereit ist, so darf ich die Hoffnung aussprechen, daß auch ich in diesem Hause und von den Herren auf Entgegenkommen rechnen kann. Wir werden gern mit allen denjenigen zusammenarbeiten, und wir hoffen auf einen engeren Zusammenschluß aller derjenigen angesichts der immerhin schwierigen Lage im Innern, vor der wir voraussichtlich stehen werden, — mit allen denen, die ein Herz für Preußen haben, und die gesonnen sind, den Staat im monarchischen, das Reich im nationalen Sinne weiter zu führen und ausbauen zu helfen."

Das erste Erscheinen des „General-Reichskanzlers" entsprach den Erwartungen, welche seit seiner Ernennung zum Reichskanzler und Ministerpräsidenten weite Kreise erfüllten. Die Rede war fest und entschieden, sicher und bestimmt, bald tönten rechts Beifallsrufe, später rief die Linke ebenso laut Bravo, und am Schluß war der Beifall ein allgemeiner.

Sitzung am 16. April 1890.

Die Stellung der Regierung zur sogenannten offiziösen Presse.

Abgeordneter Dr. Windthorst hatte gewünscht, daß das Abgeordnetenhaus wie die Regierung von der Meinung ausgehen möchten, beide hätten den festen, entschlossenen Willen, Frieden zu stiften und den Streit zu meiden. Daran knüpft der Ministerpräsident mit folgenden Worten an:

"Ich könnte mich bei den letzten Erklärungen des Herrn Abgeordneten Windthorst gern beruhigen; er hat indessen seinen Gesichtskreis von dem Ressort des Ministeriums des Innern auf das gesamte Ressort der Staatsverwaltung erweitert und nötigt mich dadurch wenigstens zu einigen Worten. Sie werden begreiflich finden, daß ich mich auf eine retrospektive Betrachtung der Preßerzeugnisse nicht einlasse. Man hat gestern gesagt: wir haben Worte gehört, wir wollen auch Thaten sehen. Und nun, meine Herren, der Herr Abgeordnete hat das ja in so wohlwollender Weise betont, daß in einer so kurzen Zeit von vielen Thaten nicht die Rede sein kann; das aber will ich ihm doch bemerken, daß, sobald der Personenwechsel stattgefunden hat, das Staatsministerium in ernste Erwägungen über die Fragen eingetreten ist, die jetzt hier behandelt worden sind. Ich kann den Herrn Abgeordneten Windthorst versichern, daß, seit der Personenwechsel eingetreten ist, aus der Reichskanzlei, die er speziell nannte, nicht ein einziges Wort in die Presse gekommen ist, und ich vermute, es wird so bleiben. Es könnte dann noch ein anderes Ressort zur Sprache kommen, wenn von Preßbewegung die Rede ist; das ist das Ressort der auswärtigen Angelegenheiten. Ein heikler Punkt! Der Herr Abgeordnete Windthorst, der selbst die Ansicht aufgestellt hat, daß der Reichs- und Staatsanzeiger nicht der alleinige Ort sein könne, in dem die Regierung ihre Ansichten zum Ausdruck bringt, wird, das glaube ich, für die Behandlung der auswärtigen Angelegenheiten mir den Wunsch, in auswärtigen Staaten gewisse Auffassungen unserer eigenen Ansichten zu verbreiten, als berechtigt zugeben. (Abgeordneter Windthorst: Ja!)

Wir müssen für die auswärtige Presse, für die Beeinflussung auswärtiger Ansichten uns die Möglichkeit offen erhalten, Organe da zu wählen, wo wir sie am geeignetsten zu finden glauben. Ich will nur ein einziges Moment andeuten. Wir müssen für gewisse Verhältnisse in der Lage sein können, einen Artikel, der uns selbst im Augenblick wünschenswert gewesen ist, nach acht Tagen desavouieren zu können. Wenn wir im Staatsanzeiger allein schrieben, so wäre das einfach ausgeschlossen. Ich glaube aber auch in der Benutzung der Presse in Bezug auf auswärtige Beziehungen erklären zu können, daß wir uns einschränken werden, und daß wir, wie ich glaube, daß es in der Vergangenheit geschehen ist, auch in Zukunft in dieser Beziehung über die Regeln eines guten Tons nicht hinausgehen werden. Wenn nun der Herr Abgeordnete Windthorst davon gesprochen hat, daß bei der bisherigen Weise der Preßbenutzung auch falsche Schafe in unsern Stall kommen können, so möchte ich mir den Vorschlag erlauben, der Staatsregierung selbst zu überlassen, daß sie den eigenen Stall von falschen Schafen reinigt."

Auch dieses zweite Auftreten des neuen Reichskanzlers war ein überaus glückliches. Seine Ausführungen über die offiziöse Presse fanden den Beifall aller Parteien. Indes haben die Thatsachen doch bewiesen, daß die Regierung einer von ihr inspirierten Presse füglich nicht entbehren kann.

Sitzung am 13. November 1890.

Unser Beamtenstand ist noch der alte. — Die Gesetzgebung muß auch nach der Richtung ihrer Wirkung auf die sozialen Reformen geprüft werden. — Die vorgelegten Gesetzentwürfe werden den Staat direkt stärken.

Der Ministerpräsident, Reichskanzler von Caprivi, legte dem Abgeordnetenhause die Gesetzentwürfe über die Einkommensteuer, die Erbschaftssteuer, die öffentliche Volksschule, die Abänderung des Gesetzes, betreffend die Überweisung von Beträgen aus landwirtschaftlichen an die Kommunalverbände, den Entwurf einer Landgemeinde-Ordnung und eines Gewerbesteuergesetzes vor. Hierbei bemerkte er folgendes:

„Es ist nur möglich gewesen, die Gesetze dem Hause vorzulegen unter einer Anstrengung der Königlich Preußischen Ministerien, wie sie wohl seit langer Zeit nicht dagewesen ist. Es ist mir ein Bedürfnis und gereicht mir zur Freude, hier konstatieren zu können, daß in allen beteiligten Ressorts — und fast alle waren beteiligt — mit einer Hingabe und einer Schaffensfreudigkeit gearbeitet worden ist, die mir den Beweis liefert, daß unser Beamtenstand noch der alte, noch eine sichere Stütze der Monarchie und des Staates ist. Es kann nicht meine Aufgabe sein, eine erschöpfende Darstellung des Inhalts dieser Gesetze zu geben. Was die Einkommensteuer angeht, so kann ich nur wiederholen, was die Thronrede gesagt hat. Es liegt nicht in der Absicht der Staatsregierung, die Einnahmen des Staates durch die in Bezug auf die Einkommensteuer Ihnen vorgeschlagenen Veränderungen zu vermehren. Es liegt in der Absicht, die Steuer so umzuformen, daß die Auflage eine gerechtere wird, daß unbemittelte Schultern entlastet werden, und daß individuellen Verhältnissen der Steuerzahler mehr Rücksicht geschenkt werden kann, als das bisher der Fall gewesen ist. Sollten Mehreinnahmen aus der Einkommensteuer entstehen, worüber ein Urteil zu fällen bis jetzt unmöglich ist, so wird der Mitwirkung der gesetzgebenden Faktoren für die weitere Verwendung solcher Überschüsse der Spielraum gesichert werden. — Ich bin der Meinung, daß in einer Zeit, in der die soziale Frage eine so hervorragende Stellung einnimmt, in der wir vor so schwierigen Aufgaben nach der sozialen Richtung stehen, alle Schritte der Regierung und der gesetzgeberischen Körper auch nach der Richtung hin geprüft werden müssen: wie werden sie wirken in Bezug auf die sozialen Reformen? Werden sie in einem Kampfe, der, von den staatsbedrohenden Elementen ausgehend, gegen das Dasein des Staates und der Kultur inszeniert zu werden scheint, imstande sein, den Staat zu stärken und zu kräftigen? Das wird der Fall sein! Zunächst wird der Staat eine direkte Stärkung dadurch erfahren, daß die Finanzen auf eine festere, sicherere Grundlage gestellt werden, daß Rechtsunsicherheiten, wie sie in Bezug auf das Gemeindeleben und in Bezug auf die Volksschule thatsächlich und nicht in unerheblichem Umfange vorgelegen haben, beseitigt werden, und daß die Volksschule an Kraft und Gesundheit gewinnt und dadurch auf die Erziehung der künftigen Generation mehr und besser einzuwirken befähigt wird, als das bisher der Fall gewesen ist. Die Staatsregierung hat keinen Anlaß gehabt, auf eine Verstärkung ihrer Macht in irgend einer Richtung auszugehen; die Staatsregierung ist sich ihres Rechts und ihrer Pflicht, die Gesetze mit allen ihr zu Gebote stehenden Mitteln durchzuführen, die Ordnung im Staate zu erhalten, den Besitz zu schützen, vollkommen bewußt; sie hat aber bisher noch nicht das mindeste Anzeichen gefunden, daß die bestehenden Gesetze für diese Zwecke nicht ausreichen. Sollten solche Anzeichen eintreten, so wird die Staatsregierung nicht säumen, das zu thun, was etwa notwendig sein könnte, um weitere Garantieen zu schaffen. Wir wissen ganz genau, was unsere Schuldigkeit ist, und sind gewillt, alle der Regierung zu Gebote stehenden Machtmittel rücksichtslos anzuwenden, wenn wir, was Gott verhüten wolle, vor die Notwendigkeit gestellt werden; wir sind aber nicht gesonnen, vorher aus Besorgnis Maßregeln zu ergreifen, wenn nicht reale Motive zur

Zeit vorliegen. Diese Gesetze stärken also nicht die Staatsregierung, sondern den Staat direkt. Man darf sich aber der Hoffnung hingeben, daß sie auch indirekt zur Stärkung des Staates beitragen werden; denn es will mir scheinen, wie wenn der Staat nur gewinnen kann in dem Kampf, vor den er gestellt ist, wenn es ihm gelingt, die Zahl seiner Gegner zu verringern. Die Regierung kann niederhalten, niederschlagen, damit ist die Sache aber nicht gemacht; die Schäden, vor denen wir stehen, müssen von innen heraus geheilt werden, und dazu gehört nach dem Dafürhalten der Regierung, daß die Liebe zum Staat, das Wohlbefinden im Staat, das Sichheimischfühlen, die Teilnahme mit Kopf und Herz an den Aufgaben des Staates in weitere Kreise getragen wird. Der Weg zu dieser Liebe zum Staat wird aber für einen großen Teil unserer Mitbürger durch die Liebe zur Gemeinde gehen, und eine solche Liebe zur Gemeinde zu erhöhen, zu wecken und zu kräftigen, ist einer der Zwecke dieser Vorlage. — Und so möchte ich mit dem Appell an das Hohe Haus schließen, über den Rahmen dieser Vorlage hinaus zusammenzuhalten zur Erhaltung des Staates. Wir haben große Kriege erlebt, und zu den erfreulichsten und schönsten Seiten dieser Kriege hat gehört, daß während ihrer Dauer alle Parteien den inneren Hader vergaßen und alle nur das eine Ziel hatten: das Vaterland. Jetzt stehen wir auch in einem Kriege, der in seinen Folgen nicht weniger bedenklich, nicht weniger gefährlich ist. Warum sollte es da nicht auch möglich sein, zu sagen: Hier das Vaterland, bei dem wollen wir stehen, für das wollen wir arbeiten, für das wollen wir alle inneren kleinen Streitigkeiten vergessen."

Sitzung am 24. Januar 1891.

Erste Beratung des Gesetzentwurfs zur Ausführung des § 9 des Gesetzes, betreffend die Einstellung der Leistungen aus Staatsmitteln für die römisch-katholischen Bistümer und Geistlichen vom 22. April 1875.

Die sogenannten Sperrgelder.

„Es wird dem Hohen Hause erinnerlich sein, daß im vorigen Jahre die Staatsregierung einen Gesetzentwurf über Verwendung der sogenannten Sperrgelder eingebracht hat. Das Gesetz kam nicht zustande, im wesentlichen, weil die Zustimmung des Zentrums zu der von der Staatsregierung vorgeschlagenen Verwendungsweise nicht zu erlangen war. Fehlte aber diese Zustimmung, so war der Zweck, den die Staatsregierung verfolgte, verfehlt, denn es blieb dann ein Objekt stehen, was nach wie vor zu Angriffen gegen die Staatsregierung, zur Beunruhigung unserer katholischen Mitbürger gereichen konnte. Im November traten die katholischen Bischöfe in Köln zusammen und richteten zwei Eingaben an die Staatsregierung, die eine betreffend das Gesetz über die Volksschule, die andere betreffend die Sperrgelder. Auf die erstere Eingabe und die darin niedergelegten Wünsche der Bischöfe konnte die Staatsregierung nicht eingehen, dagegen war es ihr möglich, in eine Prüfung der zweiten Eingabe einzugehen und sich die Frage vorzulegen: wie kann man den Wünschen der Bischöfe, ohne das Staatsinteresse zu gefährden, nachkommen? Die Wünsche der Bischöfe gingen im wesentlichen dahin, daß nicht eine Rente, sondern das Kapital der katholischen Kirche zurückgestellt werden möge, wogegen dann die Bischöfe die Verpflichtung übernehmen, diejenigen geschädigten Interessenten zu befriedigen, deren Befriedigung überhaupt möglich sein würde. Sie waren weiter der Meinung, daß der dann verbleibende Rest des Geldes der katholischen Kirche zu überweisen und zu Diözesanzwecken zu verwenden sei. Die Staatsregierung hat geglaubt, hierauf ohne Schädigung staatlicher Interessen eingehen zu können. Sie ist der Meinung, daß durch diesen Vorschlag die katholische Kirche befriedigt wird.

Wenn ich das Hohe Haus bitte, in eine wohlwollende Beratung dieses Entwurfs einzutreten, so will ich mir noch die Bemerkung gestatten, daß die Staatsregierung gleichzeitig den Wunsch gehabt hat, die evangelischen Desiderien nach Aufhebung der Stolgebühren zu befriedigen; es ist bis zur Stunde nicht möglich gewesen.

Ich habe in der Presse die Bemerkung gefunden, daß die Staatsregierung, indem sie dem Hohen Hause die Annahme dieses Gesetzesvorschlages empfiehlt, wahrscheinlich ein Handelsgeschäft mit einer Partei dieses Hauses abgeschlossen hätte. Ich verwahre mich im Namen der Staatsregierung gegen eine solche Unterstellung. So lange ich die Ehre habe, an der Spitze des Staatsministeriums zu stehen, glaube ich versichern zu können, daß mit Angelegenheiten, die das Staatswohl betreffen, Handel nicht getrieben werden wird."

Sitzung am 29. April 1891.

Zweite Lesung des Etats für 1891/92: Handelsministerium.

Der Ministerpräsident läßt sich über die Verwaltung des Welfenfonds aus. Der Welfenfonds an sich soll in seiner Eigenart und mit den durch das Beschlagnahme-Gesetz angeordneten Bestimmungszwecken bestehen bleiben; nur die Rechnungslegung wird unter genauere verwaltungsrechtliche Kontrolle gestellt werden.

„Ich habe mir das Wort erbeten, obwohl der Gegenstand, über den ich mich zu äußern beabsichtige, nur in einer sehr losen Verbindung mit den Dingen steht, über die wir jetzt zu debattieren haben. Die Gewerbeschule in Hannover hat im vorigen und in diesem Jahre seitens des Staates Unterstützungen aus dem Welfenfonds bekommen, und der Welfenfonds ist es, um dessentwillen ich das Wort erbeten habe. Die Staatsregierung empfindet das Bedürfnis, dem Hohen Hause gegenüber ihre Anschauung auszusprechen, die sie über den Welfenfonds hat, über die Weise, wie er bisher verwaltet worden ist, und über das, was sie mit ihm beabsichtigt. Vor reichlich einem Jahre beschäftigte sich das Staatsministerium in einer Sitzung mit dieser Frage und es war die einstimmige Ansicht der Mitglieder, daß, wenn es möglich wäre, dem Welfenfonds eine andere Verwaltung zu geben, das nur im Interesse des Staatsministeriums und des Landes liegen könne. Es ist unmöglich, festzustellen, wie der Welfenfonds in den letzten zwanzig Jahren verwaltet worden ist: denn sämtliche Rechnungen und Quittungen sind alljährlich verbrannt worden.

Man hat unmittelbar den Umtrieben des Königs Georg von Hannover mit dem Fonds entgegentreten zu können geglaubt. Die Regierung ist dazu vollberechtigt gewesen, und mit Unrecht sind ihr Vorwürfe gemacht worden. Die Mitverwendung des Fonds für kirchliche und öffentliche Zwecke in Hannover und Kurhessen ist öffentlich bekannt gewesen.

Alljährlich hat das Staatsministerium sich über die Verwendung des Fonds schlüssig gemacht. Ein Teil ist dem Finanzminister zur Verwendung übergeben worden, ein Teil dem Minister des Innern, und den bei weitem größten Teil hat der Ministerpräsident teils in seiner Eigenschaft als Minister des Auswärtigen, teils als Ministerpräsident erhalten. Über die Verwendung selbst war nichts weiter festzustellen, als was ohnehin bekannt ist, daß man die Auffassung angenommen hatte, im Sinne des Gesetzes, welches besagt, der Fonds sei bestimmt, um den gegen Preußen gerichteten Unternehmungen des Königs Georg und seiner Agenten entgegenzutreten, sei der Fonds auch dann gesetzlich verwendet, wenn man diese Zweckbestimmung des Gesetzes dahin ausdehne, daß mit den Mitteln des Fonds nicht bloß unmittelbar, sondern auch mittelbar solchen Umtrieben entgegengetreten werden könne. Die Diskussionen, die über den Fonds in der Presse stattgefunden haben, geben mir zu dem Glauben Anlaß, daß im Lande vielfach die Meinung verbreitet ist, das wäre ein nicht allein unberechtigtes, sondern auch heimlich und widerrechtlich im Verborgenen von der Regierung angenommenes Verfahren. Was die Rechtsfrage angeht, so ist die Staatsregierung in der Verwaltung des Welfenfonds gesetzlich einer anderen Kontrolle nicht unterworfen, als eben der Zweckbestimmung, die der § 1 der betreffenden Verordnung giebt. Was die weitere Frage angeht, ob die Regierung sich berechtigt halten konnte, bona fide so zu handeln, so kann sie bejaht werden. Denn das, was die Regierung gethan hat, ist seit 1869 im Lande bekannt gewesen. Schon damals hat die Regierung den Standpunkt eingenommen, daß sie berechtigt sei, mittelbar und unmittelbar den Angriffen des Königs Georg oder seiner Agenten gegen Preußen mit diesen Mitteln entgegenzutreten. Sie deduzierte nun: das Geld, das wir nicht zur unmittelbaren Abwehr gegen diese Angriffe brauchen, können wir zur mittelbaren Abwehr anwenden. Mittelbar aber wehrte die Angriffe des Königs Georg und seiner Agenten das ab, was den preußischen Staat und das Deutsche Reich festigt und dadurch die Angriffe, wenn sie erfolgten, aussichtslos macht. Diese Deduktion ist eben nicht neu, und die Staatsregierung hat sie 20 Jahre hintereinander festgehalten und war nach meiner Meinung dazu berechtigt. Dieselbe Auffassung ist später, 1877, noch einmal hier an dieser Stelle zum Ausdruck gekommen. Sie hat Widerspruch erfahren, sie hat aber zu keinem Beschluß des Hauses geführt, der die Regierung gehindert hätte, diese ihre Auffassung weiter als die berechtigte anzusehen. Weiter war die Staatsregierung der Ansicht, daß Ausgaben, die in den betreffenden Provinzen — und damals handelte es sich zum Teil noch um Kurhessen —, in Kurhessen und Hannover, gemacht wurden, auch berechtigt wären und zu den mittelbaren Ausgaben zur Abwehr gehörten. Es ist vielen erinnerlich, und wir haben so viel konstatieren können: es sind Kirchen, Chausseen gebaut, und solche Unternehmungen der verschiedensten Art zu Nutz und Frommen der betreffenden Provinzen sind aus diesem Fonds gefördert worden, und dies ist auch keineswegs im geheimen geschehen oder ein Usus oder Abusus gewesen, der sich nach und nach eingeschlichen hat, sondern in dem Kommissionsbericht vom Jahre 1869 heißt es:

„Der Herr Ministerpräsident hat sich in der Kommission folgendermaßen geäußert (es kommt dann der Schlußsatz seiner Äußerungen, er geht dahin): In keinem Falle aber darf man sich der Besorgnis hingeben, daß die Staatsregierung etwa beabsichtige, durch Ansammlung der Revenueen eine Sparkasse für die Beteiligten anzulegen. Nützliche Verwendungen, namentlich im Interesse der Landesteile, welche die depossedierten Fürsten früher beherrschten, würden sich immer finden lassen, insbesondere in Kurhessen, wo nützliche, ja notwendige Bauten ausgeführt werden können, deren Ausführung von früheren Regierungen beharrlich verweigert worden ist."

Der Berichterstatter fuhr dann fort:

„Diese Auffassung der Königlichen Staatsregierung hat, wie aus den zuvor mitgeteilten Resultaten der Kommissions-Beratung hervorgeht, die Zustimmung der Kommission gefunden, wie dies ihr mit 12 gegen 2 Stimmen gefaßter, auf Annahme des Gesetzentwurfes gerichteter Beschluß beweist."

Das ist der Standpunkt, den die Regierung 20 Jahre hindurch angenommen hat und den das Staatsministerium im Frühjahr v. J. zu ändern für wünschenswert hielt.

Der Zeitpunkt ist ungeeignet erschienen, da gerade damals die welfische Agitation in Hannover zugenommen hat.

Es ist damals zu einer Änderung nicht gekommen, weil, indem man der Sache näher trat, sich erhebliche Bedenken herausstellten. Die Absicht, eine Änderung herbeizuführen, wurde nicht aufgegeben. Man sah aber ein, daß die Sache doch nicht so ganz einfach war, wie es auf den ersten Blick schien. Es mußte dabei inbetracht kommen, ob der Zeitpunkt für eine solche Änderung nach außen hin ein günstiger sei, denn eine solche Änderung wirkt ja nicht bloß auf Preußen, sie wirkt auch auf Menschen, die sich außerhalb Preußens befinden, und auch auf Beziehungen zu diesen Menschen und zu anderen Ländern hin. Die Regierung mußte dies nach außen hin verneinen. Es kam weiter die Frage: „Ist der Zeitpunkt nach innen hin ein günstiger?" und da mußte die Staatsregierung zu ihrem Bedauern sich sagen, daß gerade in dem Moment, wo die welfische Agitation in der Provinz Hannover an Kraft gewonnen hat, wo die Zahl der welfischen Abgeordneten zugenommen hatte, es doch am Ende bedenklich wäre, den Fonds aus der Hand zu geben. Nicht, daß man diesen Fonds ganz oder zum größten Teil brauchen könnte, um welfischen Agitationen entgegenzutreten, aber die Frage lag doch sehr nahe: „Wenn die Staatsregierung diese Waffe auch nicht brauchen kann, sie giebt sie aber aus der Hand, und sie kommt vielleicht in die Hand ihrer Gegner, sie kommt in die Hand von Männern, die die Meinung haben, welfische Umtriebe zu schüren, dann hat die Regierung sich geschwächt. Ist der Moment geeignet zu solcher Schwächung?" Die Staatsregierung war der Meinung, daß das nicht der Fall war.

Es kam dann dazu, daß ein Teil von Ausgaben aus diesem Fonds sehr zarter Natur ist, einer Natur, die sich auch schwer lösen läßt. Es sind Pensionen daraus gezahlt worden an verschiedene Stellen, ohne rechtliche Verbindlichkeit für die Fortzahlung, die aber doch die Empfänger in dem Glauben empfangen haben, sie würden fortbezahlt werden. Es sind Institute daraus unterstützt worden, die ebenso, wie ein Teil dieser Pensionen den welfischen Bewohnern der Provinz Hannover sehr nahe liegen, und ich glaube, wenn diese Zahlungen aufhörten, würde der welfischste Hannoveraner unzufrieden damit gewesen sein."

Beschränkung der Revenuen des Fonds auf Hannover. Die Aufhebung des Welfenfonds ist gleichbedeutend mit einer außerordentlichen Erhöhung der geheimen Fonds für das Reich.

„Weiter mußte der Regierung fraglich werden, ob, wenn ein anderes Verfahren eintritt, eine räumliche Begrenzung für die Teile des Welfenfonds, die nicht mehr direkt gegen die Abwehr von Angriffen des Königs Georg erforderlich sind, durchführbar ist, ob also mit anderen Worten es rätlich ist, die Revenuen des Welfenfonds, über welche die Regierung verfügen kann, bloß für die Provinz Hannover auszugeben, oder ob sie auch an anderen Stellen zu verwenden wären. Es kam endlich zur Sprache, und das ist eine der technisch schwierigsten Fragen bei der ganzen Sache, wie soll dem Bedürfnisse des Reiches abgeholfen werden, das zum Teil aus dem Welfenfonds befriedigt worden ist, dem Bedürfnisse nach einem größeren Fonds zu geheimen Ausgaben? Auf dem Etat des Auswärtigen Amtes des Deutschen Reiches stehen jährlich 48000 Mark für geheime Ausgaben. Der Fonds hat sich, soviel ich weiß, durch lange Jahre in seiner Höhe nicht geändert und brauchte sich nicht zu ändern, weil er aus dem Welfenfonds aufgefüllt wurde. Daß aber ein großes Reich mit einer solchen Summe seine geheimen auswärtigen Ausgaben nicht bestreiten kann, ist zweifellos.

Man würde diese Summe nahezu verzehnfachen können, wenn man denjenigen Betrag aufbringen wollte, der unumgänglich erforderlich ist, einen Betrag, wie ihn alle anderen Staaten ausgeben. Ich kann versichern, wir sind in dieser Beziehung sparsam und unbemittelte Leute dem gegenüber, was andere Staaten für die geheimen Zwecke ihrer auswärtigen Politik aufwenden. Nun war dies Geld des Welfenfonds dem preußischen Minister des Auswärtigen zugefallen. Dadurch, daß das Amt sich in Personal-Union mit dem Reichskanzler befindet und befand, wurde es nahe gelegt, nicht zu unterscheiden, was ist hier preußische und was ist Reichsausgabe? Wenn man einmal die Deduktion von der mittelbaren Abwehr der Zwecke des Königs Georg angenommen hatte, dann hatte Preußen ein sehr lebhaftes Interesse daran, daß das Reich erstarkte, denn gegen das Reich richteten sich diese Angriffe auch. Preußen hatte also das Interesse, das Reich zu unterstützen, um von den Geldern, die aus dem Welfenfonds zuflossen, auch dem Reich einen Teil zu geben, um so mehr, als der preußische Minister des Auswärtigen, der ja im wesentlichen auf den Verkehr mit den deutschen Staaten und mit dem Vatikan beschränkt ist, keinen Anlaß hatte, solche Summen aufzuheben. Nun sehe ich als feststehend an, daß ein ungleich höherer Fonds für geheime Ausgaben dem Reichskanzler und dem Staatssekretär des Auswärtigen Amtes zur Verfügung gestellt werden muß, als die 48000 Mark, über die sie bisher verfügen, ehe auf den Welfenfonds und dessen Verwendung zu diesem Zwecke verzichtet werden kann. Wir würden einen Teil unserer Politik zum Stillstande bringen und Folgen herbeiführen, für die wir die Verantwortung nicht übernehmen könnten, ehe wir in den Besitz eines anderen Fonds an Stelle des Geldes, das der Welfenfonds uns bisher gab, gesetzt sind. Das ist eine Schwierigkeit, von der wir glauben, daß sie überwindbar sein wird, aber sie ist technisch nicht unbedeutend, fordert jedenfalls zu viel Zeit, um für jetzt den Reichstag und Landtag mit diesen Dingen zu befassen."

Die Regierung beabsichtigt, in der nächsten Tagung ein auf die Verwendung des Welfenfonds bezügliches Gesetz einzubringen; sie wird dabei die bisherige Zweckbestimmung des Fonds ändern und erweitern, die Verwaltung durchsichtig machen und dem Lande die Kontrolle darüber verschaffen.

„Die Staatsregierung stand also im Frühjahr davon ab, einen definitiven Beschluß zu fassen, sie behielt im Auge, daß diese Dinge geändert werden sollen, und hat sich jetzt nun so weit schlüssig gemacht, daß sie des festen Willens ist, in der nächsten Session*) ein Gesetz vorzulegen, das auf Änderung der Verwendung des Welfenfonds abzielt. Davon wird abzusehen sein, daß der Welfenfonds in den nächsten Jahren dem Hause Hannover herauszuzahlen ist, auch davon wird abzusehen sein, daß er zur Staatskasse zu vereinnahmen ist. Ich glaube, Sie werden es verstehen, wenn ich mich über diese beiden Fragen nicht näher äußere, und sich mit meiner Versicherung begnügen, daß die Staatsregierung nicht in der Lage sein würde,

---

*) Ist geschehen.

ernte aber giebt keinen Anlaß zu dem Glauben, daß wir vor einem Notstande stehen. Wir haben in Betracht ziehen müssen, welche Vorräte im Inlande vorhanden sind. Das ist unendlich schwer zu schätzen. Diejenigen Leute, welche die größeren Vorräte in Händen haben, sind wenig geneigt, sie zu offenbaren. Auf der anderen Seite ist es zweifellos, daß noch eine Unzahl kleiner Posten für den eigenen Bedarf vorhanden ist, die sich jeder Schätzung und jeder Zählung entziehen. Die Summe dieser kleinen Posten ist voraussichtlich größer, als wir annehmen. Wenn wir also auch nicht verkennen, daß die Verhältnisse im Inlande so sind, daß sie nicht ausreichen, das Land zu ernähren, so sind sie doch auf der anderen Seite nicht besorgniserregend. Allerdings zugegeben muß werden: wir haben hohe Preise für das Brotkorn. Indes auch diese Brotkornpreise sind nicht zu hoch. Wir haben seit 1850 in 7 Jahren Jahresdurchschnittspreise gehabt, die ungefähr auf der Höhe standen, auf der unsere Roggenpreise heute stehen."

Die Nachrichten über die Ernteaussichten im Auslande lauten günstig.

„Wir mußten uns weiter fragen, wie steht es mit dem Auslande? Wir sind auf den Import angewiesen. Seit Jahren hat Preußen aufgehört ein Getreide ausführender Staat zu sein. Wir sind auf den Import angewiesen, und je mehr die Bevölkerungsziffer steigt, um so mehr werden wir darauf hingewiesen sein. Es fragt sich, werden die Länder, die gewohnheitsmäßig ihr Getreide versenden, zur Zeit imstande sein, den vergrößerten Bedarf ebenfalls zu decken? Wir glauben, diese Frage bejahen zu müssen. Es kommen da in Betracht außer Österreich=Ungarn Rußland, Nordamerika und Ostasien. Die Nachrichten von dem Erntestand in Österreich=Ungarn lauten wie unsere eigenen. In Rußland ist es im Norden weniger günstig, in der Mitte und im Süden scheint sich die Ernte aber erheblich besser zu gestalten, als man glaubte. Begründete Aussicht auf eine sehr gute Ernte haben Nordamerika und Ostindien. Daraus folgt, daß ein Teil dieser Länder imstande sein wird, denjenigen Import zu leisten, dessen Deutsch=

land bedarf, um bis zur nächsten Ernte fortzukommen, und auch nach der nächsten Ernte da, wo es fehlen sollte, auszuhelfen. Die Auskünfte, welche die Regierung, wie gesagt, aus Handelsplätzen von hervorragenden Kaufleuten, von Reedern, von Versicherungs-Gesellschaften eingezogen hat, gehen übereinstimmend dahin, daß zur Zeit erhebliche Transporte bereits nach Deutschland unterwegs sind. Es soll das, wie man mir sagte, eine Erscheinung sein, die alle Jahre eintritt, daß im Mai, Juni, Juli die Importe sich zu steigern pflegen. Das wird in diesem Jahre noch natürlicher, wahrscheinlicher, teils durch die hohen Preise, teils aber auch durch die Verhältnisse in jenen Ländern, auf deren Import wir angewiesen sind. Es scheint uns zweifellos zu sein, daß der nordamerikanische Markt in dem Bewußtsein, vor einer überreichlichen Ernte zu stehen, das Bedürfnis fühlt, abzuschieben, was er aus dem vorjährigen Bestande noch übrig hat. Wir werden die Wochen zählen können, bis das erste ostindische Getreide auf dem europäischen Markte eintrifft.

Der Weizenkonsum Deutschlands nimmt ersichtlich zu, wenn also vorübergehend Roggenmangel eintreten sollte, würde der Weizen den Mangel decken können.

Was aus Nordamerika und Ostindien kommt, ist größtenteils Weizen, während ja bekannt ist, daß in Preußen das Roggenbrot die Nahrung des größten Teiles unserer Bevölkerung ist, und daß der Roggen noch eine hervorragende Rolle spielt. Indessen auch in dieser Beziehung glauben wir, keinen Grund zu Befürchtungen zu haben. Soweit wir die Sache übersehen können, sind in Rußland noch Roggenbestände, die sich, wie es scheint, in der Hand einzelner reicher Personen befinden, die auf den Augenblick warten, wo es ihnen nutzbringend erscheinen wird, mit ihrem Roggen auf dem deutschen Markte zu erscheinen. Es ist ferner eine erst jetzt beobachtete Erscheinung, daß in Deutschland der Weizenkonsum im Verhältnis zum Roggenkonsum zunimmt. Mag das Motiv dafür sein, daß die Bevölkerung mehr Geschmack am Weizen findet, mag es der steigende Wohlstand sein, mag es der abnehmende Roggenbau sein: die Thatsache liegt vor und spricht dafür, daß, wenn uns Roggen fehlen sollte, ein Übergang zu geringeren Weizensorten für diejenigen Klassen, die Roggen gegessen haben, in nicht unerheblichem Maße möglich ist. Es kommt dann hinzu, daß die Marktverhältnisse in den sogenannten Nebenartikeln, Mais, Hafer, Hülsenfrüchten, besser sind, daß das Land, wenn es davon absieht, Roggen zu anderen Zwecken, also zu Viehfutter zu verkaufen, und dazu diese Nebenartikel verwenden will, wohl in der Lage sein wird, seinen Bedarf an Roggen zu decken.

Demgegenüber muß man die Frage der Aufhebung der Zölle aus einem andern Gesichtspunkte betrachten. Bei einer Aufhebung oder Herabsetzung der Zölle wird das Ausland der Gewinner sein und die Spekulation wird durch die Ermäßigung oder Aufhebung der Zölle nicht beseitigt werden.

Wenn nun die Verhältnisse so liegen, so entsteht für die Regierung die Frage: Soll man sich nicht doch angesichts des Drängens von verschiedenen Seiten, angesichts der Erregung, die im Lande auf die eine oder andere Weise vorhanden ist, entschließen, jetzt auf eine Herabsetzung oder Aufhebung der Zölle hinzuwirken? Man muß sich da die Frage vorlegen: Was würde eine solche Aufhebung zur Zeit nützen? Die Frage, wie weit die Zölle auf die Preisbildung einwirken, ist — und darüber, glaube ich, wird, seitdem zum erstenmale in diesem Hause über die Getreidezölle verhandelt worden ist, eine Klärung der Ansichten eingetreten sein, — eine sehr komplizierte und ist mit so einfachen Worten, wie: das Ausland bezahlt den Zoll, oder: der Konsument bezahlt den Zoll, nicht abgethan. Zahlreiche, sehr schwer zu übersehende Verhältnisse machen es selbst unseren größten Nationalökonomen schwierig, nicht allein generell über diese Frage zu urteilen, sondern auch im einzelnen Falle einwandfreie Resultate zu gewinnen. Sehr schwer wird das in dem gegenwärtigen Falle sein, festzustellen, wie weit eine Aufhebung oder Herabminderung der Kornzölle auf Zeit geeignet wäre, die Kornpreise bei uns zum Sinken zu bringen.

Wir haben in den letzten Tagen, wo infolge der Sitzung vom 27. sich in weiteren Kreisen der Glaube verbreitete, es würden die Zölle herabgesetzt werden, die Erfahrung gemacht, daß in den Nachbarländern, in Rußland und in den Niederlanden die Preise anzogen. Das Ausland schickte sich eben an, von der ungewöhnlichen Lage, in der wir uns befinden, Nutzen zu ziehen. Es läßt sich nicht in Abrede stellen, daß der Weltmarkt, der ja unsere Kornpreise mitbestimmt, im ganzen eine steigende Tendenz hat, und nach dem, was ich von Sachverständigen ersten Ranges gehört habe, neige ich mich auch der Ansicht zu, daß diese steigende Tendenz anhalten wird. Es werden verschiedene Gründe dafür angegeben. Der eine sagt: Unser Kornhandel ist schon seit Jahren nicht weitsichtig genug gewesen, er hat mit falschen Voraussetzungen gerechnet, er fängt jetzt erst an, zu erkennen, wie die Sache liegt, und er wird genötigt sein, mit den Preisen in die Höhe zu gehen. Andere behaupten: bei der steigenden Bevölkerung in der ganzen zivilisierten Welt wird der Getreidebedarf immer stärker, und der Getreidebau hat damit nicht Schritt gehalten. Dieser zweite Teil kommt zu demselben Resultat, wenn auch aus anderen Voraussetzungen: Der Welthandel wird eine steigende Tendenz behalten. Setzen wir nun die Zölle herunter, so ist nach meiner Überzeugung mit Sicherheit anzunehmen, daß die Preisermäßigung auf dem deutschen und preußischen Markte nicht der Heruntersetzung unserer Zölle gleichkommt. Seit einer Reihe von Wochen ist der Preis des Getreides in Deutschland gleich dem Weltmarktpreise — ich nehme hier den Londoner Preis als Weltmarktpreis an — plus den Zöllen und nun variiert er. Einmal kommt er etwas höher und einmal etwas darunter, im allgemeinen aber zahlen wir zur Zeit Weltmarktpreis plus Zoll. Wenn wir aber den Zoll aufheben, so ist — wie ich glaube — mit Sicherheit vorauszusehen, daß ein Teil des Zolles an das Ausland fällt. Man kann den Teil größer oder geringer taxieren, ein Teil aber fällt dem Auslande zu, und nur ein anderer Teil würde den inländischen Konsumenten zugute kommen. Das Ausland gehört also zu den Gewinnern. Wie weit der inländische Konsument zu den Gewinnern gehören würde, das ist zweifelhaft, um so zweifelhafter, je geringer die Herabsetzung ist und auf je kürzere Zeit sie beliebt würde. Die Staatsregierung hat in reiflicher Erwägung aller dieser Verhältnisse sich davon überzeugt, daß mit einer mäßigen Herabsetzung der Zölle — also etwa das, was man ein Offenlassen bis zum Perfektwerden des deutsch=österreichischen Handelsvertrages nennen würde — nicht geholfen ist, sondern daß, wenn eine Ermäßigung der Brotpreise eintreten soll, wenn also unsern armen Mitbürgern geholfen werden soll, dann der Zoll auf Zeit ganz erlassen werden müßte. Das aber ist eine Maßregel, zu der die Staatsregierung sich nicht würde entschließen können. Wenn wir also auf der einen Seite den Nutzen, der aus einer Herabsetzung oder einer zeitweisen Aufhebung des Getreidezolles entstehen würde, für einen fraglichen halten, so halten wir für ungleich weniger fraglich den Schaden, der aus einer solchen Maßregel entstehen würde. Darüber kommen die Sachverständigen des Handels, der Industrie und der Landwirtschaft, wie mir scheint, überein, daß für eine gesunde Entwickelung dieser Erwerbszweige Stetigkeit das erste Erfordernis ist. Stetigkeit braucht der Handel, um Verbindungen einzugehen, die ja, wie es beim Handel meist der Fall ist und beim Getreidehandel erst recht, oft erst in langer Zeit wirksam werden. Einer ruhigen Entwickelung bedarf der Handel. Wenn man aber die Zölle auf Monate hin= und herwirft, so ist eine solche ruhige Entwicklung gefährdet. Das solide Geschäft leidet darunter, und zieht sich vom Handel zurück, während die Spekulation — und ich will dabei sagen, um nicht mißverstanden zu werden, ich halte die Spekulation nicht für etwas Schädliches an sich, sondern für etwas an sich Nötiges; sie muß die Bedürfnisse des Volkes vorhersehen, um ihnen nachkommen zu können; ich will damit nicht sagen, daß nicht wie alle menschlichen Dinge auch sie ihre Übertreibungen und Mißleitungen erfahren könnte, aber die Spekulation ist im ganzen erforderlich — nach dieser Parenthese will ich fortfahren: die Spekulation, ich möchte sagen, die wilde Spekulation, die prosperiert bei dem Hin= und Her= schwanken der Verhältnisse, unter denen sich der Handel zu bewegen hat, und ich wiederhole, der gesunde und solide Handel bedarf der Stetigkeit. Ähnlich liegen die Ver=

hältnisse nach meinem Dafürhalten in Bezug auf die Landwirtschaft. Ich kann da zunächst anführen, daß, wenn die Staatsregierung sich entschlösse, bei den Reichsbehörden eine Aufhebung unserer Getreidezölle oder wenigstens der Zölle für Brotgetreide auf Monate zu beantragen, und wenn dieser Antrag Folge hätte, daß wir dann doch nach Ablauf der Frist, für welche die Aufhebung gegeben wurde, sehr leicht in der Verlegenheit sein könnten, das schwer wieder einzuführen, was wir erst aufgehoben haben, daß dann eine Agitation, eine Bewegung in der Bevölkerung entstehen könnte durch Ereignisse, die sich im Augenblicke gar nicht übersehen lassen, in noch höherem Grade als jetzt; sie könnte vielleicht innerlich unberechtigt sein, sie könnte aber ein Motiv haben, welches es einem Teile der mitwirkenden Faktoren erschweren müßte, überhaupt auf Getreidezölle zurückzukommen.

Nun haben aber die preußische Regierung, und soweit ich unterrichtet bin, die verbündeten Regierungen keineswegs im Sinne und auch nicht im Sinne gehabt, zu einem Freihandelssystem in Bezug auf das Getreide überzugehen. Wir haben in Verhandlungen, die ja offenkundig sind, mit anderen Staaten uns entschlossen, zu einer gewissen Herabsetzung unserer Getreidezölle die Zustimmung zu geben, aber unter der Voraussetzung, daß wir da auf anderem Gebiete Gewinne machen, die uns eben Äquivalente dafür geben.

Neben diesen auf dem Handel und der Landwirtschaft basierten Motiven hat die Staatsregierung auch Motive politischer Art. Man kann uns einwenden: Macht doch dieser unerquicklichen Agitation ein Ende. Es ist ja nichts einfacher für die Regierung, als daß sie sagt: Die öffentliche Meinung ist dafür. Wir würden vielleicht in allen Parteien dieses Hauses Stimmen für einen Schritt beim Bundesrat, der auf Aufhebung der Zölle zielte, gewinnen können. Ja, wenn wir von dem Gesichtspunkte ausgingen, so wäre unsere Verantwortung allerdings leicht gedeckt. Ich bin aber der Meinung, daß eine Regierung dazu da ist, Verantwortungen zu tragen und auf sich zu nehmen, wenn sie davon überzeugt ist, daß das, was sie will, zum Besten des Staates dient. Eine Regierung muß auch **gegen den Strom schwimmen** können. Und selbst wenn der Strom der Agitation in Bezug auf diese Maßregel noch wachsen sollte, so traue ich uns zu, daß der Strom uns nicht auf die andere Seite bringen wird, so wenig wie manche andere Agitation uns schon aus der Richtung gebracht hat, die wir für die richtige gehalten haben. Wir haben — und darin möchten wir niemand nachstehen — ein warmes Herz für die armen Klassen. Aber auch in dieser Beziehung glauben wir recht zu handeln, wenn wir auf eine Herabsetzung oder Aufhebung der Getreidezölle auf einige Monate nicht eingehen. Wie weit würde sich denn der Brotpreis ändern, wenn die ganze Welt der Zwischenhändler, der Bäcker — an sich auch Leute, die ihr gutes Recht haben, einen Gewinn machen zu wollen — von hause aus wüßte, die Sache dauert nicht lange? Was würde dann eine Herabsetzung etwa auf die Hälfte nützen? Wenn wir den Roggenzoll auf 25 Mark für die Tonne auf 4 Monate herabsetzten, so würde der Effekt vielleicht der sein, daß das Kilogramm etwa 2—3 Pfennige billiger würde. Ich habe nicht den Glauben, daß diese Preisermäßigung in dem Preise oder in dem Gewichte des Brotes zum Ausdruck kommt."

Sitzung am 2. Juni 1891.

Zweite Beratung des Sperrgelder-Gesetzentwurfs.

„Die Staatsregierung zieht noch jetzt den Entwurf, welchen sie dem Hause vorgelegt hat, vor. Um aber den Frieden herzustellen und zu fördern, ist sie bereit, dem Gesetzentwurf, wie er aus der Kommmission gekommen ist, ihre Zustimmung zu geben."

Sitzung am 11. Juni 1891.

Auf der Tagesordnung steht der Antrag Rickert, die Staatsregierung zu ersuchen, dem Abgeordnetenhause das Material über die zur Zeit verfügbaren Getreidebestände mitzuteilen.

Der Ministerpräsident von Caprivi ersucht namens der Staatsregierung den Antrag abzulehnen. „Die Staatsregierung kann auf die beabsichtigte Diskussion nicht näher eingehen, sie hat keinen Grund, ihren am 1. Juni eingenommenen Standpunkt zu ändern. Das vorliegende Material würde nicht geeignet sein, einen zahlenmäßigen Beweis zu erbringen, da dasselbe nur auf Schätzungen beruht. Ende April sind Untersuchungen angestellt, aber auf die königlichen Behörden beschränkt worden, um keine Agitation und keine Haussebewegung hervorzurufen. Von den Zollbehörden, den Proviantämtern und den Reichsbankstellen ist das Material gesammelt worden, welches der Regierung die Überzeugung gab, daß kein Notstand vorhanden ist. Die Erregung des Landes zwang auch die Regierung zu einer Erklärung, bevor alles Material beisammen war. Das gesamte Material beruht eben auf Schätzungen, ebenso wie die Börsen- und Saatenberichte. Wir würden Ihnen mit demselben beweisen können, daß wir sehr wertvolle Schätzungen besitzen, aber wir können es nicht vorlegen, weil wir keinen Namen nennen können. Die Konsulatsberichte sind auch nicht zu veröffentlichen, da die Konsule ebenfalls ihre Quellen nicht nennen. Wir sind also nicht imstande, das Material vorzulegen, und damit ist der Hauptteil des Antrages für uns erledigt. Es ist überhaupt schwer, die Menschen zu überzeugen, und ich wünsche nur, daß die heutige Debatte nicht zu einer weiteren Erregung führen möge. Die Regierung ist sich ihrer Verantwortung bewußt und wünscht, daß auch diejenigen, die darüber reden, sich bewußt sein mögen, wie groß der Schaden sein kann, der durch eine erregte Meinungsäußerung entstehen kann."

Sitzung am 12. Juni 1891.

Fortsetzung der Verhandlungen über die Getreidezölle.

Der Ministerpräsident erklärt nochmals, daß es unausführbar sei, die ausländischen Berichte mitzuteilen.

„Der Herr Abgeordnete Brömel hat der Regierung ziemlich nahegelegt, daß es doch ihre Sache wäre, die Nachrichten, die sie besitzt, dem Handel zugänglich zu machen, damit der Handel sich danach richten könne. Ich glaube nicht, daß das zu den Pflichten einer Regierung gehört. Wohin würde das führen? Der Handel würde auf Grund der Nachrichten, die wir ihm geben, sich in diese oder jene Unternehmungen einlassen. Manche würden glücken, manche würden nicht glücken. Zweifellos würden alle nicht geglückten auf Konto der Regierung gesetzt werden und auch geglückte, wenn sie nur nicht ganz so gut geglückt wären, wie andere.

Heute früh sind mir wieder aus Rußland Berichte zugegangen, und ich will aus ihnen einen einzigen Satz vorlesen, ohne den Namen des Betreffenden zu nennen, ohne Ihnen auch den Ort zu nennen, an dem er domiziliert ist. Aber ich will hinzufügen, es ist ein Beamter, der unter den Beamten seiner Art für mich eine der höchsten Stellen einnimmt, einer der zuverlässigsten und fähigsten ist. Er sagt: „Eine Gefahr, daß wir selbst bei einer im allgemeinen wenig glücklichen Ernte in Rußland von dort aus nicht genügend mit Roggen würden versorgt werden können, liegt nach meinem Dafürhalten gewiß nicht vor."

Der Ministerpräsident weist aufs energischste den Vorwurf zurück, daß die Regierung das Wohl der Arbeiter nicht genügend im Auge habe.

„Dann sagt uns Herr Brömel: wir sollten doch nur zeigen, was wir für die Arbeiter thäten. Wir hätten mit hohen Worten uns anheischig gemacht, für das Wohl des Arbeiters, das uns am Herzen läge, zu sorgen, wir wollten auch etwas für sie thun. Ich kann noch einmal versichern, daß das unsere Absicht ist, und daß ich mich der Gelegenheit, die sich dazu findet, freuen werde. Wir glauben aber, daß wir für die Arbeiter etwas thun können, wenn wir ruhige, feste, stetige Verhältnisse in Handel und Wandel bringen. Wir glauben, daß damit den Arbeitern am meisten gedient ist, und ich möchte mich hier auf ein Zeugnis berufen, das die Herren von jener Partei doch vielleicht als mustergiltig anerkennen werden. Der Magistrat der Stadt Berlin hat mir vor einigen Tagen eine Denkschrift zu überreichen die Güte gehabt, die sich mit der Fleischversorgung beschäftigt. Sie ist von einem Fachmann aufgestellt und enthält zweifellos viel Interessantes. Darin sagt der Herr ungefähr: „Die Arbeiterfrage wird erst dann gelöst werden, wenn man bei uns von der sprungweisen, fieberhaften Anspannung in ruhige Verhältnisse übergeht." Diese fieberhafte Anspannung zu beseitigen, ist unser Wunsch. Daß die Agitation, die von anderer Seite getrieben wird, imstande ist, dasselbe Ziel zu fördern, ist mir zweifelhaft. Zuletzt hat Herr Brömel der Regierung den Vorwurf gemacht, daß sie mit den Traditionen der altpreußischen Zollpolitik breche. Ich weiß nicht, wie man uns einen Bruch mit einer Zollpolitik in dem Augenblick vorwerfen kann, wo wir an den bestehenden Zöllen nicht zu rütteln gewillt sind. Wir wollen nichts aufgeben, wir sind nicht die, die mit dieser Politik brechen. Er ist dann in seinen historischen Reminiszenzen noch etwas weiter gegangen. Er hat gemeint, der Bundestag würde unfehlbar anders gehandelt haben. Ich verzichte darauf, zu erkennen, wie der verflossene Bundestag in der heutigen Lage gehandelt haben würde."

Der Antrag Rickert wird in namentlicher Abstimmung mit 223 gegen 20 Stimmen abgelehnt.

Sitzung am 21. Januar 1892.

Erste Beratung des Gesetzentwurfes, betr. die Feststellung des Staatshaushaltsetats für das Jahr vom 1. April 1892—93.

Das Staatsbahnsystem wird aufrechterhalten. — Die Regierung kann sich nicht ausschließlich auf eine Partei stützen.

„Ich bitte um die Erlaubnis, auf zwei Fragen, welche die allgemeine Politik berühren, in aller Kürze eingehen zu dürfen. Einmal ist hier und an einer anderen Stelle die Rede gewesen von einer Verpachtung der Staatseisenbahnen, von einem Verlassen des Staatseisenbahnsystems über den Umfang hinaus, den es jetzt angenommen hat. Ich erkläre hiermit, daß die Staatsregierung auf eine solche Idee einzugehen nicht imstande ist. Es liegen in der Existenz der Staatsbahnen so starke staatliche Momente, von den militärischen bis zu denen der allgemeinen Politik, enthalten, daß die Staatsregierung darauf nicht würde eingehen können.

Der Herr Abgeordnete Rickert hat gemeint, die gegenwärtige Regierung habe eine Schwenkung ihrer Politik vorgenommen, und hat dies damit motiviert, daß das Volksschulgesetz ihm nicht zusagt. Ich habe schon an einer anderen Stelle ausgesprochen, daß ich nicht für richtig halte, wenn heutzutage die Regierung eines monarchischen Staates sich ausschließlich auf bestimmte Parteien stützt. Ich halte noch heute an dem Standpunkt fest: man soll das Gute nehmen, wo man es findet. Die Herren von der freisinnigen Partei haben mir diese Äußerung bei jeder Gelegenheit, wo sie glaubten, daß das Gute mehr nach ihrer Seite lag, vorgehalten. Nun, wo das Pendel nach der Anschauung des Herrn Abgeordneten Rickert etwas mehr nach der andern Seite schwingt — nun sollen wir an dem Grundsatz, das Gute zu nehmen, wo es sich findet, nicht mehr festhalten."

Sitzung am 22. Januar 1892.

Fortsetzung und Schluß der ersten Beratung des Gesetzentwurfs, betreffend die Feststellung des Staatshaushaltsetats für das Jahr vom 1. April 1892—93.

Die Notwendigkeit eines Volksschulgesetzes. — Die Regierung kann nicht mit bestimmten Parteien gehen. — Gründe für den Abschluß der Handelsverträge auf 12 Jahre.

„Der jetzige Entwurf (zu einem Volksschulgesetz) ist dem Umfange nach erweitert; aber auch da bringt er insofern nichts Neues, als er, wie der Herr Kultusminister wiederholt angeführt hat, sich auf eine seit langer Zeit bestehende Praxis stützt.

Im vorigen Jahre — ich glaube in der Kommission — ist auf das allerausführlichste nachgewiesen worden, wie verworren die Zustände in Preußen in Bezug auf die Volksschule waren, wie die allmähliche Gestaltung der Dinge sich nicht nur provinziell, sondern nach Ortschaften verschieden entwickelt hatte und wie ein festes Recht in dieser Beziehung nicht bestand. Klagen über Schulräte sind mir schon laut geworden, ehe ich mich mit diesen Dingen noch beschäftigte, und in größerem Umfange als vielleicht über andere Beamte. Ich habe das darauf zurückgeführt, daß eben in dieser Beziehung eine feste Gesetzgebung fehlte, und daß die Willkür einen Spielraum hatte, weiter als auf anderen Gebieten des staatlichen Lebens. Ich möchte an die Herren auf dieser Seite des Hauses (links) die Bitte stellen, den Entwurf einmal von dieser Seite anzusehen. Sie sind doch sonst geneigt, zu kodifizieren; sollte es nicht der Prüfung wert sein, der Frage nachzugehen, ob nicht hier aus rein praktischen Interessen eine Kodifizierung sich dringend empfiehlt?

Neben diesen Motiven, den Gesetzentwurf einzubringen, hat die Staatsregierung das Motiv geleitet, soweit als es möglich ist, mit unsern katholischen Mitbürgern zum Frieden zu gelangen und einen Zustand in der Schule zu schaffen, mit dem auch die katholische Kirche, soweit es möglich ist, zufrieden sein kann. Die jetzige Regierung hat den Kulturkampf nicht geführt; wir haben das Ende, den Abbruch des Kulturkampfes übernommen. Wir haben das Bewußtsein, daß wir in einer sehr schweren Zeit stehen. Wir stehen einer Entwickelung von Kräften im Innern des Staates gegenüber, gegen die wir alle Mittel zusammennehmen müssen. Daß zu den wesentlichsten Mitteln dieser Bewegung gegenüber die Schule gehört, ist keine Frage. Daß aber die Schule auch gerade von diesem speziellen Gesichtspunkte aus der Religion nicht entbehren kann, wenn sie ihre Aufgabe erfüllen soll, ist ebenso sicher. Braucht die Schule die Religion, so wird für die überwiegende Mehrzahl aller Preußen keine Frage sein, daß die Schule das Christentum braucht. Braucht die Schule aber das Christentum, so kann sie es nicht ergreifen und erfassen ohne Konfessionen. Braucht die Schule Konfessionen, so braucht die Schule den Zusammenhang mit den Kirchen, von welchen die Konfessionen ausgehen und gehandhabt werden. Es scheint mir das eine logische Schlußfolgerung zu sein, gegen die garnichts einzuwenden ist. Es kann ja um das Maß gestritten werden, thun Sie das in der Kommission, treten Sie dem Entwurf näher, beleuchten Sie die einzelnen Fragen; aber diese Grundsätze sind nach meiner Meinung nicht aus der Welt zu schaffen.

Der Herr Vorredner*) hat die Regierung ermahnt, **festen Kurs einzuhalten.** Was meine Person angeht, so bin ich mir, so lange ich die Ehre habe, an dieser Stelle zu stehen, einer Schwankung nicht bewußt geworden. Wir haben die Gesichtspunkte, die wir für recht erkannt haben, verfolgt, soweit wir es konnten. Wenn Herr von Zedlitz daran die Ermahnung knüpfte, daß wir nicht vergessen möchten, daß wir dabei von der überwiegenden Majorität der Volksvertretung nicht abweichen dürften, daß wir von ihr unterstützt werden müßten, so kann ich mich vielleicht darauf berufen, daß die gegenwärtige Regierung hier und im andern Hause die wesentlichen Gesetze, die sie vorgebracht, auch durchgesetzt hat, woraus

---

*) Abgeordneter Freiherr von Zedlitz und Neukirch.

der Rückschluß berechtigt ist, daß wir uns bei diesen Gesetzen immer mit einer Majorität der parlamentarischen Körperschaften im Einklange befunden haben. Daß das nicht immer dieselbe, oder der einen oder der anderen Partei wünschenswerte Majorität gewesen ist, läßt sich ganz und gar nicht ändern. Nun würde ich mir ja die Ermahnung des Herrn von Zedlitz, die Regierung möge sich an bestimmte Parteien halten, sehr gerne zu nutze machen. Die erste Frage ist aber immer: an welche Parteien sich wenden? — und: wie sehen diese Parteien aus? Und ich bin im ganzen der Meinung, daß die innere Gestaltung unserer gegenwärtigen Parteien nicht dazu angethan ist, einer Regierung eine so feste Stütze zu bieten, daß die Regierung sich ausschließlich auf sie gründen könnte, geschweige denn sich etwa gar von ihr ins Schlepptau nehmen lassen.

Der Herr Abgeordnete ist schließlich auch auf die **Handelsverträge** gekommen; er hat den Zweifel ausgesprochen, ob auch die Sache 12 Jahre bestehen werde. Es gehört zu den charakteristischen Kennzeichen der **zur Zeit grassierenden Beunruhigungsepidemieen**, daß, wenn man der gegenwärtigen Regierung positive Sünden nicht nachweisen zu können glaubt, auf dem einen oder anderen Boden, man hypothetische Politik treibt und zwar: aber wir trauen Euch einen ganzen Haufen von Niederträchtigkeit zu, die werdet Ihr noch begehen. Die Staatsregierung hat sich darüber, daß es ihr Wille ist, die drei Verträge 12 Jahre aufrecht zu erhalten, so bestimmt als nur irgend möglich an anderer Stelle geäußert. Ich kann hier nur hinzufügen, daß vielleicht manches für uns leichter in den Verhandlungen verlaufen sein würde, wenn wir uns zu einer geringeren Zeitdauer hätten verstehen wollen. Wir haben das aber gerade deshalb nicht gethan, weil wir im Einverständnis mit dem Herrn Vorredner der Überzeugung sind, daß **Ruhe und Stabilität zu den ersten Anforderungen gehören**, nicht allein aber im wirtschaftlichen Leben, sondern auch im politischen Leben, und um dieser Ruhe und Stabilität willen möchte ich Ihnen ein unbefangenes Eingehen auf den Entwurf eines Volksschulgesetzes empfehlen."

Sitzung am 29. Januar 1892.

Fortsetzung der ersten Beratung des Entwurfs eines Volksschulgesetzes.

National ist jetzt ganz Deutschland. — Die atheistische Weltanschauung.

„Der Herr Vorredner*) hat im Eingange seiner Rede dieses Gesetz als ein politisches bezeichnet; und wenn ich auch diese Bezeichnung nicht in ihrem ganzen Umfange annehme, so giebt sie mir doch Anlaß, von dem politischen Standpunkte, wie er der Königlichen Staatsregierung erscheint, gleichfalls auf dieses Gesetz einzugehen.

Der Herr Abgeordnete hat des längeren darüber geklagt, daß unser Staatswesen auf zwei Konfessionen gegründet ist. Gewiß, für einen Staatsmann, der an der Leitung dieses Staatswesens beteiligt ist, wäre es ungleich leichter und einfacher, wenn wir es nur mit einer Konfession zu thun hätten. — Mir will scheinen: wenn ein Staat, in dem zwei christliche Konfessionen so stark vertreten sind, wie in dem unserigen, welcher einen paritätischen Charakter hat, wenn der einer Gefahr ausgesetzt ist, so ist es gerade die nicht, theokratisch zu werden, einer Priesterherrschaft unterworfen zu werden, schon aus dem einfachen Grunde nicht, weil er immer mit zwei Priesterschaften zu thun hat. Der Herr Abgeordnete hat, im Widerhall von dem Tone, den wir gestern gehört haben, als man sagte, alle Nationen sähen auf den Kampf der Geister, der hier entbrannt ist, uns einen Brief aus dem Auslande**) vorgelesen. Ich würde mich scheuen, Urteile des Auslandes über die Verhandlungen, die wir hier führen, zu zitieren; denn ich würde

---

*) Abgeordneter Virchow.
**) Von einem Wiener Gelehrten, der an Virchow geschrieben hatte: „Jedermann sagt sich, daß die Annahme des Gesetzes in Preußen auch eine Änderung unserer (der österreichischen) Volksschulgesetze zur Folge hat. Einer Generation, die von Geistlichen erzogen ist, muß das Gefühl der deutschen Stammesangehörigkeit verloren gehen."

die Besorgnis haben, daß es im Auslande niemanden giebt, der imstande ist, diese Fragen zu beurteilen. Wenn man Urteile, wie wir sie hier gehört haben, hört, wie man sie alle Tage in der Presse liest, dann muß ich doch sagen, ist bei mir die Überzeugung immer stärker geworden, daß von tausend Menschen, die über dieses Gesetz reden, nicht einer es gelesen hat. Jedenfalls ist die Zahl derer, die den Gesetzentwurf außerhalb dieses Hauses studiert haben, eine minimale; es wären sonst Urteile, wie sie in der Presse vorkommen, gar nicht möglich.

Der Herr Abgeordnete hat dann der Regierung den Vorwurf gemacht, sie wäre nicht kräftig genug, ein Vorwurf, der ja immer wiederkehrt. Daß er uns jetzt von der freisinnigen Partei gemacht wird, überrascht uns nicht. Als wir gegen Ende der vorigen Sitzung hier Notstandsdebatten hatten, hat die freisinnige Partei gegen diese Regierung alle Kanonen spielen lassen, über die sie überhaupt verfügte. Sie hat mit allen Mitteln in der Presse gegen uns agitiert. Ich habe an dieser Stelle gesagt: Diese Regierung wird Ihnen zeigen, daß sie gegen den Strom schwimmen kann. Sie hat es Ihnen gezeigt, und wenn Sie den Strom auf Grund dieses Gesetzes gegen die gegenwärtige Regierung noch stärker anregen, so werden wir Ihnen wiederum den Beweis liefern, daß wir gegen den Strom schwimmen.

Wenn eine Aufzeichnung, die ich mir gestern gemacht habe, richtig ist, so schob der Herr Abgeordnete von Eynern der gegenwärtigen Regierung zu, sie habe eine Kriegserklärung an die nationalliberale Partei oder vielleicht an alle Liberalen durch dieses Gesetz erlassen. Das hat mich überrascht. Es kann von einer Kriegserklärung von unserer Seite nach meinem unmaßgeblichen Dafürhalten keine Rede sein. Was sollten wir von einem Kriege mit Ihnen für einen Vorteil haben? Wir hatten mit Ihnen in Frieden gelebt; wir hatten und haben heute noch den aufrichtigen Wunsch, mit Ihnen in Frieden zu leben. Die gegenwärtige Regierung thut alles mögliche, nur sucht sie keinen Kampf. Ich bin weit entfernt davon, die Verdienste der nationalliberalen Partei und die Verdienste des

Mannes, der ihr Führer auf einer andern Stelle*) ist, zu
verkennen. Es ist mir vollkommen klar, daß, wie an einer
andern Stelle neulich gesagt wurde, mein **genialer Amts=
vorgänger** dieser Partei bedurft hat, um Deutschland
zu machen. Das erkenne ich vollkommen an. Mir ist nur
fraglich, ob die Partei auf dem Standpunkt, den sie jetzt ein=
nimmt, weiter zu beharren gewillt ist, ob sie es können wird.
Zwei Dinge machen das Wesen der Partei aus: das Nationale
und das Liberale. Ich möchte glauben, daß national zu sein
jetzt nicht mehr ein charakteristisches Kennzeichen einer Partei
ist. National ist, Gott sei Dank, ganz Deutschland. Also
auf diese Eigenschaft hin kann man Parteiunterschiede nicht
mehr gründen. Wenn die Partei weiter existieren will in der
Weise, wie sie bisher existiert hat, so muß sie nach meinem
Dafürhalten den Liberalismus mehr betonen, als sie es gethan
hat, und ich lege mir auf diese Weise die Erscheinungen zurecht,
die in den letzten Tagen hier vor uns getreten sind.

Der Herr Abgeordnete **von Eynern** hat die Besorgnis
ausgesprochen, wie sich denn die gegenwärtige Regierung zu der
Jesuitenfrage stellen würde. Wie die verbündeten Re=
gierungen sich zu dieser Frage stellen werden, das vermag ich
nicht im voraus zu sagen, aber ich glaube mich nicht zu irren,
wenn ich annehme, **daß die Königlich preußische Re=
gierung ihre Stimme gegen die Wiederzulassung der
Jesuiten abgeben wird,** was ich hiermit zur Beruhigung
nach dieser Richtung hin, soweit ich es vermag, angeführt
haben will.

Wenn bei dem gegenwärtigen Gesetze Differenzen hervor=
getreten sind, so glaube ich allerdings, daß diese Differenzen
ihren Grund und ihre Wurzeln doch tiefer haben, als im
allgemeinen angenommen wird. Ich glaube, es handelt sich hier
in letzter Instanz nicht um evangelisch und katholisch, sondern
es **handelt sich um Christentum und Atheismus.** —
Erlauben Sie mir, das weiter auszuführen. Ich bin, wie ich
neulich schon gesagt habe, der Meinung, daß eine Religion

---

*) Der Reichstagsabgeordnete von Bennigsen ist gemeint.

nicht gelehrt werden kann ohne eine Konfession, und daß wir in Deutschland nicht andere Konfessionen haben können, als die, welche uns einmal gegeben sind. Jetzt aber macht sich eine Weltanschauung stärker und stärker geltend, die im Gegensatz zu jeder Religion steht. Kein einziger von Ihnen teilt sie, das weiß ich sehr gut, aber diese Weltanschauung ist da. Und diese Weltanschauung ist eine atheistische, das kann ich nicht in Abrede stellen. Ich bin der Meinung, an jedem Menschen ist das wesentlichste sein Verhältnis zu Gott. Das kann sich auf verschiedene Weise bewußt und unbewußt äußern. Daß aber ein solches Verhältnis da ist, ist wünschenswert, und daß die Volksschule darauf abzielen muß, den Menschen in ein Verhältnis zu Gott zu setzen, ist mir keinen Augenblick zweifelhaft. Ich weiß bis jetzt nicht, wie das anders gemacht werden soll als durch das Lehren der Religion; denn wenn selbst der beredteste Mund eines Universitätslehrers eine Morallehre lehren wollte ohne christlichen Grund, so würde ich mir wenig Erfolg bei Volksschulkindern versprechen. Ich meine also, es ist unvermeidlich, wenn man einmal zugiebt, daß wir einem Kampf mit dem Atheismus gegenüberstehen, daß wir dann Religion in den Schulen lehren müssen. Ich verwahre mich hier vor der Schlußfolgerung, daß ich den Atheismus mit der Sozialdemokratie unter allen Umständen für unzertrennlich halte, das ist nicht der Fall. Aber der Atheismus greift anderseits über die Kreise der Sozialdemokratie hinaus. Ich halte ihn für eine entschiedene Gefahr unseres Staatslebens. Vielleicht sind Sie nach diesen Auseinandersetzungen nicht mehr so böse über meine Äußerungen. Wir stehen vor der Gefahr, atheistisch oder nicht. Man hat uns den Vorwurf gemacht, wir trieben zu einem Konflikt zwischen Lehrern und Geistlichen, zwischen Geistlichen und Gemeinden. Meine Herren, das erscheint mir unrichtig.

Gegensätze zwischen den Konfessionen, Gegensätze zwischen einem Atheismus und einem Theismus, wenn ich das Wort hier gebrauchen darf, die sind da; die lassen sich nicht verwischen. Ich halte es für wahrscheinlich, daß sie sich mit der Zeit immer mehr verschärfen werden. Das, was die Regierung thun will, ist nicht, sich auf Verwischen einlassen, wohl aber auf Abgrenzen, und das haben wir in diesem Entwurf erzielen wollen.

Wir wollen, indem wir die Funktionen, die Pflichten und Rechte abgrenzen, Konflikten, soweit es möglich ist — sie aus der Welt zu schaffen, das ist ja nicht möglich — vorbeugen, und wenn Sie uns dabei mithelfen und mit uns arbeiten wollen, so wird uns das erwünscht sein.

Ich wiederhole noch einmal, wir wollen Frieden, wir wollen auch mit Ihnen den Frieden, und ich habe auch an Sie die Bitte: stellen Sie sich auch auf diesen Standpunkt, beurteilen Sie das, was wir thun, objektiv und lassen Sie es nicht zu einer Agitation kommen, die die Massen aufregt, die wirklich nicht fähig sind, über diese Frage zu urteilen.

Die schwere Not des dreißigjährigen Krieges war erforderlich, um die Deutschen dahin zu bringen, daß sie sich vertrugen. Sollte es denn wieder einer schweren Not der Zeit bedürfen, daß die Deutschen auf religiösem Gebiete sich vertragen lernen? Ich glaube nicht, und ich hoffe, wir alle miteinander — Sie einbegriffen — vertragen uns, wenn die großen Gefahren, vor welchen wir stehen, auch Ihren Augen deutlicher geworden sein werden."

Sitzung am 30. Januar 1892.

Fortsetzung und Schluß der ersten Beratung des Entwurfs eines Volksschulgesetzes.

"Der Herr Abgeordnete Dr. Friedberg hat mir gestern den guten Rat gegeben, ich möchte objektiver sein. Ich habe, soweit ich mich erinnere, seit Jahren zum Grundsatz meines Lebens gemacht, die Sache vor die Person zu stellen. Wenn ich aber dagegen gefehlt haben sollte, so nehme ich guten Rat zu aller Zeit gern an.

Der Herr Abgeordnete Knörcke hat von mir gesagt, ich thue ihm unrecht; er müsse den Angriff, den ich gestern auf ihn und weite Kreise gemacht habe, zurückweisen; er hat angedeutet, daß der Angriff besteht in den Worten Theismus und Atheismus. Ich will mir erlauben, Ihnen diese Worte vorzulesen. Ich habe gesagt: Ich glaube, es handelt sich hier in letzter Instanz nicht um evangelisch und katholisch, sondern es handelt sich um Christentum und Atheismus.

Für die letzte Instanz halte ich weder die national-liberale Partei, noch die freisinnige Partei, sondern ich habe da meine Überzeugung ausdrücken wollen, daß diese Frage sehr viel weiter geht, daß sie sehr viel tiefere Wurzeln hat, und daß sie auf einem andern Boden, als auf dem der Kämpfe, die wir jetzt hier führen, werde ausgetragen werden müssen. Er hat dann weiter gesagt, er stehe auf dem Boden des Christentums. Das freut mich. Wenn er aber weiter gesagt hat, daß er eine höhere Vorstellung davon habe, als ich, so glaube ich, daß es einen Maßstab für diese Dinge nicht giebt, und ich ziehe es vor, mich in einen Disput hierüber mit ihm nicht einzulassen.

Der Herr Abgeordnete meint weiter, er baue das Christentum, wenn ich ihn recht verstanden habe, auf die Kulturentwickelung, in der Kulturentwickelung sehe er ein Fundament und eine der Grundlagen für das Christentum. Ich und diejenigen, die auf eine historische Weltanschauung Wert legen, sind in dieser Beziehung gerade der entgegengesetzten Ansicht.

Der Herr Abgeordnete steht, wie mir scheint, auf dem Standpunkt, daß eine Schule auch ohne Religion existieren könne. (Widerspruch des Abgeordneten Knörcke). — Dann werde ich mich an Ihren Fraktionsgenossen, den Herrn Abgeordneten Rickert mit der Bemerkung wenden, der uns neulich auf das Beispiel von Schottland hinwies. Er sagte, in Schottland, dem religiösesten Lande der Welt, hat man den Religionsunterricht aus der Schule entfernt. Wenn die Voraussetzungen auch bei uns zuträfen, daß wir zur Zeit und voraussichtlich auch für die Zukunft das religiöseste Volk der Welt sein sollten, dann könnte ich mich mit Herrn Rickert über die Sache verständigen; aber hier handelt es sich um Wirkung und Ursachen.

Schottland ist so religiös, daß es dies Risiko gehen kann, die Religion aus der Schule zu nehmen, vielleicht ohne Schaden. Wenn wir das thäten, würden wir eben die Religiosität, die wir noch im Lande in unseren unteren Schichten, in den Volksschulen haben, nach meinem Dafürhalten gefährden.

Es ist heutzutage unter Arbeiterfamilien enorm schwer, Religiosität zu erhalten. Vielleicht hat der Herr Abgeordnete Rickert sich ebenso wie ich mit den Verhältnissen der Werftarbeiter beschäftigt, er kennt sie vielleicht noch besser, als ich, und er wird wissen, wie der Tag eines solchen Menschen, einer solchen Ehe, einer solchen Familie verläuft. Man irrt sich, wenn man glaubt, daß die Frau einer solchen Familie die Möglichkeit habe, in ausgedehnter Weise auf die Religiosität der Kinder einzuwirken. Es ist furchtbar schwer, wenn selbst eine sittlich gute Familie den Versuch machen will, in ihren Kindern die Religiosität zu erhalten; die Verhältnisse laufen vielfach dagegen. Wird diese Voraussetzung aber zugegeben, dann frage ich weiter: wo soll denn nun ein Kind aus diesen und andern breiten Schichten unserer Nation die Religion herbekommen, wenn es sie nicht aus der Volksschule bekommt?

Und daß es Religion bekommt, ist — darin weiß ich mich mit Ihnen allen einverstanden — wünschenswert. Wenn ich 60 Kinder in der Volksschule habe und 59 behalten für das Leben von dem Religionsunterricht garnichts, und dem sechzigsten ist es einmal in einer entscheidenden Lage seines Lebens von Wert, sich zu erinnern, daß es einen Gott giebt, dann will ich diese 59 Kinder gern in die Schule schicken; es ist das Opfer wert für das eine.

Der Abgeordnete Dr. Friedberg hat eine Reihe von Angriffen gegen mich gerichtet. Der schärfste war wohl der, daß er sagte: ich sage es offen — ich brauche ein scharfes Wort —, das sind vergiftete Pfeile, die prallen auf den zurück, der sie abschießt. Starke Worte sind billig, am meisten im politischen Leben, aber gerade, weil ich den Wunsch habe, objektiv zu bleiben, verzichte ich darauf, auf dieses starke Wort mit andern starken Worten zu erwidern. Ich werde mich bestreben, ganz sachlich zu bleiben und mir den vergifteten Pfeil näher anzusehen. Ich glaube: unter den Menschen und in den Kreisen, in denen ich die Jahre meines Lebens bisher durchgemacht habe, habe ich wenigstens nicht für einen Giftmischer gegolten, und ich bin innerlich so fern davon, von mir zu glauben, ich könnte Gifte mischen, daß es mir ganz recht sein würde, wenn die Pfeile, die ich abschieße, auf mich wieder zurückfielen; vergiftet wären sie sicherlich nicht. Aber was habe ich denn nun nach der Ansicht des Herrn Abgeordneten für Pfeile abgeschossen? Der Herr Abgeordnete verwahrt sich dagegen, daß die Staatsregierung die liberalen Parteien majorisieren und gegen den Willen der Mittelparteien und der liberalen Parteien ein Gesetz zustande bringen wolle. Das nennt der Herr Abgeordnete majorisieren. Ja, haben denn die Mittelparteien, deren Unterstützung ich mir wünsche, ein verfassungsmäßiges Recht, nicht durch Majoritäten überstimmt zu werden? Nicht wir haben gedroht, meine Herren, uns ist gedroht worden. Sie haben uns Ihrem Willen unterwerfen wollen, dagegen wehren wir uns.

Sie haben durch Zurufe und Mitwirkung in der Presse der Regierung den Vorwurf gemacht, sie hätte keine Voraussicht, weil sie nicht hätte kommen sehen, was jetzt hier vor sich geht; aber die Voraussicht hat sie doch, daß das Schicksal dieses Gesetzentwurfes noch lange nicht entschieden ist. Ein Gesetz von 200 Paragraphen wird soviel Widerspruch im einzelnen herausfordern, daß ich heute noch nicht wissen kann, was aus dem Gesetz wird. Der Grad von Voraussicht fehlt mir.

Ich habe nur den Wunsch, Klarheit zwischen uns zu bekommen. Arbeiten Sie mit uns das Gesetz durch; wir sind bereit. Wir geben zu, daß in dem Gesetz eine Menge sein kann, wo wir irren; treten Sie mit den andern Parteien zusammen, überzeugen Sie die, dann werden wir zu einem Resultat kommen; aber bisher habe ich keinen Anlaß, an der Anschauung irre zu werden, daß Sie der Regierung den Krieg erklärt haben, auf Grund des Volksschulgesetzes oder auf Grund von Motiven, die für die große liberale Partei entscheidend waren, die mir aber unbekannt sind. Um nun aber mit einem friedlichen Tone zu schließen — ich hoffe, ich bin nicht kriegerisch gewesen, ich war es auch gestern nicht —, will ich aus der „Nationalzeitung" von heute morgen citieren, was sie über die gestrige Rede des Herrn Abgeordneten Dr. Friedberg sagt: Der nationalliberale Redner Dr. Friedberg hat der Regierung, indem er auf die einzelnen Punkte, in denen Übereinstimmung zwischen ihr und den Nationalliberalen besteht und bezüglich deren die Meinungen sich trennen, einging, nochmals Gelegenheit gegeben, den guten Willen der Partei zu erkennen. Das acceptiere ich; ich würde das noch lieber acceptieren, wenn ich die Sicherheit hätte, daß die große liberale Partei eine Seifenblase wäre, die schon wieder verflogen ist."

Im weiteren Verlauf der Diskussion nahm der Reichskanzler und Ministerpräsident noch einmal das Wort.

„Ich weiß, daß das Schlußbedürfnis im Hause stark verbreitet ist, und will von seiner Zeit keinen Mißbrauch machen; aber zwei Bemerkungen mögen mir gestattet sein. Der Herr Abgeordnete Friedberg sagte, es wäre ein Irrtum, wenn die Regierung glaubte, einmal mit einer großen Partei gehen zu können und dann wieder gegen die große Partei. Ich bin nicht im Parteileben aufgewachsen und habe vielleicht nicht das Verständnis für das, was das Parteiinteresse verlangt, aber wenn der Zustand, den der Abgeordnete Dr. Friedberg anstrebt, ein dauernder sein sollte, so sind doch nur drei Fälle möglich. Entweder zwischen der Regierung und der Partei müßte ein dauerndes Einverständnis sein, — ein Zustand, der in Preußen unwahrscheinlich ist, da wir glücklicherweise keine Parlamentsministerien haben, sondern Ministerien, die Seine Majestät der König nach seinem Ermessen wählt. Der zweite Fall wäre der, daß die Partei die Königliche Staatsregierung in das Schlepptau nehme, ein Fall, gegen den ich mich schon wiederholt verwahrt habe, und eine Annahme, die, so lange ich an dieser Stelle zu stehen die Ehre habe, nicht zutreffen wird. Oder aber die Partei ließe sich von der Regierung ins Schlepptau nehmen und ginge durch Dick und Dünn mit ihr — eine Zumutung, die ich den Herren Nationalliberalen zu machen nicht wagen würde.

Zweitens will ich mich wenden gegen eine Bemerkung des Herrn Abgeordneten Rickert. Er sagte, aus dem freundlichen Tone, den ich heute angeschlagen hätte, habe er entnommen, daß ein gewisser Wechsel in meinen Anschauungen vor sich gegangen sei. Wenn Sie aus meinem heutigen Tone schließen wollen, daß ich über die Dinge anders denke, als gestern, dann würde mein Ton zu einem Mißverständnis geführt haben, und mir würde dann nur übrig bleiben, immer in einem schroffen Tone zu sprechen. Ich bin gestern in diesen Ton vielfach nur durch die Stimmung auf dieser Seite des Hauses gekommen, denn an einem wesentlichen Teile meiner Erörterungen tönte mir wiederholt der Ruf entgegen: „Empörend!" Ja, ich bin an so etwas noch nicht gewöhnt, und es ist ja möglich, daß ich mir das mehr zu Herzen nahm, als es vielleicht nötig war. Meine Stellung zu den vorliegenden Gesetzentwürfen ist heute dieselbe, wie sie gestern gewesen ist, und wie sie morgen sein wird."

Herrenhaus.

Sitzung am 7. Mai 1890.

Der Präsident des Staatsministeriums, Reichskanzler von Caprivi, stellt sich dem Herrenhause mit folgender Ansprache vor:

„Ich betrete die Räume dieses Hohen Hauses zum erstenmale, um mich Ihnen, meine Herren, vorzustellen und mir Ihr wohlwollendes Entgegenkommen zu erbitten. Wenn ich recht sehe, ist der wesentlichste und charakteristischste Zug dieses Hauses die traditionelle Liebe und Hingebung zu Preußen und zu unserem Königlichen Hause. Es wird, wenn ein General vor Sie hintritt, mehr Worte nicht bedürfen, um Ihnen die Überzeugung zu geben, daß er sich auf diesem Boden leicht zurecht finden und in diesen Empfindungen sich mit Ihnen eins wissen und fühlen wird."

Sitzung am 13. Juni 1891.

Landgemeindeordnung.

Bei § 48 empfiehlt der Ministerpräsident die Annahme des Paragraphen in der Fassung des anderen Hauses; er sei überzeugt, auch die Konservativen des Landes würden mit dem Gesetz zufrieden sein, und er warnt kurz und scharf vor nochmaliger Abänderung.

Der Paragraph wird, nachdem der Antrag Klinkowström, der die Festsetzung der Stimmberechtigung durch Ortsstatut wünscht, mit 94 gegen 48 Stimmen abgelehnt worden, unverändert angenommen.

Sitzung am 18. Juni 1891.

Graf Hohenthal hatte einen Rückblick über die Landtagssession gegeben und dem Minister Herrfurth eine schwankende Haltung vorgeworfen. Derselbe habe Politik auf eigene Hand getrieben, doch müsse jeder, in dem das monarchische Gefühl lebendig sei, sich jeder Äußerung enthalten, die auf die Entfernung des Ministers des Innern abziele.

Gegenüber diesen Ausführungen erklärt der Ministerpräsident: der Vorredner werde in diesem Hause ziemlich allein dastehen. Minister Herrfurth habe nie Politik auf eigene Faust getrieben, bei jeder einzelnen neuen Phase der Landgemeindeordnung habe sich vielmehr stets das gesamte Ministerium schlüssig gemacht. Die Konsequenz des Falls des Ministers Herrfurth wäre also auch der Fall der anderen Minister. Hinsichtlich der Justizverwaltung bemerke er, daß allerdings manches gedruckt werde, was besser ungedruckt bliebe, aber allerdings auch in derjenigen Presse, welcher Graf Hohenthal selber vielleicht näher stehe.

Sitzung am 20. Juni 1891.

Wildschadengesetz.

Ministerpräsident von Caprivi erklärt: Die Regierung lege großen Wert auf das Zustandekommen des Gesetzes und empfehle die Annahme der Beschlüsse des Abgeordnetenhauses. Die Regierung habe alle gesetzlichen Schritte im Hinblicke auf jene Parteien zu unternehmen, deren Agitationen eine Gefahr für die Zukunft involvierten. Die jetzigen gesetzlichen Bestimmungen über den Wildschaden reichten nicht aus und gäben Handhaben zu Angriffen und Agitationen. Dem sei entgegenzutreten; berechtigte Beschwerden seien zu beseitigen. Um ein militärisches Beispiel zu gebrauchen, so müsse die Regierung das Schlachtfeld für einen zukünftigen Kampf so vorbereiten, daß sie sich eine unangreifbare Position schaffe. Redner erinnert weiter an die Geschäftslage des Hauses und schließt mit der Bitte, den Gesetzentwurf in der Fassung des Abgeordnetenhauses anzunehmen.

Als Freiherr von Maltzahn Verwahrung gegen die von dem Ministerpräsidenten ausgeübte „Pression" einlegt, erwidert dieser:

„Wenn Äußerungen, wie meine heutige, als Pression gedeutet werden, so müßte die Regierung überhaupt auf weitere Reden verzichten."

Darauf wird das Gesetz in der Fassung des Abgeordnetenhauses angenommen.

Reden bei besonderen Anläßen.

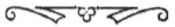

Der vom kommandierenden General von Caprivi am 27. Januar 1889 am Geburtstage des Kaisers in Hannover ausgebrachte Trinkspruch ist schon S. 12 mitgeteilt.

Bei der Festtafel im Residenzschlosse zu Hannover am 13. September 1889, zu der die Generale und Stabsoffiziere der in Parade gestandenen Truppen, sowie die fürstlichen Gäste und die fremdherrlichen Offiziere geladen waren, hatte Se. Majestät der Kaiser einen Trinkspruch auf die Söhne Hannovers, die Streiter des X. Korps ausgebracht. Darauf erhob sich der kommandierende General von Caprivi zu folgender Erwiderung:

„Euere Kaiserliche und Königliche Majestät wollen Allergnädigst gestatten, daß die hier vereinigten Generale und Stabsoffiziere des X. Korps den Dank dieses Korps, den ehrfurchtsvollen, tiefgefühlten, aus treuem Herzen kommenden Dank zum Ausdruck bringen, indem sie rufen: Se. Majestät der Kaiser und König, unser Herr, dem wir leben und sterben, er lebe hoch, hoch, hoch!"

Gelegentlich der Jubelfeier des 78. Infanterie-Regiments, dessen Chef der Reichskanzler ist, hielt er am 28. September 1891 im Friedenssaal zu Osnabrück, wo im Jahre 1648 über den westfälischen Frieden verhandelt worden war, folgende Ansprache:

Ein Rückblick in die Vergangenheit zeige, was die Gegenwart errungen habe. Befürchtungen, ob der gegenwärtige Zustand erhalten bleiben werde, seien nicht begründet. Niemand von den Regierenden habe den Wunsch, den Frieden zu stören und einen europäischen Krieg hervorzurufen.

Auch die Annäherungen von Staaten in der neuesten Zeit*) gäben keinen Grund zu Befürchtungen, dieselben seien nur der Ausdruck von schon vorhandenen Verhältnissen. Vielleicht seien dieselben nichts als die Feststellung des europäischen Gleichgewichts, wie es früher bestanden habe. Keine der europäischen Regierungen wolle, soweit er es übersehe, einen Krieg, der in seinen Leiden und Folgen alle früheren Kriege voraussichtlich übertreffen würde. Auch die inneren Verhältnisse, um die der Kaiser bemüht sei, würden zu einem befriedigenden Abschlusse führen, wenn schon vielleicht erst in Jahrzehnten. In der wichtigsten Frage sei die Regierung sowohl eine Regierung der Arbeiter, als eine solche der Arbeitgeber. Wenn es dem Arbeitgeber schlecht gehe, so habe der Arbeiter zunächst darunter zu leiden. Es werde auch unter der Osnabrücker Stadtvertretung Leute geben, denen im Herzen die Überleitung in die jetzigen Verhältnisse schwer geworden sei, aber diese Herren müßten nicht mit dem Herzen, sondern mit dem Verstande rechnen, sie würden dann die Notwendigkeit der jetzigen Verhältnisse erkennen.

Schließlich wies der Reichskanzler auf diejenigen Männer hin, die sich um die Überleitung in die Gegenwart verdient gemacht hätten; er hob dabei insbesondere die Verdienste des

---

*) Eine Anspielung auf den vielgedeuteten Besuch des französischen Geschwaders unter Admiral Gervais in Kronstadt (23. Juli 1891).

anwesenden Oberpräsidenten von Bennigsen hervor und schloß
mit seinem Dank für die Einladung der Stadt Osnabrück.

Offenbar hatte der Reichskanzler mit Absicht die Gelegen=
heit ergriffen, eine die aufgeregten Gemüter beruhigende Rede
zu halten; da der Kaiser von Rußland soeben deutsches Gebiet
passiert hatte, so liegt die Vermutung nahe, daß er Worte hatte
fallen lassen, die dem Reichskanzler den Mut geben konnten,
von der allgemeinen Friedensliebe der europäischen Mächte
zu sprechen.

Die vom Reichskanzler Grafen von Caprivi anläßlich
des Besuchs seines Neffen in Grünberg in Schlesien am
12. September 1892 an die an seinem Empfange teilnehmen=
den Behörden, Landwehroffiziere und Kriegervereine gehaltene
Ansprache hatte etwa folgenden Wortlaut: Es sei ein schönes
Zeichen für eine Armee, wenn ihre Soldaten gern der alten
Zeit gedächten, die sie in der Truppe verlebt; sie würden von
da das Bewußtsein mitgenommen haben, was es wert sei, und
am meisten in schwierigen Lagen, einen Befehlshaber zu haben,
dem man mit Vertrauen folge. Das sei stets ebenso im
preußischen Staate, der sich unter schwierigen Verhältnissen,
dank seinen Königen, zu Deutschland entwickelt habe. Daran
schloß sich ein Hoch auf den Kaiser.

Bei dem in Berlin am 11. Oktober 1892 zu Ehren
der österreichischen Distanzreiter im Kasino des Kaiser
Franz=Regiments gegebenen Diner brachte der Reichskanzler
einen Toast auf den Kaiser von Österreich aus, wobei er aus=
führte, er sei aus dem Regimente hervorgegangen und habe schon
als junger Lieutenant in der Parade gestanden, als Kaiser
Franz Joseph in den 50er Jahren in Berlin gewesen sei. Er

sei damals auch zur Ehrenwache kommandiert gewesen. Schon damals habe man „Gott erhalte Franz den Kaiser" gern gesungen. Er sei berufen, gute Beziehungen zwischen Deutschland und Österreich zu hegen und zu pflegen. Es freue ihn, daß ihm heute eine solche Gelegenheit gegeben sei, und er fordere die Anwesenden auf, mit ihm in den Ruf: „Hoch lebe der Kaiser von Österreich!" einzustimmen.

Sach- und Namenregister.

A.

Abeken 250 ff., 256.
Agrarier 306.
Agrarische Bewegung 304.
Ahlwardt 300, 326.
Ahlwardtprozeß 288.
Alexander II., Kaiser 256.
Alters- u. Invaliditätsversicherung 83.
Althaus 339.
„Amtsmüde" 141.
Ansiedelungskommission 386 ff.
Antisemitismus 291, 307.
Arbeiterentlassungen auf den Werften 29, 41.
Arbeitsordnung auf den Werften 29.
Arendt 185, 291.
Arnim, Graf Tr. H. 148, 311.
Arnim, Graf Harry 159.
Atheismus 403, 405 ff.
„Augusta", Kriegsschiff 32.
Australien 179.
Avisos 39.

B.

Bagamoyo 319.
Bamberger 49 ff., 50 ff., 86 ff., 105 ff., 108, 230 ff.
Baumbach 223 ff., 226.
Bebel 31, 176, 200 ff., 205, 209, 310, 340.
Belgien 178.

Benedetti 250 ff.
Bennigsen von 293, 359, 405, 418.
„Beowulf" 130.
Bernhardi 283.
Bernstorff 253.
Berufsoffiziere 296.
Beunruhigungsbazillus 143.
Beunruhigungsepidemie 402.
Beurlaubtenstand 296.
Biersteuer 264.
Bimetallismus 185, 291 ff., 305.
Bismarck, Fürst v. 102, 138, 163, 240 ff., 249, 261, 330, 369 ff.
Bismarck, Graf v. 363 ff.
Böckel 360.
Botschaft 168, 177.
Brömel 397 ff.
Brunnow 253.
Buhl 287.
Bundesrat 281.
Burchard 26.
Buren 314.

C.

Carolath-, Prinz zu Schönaich 349.
Casselmann 194.
Chile 210.
China 180, 210.
Christentum 405.
Clausewitz 283.
Cumberland, Herzog von 385.

D.

Damarakonzession 311.
Dar-es-Salaam 319.
Decken, v. der 159.
Deckungsmittel 264, 334, 343.
Defensive 322.
Demagogisch 292, 299.
Denkschrift 42 ff., 132 ff., 322.
Deutsch-englischer Vertrag 148 ff.
Dinder 153.
Diplomatie 330.
Dislokationen 157.
Doppelwährung 184 ff.
Dreibund 146, 178, 259.
Dreijährige Dienstzeit 273, 342.
Durchschnittsziffer 266.

E.

Einkommensteuer 374.
Elsaß-Lothringen 71, 150 ff., 334.
Emin Pascha 113, 229.
Emser Depesche 249 ff.
Erfurt 177.
Ersatzkorvette 23.
Ersatzreserve 267, 342.
Ersatzverteilung 265.
Ernteaussichten 388 ff.
Europäisches Gleichgewicht 417.
Eynern, von 404 ff.

F.

Ferienkolonie 298.
Fischer, Hannibal 51.
Flotte 322.
Flottengründungsplan 26, 33, 34, 35.
Fortschrittspartei 121, 123, 274, 282.
François von 92 ff., 311 ff.
Frankfurter Frieden 71, 167.
Frankreich 247, 254, 257, 261.
Freisinnige Partei 272 ff., 279 ff., 404.
Friedberg 407, 409 ff., 411.

Friedenspräsenzstärke des Heeres 60, 77, 245, 293, 327.
Friedrich d. Große 330.
Friedrichsort 24.

G.

Geffcken 159.
Geheimfonds 160.
Gerlach, von 288.
Geschichte eines Truppenteils 297.
Geschwindigkeit der Schiffe 36.
Getreidebestände 396 ff.
Getreidezölle 387 ff., 397.
Gladstone 253.
Göhre 200.
Gortschakoff, Fürst 253.
Granville, Lord 252.
Gröber 359 ff.
„Großer Kurfürst", Kriegsschiff 35.
Grünberg 418.

H.

Hacke 132.
Hammacher 91, 94 ff.
Handel 323.
Handelsbilanz 167, 183.
Handelsverträge 137, 166 ff., 189, 192 ff., 303, 402.
Hänel 63 ff., 68.
Hannover 379 ff., 417.
Hatzfeldt, Fürst 136.
Haußmann 204 ff., 279.
Heer 199, 261.
Helgoland 99, 148 ff.
Hendrik Witbooi 311.
Herrfurth 414.
Heyden, von 305, 308 ff.
Hinze 119.
Hohenthal, Graf 414.
Holtz 303.
Hompesch, Graf von 361.
Huene, Freiherr von 188, 340 ff., 345, 349.
Hulst, van 132.

J.

Import 324.
Industrie 166 ff., 174, 189, 191.
Invasion 333.
Italien 77, 187, 189, 257, 271.
Jazdzewski 386.
Jesuiten 405.
Judenflinten 287.

K.

Kabinettskriege 178.
Kabinettsordre 196.
Kabinettsverträge 179.
Kaiser Wilhelm 250 ff., 256.
Kamerun 311.
Kardorff, von 61, 64, 65, 96, 147, 181, 183 ff., 187, 190 ff., 192 ff., 292, 299, 306, 310.
Kanitz, Graf von 182, 188, 301 ff.
Kaperkrieg 217.
Karawanen 319 ff.
Klinkowström 414.
Knörcke 408.
Koeller, von 24, 387.
Kohlenstationen 58.
Kolonialpolitik 48 ff., 53 ff., 88 ff.
Kölnische Zeitung 34, 44.
Konfessionen 401.
Konservativ 305 ff.
Kontrasignatur 163.
Kornzölle 301 ff.
Kreuzerkrieg 36.
Kreuzerkorvette 215.
Krieg mit zwei Fronten 146, 258.
Kronstadt 145 ff., 417.
Kurs, der alte 370.
Küstenschutz 323.

L.

Landgemeindeordnung 413.
Landsturm 275.
Landwehr 263, 275.
Landwehrmutter 286.
Landwirtschaft 135 ff., 169 ff., 172, 183, 188 ff., 300, 394.
Landwirtschaftsminister 138.
Lieber 338, 345 ff., 348, 361.
Liebknecht 37, 60.
Loewe 273.
Loewe L. 287, 327.
Lyons, Lord 252.

M.

Mac-Kinley-Bill 193.
Maltzahn, Freih. v. 415.
Mangel an Offizieren 295.
Manteuffel, Freih. von 188, 299.
Marine 40, 45 ff., 210, 215 ff.
Maritimes Element 33.
Marquardsen, von 287.
Marschall, Freih. von 185.
Matrosenartillerie 33 ff.
Mehrforderungen für das Heer 164.
Meier 39.
Meister 29, 30.
Militarismus 268, 335.
Militärjustizverwaltung 194, 204.
Militärschriftstellerei 153.
Militärstrafprozeßordnung 278.
Militärvorlage 292, 293, 327 ff., 337, 349, 350 ff., 359 ff., 361 ff., 362 ff., 365 ff.
Miliz 339.
Ministerpräsident 241 ff.
Mirbach, Graf v. 96, 111, 147, 291 ff., 308 ff.
Mißhandlung 195.
Mobilmachung 275, 337.
Möller 32.
Moltke, Graf v. 284, 328 ff., 331 ff.

N.

Nachtragsetat für die Marine 25.
National 403.
Nationalliberale Partei 404.
Neidhardt, von 204.
Nelson 226 ff.

Robbe 137.
Nordostseekanal 127 ff.
Notstand 388.

O.

Oberwerftdirektor 29, 30.
Schelhäuser 103, 315.
Österreich-Ungarn 77, 187, 189, 257, 271.
Offensive 332, 343.
Okunieff 253.
Osnabrück 420.
Ostafrika 48 ff., 95 ff., 104, 315 ff.
Ostafrikanische Gesellschaft 97 ff., 104, 106 ff.
Ostfriesische Rekruten 132.

P.

Panzerkorvetten 35.
Paßpflicht 70.
Paßzwang 149.
Peters 113.
Pfalz 333.
Polenfrage 149, 151.
Posen 161 ff.
Postdampfschiffsverbindungen 24.
Präsenzstärke 64 ff., 154.
Presse, offiziöse 372, 385.
„Prinz Adalbert", Kriegsschiff 35.
Privateigentum zur See 221 ff., 324.
Preysing, Graf von 339, 345 ff., 348.

Q.

Qualität und Quantität 154, 164 ff.

R.

Radziwill, Prinz Anton 250.
Reichsanzeiger 43.
Reichsfinanzministerium 62.
Reichslande 61.
Reichsschatzamt 281.

Rekrutenmutter 287.
Reparaturen im Artillerie-Depot 289.
Reservedivisionen 275.
Reuß, Prinz 253.
Richter 35, 60, 61 ff., 67, 69, 70 ff., 83 ff., 86, 88 ff., 121 ff., 165, 206 ff., 212, 242 ff., 270 ff., 275, 279, 281 ff., 283 ff., 296, 341 ff.
Rickert 34, 41, 42, 43, 45, 77 ff., 141, 161, 223, 225, 239, 281, 327, 365, 396, 398, 399, 408 ff., 412.
Roggen- und Weizenzoll 173 ff.
Roon, Graf v. 284, 328 ff.
Rüdiger 234.
Rußland 254 ff., 261, 303, 327.

S.

Salisbury, Lord 102.
Samhammer 321.
Scharnhorst 59 ff., 67, 70.
Schiedsgerichte 310.
Schiffe, Preise der 35.
Schonzeit 82.
Schutzzoll 169 ff.
„Schwalbe" 234.
Schweinefleisch 185 ff.
Schweiz 178.
Seehandel 37, 173.
Seitengewehr 289.
Selbstbewirtschaftung der Kasernen 27.
Selbstmorde 202.
Septennat 267.
„Siegfried" 130.
Silber 184 ff., 290.
Sklavenhandel 95.
Soden, Freih. v. 112 ff., 229 ff., 317 ff.
Sozialdemokratie 69, 127, 280, 298.
Sozialdemokratische Agitation 31.
Soziale Frage 375.
Sozialistengesetz 114.
Sperrgelder 377 ff., 395.
Staatsbahnsystem 399.
Stauffenberg, Freih. v. 72, 75, 80.

Stiller 24.
Stimmung im Volke 336.
Stolberg 140.
Stolgebühren 378.
Stumm-Halberg, Freih. v. 293.
Südwestafrika 95, 311.

T.
Tabora 315, 319.
Togo 311.
Torpedobatterieen 33.
Torpedopersonal 24.
Torpedowesen 35.

U.
Unteroffiziere 114 ff., 121 ff., 295.

V.
Verdy, von 261, 342.
Vereinigte Staaten von Amerika 178.
Viktoriasee 319.
Virchow 403.
Volksschulgesetz 400 ff., 403.
„Vorwärts" 340.
„Vulkan" 219 ff.

W.
Walfischbai 312 ff.
Wein 187, 189.
Welfenfonds 158, 228, 378 ff.

Welfenfrage 158.
Werftbetrieb 28.
Werftverhaltung 37.
Werther 252.
Wildschadengesetz 414.
Windthorst 34, 77 ff., 90, 128 ff., 372 ff.
Windthorstsche Resolutionen 267 ff.
Wißmann, von 97, 107, 109 ff., 113, 229.
Witu 100 ff.
Wolf, Eugen 229 ff.

Z.
Zahlengewinn 286.
Zahlenwut 155, 261.
Zanzibar 99, 101, 148 ff.
Zedlitz, von 401 ff.
Zelewski 233.
Zentralafrika 88.
Zentrum 339.
Ziegler 273.
Zintgraff 326.
Zölle 172 ff., 321.
Zollpolitik 86 ff.
Zoll- und Handelsverträge 166 ff., 181 ff., 188, 192.
Zucker, Besteuerung desselben 135.
Zukunftskrieg 67, 155, 211 ff.
Zündnadelgewehr 287 ff.
Zweijährige Dienstzeit 81, 266, 285, 294, 327.

Druck von G. Buchbinder in Neu-Ruppin.

Bisher im SEVERUS Verlag erschienen:

Achelis, Th. Die Entwicklung der Ehe * Die Religionen der Naturvölker im Umriß, Reihe ReligioSus Band V * **Andreas-Salomé, Lou** Rainer Maria Rilke * **Arenz, Karl** Die Entdeckungsreisen in Nord- und Mittelafrika von Richardson, Overweg, Barth und Vogel * **Aretz, Gertrude (Hrsg)** Napoleon I - Briefe an Frauen * **Ashburn, P.M** The ranks of death. A Medical History of the Conquest of America * **Avenarius, Richard** Kritik der reinen Erfahrung * Kritik der reinen Erfahrung, Zweiter Teil * **Beneke, Otto** Von unehrlichen Leuten: Kulturhistorische Studien und Geschichten aus vergangenen Tagen deutscher Gewerbe und Dienste * **Berneker, Erich** Graf Leo Tolstoi * **Bernstorff, Graf Johann Heinrich** Erinnerungen und Briefe * **Bie, Oscar** Franz Schubert - Sein Leben und sein Werk * **Binder, Julius** Grundlegung zur Rechtsphilosophie. Mit einem Extratext zur Rechtsphilosophie Hegels * **Bliedner, Arno** Schiller. Eine pädagogische Studie * **Birt, Theodor** Frauen der Antike * **Blümner, Hugo** Fahrendes Volk im Altertum * **Boos, Heinrich** Geschichte der Freimaurerei. Ein Beitrag zur Kultur- und Literatur-Geschichte des 18. Jahrhunderts * **Brahm, Otto** Das deutsche Ritterdrama des achtzehnten Jahrhunderts: Studien über Joseph August von Törring, seine Vorgänger und Nachfolger * **Brandes, Georg** Moderne Geister: Literarische Bildnisse aus dem 19. Jahrhundert. * **Braun, Lily** Lebenssucher * **Braun, Ferdinand** Drahtlose Telegraphie durch Wasser und Luft * **Brunnemann, Karl** Maximilian Robespierre - Ein Lebensbild nach zum Teil noch unbenutzten Quellen * **Büdinger, Max** Don Carlos Haft und Tod insbesondere nach den Auffassungen seiner Familie * **Burkamp, Wilhelm** Wirklichkeit und Sinn. Die objektive Gewordenheit des Sinns in der sinnfreien Wirklichkeit * **Caemmerer, Rudolf Karl Fritz** Die Entwicklung der strategischen Wissenschaft im 19. Jahrhundert * **Casper, Johann Ludwig** Handbuch der gerichtlich-medizinischen Leichen-Diagnostik: Thanatologischer Teil, Bd. 1 * Bd. 2 * **Cronau, Rudolf** Drei Jahrhunderte deutschen Lebens in Amerika. Eine Geschichte der Deutschen in den Vereinigten Staaten * **Cunow, Heinrich** Geschichte und Kultur des Inkareiches * **Cushing, Harvey** The life of Sir William Osler, Volume 1 * The life of Sir William Osler, Volume 2 * **Dahlke, Paul** Buddhismus als Religion und Moral, Reihe ReligioSus Band IV * **Dühren, Eugen** Der Marquis de Sade und seine Zeit. in Beitrag zur Kultur- und Sittengeschichte des 18. Jahrhunderts. Mit besonderer Beziehung auf die Lehre von der Psychopathia Sexualis * **Eckstein, Friedrich** Alte, unnennbare Tage. Erinnerungen aus siebzig Lehr- und Wanderjahren * Erinnerungen an Anton Bruckner * **Eiselsberg, Anton Freiherr von** Lebensweg eines Chirurgen * **Eloesser, Arthur** Thomas Mann - sein Leben und Werk * **Elsenhans, Theodor** Fries und Kant. Ein Beitrag zur Geschichte und zur systematischen Grundlegung der Erkenntnistheorie. * **Engel, Eduard** Shakespeare * Lord Byron. Eine Autobiographie nach Tagebüchern und Briefen. * **Ewald, Oscar** Nietzsches Lehre in ihren Grundbegriffen * Die französische Aufklärungsphilosophie * **Ferenczi, Sandor** Hysterie und Pathoneurosen * **Fichte, Immanuel Hermann** Die Idee der Persönlichkeit und der individuellen Fortdauer * **Fourier, Jean Baptiste Joseph Baron** Die Auflösung der bestimmten Gleichungen * **Frazer, James George** Totemism and Exogamy. A Treatise on Certain Early Forms of Superstition and Society * **Frey, Adolf Albrecht von** Haller und seine Bedeutung für die deutsche Literatur * **Frimmel, Theodor von** Beethoven Studien I. Beethovens äußere Erscheinung * Beethoven Studien II. Bausteine zu einer Lebensgeschichte des Meisters * **Fülleborn, Friedrich** Über eine medizinische Studienreise nach Panama, Westindien und den Vereinigten Staaten * **Gmelin, Johann Georg** Quousque? Beiträge zur soziologischen Rechtfindung * **Goette, Alexander** Holbeins Totentanz und seine Vorbilder * **Goldstein, Eugen** Canalstrahlen * **Graebner, Fritz** Das Weltbild der Primitiven: Eine Untersuchung der Urformen weltanschaulichen Denkens bei Naturvölkern * **Griesinger, Wilhelm** Handbuch der speciellen Pathologie und Therapie: Infectionskrankheiten * **Griesser, Luitpold** Nietzsche und Wagner - neue Beiträge zur Geschichte und Psychologie ihrer Freundschaft * **Hanstein, Adalbert von** Die Frauen in der Geschichte des Deutschen Geisteslebens des 18. und 19. Jahrhunderts * **Hartmann, Franz** Die Medizin des Theophrastus Paracelsus von Hohenheim * **Heller, August** Geschichte der Physik von Aristoteles bis auf die neueste Zeit. Bd. 1: Von Aristoteles bis Galilei * **Helmholtz, Hermann von** Reden und Vorträge, Bd. 1 * Reden und Vorträge, Bd. 2 * **Henne** Einführung in die Brillenlehre * **Henne am Rhyn, Otto** Aus Loge und Welt: Freimaurerische und kulturgeschichtliche Aufsätze * **Jahn, Ulrich** Die deutschen Opfergebräuche bei Ackerbau und Viehzucht. Ein Beitrag zur Deutschen Mythologie und Altertumskunde * **Kalkoff, Paul** Ulrich von Hutten und die Reformation. Eine kritische Geschichte seiner wichtigsten Lebenszeit und der Ent-

www.severus-verlag.de

scheidungsjahre der Reformation (1517 - 1523), Reihe ReligioSus Band I * **Kaufmann, Max** Heines Liebesleben * **Kautsky, Karl** Terrorismus und Kommunismus: Ein Beitrag zur Naturgeschichte der Revolution * **Kerschensteiner, Georg** Theorie der Bildung * **Kotelmann, Ludwig** Gesundheitspflege im Mittelalter. Kulturgeschichtliche Studien nach Predigten des 13., 14. und 15. Jahrhunderts * **Klein, Wilhelm** Geschichte der Griechischen Kunst - Erster Band: Die Griechische Kunst bis Myron * **Krömeke, Franz** Friedrich Wilhelm Sertürner - Entdecker des Morphiums * **Külz, Ludwig** Tropenarzt im afrikanischen Busch * **Leimbach, Karl Alexander** Untersuchungen über die verschiedenen Moralsysteme * **Liliencron, Rochus von / Müllenhoff, Karl** Zur Runenlehre. Zwei Abhandlungen * **Mach, Ernst** Die Principien der Wärmelehre * **Mackenzie, William Leslie** Health and Disease * **Maurer, Konrad** Island von seiner ersten Entdeckung bis zum Untergange des Freistaats * **Mausbach, Joseph** Die Ethik des heiligen Augustinus. Erster Band: Die sittliche Ordnung und ihre Grundlagen * **Mauthner, Fritz** Die drei Bilder der Welt - ein sprachkritischer Versuch * **Meissner, Franz Hermann** Arnold Böcklin * **Meyer, Elard Hugo** Indogermanische Mythen, Bd. 1: Gandharven-Kentauren * **Müller, Adam** Versuche einer neuen Theorie des Geldes * **Müller, Conrad** Alexander von Humboldt und das Preußische Königshaus. Briefe aus den Jahren 1835-1857 * **Naumann, Friedrich** Freiheitskämpfe * **Oettingen, Arthur von** Die Schule der Physik * **Ossipow, Nikolai** Tolstois Kindheitserinnerungen. Ein Beitrag zu Freuds Libidotheorie * **Ostwald, Wilhelm** Erfinder und Entdecker * **Peters, Carl** Die deutsche Emin-Pascha-Expedition * **Poetter, Friedrich Christoph** Logik * **Popken, Minna** Im Kampf um die Welt des Lichts. Lebenserinnerungen und Bekenntnisse einer Ärztin * **Prutz, Hans** Neue Studien zur Geschichte der Jungfrau von Orléans * **Rank, Otto** Psychoanalytische Beiträge zur Mythenforschung. Gesammelte Studien aus den Jahren 1912 bis 1914. * **Ree, Paul Johannes** Peter Candid * **Rohr, Moritz von** Joseph Fraunhofers Leben, Leistungen und Wirksamkeit * **Rubinstein, Susanna** Ein individualistischer Pessimist: Beitrag zur Würdigung Philipp Mainländers * Eine Trias von Willensmetaphysikern: Populär-philosophische Essays * **Sachs, Eva** Die fünf platonischen Körper: Zur Geschichte der Mathematik und der Elementenlehre Platons und der Pythagoreer * **Scheidemann, Philipp** Memoiren eines Sozialdemokraten, Erster Band * Memoiren eines Sozialdemokraten, Zweiter Band * **Schleich, Carl Ludwig** Erinnerungen an Strindberg nebst Nachrufen für Ehrlich und von Bergmann * Das Ich und die Dämonien * **Schlösser, Rudolf** Rameaus Neffe - Studien und Untersuchungen zur Einführung in Goethes Übersetzung des Diderotschen Dialogs * **Schweitzer, Christoph** Reise nach Java und Ceylon (1675-1682). Reisebeschreibungen von deutschen Beamten und Kriegsleuten im Dienst der niederländischen West- und Ostindischen Kompagnien 1602 - 1797. * **Schweitzer, Philipp** Island - Land und Leute * **Sommerlad, Theo** Die soziale Wirksamkeit der Hohenzollern * **Stein, Heinrich von** Giordano Bruno. Gedanken über seine Lehre und sein Leben * **Strache, Hans** Der Eklektizismus des Antiochus von Askalon * **Sulger-Gebing, Emil** Goethe und Dante * **Thiersch, Hermann** Ludwig I von Bayern und die Georgia Augusta * Pro Samothrake * **Tyndall, John** Die Wärme betrachtet als eine Art der Bewegung, Bd. 1 * Die Wärme betrachtet als eine Art der Bewegung, Bd. 2 * **Virchow, Rudolf** Vier Reden über Leben und Kranksein * **Vollmann, Franz** Über das Verhältnis der späteren Stoa zur Sklaverei im römischen Reiche * **Volkmer, Franz** Das Verhältnis von Geist und Körper im Menschen (Seele und Leib) nach Cartesius * **Wachsmuth, Curt** Das alte Griechenland im neuen * **Weber, Paul** Beiträge zu Dürers Weltanschauung * **Wecklein, Nikolaus** Textkritische Studien zu den griechischen Tragikern * **Weinhold, Karl** Die heidnische Totenbestattung in Deutschland * **Wellhausen, Julius** Israelitische und Jüdische Geschichte, Reihe ReligioSus Band VI * **Wellmann, Max** Die pneumatische Schule bis auf Archigenes - in ihrer Entwicklung dargestellt * **Wernher, Adolf** Die Bestattung der Toten in Bezug auf Hygiene, geschichtliche Entwicklung und gesetzliche Bestimmungen * **Weygandt, Wilhelm** Abnorme Charaktere in der dramatischen Literatur. Shakespeare - Goethe - Ibsen - Gerhart Hauptmann * **Wlassak, Moriz** Zum römischen Provinzialprozeß * **Wulffen, Erich** Kriminalpädagogik: Ein Erziehungsbuch * **Wundt, Wilhelm** Reden und Aufsätze * **Zallinger, Otto** Die Ringgaben bei der Heirat und das Zusammengeben im mittelalterlich-deutschem Recht * **Zoozmann, Richard** Hans Sachs und die Reformation - In Gedichten und Prosastücken, Reihe ReligioSus Band III

www.severus-verlag.de

www.ingramcontent.com/pod-product-compliance
Lightning Source LLC
Chambersburg PA
CBHW020542300426
44111CB00008B/760